# 文件检验

（第三版）


主　　编：柯昌林　岑鸿雁

副 主 编：孙　超　何海洋

参编人员：（以撰写章节先后为序）

徐为霞　贾治辉　吕雅萍

柯昌林　张建新　米学军

李自云　岑鸿雁　刘斐斐

孙　超　何海洋　陈立杭



法律出版社
LAW PRESS · CHINA
——北京——

**图书在版编目（CIP）数据**

文件检验／柯昌林，岑鸿雁主编．--3版．--北京：法律出版社，2025．--ISBN 978-7-5244-0387-6

Ⅰ．D918.92

中国国家版本馆CIP数据核字第20250GA824号

**文件检验（第三版）**
**WENJIAN JIANYAN（DI-SAN BAN）**

柯昌林　岑鸿雁　主编

**责任编辑**　李　群　陈　熙　王　睿
**装帧设计**　贾丹丹

**出版发行**　法律出版社
**编辑统筹**　法规出版分社
**责任校对**　张红蕊
**责任印制**　耿润瑜
**经　　销**　新华书店

**开本**　710毫米×1000毫米　1/16
**印张**　24　　**字数**　365千
**版本**　2025年8月第3版
**印次**　2025年8月第1次印刷
**印刷**　涿州市星河印刷有限公司

地址：北京市丰台区莲花池西里7号（100073）
网址：www.lawpress.com.cn
投稿邮箱：info@lawpress.com.cn
举报盗版邮箱：jbwq@lawpress.com.cn
销售电话：010-83938349
客服电话：010-83938350
咨询电话：010-63939796

**书号**：ISBN 978-7-5244-0387-6　　**定价**：45.00元

凡购买本社图书，如有印装错误，我社负责退换。电话：010-83938349

# 前　言

文件检验是解决文件真伪，认定文件出处和书写人等专门问题的专门知识，兼具法律性、科学性和实践性。由此，在编写本教材时，力求反映我国文件检验理论与实践发展的新知识和新方法，并围绕司法警官院校本科、专科学生对掌握文件检验知识及运用的要求进行重点阐述。在编写时，为了方便学生学习，笔者编写了案例导入，实验、实训设计。这要求教师认真安排、准备并实施好实验教学。考虑到有多媒体教学，因此省略了插图，教学时教师应根据需要配图讲授。

本书既可作为司法警官院校的教材，也可作为司法工作者自学的参考书。

《文件检验》由柯昌林、岑鸿雁任主编，负责拟定编写大纲，并在副主编孙超、何海洋的配合下完成修改工作。各章撰稿人为（以撰写章节先后为序）：

徐为霞　（中央司法警官学院）：第一章
贾治辉　（西南政法大学）：第二章
吕雅萍　（云南司法警官职业学院）：第三章
柯昌林　（湖南司法警官职业学院）：第四章
张建新　（河北司法警官职业学院）：第五章
米学军　（四川司法警官职业学院）：第六章
李自云　（河北司法警官职业学院）：第七章
岑鸿雁　（四川司法警官职业学院）：第八章
刘斐斐　（西安政治学院）：第九章
孙　超　（河南司法警官职业学院）：第十章
何海洋　（湖南司法警官职业学院）：第十一章
陈立杭　（湖南司法警官职业学院）：第十二章

# 目　录

**第九章**
**印章印文检验**
**218**

# 第一章

# 文件检验导论

## 第一节　文件检验的概念与对象

### 一、文件检验的概念

#### （一）文件的概念和种类

文件，是人们在社会交往中形成和使用的各种公文、合同、契约、字据、证照等材料的总称。在司法鉴定中，文件泛指一切以文字、语言、图形、符号为表现形式的记录和提供与案件事实有关的内容和信息的各种材料。一般的文件由载体（纸张、纸板塑料等）、印染或书写物质、印刷或书写痕迹、语言等组成。作为文件检验对象的文件与普通的文件不同，它是与案件事实有关的文件，是案件中有争议或可疑的文件。该文件的真伪、来源等问题的鉴定意见对证明案件事实有一定的价值。所以，文件检验所指的文件是属于证据资料范围的文件，多数情况下表现为可疑文件物证。

文件按照制作方式可分为书写文件、印刷文件和电子文件等；按照制作技术可分为普通文件和特种文件等；按照性质可分为真实文件、篡改文件、污损文件等；按照状态可分为原件和复制件等。

#### （二）文件检验的概念

文件检验，简称文检，包括笔迹鉴定、印章印文鉴定、文件系统鉴定等，指运用文件检验学的理论、方法和专门知识，对可疑文件的书写人、制作工具、制作材料、制作方法、性质、状态、形成过程、制作时间等进行检验和鉴别的专门技术。

## 二、文件检验的对象

文件检验的对象主要是可疑文件物证，即作为物证资料的文件。文件物证指以书写、印刷或摄录等方法制成的文件为载体，以文字、语言、图形、符号为表现形式，记录和提供与案件事实有关的人、物和文件内容及其真伪等信息的证物。文件物证既是一种物证，也是一种书证。文件物证因为存在争议或疑点，并且需要获取有关的信息来查明相关的案件事实，所以其成为了文件检验的对象。

综合分析案件中的各式各样需要检验的文件物证，可以概括出文件物证一般有以下五种表现形式。

### （一）笔迹

凡书写的文字、符号和绘画都是笔迹。笔迹是以个人的书写（或绘画）技能和习惯为基础，以书写活动为动力，通过书写工具和材料表现出来的，其能反映作者的书写技能和书写（或绘画）习惯的特性。

### （二）印迹

凡采取制版印刷、打字复印或盖印等方法在文件上形成的文字、符号、线条、图形及相关加工痕迹都是印迹。它能反映印版、印刷机具的结构、功能的特性，以及同批印刷品的加工次序和空间关系。

### （三）言语

凡运用语言说出来的话和写出来的话都是言语。它依附于书写的、印刷的或录音的有序排列的语音和词汇，能反映言语人运用语言的习惯和个人语声的特性。言语内容，有的可以说明案件的某个事实和言语人的特点。

### （四）物质材料

凡制作文件的纸张、油墨、墨水、印泥、胶水、糨糊等都是文件的物质材料。文件的物质材料是文件的载体和媒质。文件上的笔迹、印迹和污损变化均通过物质材料体现。同时，物质材料可证明文件制作者对文件的占有关系。

（五）污损变化

凡受人为因素或自然条件的影响而使文件的物质材料发生污染、损坏及其他变化的都是文件的污损变化。经显现、辨读其内容可说明某个案件事实，其变化可证实文件的真伪。

由于案件的具体情况千差万别，文件物证的形式多种多样，有的文件物证是由这几个要素构成，有的则由另几个要素构成。例如，一份打印传单，由打印字迹、言语、纸张、油墨等要素构成。又如，一张署名被涂抹的毛笔书写的大字报，由笔迹、言语、纸张、墨汁和涂抹记载构成。所以，具体案件中的文件物证包含哪些检验对象，应作具体分析。同时，由于文件与案件事实的关系不同，在构成文件物证的诸要素中，有的是主要的，有的则是次要的，甚至还有的是可忽略不计的。如杀人罪犯蘸死者的血在墙上留言，笔迹、言语是主要的要素，来源明确的血是次要的要素。作为承受物的墙面，对于追查罪犯并无多大意义。若作案人使用的稿纸是原纸印制而成，则从印刷加工特征上查明其来源，要比对其原纸和印刷油墨的鉴别更直接，意义更大。因此，在具体案件中，哪些是文件物证的有价值的组分，要依案件的具体情况确定。既要全面、综合利用文件物证的各个部分的信息，又要分清主次，不能平均对待。

## 第二节　文件检验的任务

文件检验的基本任务，是通过对具体案件的文件物证的研究，揭示文件与案件事实、当事人或嫌疑人的关系，以便为案件的侦查、起诉和审判工作提供线索和证据。在具备检验条件的前提下，文件检验一般可以解决以下问题。

### 一、认定文件制作人

（一）认定文件字迹的书写人

认定文件字迹的书写人的具体任务是：文件的字迹是否为某人所写，文件的几部分字迹或几份文件的字迹是否为同一人所写，文件的字迹像是什么人所写，文件的字迹是正常笔迹还是伪装变化笔迹抑或摹仿笔迹等。

（二）认定书画的作者

认定书画的作者的具体任务是：未署名书法作品是否为某人所作，未署名的绘画作品是否为某人所画，书画作品的题款是否为某人所写，侮辱诽谤性的绘画是否为某人所画，侮辱诽谤性的图像是否为某人所画等。

（三）认定字迹的雕刻人

认定字迹的雕刻人的具体任务是：伪造的印章是否为某人雕刻，盖印传单的模板是否为某人雕刻，多枚印章或模板是否为同一人雕刻，印章或模板像是否为某人雕刻等。

此外，在一定的条件下，可以认定文件是否为某人打印。

## 二、认定文件制作机具

（一）书写工具的种属认定与同一认定

书写工具的种属认定与同一认定的具体任务是：认定书写文件书写工具的种类，文件的字迹是否为某人用某支笔书写，文件上的几部分字迹或几份文件字迹是否用同一支笔书写等。

（二）打印机的种属认定与同一认定

打印机的种属认定与同一认定的具体任务是：认定打印文件的打印机的种类、型号，文件是否用某台打印机打印，文件的几部分文字或几份文件是否用同一台打印机打印等。

（三）复印机的种属认定与同一认定

复印机的种属认定与同一认定的具体任务是：认定复印文件所用的复印机的种类、型号，文件是否用某台复印机复印，文件的几部分或几份文件是否用同一台复印机复印，文件是用原稿直接复印，还是用第几次复印件复印等。

（四）誊印机的种属认定与同一认定

誊印机的种属认定与同一认定的具体任务是：认定印制文件的誊印机的种类、型号，文件是否用某台誊印机誊印，文件的几部分或几份文件是否用同一台誊印机誊印等。

（五）传真机的种属认定与同一认定

传真机的种属认定与同一认定的具体任务是：认定传真文件所用的传

真机的种类、型号；传真文件是否用某台传真机传送；传真文件是否为某台传真机接收；一份文件的几部分或多份文件是否为同一台传真机传送或接收等。

（六）普通印刷文件印版的种属认定与同一认定

普通印刷文件印版的种属认定与同一认定的具体任务是：认定文件所用印版的种类；文件是否用某块（套）印版（含手工刻的模板）印制；文件的几部分或多份文件是否用同一块印版印制；印制文件的印版是否用某份文件（含文字、图画、照片）为原稿制版；文件是原版印制还是重新制版或复制版印制等。

（七）原子、激光印章印文制作机具的种属认定与同一认定

原子、激光印章印文制作机具的种属认定与同一认定的具体任务是：认定制作机具的种类、型号；印章印文是否为某台机具制作而形成等。

此外，还可对文件上的戳印（含名头戳、签名戳、收发戳、骑缝戳、空白戳、签证戳、号码戳、打号机等戳印）是否用某一枚戳记盖印，几份文件上的戳印是否为同一枚戳记盖印等问题进行鉴定。

## 三、鉴别文件物质材料

（一）书报、期刊等印刷品的鉴别

书报、期刊等印刷品的鉴别包括：印刷品的种类鉴别；物证印刷品是否取自某一份或某几份印刷品；物证印刷品与已知来源的印刷品样本是否为同版同阶段产品；物证报纸出自哪个地区、邮路或订户；物证书刊纸页是否来源于某本书刊等。

（二）制作文件用的书写纸印品的鉴别

制作文件用的书写纸印品的鉴别包括：物证纸印品（含信纸、稿纸、信封、表格、空白凭证、本式证件等）与已知来源的同种纸印品是否为同版同阶段产品；作为物证的几页纸是否为同版、同阶段或邻页印刷品；物证纸印品是已知来源的样本纸之前或之后的第几页；物证纸页是否来源于某本书写纸印品；作为物证的护照、户口簿上的各页纸是否为该本的原装纸页，某一纸页是否存在换页事实等。

（三）纸张的鉴别

纸张的鉴别包括：物证纸张的种类和纸浆组分特征；物证纸张与已知来源的纸张是否种类相同；物证纸张与已知来源的纸张的裁切加工、纸面污染特征是否相同；以及物证纸张的来源。

（四）文件色料的鉴别

文件色料的鉴别包括：物证文件的色料（含墨水、油墨、油印等）的种类和组分特征；物证文件色料与已知来源的色料种类是否相同；物证文件上的色料与已知来源的色料，混入的特殊组分是否相同；一份物证文件或多份物证文件上的相似色料种类是否相同等。

（五）文件的黏合剂的鉴别

文件的黏合剂的鉴别包括：物证文件所用的黏合剂（含胶水、糨糊、两面胶等）的种类和组分特征；物证文件所用的黏合剂与已知来源的黏合剂种类是否相同；物证文件的黏合剂与已知来源的黏合剂所混入的特殊组分是否相同；涉嫌私拆邮件、改贴照片、证件换页、挖补拼凑字画等物证文件所用的黏合剂种类是否相同等。

（六）文件其他物质材料的鉴别

文件其他物质材料的鉴别包括：一份物证文件或若干份物证文件上所用的修改液种类是否相同；物证文件上所用的修改液与已知来源的修改液种类是否相同；物证文件字迹消退剂的种类鉴别，以及消退剂与已知来源的消退剂种类是否相同；物证文件密写剂种类的鉴别等。

## 四、鉴别文件真伪

（一）文件签章的真伪鉴别

文件签章的真伪鉴别包括：物证文件上的签名是否伪造形成；物证文件上盖印的印文（含公章、名章、专用章印文）与提供的该章印文样本是否为同一印章盖印；物证文件上的签名或盖章是不是用某种技术手段复制；物证文件是不是利用已有签名或盖章的纸张空白部分制成等。

（二）文件有无篡改事实的鉴别

文件有无篡改事实的鉴别包括：物证文件的部分字迹内容是否被消退、

擦刮；物证文件的部分字迹内容是否为改写、添写而成；物证文件的部分字迹或画面是否为挖补拼接而成；物证邮件袋的封口或证件的照片是否经过撕揭和再次粘贴；物证证件或账册的有关纸页是不是被更换重装的；物证文件的复印件或照片是否为拼组、遮挡的原稿复制的；物证文件上的公章或专用章印文是否用某枚真章或两枚真章经过遮挡、拼凑盖印的等。

（三）文件的制成时间与时序的鉴别

文件的制成时间与时序的鉴别包括：物证文件的实际书写时间；物证文件上印文的盖印时间；物证文件的打印时间；物证文件的复印时间；物证文件上的几部分字迹或几份文件上的字迹是否为同时段书写而成；几份物证文件上盖印的印文是否为同时段盖印而成；物证文件上的字迹与印文形成的时序，即朱墨时序等。

（四）可疑货币、证件等文件的真伪鉴别

可疑货币、证件等文件的真伪鉴别包括：可疑纸币（含外币）的真伪；可疑硬币（含古币）的真伪；可疑证券的真伪；可疑票据（含车票、船票、邮票等）的真伪；可疑证件、证书的真伪；信用卡、兑奖券、购物券的真伪等。

## 五、显现和固定污损文件内容

（一）模糊字迹的显现和辨读

模糊字迹的显现和辨读包括：显现和辨读纸上的书写压痕字迹；显现和辨读自然褪色的字迹、印文；显现和辨读文件上被消退的字迹；显现和辨读金属器件上被刮掉的冲刻字迹；显现和辨读模糊残缺的邮戳等。

（二）被掩盖字迹的显现和辨读

被掩盖字迹的显现和辨读包括：显现和辨读被涂抹的字迹；显现和辨读被粘贴、裱糊的字迹；显现和辨读被修改液掩盖的字迹等。

（三）被破坏文件内容的辨读和固定

被破坏文件内容的辨读和固定包括：固定被烧毁的文件，辨读其内容；固定被浸湿的文件，辨读其内容；整复破碎文件，辨读其内容等。

# 第三节　文件物证的勘验和送检

## 一、文件物证的勘验

### （一）有文件物证的各类现场的勘验

有文件物证的各类现场的勘验具体包括以下几个方面。

1. 较大、彰显类文件的勘验

较大、彰显类文件是指标语、横幅、传单和大小字报。利用书写标语、散发传单、张贴大小字报危害国家安全或侮辱、诽谤他人的犯罪现场，一般是按从中心到外围的步骤进行勘验。除应遵循现场勘查的一般程序和方法外，还应着重注意解决如下问题：明晰文件物证的内容，明确案件的性质；测量、记录书写、张贴、悬挂、投放文件物证的高度、位置，以及与其他物证的位置关系；对直接书写的文件物证，应先研究书写姿势、环境与条件对字迹的影响，判断书写工具。若有需要，还可以根据条件，进行现场实验。另外，应仔细用描摹、拍照或录像的方式加以记录；注意保护文件物证上遗留的其他痕迹，并用合适的方法进行提取、保存；注意寻找与制作文件有关的物质材料和其他的痕迹、物证；对邮寄的信件案件现场，要注意弄清发案信箱所处的位置、信箱的使用范围及开箱时间。

2. 一般刑事犯罪现场文件的勘验

在刑事犯罪现场，文件物证有时易被人忽视，但如果在勘查中能注意发现和利用文件物证，如伪造的遗书、包装纸、衬垫纸张等，往往可以发现重要的线索。对于此类文件物证的勘验应注意如下问题：对在勘查中发现的各种文件，均应区分该文件是否与案件有关，凡与案件有关的文件均应提取；作为遗留物的文件，要结合现场访问，弄清楚是被害人所留还是作案人所留，凡属作案人所留的文件，均应妥善提取保存；注意发现被撕毁、炸碎、烧毁、隐藏的文件，空白或衬垫纸张上的压痕文字，以及被害人的书信、日记、账本、通讯录、照片、手机、固定电话机上的语言文字内容信息，计算机的硬盘、光盘、软盘、储存设备上的文件等，以发现侦查线索。

（二）涉案文件制作人工作、生活、学习等场所的文件勘验

对涉案文件制作人工作、生活、学习等场所的文件进行勘验，主要目的是寻找和发现其证据，也是为了扩大和发现新的犯罪线索。对此类文件物证进行勘验应注意如下问题。

1. 寻找和收集作案文件的原稿或副本

在书写或印制传单、标语、大小字报时，往往会事先撰稿。对打印的文件，应注意检查计算机或电子打印机的内存文件，以及软盘、光盘或移动存储设备。

2. 发现制作伪造文件的痕迹

要注意发现空白纸页、书本及衬垫物上的书写压痕，伪装笔迹时的练习样本，打字机色带上的文字印迹，以及伪造文件的半成品等。

3. 注意发现制作工具

要注意在房屋角落、垃圾袋、卫生间等地，发现可疑的作案工具和材料以及制作、变造文件的工具，消退文字的试剂，剪贴文件剩余的报刊等。

4. 寻找发现其他线索和证据

仔细检查信件、日记、账本、票据、照片、计算机、电子记事本、磁带、通信工具等，注意发现与案件有关的记载和与被害人的联系，以发现新的犯罪线索和证据。

（三）警方负责的各种警务活动中文件的勘验

警察在治安巡逻盘查嫌疑对象时、在边防检查验证时、在侦破经济案件时，通常还需对各种证件、票据、钞票等文件的真伪进行检查与查验，因而在这些警务活动中，警务人员具备相关的鉴别文件真伪的专门知识显得非常必要。

1. 真伪货币的识别

公安机关要同伪造或贩卖假币犯罪作斗争，应当熟悉各种货币的基本特征，特别是货币的防伪特征。如 1999 年版一百元面额的人民币，水印和磁性文字安全线在透光观察时清楚可见，且安全线上迎光观察，可见“RMB”微小文字，假币一般不用透光就能看见；真币主要文字图案为凹版印刷，手摸有凹凸感，而假币一般是平版印刷，手感平滑。

2. 票据签章的核验

金融部门凭出票人签章的支票、汇票、本票等兑付款项，应就票据上的签章与预留的签章核对。因此，工作人员必须懂得签名笔迹鉴别和印章印文鉴别的基本知识，了解伪造签名和印章、用消退法变造文件的手段及其特点。

3. 伪造证件和票据的识别

对证件和票据的真伪识别，应注意证件和票据的式样、尺寸大小、内容及防伪特征；装帧、印刷方法与质量等特征；保护性花纹是否模糊不清，字迹、印文有无添改、消退、擦刮等污损痕迹；照片有无更换；文字及内容是否互相矛盾；是否有换页或二次装订痕迹等。

## 二、文件物证的提取与保存

### （一）对刻写在非纸张载体上的字迹及制作物质的提取与保存

对直接书写、刻写在非纸张载体上的文件，一般采用拍照手段，从全貌到局部细节，加比例尺拍照提取。

在较平滑物体表面用白灰、木炭、粉笔、泥块等物质书写的文件，可在拍照后，根据文件的大小，用透明胶纸或复写纸粘取。用胶纸提取的文件，可粘贴到反差明显的衬垫纸张上。

对刻画在瓜果等植物上的文件，在拍照后，能提取原物的应提取原物，同时还应调查了解该种植物生长变化的规律。

对模糊不清或通过照片不易反映特征细节的文件，要当场分辨清楚，并作出准确描绘和记录。注意在提取文件的同时，还要提取制作文件的物质材料。

### （二）对张贴、悬挂的文件及工具的提取与保存

张贴、悬挂的文件一般是事先制作好，然后再张贴或悬挂在现场的。此类文件提取前，应先加比例尺拍照，以固定文件原貌，然后根据承受客体表面的光滑程度、粘贴状况等情况，采用小刀剥离或加湿软化后剥离，剥离时要尽量保证文件不被破坏，可以适当破坏易于修复的承受客体和空白部纸张部分。加湿时应限于粘贴部位，不要将湿润部位任意扩大。对作案时使用的工具（如图钉、铁丝、绳索、棍子等）、被作案人遗弃的剩余粘贴物及其容器，也要注意提取，应用洁净的容器包装。对作案时作案人可能触摸文件的

部位或留有附着物的部位，切勿触摸，以便提取指印或其他痕迹。

### （三）对邮寄、投放、散发的文件的提取与保存

对邮寄、投放、散发的文件的提取与保存具体的方法及要求如下。

（1）对案件中邮寄的文件，除直接提取原件外，还要注意弄清发案信箱所处的位置，该信箱的使用范围及开箱的时间。

（2）对居高临下或从车上散发的文件，在现场提取文件时，要根据当时气候、风向和车辆运行的方向与速度，仔细进行查找，逐一收集，并做好记录。

（3）对沿途投放或散发的文件，除认真勘验、仔细收集外，还应注意对文件的原始状况、分布特点，现场痕迹的部位、形状以及现场地形、地物等情况进行分析，判断作案活动的起点与终点，查清作案人来去的方向，以判断作案人居住的范围。

（4）对投放或散发量大、范围广的文件，要边勘验、边记录、边提取、边分析，注意防止遗漏。提取文件及其他物证时，要逐一注明提取的具体位置。若是分段勘验提取的，最后应在勘验指挥员的统一指挥下，从头到尾再核查一遍，以取得对现场和所有物证的完整认识。

### （四）对用各种非正常书写物质制作的文件与材料的提取与保存

对于直接书写在建筑设施上的文件，常采用拍照的方法进行提取，而书写物质或张贴文件的黏合剂等，有时为了鉴别书写工具的种类以及色料、黏合剂的种类与成分，通常也需要提取。一般方法是用小刀等工具刮取检材，并用洁净的试管或塑料纸袋包装，注明其提取检材的名称、部位、时间、地点。同时，为了比对检验的需要，还需要在未留检材的空白承受客体表面刮取表层物质，置于另外的试管或包装袋中，以便作为进行物证分析的空白对照物。

### （五）对涉案的其他物证中出现的各类文件的提取与保存

对涉案的其他物证中出现的文件，如物证上有直接书写或印刷的文件，能提取原件的，应尽量提取原件；不能提取原件的，应及时用拍照的手段将文件提取下来。对各种通信工具中出现的电话号码、图片、短信息等文件，不能及时提取或保全的，应立即用文字记录的方式进行详细记录。对计算机中储存与案件有关的文件，不能提取硬盘的，可用外接移动硬盘将计算机硬盘中的

数据完整复制，或用普通硬盘将计算机硬盘中的数据进行完整复制，还可以通过局域网将计算机硬盘中的数据传输到笔记本电脑中。最后，应在勘验记录中注明提取文件的时间、地点，文件的名称、数量以及提取人姓名等。

（六）对涉案文件制作人处所发现的各类文件、制作工具和相关物证的提取与保存

对侦查人员前往文件制作人处所依法拘捕作案人时或依法搜查文件制作人处所时发现的各类文件、制作工具和相关物证，除按一般痕迹、物证的提取原则进行提取外，还应对发现的烧毁文件、浸湿文件、污染文件等分别采用不同的方法进行提取。

1. 烧毁文件

对于灰化的文件，由于不能提取原物，只能现场辨认及拍照。对于炭化的文件，先要仔细辨读上面的内容，待拍完照片后，可将其一端略微挑起，用塑料板或硬纸板从下方插入托起，小心地放置在铺有蓬松的脱脂棉或其他衬垫物的盒内或箱内。注意要轻拿轻放，不能倒置或倾斜，防止破碎。提取回来之后，交专业人员处理。

2. 浸湿文件

浸湿文件因浸透而易碎，若文件展开漂浮在水面，可用塑料板插入文件下方，让文件一端先附于板面上，然后倾斜着从水中慢慢抽出。对于浸湿的纸团，可置于清水中浸透后再仔细剥离、展开，附于塑料板面上，然后自然阴干后保存。

3. 污染文件

对于有粪便、血液、精液、纸浆等污物浸染的文件，可按浸湿文件或一般文件的提取方法进行提取。对文件上的污染物，必要时，可先用洁净的器皿留下一部分附着物，以供物证检验；若无必要，可将污染物轻轻地用净水清洗，按浸湿文件的方法进行提取，阴干后保存。

## 三、文件样本的收集

### （一）文件样本的收集原则

1. 样本来源对象范围特定的原则

一般情况下，刑事案件中收集样本的对象只能限于犯罪嫌疑人和经过侦

查而确定的重大嫌疑分子，不许把有作案可疑的人都作为重点嫌疑分子对待，更不允许向发案地区和单位的群众普遍地进行收集。在收集其他样本时也不应任意扩大范围，避免非法侵犯他人受保护的秘密和其他合法权益。

2. 合法性原则

在刑事案件中，侦查部门的侦查人员或者刑事技术人员在收集文件样本时，应该严格遵守《公安机关办理刑事案件程序规定》中的有关规定，并且须经有关领导批准。收集干部或具有特殊身份的人的样本时，应按干部管理权限，报经相应一级管理部门批准。对所收集的样本，应记录收集的时间、地点以及样本的名称、数量、来源，并由见证人签名证实。

3. 秘密收集的原则

在刑事案件侦查阶段，收集样本时要保密，一般应在犯罪嫌疑人或重大嫌疑分子未察觉的情况下进行。收取过程中不得透露案情，不得暴露侦查手段，不得泄露检材文件中有关的笔迹特征、言语特征和物质材料特征等，以免打草惊蛇。

4. 禁止直接抄录的原则

禁止直接抄录的原则是针对笔迹样本而言的。收集样本是一项侦查措施，一般应由侦查人员亲自进行。在收集案后样本或实验样本时，不允许让犯罪嫌疑人或重大嫌疑分子抄录检材原文，而应将笔迹鉴定需要的文字编成自然通俗的文稿。这样，一是可以避免嫌疑人或重大嫌疑分子在书写样本时因警觉而伪装笔迹特征，从而增加检验的难度；二是因为有些案件中有涉及危害国家安全、侮辱党和国家领导人或泄露国家秘密的内容。

（二）文件样本的收集方法

收集文件样本应遵循收集样本的原则与要求，并根据不同案件的特点，采用秘密收集或公开收集以及两种方法相结合的方法进行。

所谓秘密收集的方法，是指在向犯罪嫌疑人保密的状态下，通过有关单位、组织或个人，收集犯罪嫌疑人或嫌疑物的样本的方法。在侦查阶段，特别是在案情尚未公开、犯罪嫌疑人尚未最终确定时，为避免引起犯罪嫌疑人的警觉而使样本发生伪装变化，确保样本能充分、真实地反映犯罪嫌疑人或嫌疑物的本质特性，一般采用此种方法进行收集。具体做法如下：经有关部门同意，从有关单位的存档材料（如人事档案、财务票据、答题试卷等）中选取检验样本；或选择某种借口，由有关部门主持，通过让犯罪嫌疑人抄写材料、答卷、填表或借用其使用、保管的机具等方式收集；或委托值得信任的人出面，通过向犯罪嫌疑人借用或请其书写等方式进行收集；或经主管领导批准，采用秘密搜查的方法，从嫌疑人的住所、工作场所等处获取样本。

所谓公开收集的方法，是指在案情已经公开、当事人明确或已在押，或者有关人员主动要求提交样本以澄清事实时，采用公开搜查或让他们主动提供等方式获取样本材料的方法。例如，通过依法公开搜查犯罪嫌疑人的人身、住所及工作场所获取样本材料；或通过将有关文字编成短文，令犯罪嫌疑人在正常、自然的条件下进行听写、默写；或以调查案件、协助工作为名，让嫌疑人主动提交样本材料。

具体到不同类型的被检验客体，其样本材料收集的途径、方法和侧重点不尽相同。

1. 笔迹样本的收集方法

笔迹检验样本是指由犯罪嫌疑人、经侦查而确定的重大嫌疑分子亲笔书写的，用来同检材笔迹作比较的笔迹材料。无论鉴定哪种类型的笔迹，都必须收集平时样本，特别是案前样本，尤其要着重收集案件发生前不久犯罪嫌疑人或重大嫌疑分子的笔迹材料。

（1）案前样本的收集方法。对案前样本，重点从以下两个方面收集：一是经有关部门同意，从有关单位的存档材料（如人事档案、财务票据、会议记录、工作总结、汇报、答题试卷等）中选取犯罪嫌疑人、重大嫌疑分子的笔迹材料作为检验样本；二是根据案件情况，采用秘密或公开的方式收集犯罪嫌疑人或重大嫌疑分子在平时生活交往中书写的笔迹材料，如日记、电话本、个人的记账单、借条、欠条、信件等。

（2）实验样本的收集方法。如果检材笔迹有伪装变化，检验工作有一定难度时，为揭示被检验客体自身的发展演变规律，则要重点收集发案前几年甚至十几年以来犯罪嫌疑人或重大嫌疑分子依次形成的笔迹材料，因为伪装笔迹中的某些特殊写法，往往是犯罪嫌疑人或重大嫌疑分子过去某些书写习惯或旧技能的再现。必要时，为验证客观条件和人为因素造成的某些变化，还得收集实验样本。收集笔迹实验样本，应由侦查人员或鉴定人员按照检材的内容、书写条件和形成条件，将笔迹鉴定需要的文字编成自然通俗的文稿，采用听写或默写的方式，让嫌疑人或重大嫌疑分子进行书写。收集人不能有任何的提示、引导或引诱，不能让犯罪嫌疑人或重大嫌疑分子照着收集人书写的内容书写，更不能让犯罪嫌疑人或重大嫌疑分子照着检材抄写。如果检材笔迹较多，可以选取一些有价值特征的字迹，将其编入一篇文章中，让嫌疑人或重大嫌疑分子进行听写或默写。要注意收集那些与检材书写条件、形成条件一致的样本，即两者在书写速度、书写工具（笔）、书写材料（纸张）、书写姿势、衬垫物等方面要一致或尽量一致。

（3）案后样本的收集方法。如果收集不到足够数量且符合质量要求的案前样本笔迹以供检验，则要收集案后样本。收集案后样本，可从以下几方面进行：一是与收集案前样本的途径一样，或从有关单位的存档材料中选取犯罪嫌疑人、重大嫌疑分子案后书写的笔迹材料，或根据案件情况，采用秘密或公开的方式，收集犯罪嫌疑人或重大嫌疑分子案后在平时生活交往中书写的各种笔迹材料等；二是在不暴露收集笔迹意图，在犯罪嫌疑人或重大嫌疑分子没有产生怀疑的情况下，通过让单位组织统一的问卷调查或写情况汇报、学习体会等正常的方式，让犯罪嫌疑人或重大嫌疑分子书写一定的笔迹材料。在这种情况下，一定要指派专人负责监督犯罪嫌疑人或重大嫌疑分子书写，防止冒名顶替的情况发生。

特别要注意的是，在收集案前样本、案后样本和实验样本时，所收集到的笔迹样本要与检材有足够数量的相同字，最少也要有足够数量的相同偏旁部首和笔画。因为样本笔迹再多，如果没有足够数量的相同字、相同偏旁部首和笔画，同样不能检验或难以作出正确的鉴定意见。同时，所收集的样本笔迹要与检材笔迹在字体、书写速度等方面尽量相近。

2. 印章印文样本的收集方法

印章分为公章、专用章和名章，是文件真实、有效的重要凭证。鉴别可疑印文的真伪，最好收集真实印章，以供比较检验。在收集真实印章有困难的情况下，一般收集印文样本。印文样本分为平时样本和实验样本。印文平时样本在单位的文件、支票、合同及个人的有关材料上经常出现，且公章、专用章印文在市场监督管理部门大多有备案样本，所以较容易收集。收集印文平时样本的途径和方法与收集笔迹样本类似，但侧重点不同。收集印文样本要重点收集发案时期的样本，一是因为印章很容易更换，距发案时间太久的印文，很可能与发案时的印文不是同一枚印章所盖印的；二是随着时间的推移，印章本身会发生一定的变化，如磨损、变形等，从而引起印文相关特征的变化。在收集印文样本的同时，应了解印章的启用时间、使用情况、印章材质等情况，以便鉴定时参考。实验样本是为研究印文特征的变化而盖印的印文样本，对于正确解释印文检验过程中的某些差异特征，具有重要意义。收集实验样本，应模拟检材印文的盖印条件，在按压力大小及角度、衬垫物软硬、印油物质等方面与检材印文尽量相近。

鉴定印文的相对盖印时间，即比较两份文件或一份文件的两部分是否为同时形成时，需要收集合适的样本印文，既要收集文件标称时间的样本印文，又要收集可疑时间的样本印文。并且要保证样本印文与检材印文在印油（印泥）的物质成分方面绝对相同，在保存条件、形成条件方面基本相同。

3. 票证样本的收集方法

在需要与真票证进行比对才能确定可疑票证的真伪时，一般要向有关票证的发行、签证部门收集票证样本。必要时还要到承印票证的印刷厂了解票证的印刷情况，如图样设计、印刷版型、套版情况、印刷时间、纸张种类、油墨成分配比等。如果真票证是在不同时间分多次印刷的，则应收集各次印刷的票样，以便了解真票证的印刷变化情况。

4. 印刷品样本的收集方法

印刷品样本的收集是涉及面广、难度较大的一项工作，一般要结合周密的调查，根据印刷品检验的内容，采取不同的方法进行收集。

（1）书刊、报纸类样本的收集。如已确定重点单位，则可在该单位内部进行收集。如尚未确定重点，可先根据文件物证的印刷版型、印刷特点及纸张质量等特征，分析印刷技术和设备条件，到图书馆、报社、书店、印刷厂、邮局等部门去查与文件物证相同的书刊、报纸，确定为何种书刊、报纸，弄清其销售、发送范围，确定重点后再进行收集。

（2）纸印品样本的收集。如果纸印品印有单位名头或是某种专用纸（如医院的病历，工矿企事业单位的报表、发票、提货单等），则可到订印单位或使用单位去收集样本材料。

对于没有标明出处的纸印品，则要先根据文件物证的印刷版型、印刷特点、装订特点、纸张质量等分析印刷技术和设备条件，查找印刷工厂；或根据印刷原纸销售范围、特殊规格的铅字、水线、书边线等查找生产厂家，再查购买这些产品的印刷工厂。找到印刷工厂后，再查明印刷物证纸的单位，并弄清印刷时间、数量、版数、产品出厂时间等情况，有条件的最好先收集产品大样，再从订印单位收集鉴定用的样本。此外，还可以到电台、报社、期刊编辑部、信访单位，或到上报材料的单位的上级部门调查纸源，还可以从公安部门保存的纸张资料中去查找所要寻找的纸张或单位。

收集纸印品样本时，必须依靠各单位的领导，广泛发动群众，对库存、已用过的、未用过的、成批的或零散的、整页的或半张的，甚至撕碎的纸张都要收集，以便查找物证纸的来源。

5. 打印品、复印品样本的收集方法

若检验要解决的问题是确定打印（复印）机的种类，则要收集一定范围内所有打印（复印）机的打印（复印）品样本，包括近期的或以前的打印（复印）品样本；若检验要解决的问题是确定具体打印（复印）机，则最好能提交可疑的打印（复印）机，对不能提交打印（复印）机的，一般是收集一定数量的嫌疑打印（复印）机的打印（复印）品样本，包括平时样本或实验样本；若检验要解决的问题是确定具体的打字人，则应收集嫌疑人各个时期打印的能反映出打字人习惯的平时样本。必要时，经领导批准，也可收集实验样本。

## 四、文件检验的委托与受理

### （一）委托与受理文件检验的手续

文件检验主要是为诉讼活动提供服务的，这就决定了它的委托与受理必须依据法律、法规执行，履行严格的手续，以保证其合法性。

按照有关规定，刑事案件在不同的诉讼阶段分别由公安机关、检察机关、人民法院批准是否委托鉴定，批准机关的级别为县级以上机关；民事案件在不同的诉讼阶段由人民法院、人民检察院决定是否委托；涉及检举、控告问题时，必须经地市级以上（含地市级）党委、政府或纪检监察部门批准。除此之外，一些尚未立案（或不够立案条件），但怀疑有违法违纪行为的问题也可经有关主管单位批准委托。律师或当事人的委托尚无明确规定，应慎重对待。在委托与受理环节需做到以下几点。

（1）鉴定机构应取得从事司法鉴定/法庭科学领域中文件鉴定的资质。

（2）鉴定机构应指派具备文件鉴定专业技术知识的人员受理鉴定委托（以下简称受理人）。

（3）受理人应在委托人提供了介绍信、委托书等委托手续，并出示了能够证明其身份的有效证件的前提下，启动鉴定受理程序。

所有委托鉴定必须办理委托手续，要有正式的介绍信或公函，有条件的还应出具鉴定委托书。委托书应写明案件名称、送检材料、送检对象、鉴定要求等情况。鉴定部门和鉴定人应严格按照上述规定受理鉴定，无委托手续的概不受理。

### （二）了解与鉴定有关的情况

#### 1. 了解与鉴定有关情况的途径

委托单位送检鉴定时，应主动向鉴定人介绍与鉴定有关的情况，包括案件发生的时间、地点；案件发生的过程与后果；文件物证及有关样本的提取、收集、保存情况；已经进行的技术鉴定的结果等。了解与鉴定有关情况的途径如下。

（1）委托方对与鉴定相关情况的介绍。

（2）有关人员的当面陈述。

（3）查阅有关的案件卷宗。

（4）实地勘验和调查。

#### 2. 了解与鉴定有关情况的内容

鉴定人受理案件时，应根据案件的不同情况，重点了解文件形成的正常过程，实施犯罪可能采取的手段及其具备的基本条件。在民事案件中，还要重点了解当事人对文件物证争议的焦点和有关人员对文件制成情况的具体陈述。宜了解与鉴定有关的如下情况。

（1）案件发生的经过、性质、争议的焦点及其他相关情况。

（2）有关当事人对送检材料的形成过程及发现、提取等情况的陈述。

（3）提出鉴定的当事人的有关情况，以及检材中争议的内容和提出鉴定的理由。

（4）非首次鉴定的，了解历次鉴定的情况。

（5）与检材文件内容相关的其他情况。

在听取与了解鉴定有关情况的过程中，鉴定人认为可能对鉴定结果产生影响的重要情况，应要求送检单位出具公函或通过送检单位要求当事人出具书面材料予以说明。

（三）审查送检材料

一般情况下，送检人应开列送检文件、物品清单，注明名称、数量、来源、提取方法、保存条件等情况。鉴定人应依据清单逐一审查、核对，明确需要检验的对象、范围，核实样本的可靠性，避免与无关样本混淆，审查送检材料是否满足了鉴定需要的条件。

1. 对检材的审查

对检材情况的审查，应包括以下几点。

（1）检材的来源：检材的提供、发现及保存等情况。

（2）检材的数量：检材有多少册、份、张、页等具体数量。

（3）检材的状态：检材上需鉴定对象的状态是否明确，有无破损、污染等迹象。

2. 对样本的审查

对样本情况的审查，应包括以下几点。

（1）样本的来源：样本的书写人是否明确等情况。

（2）样本的性质：样本是否为自然样本或实验样本，案前样本或案后样本及样本标称时间等情况。

（3）样本的数量：样本有多少册、份、张、页等具体数量。

（4）样本的状态：样本状态是否明确，有无存在破损、污染等迹象。

3. 其他需审查的内容

（1）初步审查检材的鉴定条件和样本的比对条件，若检材和样本的状态不明确或存疑，应与委托方联系确认，并记录有关情况。

（2）需补充样本的，应将有关要求告知委托人，并协商补充样本的时限，补充样本所需的时间不计算在鉴定时限内。

（3）需当场提取样本的，应按照规定要求制作实验样本。

（四）明确鉴定要求

明确鉴定要求最关键的是要了解送检单位要求解决什么问题，即鉴定要求，以及解决该问题对于澄清有关事实的实际意义。此阶段要做到如下四点。

（1）应了解委托方具体的鉴定要求，以及通过鉴定需要证明的具体事项。

（2）对于鉴定要求不明确或不准确的，应向委托方提供技术咨询。

（3）送检材料的标识不应影响检材和样本的状态和性质。

（4）检材宜采用专用标签纸进行标识，不应在检材的正面直接进行标识。

检材的标识方法如下：（1）检材编号：可采用“案号 + 检材 + 阿拉伯数字”的方式进行唯一性编号，可用大写字母“JC”代表“检材”。（2）检材数量：可用“册”“份”“页”“张”为单位来表述，系册和份的，应标明具体的张数或页数，用“ × 份 × 页”表示；单页的（不分形状和大小）均用“1 张”（或“1 页”）表示。（3）检材状态：应说明检材上需鉴定对象的状态，若状态不确定，可标明“待定”；若有破损、污染等现象，应记录有关情况。（4）标识人和日期。

样本的标识方法如下：（1）样本编号：可采用“案号 + 样本 + 阿拉伯数字”的方式进行唯一性编号，可用大写字母“YB”代表“样本”。（2）样本数量：可用“册”“份”“页”“张”为单位来表述，系册和份的，应标明具体的张数或页数，用“ × 份 × 页”表示；单页的（不分形状和大小）均用“1 张”（或“1 页”）表示。（3）样本状态：应说明样本上供比对对象的状态，若样本状态有疑问，应记录有关情况。（4）标识人和日期。

（五）送检材料的登记与管理

决定受理之后，鉴定人应与送检人当面清点、验收送检材料，并要求送检人填写委托鉴定登记表。委托鉴定登记表是鉴定部门普遍使用的收案登记表，通常包括送检日期、送检单位名称、送检人姓名、案件名称、案件性质、简要案情（包括发案时间、地点，受害人、犯罪嫌疑人或原告、被告的姓名、性别、年龄、职业）、送检材料（包括来源、提取时间、地点、名称、数量、性状、色质、包装）、鉴定要求、原鉴定情况、鉴定结果、检材、样本处理情况等内容。送检人应按表格项目内容，认真、如实填写。有关鉴定结果、检材、样本处理情况等项目，由鉴定人完成鉴定之后填写。委托鉴定登记表最终将存入鉴定档案。

送检材料一经进入鉴定部门必须妥善保管，可根据送检材料的具体情况选择适当的保存、保管方式。严禁发生污染、损坏、丢失送检材料的情况。

依据送检要求必须损坏送检材料的，应事先征得送检单位、送检人的同意并履行有关手续后方可实施，实施前应对送检材料拍照或复印，以保护其证据价值。从受理到初检、复检直至审批，都要有严格的交接手续，退还时应要求送检人签字。需通过邮寄退还的，须经机要或与委托人约定的方式邮寄。

## 五、文件检验前的准备

### （一）设计检验方案

在实施检验之前，鉴定人应根据送检要求和送检材料的具体情况周密思考解决问题的途径和方法。如送检材料不多，需解决的问题比较简单并有现成的程序方法，则可不必设计专门的检验方案。但对于送检材料较多，需解决的问题较复杂或者有难点问题，作案手段蹊跷的案件，则需要反复研究，周密安排，防止随意性与盲目性。设计检验方案将为顺利完成鉴定任务提供有效的保证。

设计检验方案时，应根据文件物证的实际情况，紧紧围绕鉴定要求，考虑多种可能影响结果的因素，设定出几种可能作出的不同结果，然后设法证明或排除某种可能的途径和方法，并合理安排各检验方法、项目的实施顺序。合理安排检验顺序的原则是：无损检验优先，对后续检验无影响或影响小的项目优先，不消耗或少消耗检材的方法优先，检验效果好的方法优先。

### （二）复制检验材料

在文件检验中对检验材料的复制主要包括以下几个方面的内容。

1. 完整的拍摄或复印文件物证

在实施检验之前，鉴定人应视文件物证的具体情况，采用照相或复印、扫描的办法固定文件物证的全貌。特别是在检验中有可能污染、损坏文件物证时，这一点显得尤为重要。在文件检验工作中，有许多检验需通过图像比对，而检验规则又不允许在文件原件，特别是文件物证原件上标示特征，这就要求检验人在检验前复制供检验用的材料，用于剪辑制作笔迹特征比对表、印章印文比对表等。对于检验中使用的样本，可视其数量全部或部分复制，重要样本一定要复制。复制检验材料的数量至少要两套，一套附于鉴定书或检验报告之后，另一套则存档备查。

2. 制作实验样本

在文件检验工作中经常遇到送检实物样本的情况，如打字机、打印机、复印机、传真机、速印机、印章等，鉴定人应根据文件物证的具体情况，用实物样本制作供检验用的实验样本。在一些案件中，由于送检的笔迹、录音样本条件较差，鉴定人也可要求当事人按照设定的条件书写、录制实验样本。在文件物质材料的检验中，鉴定人也可模拟文件物证的用料、制作方法和使用保存条件，制作实验样本。在实验样本的制作过程中，应遵循以下几点。

（1）根据检材的具体情况，策划实验样本的制作方案。

（2）根据制作方案制作相应的实验样本，制作的实验样本应具有可比性。

（3）制作的实验样本应由提取人、有关当事人或其他在场见证人签名确认。

（4）对于常见类型的实验样本或有特定用途的实验样本，宜根据需求制作相应的样本提取表。

（三）准备检验器材

按照检验计划，鉴定人在实施检验之前应准备好所需的工具、仪器、材料、试剂，还包括为固定检验结果所必需的摄影仪器和器材，并使之处于良好的待用状态。防止使用时现找或使用失效的器材而影响检验效果。

## 延伸阅读

### 文件检验专业实验教学改革措施

**一、聚焦实战，实验内容与时俱进**

实验内容陈旧是阻碍文件检验实验教学发展的重要原因。这些陈旧的实验内容占据了大量的实验学时，也影响了学生对新事物的了解。改革传统型实验内容，增加适用于新时代环境的实验内容，是当今文件检验实验教学改革的首要课题。对墨水、圆珠笔类相关的实验内容可以进行适当的删减，替换成当今案件频发且常被大众所使用的书写类工具笔。比如，随着一种新型的可擦写笔的风靡，利用其可擦写功能进行犯罪的案例逐渐增多。因此，可以设计关于此类新型可擦写笔的相关实验内容，这样可以使实验内容与时俱进，体现时代特征。具体实验方法为对经过可擦写笔修改过的文件进行鉴定，确认被可擦写笔修改过的部分，并对隐藏内容进行显现，找出快速无损的显现方法。另外，光学检验法是当前文件检验鉴定中最常使用的检验方法。因此，减少对检材有破坏性的化学类相关实验，增加光学检验类相关实验内容也能够促进实验内容推陈出新。而且光学检验实验内容的增加也符合文件检验未来发展的趋势。

**二、引进技术，多媒体教学强化效果**

随着科技的不断进步以及数字化技术的飞速发展，多媒体教学方法已在各大高校中被广泛使用。利用多媒体可以使教材中的内容从二维空间的文字和图像以三维空间的形式将图像、声音、文字和动画有效地组织起来，使课堂更加生动的同时激发学生的学习积极性和学习热情。比如，在介绍打印机、复印机的工作原理时，从纸质版教材上很难理解其工作原理，而利用多媒体通过动画的形式把打印机、复印机的工作原理展现出来则更通俗易懂。学生在观看动画的同时也学习了知识。利用多媒体展现出的文件检验实验实训材料，通过多媒体数字化手段生成的朱墨时序中的油墨印泥叠加效果相比二维平面的纸质材料所展示的效果有着质的飞跃，让朱墨时序的判断特征点一目了然，笔画交叉先后顺序也能以立体效果更加直观地表现出来。由此可以看出，多媒体教学方法不但可以展现出二维平面纸质版实验材料所无法呈现出的特征点，而且解决了纸质材料保存难、易受环境影响等问题。2018 年，中国刑事警察学院文件检验技术系率先建成了多媒体文件数字化检验实验室。多媒体文件数字化检验实验室由立体显微镜，平板电脑和多媒体互动系统组成。立体显微镜的出现改变了传统的利用马蹄镜对实验材料进行观察的落后方式，不仅可以自由放大观察实验材料，便于学生更加直观地观察实验材料的特征点；还可以利用平板电脑的高分辨率显像方式对实验材料进行拍摄，方便保存电子图片和建立电子案例数据库。另外，多媒体互动系统实现了教师与学生之间的互动。教师可以通过主机来观察和确认学生的学习情况。学生遇到不理解的地方也可以反馈给教师，教师可通过主机实现一对一的解答，从而实时了解学生对实验内容的掌握情况。

**三、创新方法，多模式提升质量**

创造对抗型教学模式是改变当前文件检验实验教学模式的最佳方式。首先改变传统的提出问题型教学模式，由学生自己思考创造实验材料，再以对抗的形式通过各种方法制作出尽可能难住对方的实验材料。比如，在笔迹检验实验课上，由学生自己通过伪装笔迹、模仿笔迹、非正常笔迹等方法制作合同、文件等；在污损印刷检验实验课上，学生自己通过换页、添改等方法制作模拟案件材料。之后再把这些实验材料交叉打乱，让学生互相鉴定对方制作的材料哪里有问题。创造对抗型教学模式既可以促使学生养成自己提出问题、自己思考、自己行动的习惯，又能培养学生发现问题、分析问题和解决问题的能力，也使学生更加容易将自己置身于课堂之中，促进学生间的互动，使课堂更加生动。另外，再结合获得广泛关注的“翻转课堂”和“261课堂法则”教学模式，将学习的决定权从教师转移给学生。在“翻转课堂”教学模式下，学生有更多的时间来完成实验操作，从而能够更好地投入实验中。教师不再占用课堂的时间来讲授信息，这些信息需要学生在课前完成自主学习，他们可以看视频讲座、听播客、阅读电子资料，还能与其他同学讨论，能在任何时候去查阅需要的材料。教师也能有更多的时间与每个学生交流。“261课堂法则”教学模式即课堂45分钟按照2∶6∶1的比例分为“10+30+5”，教师的讲课时间不超过20%，学生自主学习占70%，剩余10%用于课堂成果评测。教师仅用10分钟讲解实验内容，学生用30分钟来完成实验内容，最后教师利用5分钟对实验课程进行讲解和总结。

创造对抗型教学模式结合“翻转课堂”教学模式和“261课堂法则”教学模式，多种模式共存使教学模式从教师主导课堂变成学生主导课堂。使学生把更多的时间和精力投入实验实训中，充分体现出了“教、学、练、战”一体化模式的精髓，拓宽了学生的学习思维，激发了学生的团队意识和创造力。

——刘心来、李震：《公安院校文件检验专业实验教学改革探究》

# 第二章 笔迹鉴定的科学基础

## 第一节 笔迹与书写动作

### 一、笔迹的概念

笔迹是书写人运用书写工具、按照一定的书写规范，通过书写活动在书写载体上形成的文字、符号、图形、图案、绘画等书写符号系统。笔迹是书写符号系统的表现形式，是书写动作的反映。从笔迹的形成来看，笔迹是书写人根据文字符号和其他符号的书写动作规范，通过书写运动器官运用书写工具在书写面上运动所形成的动态痕迹。书写字迹是通过书写技能的练习实现的，任何人通过练习掌握书写技能必然形成相应的书写习惯，而笔迹鉴定正是以书写习惯的个体特定性和稳定性为基础的。必须明确的是，并非任何笔迹都可以成为笔迹鉴定的对象，只有形成了书写动作习惯的人书写的笔迹才能成为笔迹鉴定的对象，而那些未形成书写技能和习惯的笔迹不具备笔迹鉴定的条件。

通常，笔迹的表现形式主要是文字符号，但不仅限于此，还包括标点符号以及社会各行各业具有表意功能的各种符号。笔迹一般是手写形成的，但有的是用特殊器官执笔书写形成的，如用脚趾夹笔书写、牙齿咬笔书写等。但是在特殊情况下，使用非正常的工具在特殊承受客体上也能够形成字迹，如用刀、棍、石等在墙面、树干、瓜果表面等也能形成字迹。通常情况下，笔迹形成的承受客体是纸张，但也可以是各种物面，在不同物面上形成的字迹会产生不同的变化。

由于书写方式不同，可以把笔迹分为正常笔迹、变化笔迹和伪装笔迹。在电子技术普遍运用情况下出现了电子笔迹，尤其是电子签名笔迹，这成为笔迹鉴定新的对象。电子笔迹的动态信息和形态信息能够被全面的存储，这有利于深入地认识书写习惯，实现笔迹的自动识别。同时，应充分认识到，笔迹是书写人能够支配其形成的动态痕迹，因此其在故意伪装书写时会发生变化，而且容易受到客观条件影响而发生局部改变。所以，通过笔迹进行的书写人同一认定是在一定条件下实现的，相较于其他痕迹的同一认定，其鉴定难度较大。

笔迹形成的动态性是认识笔迹特点和书写习惯的基础和关键，通过借助数据与人工智能技术对笔迹进行解析，系统地认识和运用笔迹的动态形成要素、方式和特点，是现代笔迹鉴定理论和技术发展的主要方向。

## 二、书写动作的要素

根据心理学对书写动作的研究，书写动作的要素是指书写力和书写动作的形式。

### （一）书写力

书写力是指书写运动器官支配书写工具或自身运动时克服阻力所需要的力量。书写活动一般需要书写工具，但在特殊情况下用手指、手掌蘸血、墨或在灰尘物面上书写可形成加层或减层的字迹。在笔迹鉴定理论中，对书写力的研究包括两个方面：一方面是对书写力习惯的研究，另一方面是对书写力作用方式的研究。前者研究个体书写力习惯的特性及其构成，而后者研究书写工具、方式变化情况下书写力的表现形式规律及特点。书写力习惯由笔压（硬笔的笔迹抑压力）和笔力两个层次的特征构成。笔压是指完成单字（词）书写动作系统的书写力总的轻重状况，而笔力是单字（词）书写动作系统中具体动作的书写力轻重变化及其分布的状况。在书写规范中，没有关于书写力量的轻重规范，因而书写力习惯是书写人在书写过程中无意识形成，并随书写动作系统形成而被特定化。这表明当书写活动正常时，书写力的表现正常自然，而书写活动发生变化时书写力也必然发生相应的变化。所以，书写力及其习惯在笔迹鉴定中具有重要的意义。

（二）书写动作的形式

书写动作的形式包括动作的方向和幅度两个方面。书写动作的方向是指书写运动器官及其书写工具是否指向所要达到的目的；而书写动作的幅度则是指书写运动器官及其书写工具运动距离的长短。书写人进行书写练习时，不仅不需要精确地感知和控制书写动作的方向和幅度，而且在不借助工具的情况下，书写人也不可能精确地感知和控制书写动作的方向和幅度。这是同一人前后书写同一个汉字或不同人书写同一个汉字形态不同的基本原因，也是笔迹特征差异形成的基本原因之一。书写动作的方向与幅度在连续运动状态下就形成了动作“轨迹”，因此对“轨迹”特点的系统解析是认识书写习惯的基础。

## 三、书写动作系统

每一个书写人都形成了一定的书写动作系统。在书写动作系统中存在两种书写动作方式，即技能动作与习惯动作。同时，技能动作与习惯动作是书写动作系统形成的标志。或者说非技能动作和非习惯动作不属于书写动作系统的动作，因此所形成的笔迹不是人身同一认定的对象。在个体书写练习过程中，书写规范是书写动作系统构建的标准，而书写动作要素是书写动作系统形成的基础。在书写动作系统中，笔画或字母、部件是组字或组词的基础性、通用性的书写动作，因此它们在一定的范围内具有重复再现性和规律性。单字书写动作系统是由表现字形的书写动作和连接动作构成的，表现字形的动作必然形成笔迹，连接动作有的表现为笔迹，有的则不表现出来。由于一个单字书写动作是一个系统，不同单字书写动作系统的集合构成更大的书写动作系统，同时笔画或字母、部件是组字或组词的基础性、通用性的书写动作，具有把不同单字的书写动作连接起来的特点，因而个体的书写动作系统是一个以单字动作系统为主要构成基础的锁链式动作系统，其书写习惯存在于书写动作系统的各个方面。

从习字的过程和文字、布局的自身特点来看，书写动作系统由单字书写动作系统和书写文字布局动作系统组成。不同人的单字书写动作系统的数量构成是不同的，书写文字布局动作系统的种类形式也不相同。在正常情况下，一个复杂的单字书写动作系统所具有的书写动作习惯能够满足书写人同一认定的需要，而单字的书写动作系统数量越多则鉴定条件越好；书写文字布局动作系统所具有的习惯仅是书写人同一认定的补充因素，而不是必备的因素。在伪装变化笔迹中，单字书写动作习惯的反映被歪曲，因此需要一定数量的单字书写动作习惯组合以及可能的文字布局习惯补充才能满足书写人同一认定的需要。

## 第二节　书写动作习惯

### 一、书写技能的概念

书写技能是指书写人在书写练习文字过程中所形成的具有自动化和完善化的书写动作系统。书写技能是书写条件反射的产物。书写人在识字练习和运用书写技能的过程中，通过文字的音、形、义的刺激及其支配书写运动器官的运动，必然会在大脑皮层高级神经中枢之间以及其与书写运动器官之间逐渐建立起一种巩固的并达到自动化和完善化的神经联系。

### 二、书写技能的种类与属性

（一）书写技能的种类

书写技能是依据一定的文字构形规范和书写规范，经练习以后形成的，因而按不同的文字构形规范和书写规范进行练习所形成的书写技能表现为不同的种类。通常，汉字书写是以楷书为基本规范的，书写人一般都掌握了楷书的书写技能，但是有的书写人还练习书写了隶书、草书、宋体、仿宋体、黑体等书体，因而形成不同种类的书写技能。当然，不同种类的书写技能之间往往存在一定的联系，因为不同种类的书写技能是在一定种类技能基础上练习形成的，所以在不同种类的书写技能之间存在一定的共性。书写人是否掌握了某种书写技能对书写人范围的种属识别具有一定的意义。

（二）书写技能的属性

书写技能是书写动作系统化的标志。由于书写技能本身存在水平高低和种类的区别，书写技能就具有种属的特性。有的书写人书写技能的熟练程度高，而有的书写人熟练程度低；有的书写人具有的单字书写动作系统数量多，而有的书写人数量少；有的书写人掌握了多种书写技能，而有的书写人只掌握了一种书写技能；还有的书写人掌握了多种文字布局形式，而有的书写人只掌握了一种文字布局形式。这些表明书写人的书写技能具有种属特性，而在一定条件下根据其种属特性状况能够排除嫌疑书写人或为认定嫌疑书写人提供依据。

## 三、书写动作习惯

### （一）书写动作习惯的概念

在书写技能的形成过程中，由于书写人生理、心理、病理、书写的环境条件以及学习和练习的时间、强度等的不同，衍生出来一种具有个体性的特殊的书写动作方式，这种动作方式就是书写动作习惯。所以，书写动作习惯是人们在练习文字符号和其他符号的书写动作系统过程中所形成的，并在重复书写时必然表现出来的脱离了规范书写动作系统的种种特点。

书写动作习惯有广义和狭义之分，广义的书写动作习惯是指书写活动本身及其相关的各个方面的习惯，包括书写动作习惯、文字布局习惯和书面语言习惯三个方面。狭义的书写动作习惯仅指书写动作习惯，即书写动作系统中存在的，能够通过笔迹直接反映的书写动作习惯。书写动作习惯由单字书写动作习惯、文字布局动作习惯组成，而物证笔迹在多数情况下所反映的是一定数量的单字动作习惯及其文字布局动作习惯的集会形式。单字动作习惯是由不同层次的具体习惯层次构成的，并且不同层次的书写动作习惯之间是有机联系的，它们之间的有机组合构成了一个具有个性的习惯体系。

### （二）书写动作习惯的种类及构成

1. 单字书写动作习惯

书写每一个单字（一画字除外）都形成一个相对独立的单字书写动作系统，这是由每个汉字自身的独立构形决定的。多数通用的汉字为四画或两个部件以上的独体字或合体字，因而它们动态的系统具有相对的复杂性。单字书写动作系统必然形成相应的书写动作习惯。鉴定实践证明，在正常情况下，一个复杂的汉字书写动作系统中所具有的书写动作习惯能够满足同一认定书写人的需要。所以单字书写动作习惯是书写动作习惯体系构成的基础。确立汉字单字动作习惯的概念及其理论的目的在于科学地解决少量字、单字笔迹鉴定的科学基础问题。

2. 文字布局习惯

文字布局习惯存在于文字布局书写动作系统之中，也属于动作习惯的范围。文字布局以单字、字行、字页为构形要素，通过连续的书写动作的运动，从而形成书写动作系统及其相应的书写动作习惯。文字布局动作系统的结构关系比单字书写动作系统简单，而空间位置安排距离比单字书写动作系统大，因而形成的习惯特性构成及价值比单字书写动作系统所具有的习惯特性构成及价值低。

3. 书写动作习惯体系

书写动作习惯体系是由单字书写动作系统、文字布局动作系统所组成的集合体。因为我们不能证明个体的书写动作习惯总的集合构成状况，而只能通过物证笔迹所反映的书写动作习惯来确定个体的书写动作习惯体系，所以书写动作习惯系统具有反映性和实证性的特点。因此，在理论上个体书写动作习惯构成体系的存在只能是推论性的，而通过物证单字、文字布局所反映的书写动作习惯集合体才是实在的书写动作体系。笔迹书写动作习惯体系的数量状况决定笔迹鉴定的条件。

## 四、书写技能与书写动作习惯的形成

书写技能与书写动作习惯的形成一般经历识字描摹、练习提高和书写自动化三个阶段。在不同阶段书写动作的水平及特点表现不同，这种不同与书写人的书写练习时间、强度以及生理和心理等形成条件反射的因素密切相关，而这些因素在书写活动中的作用通常是与书写人的年龄和受教育的程度密不可分的。

书写技能与书写动作习惯的形成有一定的标志，其标志为：书写动作具有协调性、准确性、适应性及其书写形式的多样性；书写动作在实现时无须有意识地支配和控制，视觉的控制减弱，而动觉的控制增强；书写动作的体系已经建立。书写技能与书写动作习惯的形成有一定的区别，其区别如下：书写技能是在书写人有意识的练习过程中形成的，而书写动作习惯是在书写人无意识的情况下形成的；书写技能没有人与人之间的特定性差别，只有种类性的差别，而书写动作习惯具有人与人之间的种类性差别和特定性差别。

书写技能与书写动作习惯形成以后，单字书写动作、文字布局动作系统已形成一个体系。在动作系统中，整个动作都已程序化、锁链化了，一旦动作被刺激引起，整个动作体系就会一环扣一环自动地再现出来。但是书写动作自动化并非不受书写人意识的控制，书写人在书写动作的实现过程中，仍然能对书写动作进行有意识和有目的的支配和控制，或者说书写人仍然可以临时地或永久地改变书写技能的状况和书写动作习惯的部分，甚至整个书写动作习惯体系。

## 第三节　笔迹鉴定的科学基础

### 一、笔迹鉴定的科学基础

书写动作习惯是笔迹鉴定的客体。科学鉴定的原理表明，客体的特殊性、稳定性及其反映性是鉴定的科学基础。笔迹学研究及其鉴定实践表明书写动作习惯具有特殊性、稳定性及反映性。

### 二、书写动作习惯的特殊性

#### （一）书写动作习惯特殊性的概念

从理论上说，书写动作习惯的特殊性是指每个人的书写动作习惯体系都是特定的，与其他任何人都不相同，或者说每个人的书写动作习惯形成以后，其由单字（拼音文字的字母和词）、文字布局及其集合体所构成的书写动作习惯体系具有人各不同的特殊性。从实证的角度来说，书写动作习惯的特殊性是指单字书写动作习惯以及一定书写动作习惯的集合体具有人各不同的特殊性。

#### （二）书写动作习惯的构成及特定程度

从广义上讲，书写动作习惯的特定性是通过可以感知的书写动作特征和文字布局特征决定的。所谓书写动作特征，是指在一篇笔迹的单字或字组成部分和笔画中由书写运动决定的带有规律性的形态特征。文字布局特征，是指构成一篇笔迹中的单字、词句分布和格式方面的带有规律性的空间特征。上述两个方面的特征共同反映个体书写动作习惯的特殊性。但它们在体现书写动作习惯特殊性中的地位不同。在书写动作习惯中，单字书写动作习惯是核心，是笔迹特征普遍反映的成分；单字习惯的总和具有较强的特殊性，因此其反映出来的笔迹特征是笔迹检验的主要依据。文字布局动作习惯是另一种表现形式，其所反映出来的特征一部分是以前者的存在为基础，是从前者派生出来的，可以作为认定书写人同一的辅助依据。在鉴定实践中，如果被鉴定的笔迹文字布局特征与嫌疑人的样本特征相同，而书写动作特征不同，则不足以认定是嫌疑人书写；如果被鉴定的笔迹书写动作特征与嫌疑人样本相应的笔迹特征相同，而文字布局特征没有反映，或者表现为不同，则仍可作出同一认定书写人的鉴定意见。

#### （三）书写动作习惯特殊性形成的原因

书写动作习惯特殊性形成的原因可以概括为：在人们共同学习和书写练习某种文字符号的书写技能的过程中，由于书写人的生理、心理、学习和练习的时间、强度以及环境条件等的不同，使每个人所接受的单一和重复的书写刺激及其反映方式特点等也不同。这种不同导致形成的个体书写动作习惯自动化锁链系统具有特定的本质。

#### （四）书写动作习惯的意义

书写动作习惯是由单字书写动作习惯、文字布局动作习惯组成的，其中单字书写动作习惯的特定性最强。在书写动作习惯的组成中，不同方面和不同层次的书写动作习惯，有的个性强，有的共性强，而书写动作习惯体系正是由不同特定程度、不同层次和不同方面的书写动作习惯组成的。不同方面的书写动作习惯的特定程度不同，决定了它们在鉴定中的价值不同，其中单字书写动作习惯中的局部（细节）动作习惯价值最高，而书写动作的一般状况和文字布局动作习惯的价值则相对较低。

### 三、书写动作习惯的稳定性

#### （一）书写动作习惯稳定性的概念

书写动作习惯的稳定性，是指书写动作习惯的特殊性在一定的时期内保持相对稳定而不发生根本改变的属性。书写动作习惯稳定性是鉴定人认识书写动作习惯特殊性的必备条件，如果书写动作习惯没有稳定性则其特殊性难以被认识，因而也就不可能进行科学的鉴定。在书写动作习惯体系中，已经形成书写动作习惯的书写人练习时间越长，强度越大，其书写动作稳定性越强，反之则越弱，而需要进行长时间和高强度练习的是单字书写动作习惯，因而单字书写动作习惯的稳定性较强，而文字布局动作习惯的稳定性相对较弱。

（二）书写动作习惯稳定性形成的原因

书写动作习惯稳定性形成的原因主要有两方面：一方面是经过反复的练习和运用强化使书写条件反射系统形成了书写动力定型，而动力定型一经形成就具有锁链性、牢固性和守旧性，因而定型化了的条件反射系统本身具有稳定性；另一方面是书写动作习惯形成以后，受书写人的注意力和意志力有限性的影响，书写人难以对复杂的书写动作体系，尤其是单字书写动作习惯的各个方面和各个层次进行完全的改变。

（三）书写动作习惯稳定性的阶段及意义

书写动作习惯的稳定性因受书写人生理、心理或定型程度等的影响，而使其稳定的程度具有阶段性。在儿童和少年阶段，因处于不断练习过程中，书写动作习惯的稳定性较差；青年人的书写动作习惯的稳定性较高；中壮年人的书写动作习惯最稳定；老年人的书写动作习惯的稳定性较中壮年人的稳定性差。书写动作习惯的变化是绝对的，但是该变化是一种渐变，是一定时期内局部的变化，而不是根本性的改变。认识书写动作习惯的稳定性对正确地收取笔迹鉴定样本，分析确定笔迹特征，分析书写人的年龄、文化程度、职业身份等特点，以及审查和评断鉴定意见等都具有重要的意义。

## 四、书写动作习惯的反映性

（一）书写动作习惯反映性的概念

书写动作习惯的反映性，是指每个人的书写动作习惯的特殊本质都会必然通过笔迹反映出来的客观属性。书写动作习惯的特殊本质通过书写活动物化于具体的笔迹特征之中，或者说笔迹特征是书写动作习惯的反映。

（二）书写动作习惯反映性的特点

书写动作习惯是一个由不同方面、不同层次、不同价值的各种习惯所构成的有机联系的总和体系。不同的书写动作习惯是在不同的书写对象及其书写形式和要求中产生和形成的，因而具体的书写动作习惯只能通过再现具体的书写对象及其书写形式和要求才能反映出来。所以，书写人书写相同或不相同的字迹越多，组合形式越多样，则书写动作习惯的反映越充分，反之则越不充分。书写活动具有随意性，即书写人可以有意识、有目的地支配和控制书写活动。书写人对笔迹的支配和控制的状况取决于书写活动的目的，如果书写人是为了实现某种非法的目的，则会调节注意和意志直接地控制书写活动达到改变笔迹特征的目的，这种改变称为伪装书写；如果书写人为了满足正常的书写需要，或适应特殊的书写客观条件而有意识或无意识地调节和控制书写活动从而导致笔迹特征的局部变化，这种改变是正常的适应性书写，其变化也属于正常的变化。值得注意的是，书写人故意伪装书写除长时间练习摹仿书写外，都是一种临时性的反映变化，这种变化的程度与伪装书写人的书写水平、采用伪装手法、一次性伪装书写字迹的多少、伪装书写条件等有关。通常，伪装程度的高低与鉴定难度成正比；鉴定条件优劣与鉴定难度成反比。

为了更进一步地说明书写动作习惯的反映性，我们将在“影响笔迹形成的因素”一节中进行详细的分析说明。

## 第四节　影响笔迹形成的因素

### 一、影响笔迹形成的主客观因素

任何物证笔迹的形成都有其相应的主客观条件。有的笔迹是在正常或基本正常条件下形成的，有的则是在非正常的条件下形成的。非正常的书写条件既包括人为故意的不正常情况，也包括客观不利的书写情况。这些非正常的书写条件都会干扰和影响书写活动过程，从而使笔迹发生变化。所以，笔迹检验必须首先分析物证笔迹的形成条件，这是保证客观检验和作出正确鉴定意见的基础和前提。

### （一）书写人身心条件对笔迹形成的影响

#### 1. 书写器官损伤等疾病的影响

书写器官是书写活动的具体执行者。虽然书写运动并不需要启动全部的指力和腕力，但如果上述器官损伤，重则丧失书写能力，轻则虽尚能书写，但由于握笔不稳，指、腕、臂各部分不能协调配合，书写动作异常，难以精确地表现书写运动的轻重疾徐、抑扬顿挫的节奏和字体结构形态，必然使笔迹出现一些反常的特点。书写器官损伤的类型有多种，如手部外伤、手指残缺、风湿关节性疾病、中风造成的手部麻木等。因致病原因不同，手部的症状有别，笔迹的变化也不同。一般会出现字形较大、笔力轻浮、结构松散、明显且较均匀的抖动并伴有多余的小动作，笔画不时出现中断、补笔、修描等现象。

书写人患有大脑疾病、其他与人的神经功能有关的疾病以及身体极度虚弱都会影响书写活动的实现，如帕金森综合征、老年痴呆等都会影响书写动作的实现，导致笔迹发生明显的变化。但是案件中涉及的严重疾病患者的范围相对有限，因而病理性的笔迹特点是缩小书写人范围的依据之一，同时病理性笔迹不易伪装，难以被摹仿。

#### 2. 生理机能老化的影响

一个人要完成书写活动过程，不仅需要心理活动的积极参与，更离不开生理机制这个物质基础。然而，人到了老年以后，往往与书写运动有关的机体器官开始逐步老化，并且书写人书面交际的需要也明显减退，有的长时期很少从事书写活动，使原来建立的书写动力定型的暂时联系系统得不到继续强化，因此，书写技能必然会出现程度不同的退化现象。该类笔迹一般会出现书写水平普遍降低、布局不够整齐、字形变大、结构松散、运笔滞重、笔画间缺乏照应、起笔不稳、收笔拖拉、笔力平缓并伴有抖动的现象，有时还会出现偶然性的错字、别字，个别笔画有断笔、重描的现象。

#### 3. 精神病的影响

精神病患者大多不按格线、不拘法度地进行书写，其书写的字迹字行倾斜、弯曲，行距、字距不匀，这是精神病患者思维障碍形成的一些异常的、混乱的思维程序造成的。精神病患者的笔迹很少有工整、严谨的，大多写得潦草、放纵、随意、字形偏大。特别是躁狂症患者，其思维速度加快，书写速度相应提高，连笔动作增加，字迹显得更加潦草。精神病患者的笔迹，由于大脑功能紊乱，书写运动失衡，无论速度快与慢，都或多或少地出现抖动、笔画不稳现象，有时由于其感知发生障碍，自认为某些字异常重要，还不规律地对字或笔画进行重描、加粗。精神病患者笔迹中经常出现错别字或生造字，错字多为多笔少画或颠倒偏旁，别字多为形近别字，错别字往往时正时误，前后不一致；生造字古怪离奇，非正常人所能出现，脱离具体语言环境不易辨识。精神病患者在标点符号的使用上与正常人相比差别更加显著，有的通篇不使用标点符号；有的滥用、错用标点符号；更有甚者，生造标点符号或大量使用叹号；还有的在文字间穿插一些图画或生造的图形，令正常人难以理解。

4. 醉酒所致的影响

醉酒者书写的笔迹，其变化程度随酒精摄入量的逐渐增多而加大。醉酒者书写的笔迹变化的一般特点是：书写水平明显降低；书写速度较快，连笔增多；字形大幅增大；偶尔发生笔误，造成错别字；笔画僵直生硬；笔力轻重不均，起收笔拖拉。形成这些特点的主要原因是酒精使人兴奋，血液循环加快，自制力减低，肢体动作不协调，手臂颤抖，视觉模糊。

5. 疲劳、情绪等因素的影响

疲劳、情绪低落状态与精力充沛、心情舒畅状态下，书写人书写的注意集中程度不同。注意力是影响书写运动力协调的一个重要心理因素，生理学、心理学的研究表明：人在每一瞬间大脑皮层都有一个明显优势的兴奋区域。由于大脑皮层一定区域产生了优势兴奋中心以及由此产生肌体的各种反射活动，人能够清楚地感应引起优势兴奋中心的各种刺激物。书写活动是一种有意注意过程，心情舒畅时，神经兴奋，注意力集中，能比较准确地认识对象及其局部，注意笔画细节的修饰，因而字迹比较完美。而在疲劳、情绪低落时，书写人大脑往往处于抑制状态，注意力分散，导致出现对书写对象片面、模糊的认识，这在笔迹的全篇布局、连贯程度等方面都有所体现。

（二）外部书写客观条件对笔迹形成的影响

书写活动的外部客观条件是指书写工具、书写衬垫物和书写环境等外界因素，书写人在反常的外界环境条件下进行书写，也会导致笔迹发生相应的局部变化。

1. 书写工具对笔迹形成的影响

常见的书写工具包括软笔、钢笔、圆珠笔、签字笔、铅笔等，不同人对书写工具的选择有偏好。软笔包括毛笔和尼龙笔，由于控制难度较大，不方便携带等，使用它的人数和频率远低于硬笔。但软笔的历史悠久、种类繁多、书写变化大、表现能力强，这是硬笔所不能及的。钢笔字迹笔画痕迹特点：笔画连续平滑、不露白，笔画边缘凹凸不平，呈锯齿状。圆珠笔字迹笔画痕迹特点：笔画不连续、有露白，形成笔画的油墨呈纹络状、网状，起笔处有油墨堆积，笔画边缘平滑、无洇散现象。签字笔字迹笔画痕迹特点：笔画连续平滑，前后字迹纤细一致，笔画边缘有细微的毛刺状洇散。书写工具是否得心应手对书写活动有一定影响，一旦使用不习惯使用的书写工具，就会对书写活动形成干扰，使笔迹发生变化。使用上述不同工具进行书写，运笔的动作会发生变化，导致笔画细节形态特点、字的大小、字的结构等产生变化；不同笔的墨水流畅程度、笔尖光滑程度、笔杆粗细程度等不同，使写字的速度、力度大小、笔画线条流利程度等发生变化。

2. 书写衬垫物对笔迹形成的影响

正常书写的衬垫物一般是纸或光滑平整稳固的桌面，可以为书写活动提供合适的外部环境条件，从而使书写技能可以正常发挥。如果衬垫物不平、不稳、过硬或过软，都会干扰书写活动的正常进行，导致笔迹发生相应的变化。衬垫物过软且不平的情况包括垫在掌心、膝上、他人背上、沙发扶手上书写等。衬垫物过软，笔尖与纸张接触面较大，笔画易粗。由于衬垫物表面不平整，纸张不能与衬垫物表面完全贴合，力的大小难以掌握，笔尖容易划破纸张；同时容易引起字的搭配比例发生变化，起收笔动作难以正常反映出来，并伴随出现运笔抖动弯曲等现象。衬垫物过硬且凹凸不平的情况常见的有在粗糙的窗台、石桌，有裂痕的木桌等不光滑的硬物上书写。衬垫物过硬，笔尖与纸的接触面较小，笔画较细，特别是圆珠笔的书写更为明显。由于承受物表面凹凸不平，笔尖与承受物的摩擦力忽大忽小，要求书写人高度注意控制书写活动，往往要放慢速度，造成笔画僵直、呆板，并出现抖动、断笔、笔画变形、划破纸张等现象。

3. 书写环境对笔迹形成的影响

由坐姿书写训练获得的书写技能，一旦变换成站写、蹲写、侧身写、背手写等不平衡的姿势，虽然仍可完成书写活动，但可对书写技能的发挥产生阻碍和干扰，影响书写运动，造成笔迹的变化。光线对书写活动也有一定的影响，在合适的光照环境下书写，字的大小、字间距能反映正常的书写动作习惯，在较暗淡的光照条件下书写的字会变大，而在特别明亮、刺眼的光线下书写的字会变小。另外，嘈杂的环境、过高过低的桌凳对笔迹的形成也会产生或多或少的影响。

（三）书写速度对笔迹形成的影响

引起书写速度变化的原因通常有四种。一是书写人出于改变笔迹特征的主观故意，采用超出自己习惯的正常书写速度书写，有强行慢写和强行快写两种，也称为故意慢写和故意快写。二是为适应某种字体的规范要求书写，书写速度与字体密切相关，楷书、隶书、仿宋、魏碑体等必须一笔一画慢速书写，行书、草书需要快速书写。三是书写时受客观条件的影响进行书写，如为适应记录的需要而加快书写速度，在较硬的衬垫物上书写、书写工具不流利、纸张较薄等会迫使书写人降低书写速度。四是在不正常的心理状态下书写，如情绪低落或消沉时书写速度降低，情绪激动、烦躁时书写速度加快，恐惧时书写速度易出现时快时慢的变化等。

1. 正常书写的速度变化

随着个人书写熟练程度的提高，可以在个人书写能力的适应范围内，根据需要随意快写或慢写。人们写字由慢到快的基本变化规律是“连、省、简、应”，即出现连笔增多、笔画省略、部件或字形简化、笔画之间和字与字之间照应明显。慢写一般是一笔一画地进行，笔画之间、组成部分之间互不连接；快写时，为了缩短先后笔之间的距离，降低上下笔画过渡时笔尖运行时间，连笔动作增加，导致相关笔画之间、组成部分之间的搭配比例发生变化。慢速书写，笔画之间相对分离，起笔、行笔、收笔基本符合规范，在起收笔和笔画转折处有明显的顿压动作；快速书写时，容易改变相连笔画的运笔方向、弧度和角度，相应部位的顿压动作消失，转折笔画呈圆弧形。慢写除习惯性错写，一般不会减少或省略笔画；快写由于主笔画互相连写，容易把单字中某些细小笔画，特别是组成部分框架内的笔画省略。

2. 伪装书写的速度变化

伪装书写，除强行加快速度书写、练习摹仿高水平字迹外，都会降低书写速度书写，因而书写速度的非正常变化及动作表现对识别伪装笔迹有重要价值。从通过改变书写速度伪装书写来看，包括强行快写和故意慢写两种。

强行快写必然出现强行连笔动作，平时不习惯连笔的部位出现了连笔，连笔的形状、方向易出现异常现象，破坏了笔画之间的正常搭配关系。故意慢写，运笔失去连贯性，连笔动作丧失，随之一些笔画发生变异，一部分笔画的运笔方向、弧度、角度发生变化。故意慢写，书写动作自动化系统受到干扰，出现运笔生涩、呆板，书写熟练程度降低。由常速变为一笔一画书写，单字结构受到影响，破坏了正常的搭配比例关系。

## 二、书写工具与笔痕

书写工具是形成笔迹和笔痕的直接客体。笔迹和笔痕都是书写活动的产物，两者虽密切联系，但笔迹所反映的是书写动作习惯的特殊本质，而笔痕主要反映书写工具的自身特点和使用特点。因为形成笔迹和笔痕的书写动作具有习惯性，所以笔痕所反映的书写工具的特点受书写动作习惯，包括书写执笔姿势、部位与倾斜角度，运笔方式、方向与力度，书写技能与速度等因素的制约；同时受书写工具，包括书写笔结构特点、墨水、油墨与纸张质量等因素的影响。

笔痕特征存在笔迹之中，因而具有系统的特定性。笔痕特征是由人的书写动作习惯特定性和书写工具的特定性决定的，是两者在书写过程中的结合反映。书写动作习惯因人而异是众所周知的事实，同样每一支笔也会在生产和使用过程中形成各自的特点。因此，同一人执不同笔所写字迹、不同人执不同笔所写字迹、不同人执同一支笔所写字迹的笔痕特征具有相互区别的特性。

与笔迹特征的稳定性一样，笔痕特征也具有相对稳定性，表现在同一人执同一支笔在质量相近的纸张上所写字迹的笔痕特征，在相同字上或不同字的相同笔画、相同部位上具有重复再现的规律性。

笔痕特征的特定性和稳定性是相对的，是会有变化的，既不是所有书写工具所写的字迹笔画中都能反映出有鉴定价值的笔痕特征，如毛笔、纤维尖笔等软笔尖笔所写的字迹笔画中就无沟痕，也不是所有承受客体都能反映出笔痕特征，如玻璃、塑料、纺织品、劣质纸张等。总之，人的书写运动和书写工具会因人为因素或自然因素的影响而使笔痕特征发生相对变化，这就要求检验人员必须认真细致地分析，才能准确把握笔痕特征。

## 三、笔迹的伪装书写

### （一）伪装笔迹的基本分类

书写人实现笔迹特征伪装的方式方法多种多样，包括通过改变书写速度进行伪装；通过改变字体、字形、笔形进行伪装；通过改变字的结构进行伪装；左手伪装；采用非正常书写方法伪装；采用非正常的书写工具伪装；混合伪装；书写动作局部呈规律性伪装；摹仿伪装等。

### （二）制约伪装笔迹形成的因素

伪装笔迹是书写人采用与正常书写不同的书写方式进行书写，以改变自己的笔迹特征或摹仿他人的笔迹特征为目的所形成的笔迹，其制约因素主要有以下四点。

1. 注意力的制约

书写人在伪装书写时注意的中心和指向以及注意的持续状况对伪装笔迹的程度有一定的影响。

（1）注意力范围的局限性会使笔迹特征处于注意力范围的边缘。作案人在作案开始和进行中，注意力的中心较明显，而在作案将要结束时的笔迹特征往往会处于注意力的边缘或完全处于注意力的范围之外，所以这些特征就不会被意识到，而此时的笔迹特征恰恰反映了作案人的书写本质。

（2）注意力的持久性限制了伪装时间。人的感受性不能长时间地保持固定状态，而是间歇性的加强或减弱，所以作案人不可能在整个书写活动中始终保持高度的伪装意识，在书写活动进行到一定程度时，就会出现注意力分散。此时作案人必须强化自己的伪装意识，但这种强化信号会越来越弱直至消失，所以书写过程都是在伪装意识处于低潮时结束，其笔迹特征就能暴露出来。

（3）注意力的分配限制了作案人的伪装能力。作案人在书写伪装时，既要思考如何对笔迹进行伪装，又要完成书写动作，其中必须把大部分注意力集中在生疏的伪装方法上，分配到控制书写活动的注意力就减少了，加之书写活动自动化因素的干扰，其书写动作习惯的本质特征就会表现出来。

2. 控制力的制约

故意改变书写活动的过程，是书写人头脑中临时性新特征意识与旧习惯的行为方式相互克服交替的过程，在此过程中书写人精力高度集中，突击强化新特征，严密控制书写活动，尽量摆脱旧习惯的行为方式，可以使一些新特征暂时在笔迹中出现，但这个过程是个相当紧张的生理、心理控制运动，这种违反习惯的紧张状态是不能持久的。控制力的强度与连续控制时间成反比，即连续控制时间越长，控制力就越差，在整个控制过程中控制力逐渐减弱，所以即使决心很大，意志力很强的人也不可能不暴露自己的真实笔迹特征。

3. 固有书写动作习惯的制约

业已形成的固有书写动作习惯对伪装形成的新书写动作习惯的消极影响，阻碍着新书写动作习惯的形成与发展。当新旧两种书写动作习惯在结构上有很大的相似性，但其中某些共同刺激信号却要求做出相反的动作方式时，就产生了相互干扰。在这种情况下，以前形成的旧书写动作习惯越巩固，在伪装新特征时就越容易再现出来，干扰新特征的建立。因此，在原固有书写动作习惯的干扰下伪装书写新笔迹特征时，难免出现原笔迹特征。

4. 其他条件的制约

书写活动除受到注意力、控制力、固有书写动作习惯的影响外，还受到书写工具、书写环境等条件的制约，这给伪装书写人提供了广阔的伪装空间，使伪装方式多样化。

（1）书写人的文化程度。书写人文化程度的高低与书写技能水平的高低一般成正比（特殊爱好者例外）；书写人文化程度的高低与书写字迹的语言特征、布局特征的使用规范程度成正比，而这方面的伪装多数情况下成反比。

（2）书写人的智能、经验及书写人对笔迹的认知程度。书写人对字迹书写特征的认识及程度，书写技能水平的高低，与笔迹特征伪装程度亦成正比；书写字迹的多少，书写限制性条件的多少，与笔迹特征伪装程度成反比。

（3）书写速度的快慢。书写速度与笔迹特征伪装程度一般成交叉比例关系。伪装书写速度越慢，笔迹特征变化程度越大；伪装书写速度越快，笔迹特征变化程度越小。

（4）伪装书写与练习时间的长短、练习次数的多少与笔迹特征变化程度成正比。

## 实训设计

### 实训一：书写习惯的变化分析

**一、实训目的**

通过比较分析同一人（书写水平高、中、低各一人）不同年龄阶段书写笔迹，分析笔迹特征的变化规律，从而理解书写习惯变化的规律特点。

**二、实训内容**

1. 找出不同年龄阶段笔迹的特征。

2. 分析笔迹一般特征。

3. 选择十个单字制作特征比对表，分析比较不同年龄段笔迹特征的稳定性与变化规律。

**三、实训器材**

书写人在幼儿期、少儿期、青年期、成年期和老年期的笔迹材料各一份，应前后有十个以上相同字。

**四、实训方式**

每个学生在教室或实验室进行实训。

**五、实训步骤**

1. 分析每份材料的笔迹一般特征。

2. 描绘十个单字制作特征比对表，并标示特征。

**六、实训作业**

写出实训报告。

### 实训二：书写动作系统轨迹化分析（再现书写动作系统）

**一、实训目的**

掌握笔迹鉴定对象的基本特点，准确认识书写动作系统。

**二、实训内容**

分析单字、布局反映出的书写动作系统，再现书写动作。

**三、实训器材**

准备十个相同字的慢写、快写的字迹材料，铅笔、橡皮、红铅笔以及蓝铅笔。

**四、实训方式**

每个学生在教室或实训室进行实训。

**五、实训步骤（略）**

**六、实训作业**

写出实训报告，要求说明实训内容、实训方法和步骤。

## 实训三：变化、伪装书写对笔迹特征改变状况分析

**一、实训目的**

掌握变化、伪装笔迹对笔迹反映变化的一般特点，加深对笔迹反映变化的认识。

**二、实训内容**

分析一种或几种变化条件对书写习惯反映的影响，或任意选择一种伪装书写分析其对笔迹反映的影响。

**三、实训器材**

学生自己设定变化条件或选择一种伪装书写手法书写一百字左右的字迹材料、铅笔、橡皮、红铅笔以及蓝铅笔。

**四、实训方式**

在教室或实训室完成字迹材料准备，然后学生之间交换分析。

**五、实训步骤（略）**

**六、实训作业**

1. 写出实训报告，要求说明实训内容、实训方法和步骤。
2. 组织学生进行课堂讨论，教师进行评讲。

# 第三章

# 笔迹特征

## 第一节　笔迹特征导论

### 一、笔迹特征的概念

笔迹特征是笔迹中反映书写人书写技能和书写习惯特点的各种征象，是书写人书写习惯的反映形象。与书写习惯的非规范性相对应，笔迹特征可以说是个人笔迹中那些脱离了书写规范而形成的个性化的笔迹征象。

作为笔迹检验的真正客体，书写习惯是客观存在的。虽然它绝大多数时候不能被我们直接观察感知，但是我们能通过其特征反映形象——笔迹特征来认识和把握书写人的书写习惯。笔迹鉴定正是通过对检材笔迹、样本笔迹之间笔迹特征的分析和比较，根据笔迹特征的异同来认定检材笔迹和样本笔迹是否为同一人书写习惯的反映。

### 二、笔迹特征的特点

笔迹特征具有客观性、非规范性、重复再现性、多样性以及系统性等特点。笔迹特征的特点是分析确定笔迹特征的重要依据。

（一）客观性

笔迹特征是个人书写习惯的客观反映形象，通过笔形、部件形、字形、行形、页形以及它们形成的顺序、结构关系等物质形式表现出来，具有客观性的特点。客观性是笔迹特征存在的基本属性，也是判断某一笔迹征象是否为笔迹特征的重要依据。只有真实、客观地反映书写人书写习惯的笔迹征象才是笔迹特征，虚假的、变异的反映形式都不是笔迹特征，不能作为笔迹鉴定的依据。

（二）非规范性

笔迹特征作为书写习惯的反映形象，是脱离了书写规范而形成的个性化的笔迹征象，其存在的形式是个人笔迹中与规范不同的那些笔迹征象。而且，脱离规范的程度是确定笔迹特征价值高低的重要依据。一般来说，脱离规范越远，特征价值越高；与书写规范越接近，特征价值越低。

（三）重复再现性

书写习惯本质上是一种动力定型系统，具有稳定性和反映性的特点，作为其反映形象的笔迹特征必然在重复书写时呈规律性的再现。只有在相同单字、相同偏旁部首、相同笔画中呈规律性重复再现的笔迹征象才是书写人书写习惯的真实反映，才能称为笔迹特征，才能将其作为笔迹鉴定的依据。检验中，笔迹特征的规律性重复再现的特点是分析确定笔迹特征的重要切入点和依据，决定了笔迹特征分析最重要的方法和途径是观察比较。

（四）多样性

与个体书写动作习惯的多样性相对应，笔迹特征也具有多样性的特点。书写动作、文字布局本身存在规范与非规范的形式，因而一个人练习单字书写动作系统、文字布局动作系统时往往会形成不同表现形式的书写动作系统及其习惯，这样就导致了笔迹特征的多样性。

（五）系统性

笔迹特征存在于书写动作系统中，反映的是书写人的书写习惯体系。每一个具体的笔迹特征都不是孤立地、单一地存在的，它是个人笔迹特征体系的有机组成部分，受系统的支配，与系统中的其他特征共同反映书写人的书写动作习惯。检验中，只有把单个的、不同层次的笔迹特征放在单字、文字布局特征系统中进行分析，才能充分体现其鉴定价值，也才能充分体现作为动态痕迹的笔迹特点。

## 三、笔迹特征的分类

对笔迹特征进行分类的目的在于科学地认识笔迹特征和实现笔迹特征的规范化和标准化。通常，对笔迹特征的分类主要是根据书写习惯的构成特点和习惯体系层次进行的。与书写习惯的构成相对应，可以将笔迹特征分为书写动作特征、文字布局特征两大类。其中书写动作特征可进一步分为书写动作的一般特征和书写动作的局部特征两类，每一类又可以进一步分为不同层次的特征。如常见的书写动作的一般特征有书写水平、字体、字形、字的大小、倾斜程度、写法等，书写动作的局部特征有运笔、结构、笔顺、笔痕等。在《笔迹鉴定技术规范》（GB/T 37239—2018）中，将笔迹特征分为书写风貌、布局、写法、形体、结构、笔顺、运笔和笔痕八大类。

根据笔迹特征价值，又可以把笔迹特征分为笔迹一般特征和笔迹细节特征两类。其中笔迹一般特征包括书写风貌、布局、写法、形体以及结构特征中的单字的整体结构特征；笔迹细节特征包括运笔、笔顺、笔痕和结构特征中的单字局部结构特征以及单字笔画之间的搭配比例关系等。

此外，在某些情况下，书写人运用笔迹表达思想和传递信息，还可在不同程度上反映出书写人的书面语言运用习惯，如特殊的词汇、语法、语音及思维活动特点等。书面语言习惯虽然从本质上讲不属于反映书写运动习惯的笔迹特征，但在笔迹检验中，有时可作为重要的参考依据，检验中应注意合理加以分析利用。

## 四、笔迹特征的分析方法

### （一）观察分析的方法

笔迹特征的表现形式是静态的，而其形成是动态的，因而必须从静态和动态两个方面仔细地观察分析笔迹特征。在观察笔迹特征时可借助放大镜、显微镜进行观察，注意从物证的宏观方面和微观方面观察分析笔迹特征。

宏观方面的观察主要是对所有的待检字迹从整体笔迹状况反映进行观察分析，通过观察从中发现布局、书写风貌、形体、写法等笔迹一般特征。微观方面的观察就是要从笔迹局部着手，逐字逐画地进行观察分析，确定笔迹的运笔、结构、笔痕等细节特征。对于复杂的字或笔画关系不清晰的字，尤其是压痕文字、复写字迹以及其他不易辨读的字迹还应在显微镜下反复观察。观察时应注意从笔形到笔力，从一个笔画到下一个笔画进行认真的观察。在观察过程中必须集中注意力，做到细致入微，切忌粗枝大叶地观察。

在观察的过程中，应以笔迹特征理论和笔迹客观表现为基础进行思考和比较，切忌主观臆断。只有这样，才能正确地分析把握笔迹特征的性质，准确识别哪些是伪装或变化的特征、哪些是有疑问的特征和确定的特征，也才能准确判断相应特征价值的高低。

笔迹特征的类型较多、表现的形式多样，因此应全面地发现各类特征的信息。观察时应做到全面地掌握笔迹特征理论，在理论的指导下进行观察，从而有目的、有意识地发现和确定笔迹特征。正因如此，有的鉴定专家认为笔迹鉴定本质就是“观察”的科学，只有经过反复地观察实践，不断提高观察和确定笔迹特征的能力，才能科学准确地进行笔迹鉴定。所以，观察能力是笔迹鉴定最基本也是最重要的能力。

（二）比较分析的方法

正如上文所述，笔迹特征是脱离书写规范而形成的个性化征象，具有非规范性和重复再现性。因此，在笔迹检验过程中，确定笔迹特征及其价值是通过比较分析实现的，没有比较就没有特征的发现和鉴别。通过观察笔迹，我们将笔迹特征的存在形态及其信息观察确定出来，但是不是特征还需要进行比较鉴别，要把那些虚假的、共性反映的部分去掉，而把反映书写习惯本质的特征确定下来。只有通过一系列的比较、对照以后，我们才能准确地把笔迹特征，尤其是笔迹细节特征确定下来。

笔迹检验实践中，笔迹特征的比较分析主要通过将物证字迹与字体规范和书写规范进行比较，将物证字迹中相同的单字、相同的笔迹的构成部件、同位笔画等相互进行比较，将物证字迹中初步确定的特征与判断特征价值的一般经验法则进行对照等几方面的比较分析来实现。

1. 将物证字迹与字体规范和书写规范进行比较

将物证字迹与字体规范和书写规范进行比较是确定笔迹特征的基本方法。因为笔迹特征是脱离了规范书写动作所形成的书写动作习惯的反映，所以将物证字迹与字体规范和书写规范进行比较就能够把笔迹特征初步确定下来。在这种比较中，要求鉴定人熟悉各种字体规范和相应的书写规范，并逐一地进行比较，从而把具有特定形式的笔形、顺序、搭配比例、结构、布局等初步确定为特征。

2. 将物证字迹中相同的单字、相同的笔迹的构成部件、同位笔画相互进行比较

将物证字迹中相同的单字、相同的笔迹的构成部件、同位笔画相互进行比较是确定笔迹特征可靠性的基本方法。因为笔迹特征具有重复再现的规律性，所以将物证字迹中相同的单字、部件等相互进行比较就能够确定笔迹特征的稳定性和规律性。在这种比较中，要求鉴定人熟悉文字的构形规律，尤其应注意相同笔画、部件的构字属性和功能，只有具有相同构字属性和功能（种类、形态、部位）的笔画和部件才能进行比较。通过比较，在排除伪装变化可能性的基础上，把重复出现的、具有特定形式的运笔、书写顺序、结构等方面的笔迹形态反映确定为相应的笔迹特征。

3. 将物证字迹中初步确定的特征与判断特征价值的一般经验法则进行对照

在笔迹检验中，对通过观察分析和比较分析发现的笔迹特征，还应进一步分析确定所发现笔迹特征的价值高低，优先选择特征价值较高的笔迹特征加以运用。一般来说，笔迹特征价值的高低与脱离书写规范的程度成正比。笔迹特征脱离规范程度越高，价值越高；脱离书写规范的程度越低，价值越低。此外，笔迹特征价值的高低还与该特征的出现率成反比。特定性越低，价值越低；反之特定性越高，价值越高。在笔迹特征理论中，哪些特征出现率高，哪些出现率低并没有科学的统计数据，只有一些经验性的法则。在一般情况下，如果书写动作的难度大，则易形成特征；而书写动作简单，则不易形成特征。所以在简单书写动作中出现的特征价值高，复杂动作中出现的特征价值相对较低。但是复杂的书写动作特征信息量大，而简单的书写动作信息量小，因此相对而言，复杂书写动作中出现率低的特征价值也较高，并且复杂书写动作的特征采用率也较高。

此外，笔迹特征价值高低还应结合特征的稳定性、检材与样本同类笔迹特征变化情况是否相符的特征变化分布情况、是否易受书写模式变化的影响、是否易受笔迹形成方式的影响等进行综合判断。如果所检笔迹是伪装、摹仿或条件变换笔迹，还应结合该特征是否易受伪装或书写条件变化进行判断。

(三) 系统分析的方法

笔迹特征具有系统性的特点，所有的笔迹特征都处于一定的书写动作系统之中，都受到书写动作系统的制约。或者说一个具体的特征在书写动作之中被特定化了，其价值也是系统价值的组成部分，只有在书写动作系统中具体的特征价值才能充分展现出来。所以分析笔迹特征应从单字书写动作系统、文字布局动作系统出发，把系统中不同表现形式的单个特征，相同形式的所有单个特征按系统形成的锁链逐一联系起来进行考察，从而形成单个特征、特征链的价值表达，进而形成特征与特性关系及其特定程度的判断。这样所有的笔迹特征都系统化了，都能够反映出相应的特征价值，为充分的发挥和运用特征奠定基础。

## 第二节　笔迹一般特征

### 一、笔迹一般特征的概念

笔迹一般特征是书写技能和书写动作习惯一般状况特点的综合反映。笔迹一般特征包括书写风貌、布局、写法、形体以及结构特征中单字的整体结构等。虽然与笔迹细节特征相比，笔迹一般特征的特殊性和稳定性相对较低，但该类特征的出现率高，在检验中具有一定的运用价值。在笔迹检验实践中，笔迹一般特征是分析书写人的文化程度、年龄阶段、职业和兴趣爱好、社会阅历、生理病理状况等特点的重要依据，是笔迹鉴定中分析认定书写习惯异同时首先要分析比较的重要内容，特殊情况下还可直接作为否定结论的重要依据。

### 二、笔迹一般特征的种类

(一) 书写风貌特征

书写风貌特征是通过通篇字迹的谋篇布局、字的大小形态和排列组合等结构特点、书写速度和书写力度的变化体现出的笔画质量等因素综合反映出的书写人书写水平、书写控制能力的概貌特点。因此书写风貌特征又可以进一步分为书写水平特征和书写控制能力特征两类。

1. 书写水平特征

书写水平特征也称为笔迹熟练程度特征，是通过笔迹反映出的书写人书写技巧的高低程度，是书写技能或书写习惯的整体水平状况的反映。同时，书写水平特征也是从笔迹中反映出的书写人书写能力和技巧及审美品位的高低和优劣程度的特征。

根据书写动作的准确程度、笔画之间的协调程度和文字的结构、布局的规范程度等方面反映出的高低和优劣程度，可将书写水平分为高、中、低三个层次。其中，书写水平高的笔迹表现为笔画规则均匀，单字结构严密，笔画间、各组成部分间搭配匀称，运笔自然流利，快速书写时书写动作快而不乱，全篇文字布局适称。书写水平低的笔迹表现为文字笔画不规则，单字结构松散，各组成部分间搭配比例不匀称、不协调，运笔生涩呆板，笔画间、字的组成部分间笔画连贯程度差，快速书写时运笔动作紊乱，全篇文字布局凌乱。介于以上两者之间的，则为书写水平中等的笔迹。

书写水平特征是判断书写人文化程度（尤其是语文水平）的重要依据。而且，由于书写水平特征存在一个高低变化规律：书写水平高的书写人可以因为伪装书写或其他原因突然降低书写水平，而书写水平差的书写人则不可能在短期内大幅提高其书写水平。因此，当出现检材笔迹书写水平明显高于同期样本笔迹书写水平时，可以直接依据书写水平的差异作出否定同一的结论。

2. 书写控制能力特征

书写控制能力特征主要是指从书写速度、书写力度的变化体现出的笔画质量等因素综合反映出的书写人对书写工具的驾驭和控制能力的高低的特点。一般可从运笔的流畅程度、快速书写时是否快而不乱以及对变化书写条件的适应能力等方面进行综合分析评判，一般可分为高、中、低三个层次。

（二）形体特征

形体特征是指单字的基本形状和体式，包括单字的体式、大小、形状及倾斜方向、角度等。按照笔迹特征分析惯例，一般将单字的体式称为字体特征，单字的形状称为字形特征，单字的大小称为字的大小特征，单字的倾斜方向和角度称为字的倾斜程度特征。

1. 字体特征

字体特征是指书写人书写的字迹参照的是某种字体的书写规范，所写成的笔迹具有某种字体、书体的组字体系和笔画动作体系的特点。有的书写人掌握了某种字体的书写技能，并形成了相应的书写习惯，因此其书写的字迹表现出某种字体的体系性特点，这种特点具有一定的同一认定价值。字体是指笔画、偏旁及其组成部分都是按照特定的规范和要求构成的书写体系，常用的汉字字体有楷书、行书、隶书、草书、篆书、宋体、仿宋体、新魏体、长牟体、扁牟体、黑体和黑变体等，其中运用最为普遍的是篆书、隶书、草书、楷书和行书五种。

字体特征的确定方法是根据分析字迹的运笔和笔画形态及结构特点，对照字体规范进行判定。因此，要准确确定物证笔迹的字体类型，必须熟悉几种常用字体的书写规则和特点。

（1）篆书。篆书是我国较为古老的一种书体，其特点是笔画粗细一致，起收笔浑圆婉转，笔画转折带弧形，字形修长，书写速度较为缓慢，适用于篆刻。在日常生活中，篆书的常见使用人群多为篆刻爱好者、专门练习过篆书的书法爱好者及其他经常需要与古文字打交道的人。

（2）隶书。隶书是由篆书演变而来的一种字体，其特点是字形扁方，横竖画粗细均匀，起收笔两端圆中带方，横画逆锋起笔，形如蚕头，收笔带捺脚，状如燕尾，而且较长的横画运笔波折起伏，形成隶书“蚕头燕尾，一波三折”的典型特点。

（3）草书。草书是由草写的隶书简化而成的字体，其特点是笔画高度简化，常把字的组成部分或单字简化成一两个笔画，书写连接，笔势连绵回绕，字的各个组成部分之间、单字与单字之间往往笔势牵连相通，字形变化较大，难以辨认。

（4）楷书。楷书是在隶书的基础上发展起来的书体，又称正书、真书，其特点是形体方正，笔画平直，笔画各自独立，互不连接，结构规矩整齐，方正严谨，和谐适度。楷书是一种运用范围极为广泛的字体，目前我国的汉字教学就是按照楷书的书写规范进行教学的，是人们最为熟悉的一种字体。

（5）行书。行书则是介于草书和楷书之间的一种字体，其特点是既不像草书那样潦草难辨，又不像楷书那样工整，书写时允许连笔和适度简省，但较多地保留了汉字的可识性结构，书写时笔势流动，用笔灵活，形态多变。

每一种字体都有其本身的特点和书写规则，能写出标准的某种体式的字，是一种需要练习才能掌握的特殊技能。除非特殊学习，否则不可能具备这种特殊技能。一般大多数人学习的是楷书的书写规范，因此人们在日常交际中所写文字的体式，大多表现为一种慢写时近似楷书，快写时近似行楷或行草的所谓自由体，也常称为手写体。检验实践中，根据所写文字体式的具体表现，字体可以分为楷体、行楷体、行书体、行草体、草书体几种。

字体特征对分析认定书写人有一定的种属价值，而且对分析书写人的文化程度、年龄阶段、职业和爱好等有重要的意义。此外，因为不同的字体有不同的书写规范，书写人只有经过大量的专门练习才能熟练掌握某种字体的书写技能，所以，当检材笔迹是以某种字体书写而成，而嫌疑书写人根本不掌握该种字体的书写技能时，可将其作为否定同一结论的重要依据。

2. 字形特征

字形特征是指字的外部轮廓形状及其特征反映。汉字素以方块字著称，字形以长宽比相对适中的长方形居多。但有些书写人在书写习惯和技能的形成过程中，脱离书写规范要求形成了个性化的字形习惯。常见的字形特征有方形、圆形、扁形、长形、梯形、斜形以及不规则形等。分析字形特征时应根据所有物证字迹的形状所表现出来的规律特点进行确定。此外，字形特征能反映出书写人对空间处理的特点，是笔迹心理分析的重要依据。

3. 字的倾斜程度特征

字的倾斜程度特征是指手写文字符号的纵轴线与纸张实际格线（没有纸张格线的以假想水平线为准）所构成的方向和角度的特点。字的倾斜程度特征一般从倾斜方向和倾斜角度两个方面进行分析。其中，字的倾斜方向有端正、左倾、右倾三种表现形式。具体来说，手写文字的纵轴线与字行实际格线构成角度为90°左右的属于端正的笔迹，纵轴线与行线呈上右下左倾斜状态的属于向右倾斜的笔迹；纵轴线与行线呈上左下右倾斜状态的属于向左倾斜的笔迹。字的倾斜角度一般是用90°减去格线与纵轴线形成的角度所得的角度值来表示。对于左倾或右倾的笔迹，应注明倾斜的具体角度。

在分析字的倾斜程度特征时，应注意字的倾斜程度特征是指所有字的整体倾斜状况特点，而不是个别字的倾斜特点，分析时应从整体上进行分析把握而不能孤立分析。一般情况下，字的倾斜程度特征稳定性差，书写速度过快、书写姿势不端正、书写位置过高或过低、左手书写等都会引起笔迹倾斜程度发生改变。但严重左倾或严重右倾的笔迹出现率低，稳定性较强，在正常书写的情况下具有较高的鉴定价值。

4. 字的大小特征

字的大小特征是指在用硬笔书写时，书写人习惯书写的字的整体大小的特点。字形不同确定字的大小的要点不同，如长形字测量平均高度而扁形字则测量平均宽度。用钢笔、圆珠笔、签字笔等硬笔书写而成的字迹，字的平均高度或宽度在一厘米以上的为大字，半厘米以下的为小字，介于两者之间的为中等字。书写实践中，字的大小常可根据书写需要而放大或缩小，也可以因伪装书写或书写条件变化而改变，因而稳定性相对较差。检验实践中，字的大小特征是分析书写人整体书写风貌特征时的重要考察因素。

（三）写法特征

写法特征是指单字及符号的基本构造、书写方法和使用规则等方面的特征。写法特征按照所写文字的简繁可分为简化字和繁体字；按照所写文字的写法规范性可分为规范字、非规范字、异体字和旧体字等；按照所写文字的正误可分为错字和别字。字的写法特征不仅对认定同一书写人具有重要的作用，而且对分析书写人的文化程度、职业、居住地区或籍贯等也具有重要的意义，所以检验时应注意充分加以分析和运用。

1. 简化字和繁体字

简化字是指国家公布使用的规范简化汉字，据 1986 年公布的新版《简化字总表》，共推行了 2274 个简化字及 14 个简化偏旁。中国汉字的简化改革由来已久，1956 年 1 月 28 日，国务院全体会议通过并正式公布了《汉字简化方案》，1964 年 5 月，中国文字改革委员会编辑出版了《简化字总表》，共推行了 2238 个简化字。1986 年 10 月，国家语言文字工作委员会经国务院批准重新修订发布了《简化字总表》，并作了个别调整，调整后的《简化字总表》实收 2274 个简化字及 14 个简化偏旁。这些简化字和未被简化的汉字本体字构成了我国的现行规范汉字。

繁体字是通用简化汉字的本体字，是简化字通用前长期作为规范字使用，后来被简化字代替了的那部分汉字，是相对于简化字而言的汉字写法。由于我国简化字主要从 1956 年起正式推行，因此在此之前受教育的人读书习字以繁体字为主。而且，在我国香港特别行政区、澳门特别行政区、台湾地区，繁体字仍然是通用的规范汉字。所以，来自我国香港特别行政区、澳门特别行政区、台湾地区的同胞以及海外华人群体，至今仍在大量使用繁体字。因此，在笔迹检验中，笔迹材料中繁体字的使用情况，有助于分析书写人的年龄、职业、兴趣爱好和可能的地域。

2. 异体字

异体字是指汉字简化改革前，与当时的规范字并存通用，后来被停止使用的那一部分与规范字不同的写法，一般是由正体字基于某些特殊的书写需要变异而来，主要收录在《第一批异体字整理表》中。异体字按其成因和表现形式，大体可分为古异体字和变体异体字。

3. 非规范简化字

非规范简化字是指非国家正式推行使用的一切形式的简化写法，主要包括二简字、地区性习俗简化字和行业性习俗简化字。

二简字也称曾用简化字，是指我国 1977 年 12 月 20 日公布推行的《第二次汉字简化方案（草案）》中规定的简化汉字。该批简化字虽然于 1978 年年底在正式出版物中已经停用，但直至 1986 年才被正式宣布废止。该批简化字不仅大力简化了汉字形体，还减少了一部分汉字偏旁，有部分常用汉字甚至直接用偏旁代替，如“部”简化为“卩”、“街”简化为“亍”、“信”简化为“仪”、偏旁“廴”被“辶”合并等。该批简化字正式使用时间不到一年，受其影响较大的主要是 1977 年、1978 年正在接受教育或有大量书写、阅读需要的人。因此，如果物证笔迹中出现了二简字，可以作为判断书写人年龄的参考依据。

地区性习俗简化字是在某个地区使用的习惯简化字，一般与当地方言有一定关联，常表现为方言字和方音简化字。

行业性习俗简化字是指在一定行业内流行使用的非规范简化字，一般是人们对本行业内使用频率较高的字，为了书写方便而以约定俗成的方式简化书写的字，也称职业性简化字。

4. 简缩写法

简缩写法是指把一个固定词组中的部分笔画或偏旁部首相互拆借拼凑成

一个字的特殊写法。简缩写法具有速写的功能，但又不同于专门的速记符号，一般常见于签名和某些常用词组。图书管理员、速录师、记者等职业常用简缩写法。

5. 外来写法

外来写法是在我国一定地区或一定人群范围内使用的从外国文字中引进吸收的那些字。这类文字的地域局限性较大，主要在东南沿海和东北地区。其中，东北地区存在的外来写法文字主要是日文汉字，广东、福建等东南沿海地区的主要外来写法文字是东南亚汉字。在检验实践中，如果物证笔迹出现了这类文字，是分析书写人来源地域的重要参考。

6. 错别字

错别字是指书写人写错或用错的字，包括错字和别字两类。其中，错字是指字的结构形态错误的字，是书写规范上不存在的字。别字是书写人用错的字，即字的结构正确但使用错误的字，是书写规范上存在而用错的字。

错字的形成是书写人在书写练习过程中，由于感知对象不正确、书写动作的分化不准确、记忆对象混淆或错误以及书写技能的迁移错误等的作用而形成了错误的书写习惯。错字主要有笔画的错漏错误和结构单位的错误两种。

别字是书写规范存在但书写人由于某种原因用错的字，主要有同音别字、音近别字、形近别字、义近别字四种表现形式。其中，同音别字是由于字音相同而用错的字，通常是字义不清、代用、混用的结果，一般在文化水平较低的人群中出现的概率高。音近别字是由于字音相近而用错的字，部分音近别字还与方言有一定关系，如西南方言区出现的“鞋”错写为“孩”，吴方言中“黄”错写成“王”，所以这部分与方言有关的音近别字又被称为方音别字，是判断书写人方言、地域特征的重要依据。形近别字是因字形相近分辨不清而用错的字，而义近别字是因字义相近而用错的字。

一般来说，错别字特征的价值与书写人的文化水平成正比。文化水平越高的书写人，其笔迹中错别字的出现率就越低，稳定性越强，其特征价值越高；相反，文化水平越低的书写人，其笔迹中出现错别字的概率就越高，其特征价值就相对越低。在运用错别字特征时，还应注意区分是偶然性笔误还是习惯性错别字。在笔迹检验实践中，习惯性错别字具有较高的检验价值，而笔误性错字只是偶然出现的笔误，不具有稳定性和重复再现性，因此不应被视为真正的错别字特征。区分偶然性笔误还是习惯性错别字，主要看该错别字是否呈规律性重复再现，如果呈规律性重复再现，则应为习惯性错别字，如果只是单次偶然出现，则多为笔误。

（四）布局特征

布局特征也称为文字布局特征，是书写人对所写文字的空间位置安排习惯的综合反映，是指通篇字迹谋篇布局的特点或局部字迹的排列组合关系，具体表现在段、行、字、符号之间及其相互之间的空间分布特点。布局特征主要包括字行的方向与形态，字间距、行间距，字行与格线的相对位置关系，提行与空格特征，字幅与纸面的关系，程式语和标点符号及其他符号的位置，信封文字的分布位置等。

1. 字行的方向和形态

字行的方向和形态是指形成字行的书写动作在连续运动过程中的习惯性指向及其形态的特点，包括字行方向和字行形态两类。

字行的方向，是指多个字排列所构成的实际格线方向和倾斜状况。字行的方向特征表现因书写方向不同而不同。一般来说，横行字迹常见表现有向上倾斜、端正、向下倾斜；竖行字迹常见表现有向左倾斜、垂直、向右倾斜。字行的形态，是指字行的整体形态弯曲、平直或者倾斜的状况，其常见的特征表现也视书写方向而定。横行字迹多呈现平直、上弧、下弧、波浪、不规则等形态；竖行字迹多呈现垂直、左弧、右弧、不规则等形态。

2. 字间距、行间距

字间距、行间距是指字与字之间、行与行之间的相对位置距离。字间距、行间距特征表现都可分为紧密、松散和规范三种形式。一般情况下，字间距大于半个字为松散、等于半个字为规范、小于半个字为紧凑；行间距大于一个字为松散、等于一个字为规范、小于一个字为紧凑。

3. 字行与格线的相对位置关系

字行与格线的相对位置关系是指字行与稿纸格线所形成的位置关系。通常情况下，字行与格线的关系有字行紧贴格线下缘书写、字行紧贴格线上缘书写、满行书写、字行居中书写和压格线书写等几种表现形式。

4. 提行和空格特征

提行和空格特征是指文章是否分段及其分段后是否空格、空几格的习惯和位置安排特点。按照书写规范要求，在表达完一个独立完整的内容文字后应当分段，写完一个段落后要表达另外的内容应当提行。每一小段的第一行要低起两个字，叫作空格（俗称缩头），也称为行缩进，回行才能顶格书写。由于人们从事书写活动的主观、客观条件不同，如是否经过正规的语言或书法学习，是否接受过书写职业训练等，书写文字手稿时就会出现不同的提行与空格特点。其特征通过整篇文章表现出来，具体表现为：不分段、错误的分段，分段后空一格、空两格以上、前后段落空格不均等。

5. 字幅与纸面的关系

字幅与纸面的关系主要是指字幅的外部大体形状及其在纸面上的位置安排特点，包括页边、页脚、页眉的宽窄、形态等。页边是字幅的外部大体形状特征，常见的页边形式表现有平整形、左倾形、右倾形、三角形、不规则形等。字幅在纸面上的位置安排特点表现为页边的留白情况和页脚、页眉的宽窄、形态等。其中，页边的留白情况有四面留页边，三面、两面或一面留页边，不留页边等。

6. 程式语、标点符号及其他符号的位置

程式语、标点符号及其他符号的位置是指脱离了程式语和标点符号的规范位置安排所形成的特点。在文书的书写规范中，程式语（如抬头、落款、标题、祝福语等）和标点符号都有规范的位置安排，但是有的书写人违反了规范的位置安排，因而形成一定的个人特点，如标题偏左或偏右等；标点符号与字的位置过高、过低或过远等。此外，添插符号、修改符号、顺序号、页码等其他符号的空间位置安排也常会脱离规范而形成个人习惯，检验中也应注意加以分析。

7. 信封文字的分布位置

信封文字的分布位置是指信封三款（收信地址、收信人姓名、寄信地址）在信封上的相互位置距离的特点。虽然对于信封三款的写法有大体的规格要求，但不同的书写人由于习惯不同而在信封三款的安排上形成特定的位置特点，如上款凸前、中款居后、下款居中等。

（五）单字整体结构特征

单字整体结构特征是组成单字的笔画之间、组成部件之间从整体上反映出的高低远近的空间布局特点以及大小宽窄的整体比例状况。分析时应通篇考量物证笔迹的结构特征状况，从整体的角度进行归纳总结，准确提炼所检笔迹的单字整体结构特征状况。

## 第三节 笔迹细节特征

### 一、笔迹细节特征的概念

笔迹细节特征，也称为书写动作局部特征，是书写人书写动作习惯的直接反映。笔迹细节特征是书写动作的空间位置特点、动作形态特点、动作顺序特点和若干书写动作所构成的文字结构特点的综合反映。

笔迹细节特征包括运笔特征、笔顺特征、笔痕特征和结构特征中的单字局部结构及单字笔画之间的搭配比例关系等。笔迹细节特征是认定书写人最主要的依据，任何鉴定都必须依据一定数量的细节特征才能作出结论。

### 二、笔迹细节特征的种类

（一）运笔特征

1. 运笔特征的概念

运笔特征是书写活动中一个完整的起、行、收笔书写过程或一系列相互关联的书写过程中反映出的书写方向和角度、书写速度和力度的变化特点，以及书写过程中在笔画的起、收、转、折、连、绕、顿、提、摆、颤、抖、拖、带等细微书写动作处反映出的书写方向和角度、书写速度和力度的变化特点在笔迹中的综合反映。

运笔是书写动作中最基本的书写动作，也是最复杂、最精细的笔形构造动作。运笔以笔画、部件的书写为基础，以单字的书写为目的，因而最基本的运笔应是笔画的运笔。完成一个笔画构形的书写运笔动作包括起笔、行笔和收笔三个连续的动作，而行笔动作又包括提、顿、转、折等精细的动作。在书写活动过程中，笔画的复杂程度以笔画的折点和幅度的多少确定，不同笔画的复杂程度往往不一样，一个笔画的复杂程度的高低与运笔动作的难易程度成正比。一个组成部分和单字需要一系列的运笔动作连续完成，单字的笔画越多，则书写运笔动作越复杂，反之则越简单。

运笔特征是笔迹中必然出现的特征，而且是最精细、最复杂的笔迹特征，最容易反映出书写人的书写动作习惯特点，伪装和变化程度较小，被誉为“笔迹特征中的精华”，具有极高的运用价值，是笔迹检验中最为重要的笔迹特征类型。

2. 运笔特征的表现形式

根据运笔特征出现的位置不同，运笔特征可分为某些固定搭配字迹笔画间的整体运笔特征、单字运笔特征、笔画运笔特征以及细微书写动作的运笔特征等几类。运笔特征是由运笔动作要素和动作细节特点及其相互关系表现出来的，所以，与运笔动作的起笔、行笔、收笔相对应，书写人的运笔习惯主要从起收笔、行笔、笔力变化、笔画基本形态以及连笔书写时笔画之间的连接情况等几方面表现出来。在笔迹检验实践中，无论分析的是固定搭配字迹笔画间的整体运笔特征、单字运笔特征，还是笔画运笔特征，都可以从起收笔、行笔、笔画基本形态、笔力、连接状况等方面认真进行分析。

（1）起、收笔特征。起、收笔特征是起收笔方式、位置以及前后照应关系特点的反映，包括起笔特征和收笔特征两类。

起笔是书写动作的开始，是笔尖落于书写面时的细节动作。书写不同的笔画，有不同的起笔要求，因而会出现不同的起笔特征。起笔特征一般有平起笔（也称直起笔）、侧起笔、反射起笔、尖状起笔和顿压起笔等几种形态。

收笔是一个笔画书写即将终止时，笔尖离开书写面时的细节动作。收笔是整个运笔过程中最易发生变化，最易表现出特异性的部位。与起笔特征相似，常见的收笔特征有直收笔、尖状收笔、顿压收笔、反射收笔等几种形态。

在单字书写动作系统中，除第一个起笔和最后一个收笔外，系统内部的起收笔动作一方面受到前后书写动作的制约，另一方面起收笔的位置、方式等的不同对字形结构特点形成有重要的作用。所以，在单字运笔细节特征系统中，起收笔特征具有重要的价值。

（2）行笔特征。行笔特征是运笔过程中笔尖在书写面上的运转动作所形成的特征反映，主要通过运笔趋势、运笔的方向、角度、幅度以及特殊的笔形状况等方面反映出来。每个人的行笔方向和幅度变化都不可能与规范完全一致，而且不同的人运笔方向变化的正确与错误、弧度和角度的大小也存在差别。因此，行笔特征是运笔特征中最为丰富、最为重要的一类笔迹特征，是笔迹检验的重要依据。

（3）笔力特征。笔力特征是行笔过程中在一些笔画的中间、转折或连接处表现出的力的轻重疾徐的变化特点。笔力特征是笔力要素运动中轻重变化规律特点的反映，是十分精细的动态特征。笔力特征难以学仿，是正常书写时的自然流露，而在运笔出现伪装、变化时必然发生异常变化，因而是笔迹检验中识别笔迹是否存在伪装或变化的重要依据。

（4）笔形特征。笔形特征是指书写时由于起笔、收笔、行笔以及笔力轻重变化的不同而使整个笔画所呈现出的特殊的形态特点。笔形特征是一个笔画的完整构形特点，是由运笔方向、幅度、角度等的不同参数的变化而呈现出的各种各样的形态特点。在快速书写时，笔画会出现不同程度的连接，因此应将一个完整连接的笔形作为一个相对独立的整体确定笔形特征。

（5）笔画连接特征。笔画连接特征是指两个或两个以上笔画在构成独体字或合体字时，连续行笔所形成的特点，是无形动作有形化的反映。连接笔画是书写动作体系的有机组成部分，是书写动作习惯局部的反映。笔画连接特征主要通过连接的部位、连接笔画的运笔方向、连接笔画的形状以及笔力的轻重变化等方面的特点表现出来。因为笔画连接特征中笔力和形态的表现十分精细，在书写人伪装书写时会破坏它的正常表现，所以在检验实践中，笔画连接特征的不正常变化是判断笔迹是否存在伪装的重要依据之一。

### （二）结构特征

结构特征是指某些固定搭配的单字之间（如签名、日期等），以及单字的偏旁、部首、笔画之间的空间布局和比例关系。笔迹的结构特征可分为整体结构特征、单字结构特征和笔画结构特征。

在汉字的组字体系中，除“一”“乙”等少数几个汉字由单个笔画构成外，其他绝大多数汉字都是由两个以上的笔画组成的。凡是由两个以上的笔画组成独体字或构成合体字的结构单位时，笔画之间、结构单位之间必然产生交叉、搭配比例关系，而在笔画之间、组成部分之间的这些相互关系中必然出现相应高低远近的空间位置交叉搭配以及大小、宽窄、长短等比例关系。因此，结构特征在笔迹中的出现率高，特定性强，是笔迹鉴定的重要依据。

1. 整体结构特征

整体结构特征是指固定搭配的各单字之间的整体布局关系。在书写实践中，某些固定搭配的单字（如签名、日期以及某些经常使用的固定词组）因经常搭配在一起使用，经过长期练习使用，形成了相对稳定的搭配比例习惯。在检验实践中，整体结构特征可以从固定搭配的单字与单字之间，甚至单字的某些笔画之间的长短、宽窄、高低、远近等方面进行认真分析。

2. 单字结构特征

单字结构特征是指单字各组成部件之间的左右、上下、里外、包围的布局和比例关系，具体表现为偏旁部首等组字部件在组成合体字时所表现出来的大小、宽窄的比例关系以及位置布局的高低、远近以及连接等特点。

部件是由笔画组成的相对稳定的组字部分，是组成汉字合体字的稳定单位。偏旁和部首是部件的主要组成部分，但不是全部，如“徽”“冀”“瞻”等有三个以上的部件，但不都是偏旁部首。在现代电子计算机汉字处理技术中把汉字的结构单位分解为“部件”。部件是最小的汉字组字块，如“日”“至”等都具有两个部件。部件对计算机辅助识别手写汉字技术及其鉴定有积极的意义。

组成部分之间的结构特征主要通过部件的书写形式、搭配比例关系、连写形式和特殊的变异结构四个方面表现出来。部件的书写形式具体表现为按现行的规范书写、繁写、草写，不规范的简化书写以及所形成的具体形态；部件的搭配比例关系表现为结构单位之间的高低、远近、大小等相互关系；部件的连写形式特征表现在连接的部位、形态、方向等方面；部件的变异结构表现为部件的不规则配置和部件的特殊写法。但组成部分之间的结构特征一般都比较醒目，在摹仿书写、随意伪装书写时往往会首先改变这类特征，因此部件的结构特征的特定性和稳定性比笔画的结构特征的特定性和稳定性要弱，检验时应注意识别伪装。

3. 笔画结构特征

笔画结构特征主要是指组成单字的笔画之间具体的高低、远近的空间位置交叉搭配关系以及大小、宽窄、长短等比例关系等的特点。根据特征的具体表现，笔画结构特征一般可从笔画的交叉状况、笔画的空间位置搭配关系、笔画间的比例关系等几个方面进行分析。

（1）笔画的交叉状况。笔画的交叉状况是指两个或两个以上的不同向的笔画在组成独体字或合体字时所形成的相互位置，距离的高低、左右等特点。笔画的交叉状况一般表现为笔画间是否交叉，交叉部位的高低、左右的位置特点及其交叉部位的形态特点等方面。

（2）笔画的空间位置搭配关系。笔画的空间位置搭配关系是组成单字的各笔画与笔画之间空间位置的高低、远近等的位置关系状况的体现。检验时一般应参照书写顺序对单字的各笔画之间的位置搭配状况逐一进行分析。

（3）笔画间的比例关系。笔画间的比例关系主要是组成单字的各笔画之间的大小、长短、宽窄等比例关系状况的体现。

（三）笔顺特征

1. 笔顺特征的概念

笔顺特征是指构成单字的各部件之间、单字笔画之间的书写次序和方向的特点，有时也指某些固定搭配的单字之间或单字与相邻符号之间的书写次序和方向的特点。

根据是否符合规范，笔顺可分为规范笔顺、通用笔顺和特殊笔顺。其中，规范笔顺是符合汉字笔顺规范要求进行书写的笔顺；通用笔顺则是指在汉字书写顺序中某些笔画的书写顺序表现出不同于汉字笔顺规范所规定的书写顺序，但该顺序为大众所认可的笔顺。而笔迹检验中所指的笔顺特征一般是指特殊笔顺，即违反了规范的汉字书写顺序所形成的特殊的、非规范的笔画书写顺序。

每个书写人的书写动作都具有系统性。在每个人的书写动作系统的形成过程中，绝大多数的单字的书写动作都会形成一个小的动作系统。在单字的书写动作系统中，动作系统的有机联系是靠一定的动作顺序实现的。汉字的书写有规范的顺序，而具体的书写人在书写练习时对书写笔顺规范的理解可能有偏差，往往会存在以违反规范的书写顺序书写练习的情况，因而会形成具有一定特点的笔顺特征。书写动作的系统性决定了书写动作顺序的稳定性，这种稳定性往往因动作系统的存在而相对的稳定不变，而书写动作的系统性是很稳定的，因此笔顺一旦定型就具有很强的稳定性。由于笔顺特征的稳定性强，其价值就比较高，但应注意有的书写人在伪装书写时情况会发生改变。此外，笔顺特征的价值高低因其出现率高低不同而不同。通常情况下，笔顺特征的价值高低与该类特征的出现率成反比，而且与错别字特征相类似，该类特征的价值一般与书写人的语文水平成正比。语文水平低的书写人书写的字迹笔顺特征的出现率高而价值相对低，语文水平高的书写人书写的字迹笔顺特征的出现率低而价值高。

2. 笔顺特征的表现形式及判定方法

笔顺特征的表现形式有特殊的笔画书写顺序、合体字组成部分间的特殊书写顺序和交错顺序、特殊的运笔方向等。在判断笔顺特征时，草书、行书由于有大量连接笔画、动作的存在，其笔顺特征可以从连笔动作及其相互关系上进行判定。而对于楷书和其他慢速书写不能连笔的书体笔迹，因其无连笔动作，发现和判定笔顺特征时可采用以下方法进行。

（1）根据笔画起收笔反射动作之间的相互关系进行判定。一个笔画的起笔动作特点，可以反映出与上一个笔画的联系；一个笔画的收笔动作特点，可以预示与下一个笔画的联系。因此，笔画间起收笔动作特点，是判断笔顺特征的有力依据。如果相邻的两个笔画之间存在一种自然的连写动作或潜存某种意连倾向，即可据此判定它们间的先后顺序。

（2）根据单字中某些关键性笔画的运笔动作趋势进行判定。有些书体笔迹，起收笔之间并无反射动作表现，前后相邻笔画也不在一个方向上，此时可根据某些笔画的运笔趋势，推断相邻笔画的先后顺序。

（3）根据相同的顺向笔画的间距表现进行判定。书写时，由于人的视力习惯，连续顺向书写相同的几个笔画时，笔画间距均匀。如中途停笔转向书写其他笔画后，再返回书写与原来相同的笔画，多会改变相同笔画间的距离，出现与原来书写的相邻笔画距离不一致的特征。

（4）根据单字各组成部分的布局是否合理进行判定。如果单字的各个组成部分违反了正常的书写顺序，则在单字的整体布局上会出现不协调、不匀称的现象。这种特征多出现在左右结构和内外结构单字中。

（5）根据笔画交叉部位的特点进行判定。当两个以上笔画相互交叉时，先写的笔画与后写的笔画在交叉点上会出现掩盖与被掩盖的关系，从而表现出不同的特点：先写的笔画被后写的笔画掩盖，笔画表现不完整，交叉点上墨迹被截断；后写的笔画完整，交叉点墨迹未被截断。检验时可借助放大镜或显微镜进行认真观察。

（四）笔痕特征

笔痕特征是指书写过程中书写工具在字迹笔画中形成的综合反映书写工具结构特点和书写人书写动作特点的痕迹特征。如用圆珠笔书写形成的油墨露白、堆积、间断、分裂等，以及相应笔痕特点出现的部位、形态、分布特点等。

笔痕特征的形成主要受书写人的书写力度、书写工具的性状及特点、笔痕承载纸质的性状以及书写衬垫物的性状等因素的影响，其中，书写工具的性状及特点是最主要的影响因素。不同的书写工具在生产、使用、维修保养等过程中所形成的细微差异是笔痕检验的主要依据。在笔迹检验实践中，部分书写工具形成的笔痕特征表现与一些因伪装、摹仿或书写条件变化所导致的笔迹变化有一定的相似性，检验中应注意加以区分。

在笔迹检验实践中，笔痕特征主要用来帮助解决分析判断书写工具的种属；分析判断书写人执笔的方式特点，如果条件许可，还可帮助确定书写人；在可能的条件下，分析判断检材笔迹是否为某一特定书写工具书写。

## 第四节　阿拉伯数字与符号特征

### 一、阿拉伯数字的笔迹特征

阿拉伯数字是一种由“0”“1”“2”“3”“4”“5”“6”“7”“8”“9”等几个数字组合运用的常用外来数学符号。在社会活动中，阿拉伯数字是书写应用十分广泛的文字符号，不仅日常生活中大量使用，在民事、刑事案件中也常有出现。阿拉伯数字具有字符少、书写相对简单、表意功能强等特点。与汉字笔迹相类似，书写人经过长期的使用和练习，往往也会形成自己的阿拉伯数字的书写习惯。在笔迹检验实践中，应注意对笔迹材料中的阿拉伯数字笔迹进行正确的检验分析，充分运用物证笔迹中的阿拉伯笔迹特征，帮助作出正确的检验结论，尤其是在伪装笔迹、民事经济类文书笔迹的检验中，阿拉伯数字更是具有较大的检验价值。

与汉字笔迹特征相似，阿拉伯数字笔迹的特征也可以按书写水平、形体、布局、写法、运笔、结构、笔顺等笔迹体征体系进行分析。但因阿拉伯数字书写习惯与汉字书写习惯相比具有构成简单、特定性稍弱而共性稍强、易变化等特点，在检验分析时应注意结合物证笔迹的具体情况正确选择和评断阿拉伯数字笔迹的特征。

（一）阿拉伯数字笔迹一般特征

与汉字笔迹相类似，阿拉伯数字笔迹一般特征也主要包括书写水平、形体、布局、整体结构特征等，在检验分析时，可以借鉴汉字笔迹的检验方法进行检验分析。

1. 阿拉伯数字笔迹书写水平特征

阿拉伯数字笔迹的书写水平是指阿拉伯数字的书写技能高度，检验时一般从阿拉伯数字笔迹的运笔是否自然流畅，数字的大小是否均匀，各部分的结构搭配比例是否匀称、适当等方面进行判断。如果数字运笔流利自然，大小均匀，各部分搭配比例适称，属于书写水平高的；如果运笔生涩呆板，大小不均匀，各部分结构不适称，则属于书写水平低的。

2. 阿拉伯数字笔迹形体特征

阿拉伯数字笔迹形体特征主要是观察数字的倾斜方向和角度、字形、大小和字体的特点。阿拉伯数字的字体一般有楷书型、工整型、行书型和花样型；阿拉伯数字的字形常见的有瘦长形、方形、扁形等。阿拉伯数字的倾斜程度主要是看数字的纵轴线与实际格线所形成的倾斜方向和角度状况。实践中，部分行业如金融、财会人员所写的数字一般为长斜形，大多向右倾斜。

3. 阿拉伯数字笔迹布局特征

阿拉伯数字笔迹的布局特征主要是书写人对所写数字在书写面上的空间位置安排习惯的综合反映，是指通篇字迹谋篇布局的特点或局部字迹的排列组合关系。分析时主要观察分析所写数字的间距、数字与格线的关系等。

4. 阿拉伯数字的整体结构特征

阿拉伯数字的整体结构特征是指组成所写数字从整体上反映出的高低、远近的空间布局特点以及大小、宽窄的整体比例状况。分析时应通篇考量物证笔迹的结构特征状况，从整体角度进行归纳总结，准确提炼所检笔迹的阿拉伯数字整体结构特征状况。

### （二）阿拉伯数字笔迹细节特征

与汉字笔迹相类似，阿拉伯数字笔迹的细节特征也主要指运笔、结构、笔顺、笔痕等特征。在进行检验分析时，可以借鉴汉字笔迹的检验方法对阿拉伯数字笔迹的细节特征进行检验分析。

1. 阿拉伯数字笔迹的运笔特征

阿拉伯数字笔迹的运笔特征主要观察分析数字的起收笔形态、运笔的方向、角度、弧度乃至所写数字的整体形态、快速书写时的连写情况等。具体分析时，对于阿拉伯数字“0”“8”，主要观察分析起笔位置（一般按起笔点的时钟位置进行表述）、行笔方向是顺时针还是逆时针环绕以及所写“0”的具体形体；对于阿拉伯数字“1”，主要观察分析运笔的方向以及起收笔形态；对于阿拉伯数字“2”“3”“4”“5”“6”“7”“9”，主要观察各部分的运笔方向、转折弧度、幅度以及最终呈现的数字形态。

2. 阿拉伯数字笔迹的结构特征

阿拉伯数字笔迹的结构特征主要分析“4”“5”两个数字两个笔画的交叉状况，“2”“3”“4”“5”“6”“7”“8”“9”等数字各部分的大小、宽窄、长短的比例状况以及数字的组合形式所构成的搭配比例特征等。

3. 阿拉伯数字笔迹的笔顺特征

按照规范要求，阿拉伯数字只有“4”“5”两个数字是由两笔构成，其余8个数字均只有一个笔画，因此从理论上说，只有“4”“5”两个数字才存在笔顺问题。但实践中，某些书写人在书写其他数字如“6”“7”“8”“9”时也存在两笔写成的情况。因此，在阿拉伯数字笔迹检验时，也应注意对笔顺特征进行分析，并正确评断和运用。

## 二、符号的笔迹特征

符号包括标点符号和货币符号、添改符号等其他符号，是笔迹材料中的重要构成部分。任何一种文字符号和阿拉伯数字在实际应用过程中都必须使用标点符号，在特殊情况下还使用添改、调转、空字、移行等其他符号。其中，标点符号是辅助文字记录语言的符号系统，常用于断句、表达语气以及表述词句的语意等，分为标号和点号。其中，常用的点号主要有句号、逗号、顿号、冒号、问号、分号和感叹号，主要用于表示语言文字的各种停顿。常用的标号主要有破折号、括号、省略号、引号、书名号、着重号等，主要用于表示语言文字中某些词、句的性质和作用。

与汉字笔迹相类似，书写人经过长期的使用和练习，往往会形成自己的各种符号的书写习惯。符号特征一经形成，往往具有较强的稳定性，而且作为一种辅助符号，标点符号和其他符号在文书中没有实际的意义，书写比较简单，因而容易被书写人忽视，在伪装书写时常保留真实的书写习惯，所以在伪装或变化笔迹以及少量笔迹的鉴定中有重要的价值。在笔迹检验实践中，应注意分析书写人的符号笔迹特征，充分加以正确运用，帮助作出正确的检验结论。

标点符号和其他符号的笔迹特征主要表现为运笔特征、交叉特征、搭配比例特征、特殊形态特征、位置安排特征等，在分析时应重点关注符号的运用水平、所写符号的位置布局以及具体符号的书写方式及形态特点等。

## 实训设计

### 实训一：笔迹一般特征的分析与标示

#### 一、实训目的

1. 掌握笔迹一般特征的分析与标示方法。
2. 掌握检验记录表的制作方法。

#### 二、实训要求

1. 实训时每两人为一个实训小组认真进行，实训时间为4学时。
2. 实训时应对笔迹的一般特征按照书写风貌特征、形体特征、写法特征、特征布局、单字整体结构特征的顺序逐一进行认真分析。
3. 做好特征的分析记录并规范特征标示方法。

#### 三、实训器材

1. 普通铅笔、红蓝铅笔、直尺、放大镜。
2. 白纸、带格线的稿纸、检验记录表。
3. 学生自己书写的笔迹材料若干。
4. 案例笔迹材料若干。

### 四、实训方法与步骤

1. 教师让三名学员在黑板上书写同一段文字，让学员对三名同学的笔迹一般特征进行认真的分析。

2. 教师针对三名同学的笔迹进行分析讲解，让同学对照自己的分析以加深理解。

3. 对实训小组成员的笔迹材料进行交换分析，分析确定其笔迹一般特征，并在检验记录表上做好相应的记录并进行规范的特征标示。

### 五、实训作业

分析案例笔迹材料的笔迹一般特征，将其一一记录在检验记录表上，并进行规范标示。

## 实训二：笔迹细节特征的分析与标示

### 一、实训目的

1. 掌握笔迹细节特征的分析与标示方法。

2. 掌握检验记录表制作方法。

### 二、实训要求

1. 实训每两人为一个实训小组认真进行，实训时间为 4 学时。

2. 实训时分析笔迹材料的细节特征，应通过相同单字、相同构成部件、同位笔画的比较，选择所表现出来的固定的、有规律性的特征。并按顺序对笔迹细节特征逐一认真分析。

3. 做好特征的分析记录并规范特征标示方法。

### 三、实训器材

1. 普通铅笔、红蓝铅笔、直尺、放大镜。

2. 白纸、带格线的稿纸、检验记录表。

3. 学生自己书写的笔迹材料若干。

4. 案例笔迹材料若干。

### 四、实训方法与步骤

1. 将案例笔迹材料每人复印一份或制作成演示文稿提供给学生。

2. 每个学生都认真观察所给案例笔迹材料，对所给案例笔迹材料的笔迹细节特征进行分析。

3. 各实训小组对案例笔迹细节特征进行内部讨论，确定各实训小组对案例笔迹细节特征的分析意见，并确定一名发言人。

4. 各小组发言人按顺序发言，讲清其所在实训小组对案例笔迹细节特征的分析结果。

5. 教师对学生的分析情况进行有针对性的总结点评。

## 五、实训作业

每个实训小组内成员相互交换各自书写的笔迹材料，观察分析对方的笔迹细节特征，将其记录在检验记录表的检材栏内，并进行相应的标示与说明。

# 第四章 笔迹检验的步骤和方法

## 第一节　笔迹检验资料

笔迹检验是以同一认定为目的的一种检验，其一般的检验方法就是同一认定方法。同一认定的科学理论及其检验方法是笔迹检验的基本理论和方法。笔迹检验以检材和样本为检验材料，按照分别检验、比较检验、综合评断、作出结论的步骤方法进行检验。

### 一、笔迹检验的检材

笔迹检验的检材笔迹是物证笔迹的简称，是检材的核心部分。笔迹检验的检材不仅必须具备证据的法律特征，还必须具备同一认定的条件。通常，检材应具备的条件应从笔迹的数量、笔迹伪装或变化的程度、笔迹的稳定程度等方面综合判定。如果笔迹的数量多，没有伪装或显著的变化，稳定程度高，则具备较好的检验条件。如果笔迹的数量多，有一定的伪装或变化，有一定的稳定程度，则也具备检验条件。但如果笔迹的数量少，伪装或变化严重，或没有稳定性，则不具备检验条件。

提取笔迹检材，要由侦查人员和文检人员共同参加。具体的收集方法如下：（1）照相法。照相法是提取文书证据的首要方法。应按照现场照相要求先拍照现场方位、现场全貌的照片，然后拍照标语、传单的全貌照片以及单字照片。拍照字迹应根据现场条件和字迹载体及其形成特点采取相应的方法。

如拍照复写纸上的字迹或玻璃上的字迹时宜采用投射光照相；拍照刻画字迹和压痕字迹时宜采用侧光照相；拍照彩色物面上的字迹时宜采用分色照相或彩色照相等。为了确保标语、传单及字迹形象逼真应按比例照相要求拍照，即比例尺、照相机镜头光轴与被拍物面保持垂直，照片上字迹位置布局要适中。对于拍照方法、角度、光照条件以及光圈、速度等应予以记载。（2）原物提取法。如果标语、布告字迹是用纸张、布匹、织物、塑料等物书写，并被粘贴物固定在物面上，宜采用剥离法、化学试剂喷雾湿润法、湿毛巾湿润法等细心地将其从物面上分离下来，既不允许猛撕猛揭，也不宜湿润过度，要确保字迹不受损坏。对于直接书写在家具、小型物品、瓜果等物面上的字迹可提取字迹载体的全部或一部分。（3）对于粘贴物、附着物，可用透明胶纸直接粘取或者用洁净的小镊子夹取或者连同载体一并收取。（4）对书写工具、书写物质材料残留物和其他痕迹物品应一并加以提取。如用于书写的笔、铁钉、树枝、粉笔头以及包裹纸张、捆绑线绳等。

## 二、笔迹检验的样本

笔迹样本是嫌疑书写人书写的，供比较对照用的材料的简称。样本笔迹是嫌疑人书写习惯动作特征的集中体现。

### （一）笔迹样本的条件

样本作为检验的材料是证据材料的一种，因而它必须具备证据材料的一般法律特征，即客观性、真实性和法律性；而样本又是供同一认定的科学材料，因而它必须具备可比性和充分性。就一般的检验要求来说，样本必须达到科学性和法律性的统一。

1. 样本的客观性、真实性和法律性

样本的客观性是指样本是客观存在的，无论其存在的方式如何，其存在都必须能被我们直接地或应用科学与技术的方法所感知。样本的真实性是指样本必须是由特定的嫌疑人或其他与案件有关的人直接书写的。或者说样本与其书写人之间只存在唯一的、直接的反映关系。样本的法律性是指其来源必须符合法律的规定，即样本来源的对象、提收的程序和方法以及保管等必须符合法律的规定。

2. 样本的可比性

样本的可比性是一种条件要求，其条件要求是相对于检材而言的。任何通过比较来实现对事物本质属性认识的科学技术活动都必须以满足可比的条件为前提。就比较的难易程度而言，两个比较物之间的条件越接近，则比较越容易、结论的正确性越高；反之则比较越困难、结论的正确性越低。比较的条件包括物的形成条件、存在的方式条件、形成后的变化条件等。在笔迹检验过程中，检材是特定化的，其各种条件是客观存在的，我们既不可能按检验的需要去要求它，也不可能改变它，而只能适应它。样本的各种条件也是客观存在的，但是样本是相对不确定的，因此我们可以根据检材的条件去选择样本，使它的条件能满足与检材比较的需要。由于检材的形成、存在的方式、形成后的变化等条件多种多样，我们只能要求样本的条件尽可能地与检材一致，所以样本应具备的一般可比条件是：样本必须具有与检材相同的字、组成部分和笔画，这是最基本的条件；样本的书写速度、字体、字形应尽可能地与检材相近或相同；样本的文书种类、格式应尽可能地与检材相近或相同；样本的书写工具、纸张等应尽可能地与检材相近或相同；样本的书写时间应尽可能地与检材相近；样本的书面语言应尽可能地与检材相近。

3. 样本的充分性

样本的充分性是指其数量必须充分。其充分性的要求是在满足可比性的条件下，能较全面地反映出与检材相应的样本书写人的书写习惯。其具体的要求为：与检材相同的字、组成部分和笔画在相近的条件下重复出现，反映出较强的规律性；与检材相近或相同的文字布局和书面语言重复出现，反映出较强的规律性。

（二）笔迹样本的种类

根据样本的形成及其在检验中的作用的不同，一般把样本分为自然样本、实验样本和对照样本。根据样本的形成时间与发案时间的关系，把自然样本又分为案前样本和案后样本。

1. 自然样本

自然样本是嫌疑人、当事人或其他关系人在日常生活和工作中书写的文字材料。其特点是书写正常自然，形式多样，能较好地反映书写习惯的本质特点及其规律性。在司法实践中，收集自然样本的基本方法包括：（1）收集受审查人档案资料中自己亲笔书写的自传、总结、申请书、填写的表格等。(2) 收集受审查人曾经书写的零星现成手稿，如日记、作业、信件、工作中草拟的文稿、各种单据字迹等。(3) 临时密取。针对受审查对象的职业特点、爱好等，以合情合理的名义，在不暴露侦查意图的条件下让其书写一定的手稿，如有意安排其作会议记录、抄写文稿、缮写墙报、书写板报或托人找其代写书信笺。上述第一种、第二种方法多是收集案前样本的方法，第三种方法一般是收集案后样本的方法。这三种方法要因案、因时、因人、因地制宜，灵活运用。在发现、收集和提取笔迹样本时，首先应当对所发现的笔迹样本所在的位置进行照相固定，提取时要戴手套或用镊子，避免添加指纹。尽量保持原貌，不要卷曲和产生新的折叠痕迹。不允许在现场长时间翻阅，不允许在笔迹样本上写字、画线、画圈、打叉，因为这些批语、标记与记号，是对证据的破坏，会给后续工作带来不必要的麻烦。这些样本应直接装入物证袋内，封缄标注。收取笔迹自然样本时，在文书种类、格式、用途、书写速度、书写工具、书写材料、书体、字体等方面都要尽可能地与检材笔迹条件一致或者接近。样本中要尽可能多地包括与检材笔迹相同的单字、相同的组成部分和笔画。收取签名字迹样本，应收取全写、简写、连写、缩写等各种形式的签名字迹，签名的次数一般要求十次以上。

2. 实验样本

实验样本是嫌疑人、当事人或其他关系人按司法人员的要求所书写的，用于分析解释检验过程中出现的某些差异点的一种样本。在刑事诉讼中，实验样本是指在犯罪嫌疑人已承认了某物证笔迹是其书写，而在物证笔迹的检验过程中发现了一些尚不能解释的差异点，为了解释差异点而模拟与检材相近的书写条件，并在司法人员的监督下，让嫌疑人按模拟书写条件书写一定字迹所形成的样本。在民事诉讼、仲裁中，实验样本是指在笔迹检验所需的自然样本不足，收取又十分困难的情况下，由当事人或其他关系人就所争议的物证笔迹检验，自愿地在审判人员的监督下，按条件要求所书写的字迹材料。实验样本不能作为笔迹检验的主要样本。收取笔迹的实验样本时应注意模拟的条件和收取的方法。收取实验样本的模拟条件是根据已知的检材笔迹及其形成条件和存在方式分析确定的。在模拟时应注意考虑书写的速度、工具、纸张、字体、字形、手法、光线、姿势等条件。收集笔迹实验样本，主要有以下四种方式：（1）令受审查人按照侦查、审判人员的口述听写。口述可以根据物证文书字迹的书写速度，相应变换口述速度。如发现书写人企图伪装笔迹特征，故意降低或提高书写速度时，应适当提高或降低口述速度予以阻止，并且间隔一定时间后，再令其听写一次或数次。（2）在侦查、审判人员的监督下，令受审查人按照印刷资料的文字内容进行书写。（3）令受审查人按规定的书体、字体书写一定的印刷、打印文件或某些单字。（4）令受审查人在特定的环境下，或以特殊的书写姿势，或以特殊的书写方法，书写一定的文字或某些单字。无论采取哪种方法收取都必须按模拟条件进行监督，并且不能用检材直接进行听写、抄写等，同时在收取过程中应根据情况让书写人反复多次地书写，从而保证实验样本的数量充分。

3. 对照样本

对照样本是与文书物证字迹有牵连的人书写的手稿。这是检验摹仿笔迹和“复抄字迹”（按照拟好的手稿由其他人照抄的字迹）所需要的一种特殊对照资料。因为摹仿字迹检材或“复抄字迹”检材除反映书写人（或抄稿人）的笔迹特征外，还会不同程度地流露出被摹仿人或拟稿人的笔迹特征，所以，检验这类笔迹除必须收取书写嫌疑人的笔迹样本外，还要同时收取被摹仿人或拟稿人的笔迹样本，为确定检材笔迹的被摹仿人和拟稿人提供比较资料。笔迹对照样本一般只能作为验证对照的参考资料，不能作为认定书写人的依据。制作笔迹对照样本，必须经过其本人同意后，参照笔迹实验样本的制作方法进行制作。

此外，收取笔迹样本应注意策略原则。收取笔迹样本应遵守国家的政策和法律，尊重当事人和犯罪嫌疑人的人权。在刑事诉讼中，只能收取重点嫌疑人的笔迹样本，不应普遍收取样本，并且应注意保密。在民事诉讼中，收取笔迹样本应征得当事人的同意。

## 第二节　笔迹检验的步骤和方法

笔迹检验的步骤和方法不仅是任何笔迹检验都必须遵循和采用的科学步骤和方法，还是保证笔迹检验结论正确的重要环节。笔迹检验的步骤为分别检验、比较检验、综合评断及作出结论。每个步骤都有其相应的目的及其达到目的的相应的方法。笔迹检验的各个步骤是密切联系的，它们体现了对书写习惯由浅入深，由部分到整体的逐步认识过程。

## 一、分别检验

分别检验是笔迹检验的第一步，其要求和任务在于：按先检材后样本的顺序分析确定书写动作一般状况特征、文字布局特征、书面语言特征和书写动作局部特征。由于检材可能出现伪装或变化，在分析确定检材笔迹特征之前，必须判明检材是否有伪装或变化，以及伪装或变化的原因和程度。

### （一）判断检材笔迹系正常笔迹还是非正常笔迹

正常笔迹、伪装笔迹和条件变化笔迹都有各自的特点。在分析检材时只要在认真观察的基础上，把认识到的笔迹特点与正常笔迹、伪装笔迹和书写客观条件引起的变化笔迹的特点进行比较，就不难判明检材是否有伪装或变化，以及伪装或变化的原因和程度如何。正常笔迹、伪装笔迹和条件变化笔迹的特点如下。

正常笔迹是指书写人在没有不正常的生理、心理或书写环境条件的影响下书写所形成的笔迹。正常笔迹能较好地反映书写人的书写技能和书写习惯。正常笔迹的特点是：笔迹熟练程度前后一致，书写水平与语文水平相适应；所有字的大小、间隔基本一致，字行的方向及其与格线的关系前后相同；各种笔画所表现出来的笔力轻重一致；同种笔画的运笔趋势一致，连接自然协调，前后的运笔自成体系，且无怪异的笔画；字的笔画、组成部分间的搭配比例正常，前后一致；相同的字、组成部分、笔画所表现出来的特征前后稳定一致。

伪装笔迹是指书写人为了实现某种非法目的，而故意采取歪曲自己的笔迹特征或摹仿他人的笔迹特征进行书写所形成的笔迹。伪装笔迹的手法多种多样，其笔迹特征的变化及其程度也各不相同，因而对伪装笔迹的特点只能作一般的概括。伪装笔迹的基本特点是：在字数较多的伪装笔迹中，书写水平前后不一致，书写速度快慢不均，字体字形有的不相同或混杂；书写水平与语文水平相矛盾，出现不应有的错别字和语法错误；字的大小不均，间隔不匀，排列忽高忽低，缺乏整体协调性；有的整篇字较大，笔画歪曲张扬，结构松散或异常；字的结构松散零乱，单字中结构单位和笔画的搭配比例缺乏协调性；各种笔画的运笔生涩呆板，弯曲抖动，有的还出现修饰重描，中途停顿等现象；笔力平缓，笔力的变化缺乏节奏感；同种笔画的运笔趋势前后不一致，连接不协调，前后的运笔不成体系，有的还有怪异的笔画；有的前后相同的单字、组成部分重叠；前后相同的字所表现出来的笔迹特征不成体系。

条件变化笔迹是指书写人书写时无伪装笔迹的主观故意，完全出于书写人自身生理、心理条件或外部条件的影响，书写活动不能完全正常实施，书写技能与书写习惯的反映部分受到影响，因而使笔迹出现部分不正常的情况。按其变化性质，又可分为内部条件引起变化的笔迹和外部条件引起变化的笔迹。书写人在书写过程中，受书写工具、承受物面、书写姿势、书写环境等特定变化因素的影响而书写形成的笔迹，统称为书写环境条件引起变化的笔迹。这种笔迹表现出书写的适应性变化或限制性变化。其笔迹的总体变化特点是：字的大小、倾斜程度不均匀，书写速度缓慢；笔压不均匀，笔画的转折、连接等运笔呆板、生硬；笔画的长短和组成部分的比例失调，部分搭配位置不准确，甚至有重叠现象。

（二）判断检材笔迹的形成方式

检材笔迹的形成方式是指文件上可疑字迹形成的具体方法。一般情况下，文件上的手写字迹由书写人利用书写工具直接书写形成。检材笔迹形成方式鉴定的技术要点，一般包括以下四点。

（1）采用宏观检验、显微检验等方法，分析检材手写体字迹的墨迹分布、色泽是否符合书写工具直接书写形成的特点。

（2）采用宏观检验、显微检验、压痕记载检验等方法，分析检材手写体字迹的笔痕特征是否符合书写工具直接书写形成的特点。

（3）采用宏观检验、显微检验、压痕记载检验等方法，分析检材手写体字迹的墨迹分布、图文质量是否符合采用复印、扫描打印、盖印等方法复制形成的特点。

（4）如需要可选用适当的检验检测方法，对检材墨迹的理化特性进行检验检测，分析检材墨迹是否符合书写材料或印刷材料的一般特性。

（三）分析和选择检材笔迹的笔迹特征

分析和选择检材笔迹的特征是分别检验的中心任务。检验人分析选择笔迹特征是否正确直接影响检验结论的科学性。分析选择笔迹特征应在全面细致地对检材进行观察和比较的基础上，根据笔迹特征的特点，有顺序、有重点地进行。分析选择时按书写动作一般状况特征、文字布局特征、书面语言特征和书写动作局部特征的顺序逐一确定。在分析选择特征时应以价值高的特征为重点，同时考虑笔迹特征的系统性、多样性等，尤其是在对书写动作局部特征进行分析时，应认真细致地观察，反复地进行比较研究，力求全面而有重点地发现和确定独特稳定的笔迹特征。

观察与比较是分析选择笔迹特征的两种基本方法。我们只有对笔迹进行全面细致地观察，才能发现和选择各种笔迹特征。观察的方法主要是目力观察和显微镜观察，而观察的要求是应在一定的目的和顺序基础上，全面、系统、深入、细致地进行。

对检材应从页、行、字、结构单位和笔画一一进行观察和比较，发现笔迹特征。在分析笔迹特征的过程中，观察和比较是同时进行的，即边观察边比较。应根据笔迹特征的分类，选择笔迹特征的顺序，分别有重点地、反复地进行观察和比较，从而逐类选择确定笔迹特征。书写动作局部特征是分析选择笔迹特征的重点，应通过观察和比较从相同的单字、组成部分、笔画中选择书写动作呈规律性的各种局部特征；从笔画较多、结构复杂的单字和复杂的笔画及其结构中心笔画中选择笔迹特征；从复杂的标点符号和其他符号中选择笔迹特征。对非正常的检材应在判明伪装或变化的原因及其程度的基础上，根据伪装或变化的规律特点及其程度选择笔迹特征。在选择时除前述的选择特征的要点外，还应注意从书写流利自然和结构比较正常的单字、组成部分、笔画中选择特征；对书写速度较慢的应从书写速度快、运笔自然和结构正常的单字、组成部分、笔画中选择特征；对强行快写的应从书写速度较慢，结构正常的单字、组成部分、笔画中选择特征；对书写水平低的检材，应从其中笔迹熟练程度高、结构较为合理的单字、组成部分中选择特征。

（四）分析和选择样本笔迹的笔迹特征

分析和选择样本笔迹的笔迹特征的具体步骤和方法与检材相同。但是，应认真审查样本的真实性及其书写动作的规律性，确定其可比性及其程度。

分析和选择样本笔迹的笔迹特征是分别检验的最后一步，也是比较检验的第一步。在具体的检验过程中，分析和选择样本笔迹的笔迹特征是比照检材一一进行的，因此无论与检材笔迹相同或不同的特征都应分析和选择。

（五）记录分别检验的过程及其特征

分别检验的过程是笔迹检验技术的实践过程，因此应全面地记录检验的过程及所发现的各种笔迹特征。记录的方法是在“检验记录表”上用文字叙述和说明书写动作的一般状况特征、文字布局特征、书面语言特征；采用复制特征字的方式形象标示笔迹特征。

## 二、比较检验

比较检验的任务是对分别检验所选择的笔迹特征进行核实、比较它们的相同与不同、补充遗漏的笔迹特征并纠正选择不正确的笔迹特征。比较检验应全面、系统地进行，因而应着重把握比较的原则、内容及其方法要点。

（一）比较检验的原则

比较检验的原则是科学比较的思维基础和方法基础，是比较检验的基本准则。它对实现正确的、科学的比较有重要的意义。比较检验的原则主要有：可比性原则；全面、系统的原则；一般与重点相结合的原则；客观、准确的原则。

（二）比较检验的内容

比较检验的内容主要包括：比较书写动作一般状况特征、文字布局特征、书面语言特征的相同与不同和比较书写动作局部特征的相同与不同；比较所有特征的相同与不同的数量与质量。书写动作局部特征的比较内容具体又包括比较单个特征和各组特征的相同与不同。单个的特征是指实在而具体的相同笔画、组成部分、单字的特征。特征组可以从两个方面来定义，一方面是指检材或样本中不同笔画、组成部分、单字所表现出来的同类书写动作特征的组合，如运笔组、搭配组等；另一方面是指检材与样本中所有的相同笔画、组成部分、单字所表现出来的一种书写动作的规律，如横画的运笔组、单立人的搭配比例组等。两种不同的特征组是密切联系的，其比较的异同在于前者的范围大，而后者的范围小。比较特征的数量，就是比较检材与样本符合点与差异点各占的比例，以及各类特征相同与不同各自所占的比例。比较特征的质量，就是比较符合点与差异点的价值。笔迹特征出现率的高低是衡量其价值的重要标准，笔迹特征的出现率与其价值的高低成反比。在衡量笔迹特征的价值时应注意分析和比较笔迹特征的规范（字体和书体）程度的高低；出现率范围的大小；伪装或变化的难易程度等因素。

## 三、综合评断

综合评断的任务是在比较检验的基础上，结合案件的具体情况，对检材和样本符合点与差异点的数量与质量进行科学的分析，确定两者符合点和差异点的总和及其性质，并判断两者的笔迹特征是不是同一人书写习惯体系的反映，从而作出相应的检验结论。对书写习惯总和中相同与不同笔迹特征的评断一般是从差异点入手的，这是同一认定的必然要求。

### （一）评断差异点的性质

评断的方法，一般是从差异点开始。所谓笔迹特征差异点是指检材笔迹与样本笔迹的笔迹特征不同的方面。差异点的性质表现为本质的差异或非本质的差异两种情况。本质的差异是不同人书写习惯的反映，而非本质的差异是书写习惯形成和反映过程中主客观因素的影响导致的。本质的差异通常表现为不同的笔迹特征数量多、质量高，尤其是书写动作的局部特征呈规律性的不同。非本质的差异一般数量少、质量低，其差异是书写人伪装笔迹特征；字体、书体和书写习惯的其他共性反映；书写条件的影响等因素所致。

### （二）评断符合点的性质

检材笔迹与样本笔迹的相同特征称为符合点。符合点的性质表现为本质的符合和非本质的符合两种情况。本质的符合是指检材与样本的笔迹特征是同一人书写习惯体系的反映。非本质的符合是指检材与样本笔迹特征的符合是不同人书写习惯体系在反映过程中，由于主客观因素的影响所形成的部分笔迹特征的相似或相同。

## 四、作出结论

笔迹检验结论在司法鉴定实践中分为确定性意见、非确定意见和无法判断三类，共九种具体结论。

（一）确定性意见

1. 肯定同一

肯定同一是指检材笔迹与样本笔迹的笔迹特征是同一人书写习惯体系的反映，即检材笔迹与样本笔迹是同一人所写。肯定同一的条件是：检材笔迹与样本笔迹的笔迹特征符合点的质量高，其总体价值充分反映了同一人的书写习惯；检材笔迹与样本笔迹的笔迹特征没有本质性的差异；检材笔迹与样本笔迹差异或变化的笔迹特征能够得到合理的解释。

2. 否定同一

否定同一是指检材笔迹与样本笔迹不是同一人书写习惯体系的反映，即检材笔迹与样本笔迹不是同一人所写。否定同一的条件是：检材笔迹与样本笔迹的笔迹特征差异点的质量高，其总体价值充分反映了不同人的书写习惯；检材笔迹与样本笔迹的笔迹特征没有本质性的符合；检材笔迹与样本笔迹符合或相似的笔迹特征能够得到合理的解释。

（二）非确定性意见

1. 极可能同一

极可能同一意见是指检材笔迹与样本笔迹极有可能是同一人书写习惯体系的反映，即检材笔迹与样本笔迹极有可能是同一人所写。极可能同一意见的基本条件是：检材笔迹与样本笔迹的笔迹特征符合点的质量高，其总体价值在极大程度上反映了同一人的书写习惯；检材笔迹与样本笔迹的笔迹特征没有本质性的差异；检材笔迹与样本笔迹差异或变化的笔迹特征能够得到合理的解释。

2. 极可能非同一

极可能非同一意见是指检材笔迹与样本笔迹极有可能不是同一人书写习惯体系的反映，即检材笔迹与样本笔迹极有可能不是同一人所写。极可能非同一意见的基本条件是：检材笔迹与样本笔迹的笔迹特征差异点的质量高，其总体价值在极大程度上反映了不同人的书写习惯；检材笔迹与样本笔迹的笔迹特征没有本质性的符合；检材笔迹与样本笔迹符合或相似的笔迹特征能够得到合理的解释。

3. 很可能同一（倾向肯定同一）

很可能同一意见是指检材笔迹与样本笔迹很有可能是同一人书写习惯体

系的反映，即倾向认为检材笔迹与样本笔迹是同一人所写。很可能同一意见的基本条件是：检材笔迹与样本笔迹的笔迹特征符合点的质量高，其总体价值在极大程度上反映了同一人的书写习惯；检材笔迹与样本笔迹的笔迹特征没有本质性的差异；检材笔迹与样本笔迹差异或变化的笔迹特征能够得到合理的解释。

4. 很可能非同一（倾向否定同一）

很可能非同一意见是指检材笔迹与样本笔迹很有可能不是同一人书写习惯体系的反映，即倾向认为检材笔迹与样本笔迹不是同一人所写。很可能非同一意见的基本条件是：检材笔迹与样本笔迹的笔迹特征差异点的质量高，其总体价值基本反映了不同人的书写习惯；检材笔迹与样本笔迹的笔迹特征总体上没有本质性的符合；检材笔迹与样本笔迹符合或相似的笔迹特征能够得到比较合理的解释。

5. 可能同一

可能同一意见是指检材笔迹与样本笔迹有可能是同一人书写习惯体系的反映，即检材笔迹与样本笔迹是同一人笔迹的可能性较大。可能同一意见的基本条件是：检材笔迹与样本笔迹的笔迹特征符合点与差异点在数量上各占一定比例，但笔迹特征符合点的质量相对较高，其总体价值在一定程度上反映了同一人的书写习惯；检材笔迹与样本笔迹的笔迹特征总体上没有显著的差异；检材笔迹与样本笔迹差异或变化的笔迹特征能够得到相对合理的解释。

6. 可能非同一

可能非同一意见是指检材笔迹与样本笔迹有可能不是同一人书写习惯体系的反映，即检材笔迹与样本笔迹不是同一人笔迹的可能性较大。可能非同一意见的基本条件是：检材笔迹与样本笔迹的笔迹特征差异点与符合点在数量上各占一定比例，但笔迹特征差异点的质量相对较高，其总体价值在一定程度上反映了不同人的书写习惯；检材笔迹与样本笔迹的笔迹特征总体上没有显著的符合；检材笔迹与样本笔迹符合或相似的笔迹特征能够得到相对合理的解释。

（三）无法判断

无法判断意见是指根据检材笔迹、样本笔迹的情况以及比对的结果无法判断检材笔迹与样本笔迹是否为同一人的笔迹。无法判断意见的基本条件是：检材笔迹不具备鉴定条件；或样本笔迹不具备比对条件；或根据检材笔迹与样本笔迹的笔迹特征的反映情况，不能得出上述确定性或非确定性意见。

## 第三节 笔迹检验文书

笔迹检验文书是笔迹鉴定程序的忠实反映，笔迹检验文书的制作过程也是笔迹鉴定的过程。笔迹鉴定的四个基本步骤在笔迹检验的三种书面资料中对应出现——分别检验体现为检验记录表，比较检验体现为特征比对表，综合评断和作出结论则体现为鉴定意见书。检验记录表、特征比对表、鉴定意见书三者形成一个完整的鉴定文书，体现了一个全面的鉴定程序。

### 一、检验记录表

分别检验这一步骤中应观察分析检材（样本），判断检材（样本）的性状及鉴定条件，分析检材（样本）的笔迹特征——一般特征和细节特征，将其一一记录在检验记录表上。而检验记录表就是分别检验这一检验步骤的忠实反映。

分别检验中检材和样本的检验过程是相同的，但是两个过程必须分开独立进行。检验时，先观察记录检材的基本情况——性状、鉴定条件及笔迹特征；再观察记录样本的基本情况——性状、鉴定条件及笔迹特征。记录检材的情况时，将检材的笔迹形态记录在检验记录表的左边一栏中，并在每页的左边最上一行标明“检材”字样。记录样本情况时，将样本的笔迹形态记录在检验记录表的右边一栏中，并在每页的右边最上一行标明“样本”字样。每页检验记录表右上角应标明检验记录表的页码。制作检验记录表时必须按照先左后右、先检材后样本的顺序来进行。

（一）分析检材（样本）的性状及鉴定条件

1. 分析检材（样本）的性状

仔细观察检材（样本）的笔迹形态，从书写动作一般状况特征、文字布局特征、书面语言特征、书写动作细节特征等方面来分析检材（样本）的性状，判断其为正常笔迹、伪装笔迹还是变化笔迹，并根据检材（样本）的具体情况来分析其伪装变化的原因。

2. 分析检材（样本）的鉴定条件

根据检材（样本）笔迹的具体情况，从笔迹的伪装变化程度和笔迹的数量两个方面来判断检材（样本）是否具备鉴定条件。一般来说，检材、样本都为正常笔迹，并且数量充分，必然具备鉴定条件。所以可以直接陈述，不必说明理由。

（二）分析检材（样本）的笔迹特征

1. 分析检材（样本）的书写动作一般状况特征

仔细观察检材（样本）的笔迹形态，通过分析检材（样本）的整体水平状况来确定书写动作一般状况特征。书写动作一般状况特征是一个宏观概念，它体现了笔迹材料的整体水平状况。我们观察分析一般特征时应从整篇笔迹材料的总体情况出发，并根据笔迹材料中绝大部分笔迹的情况来确定一般特征的特征层次。仔细观察笔迹材料，从笔迹材料的整体水平状况分析其一般特征，确定其特征层次，并将其一一记录在检验记录表上。首先，说明书写动作一般特征应判明每个特征的特征层次；其次，说明判断特征层次的根据，可采取文字描述和特征标示两种说明方式；最后，分析确定特征价值的高低。

2. 分析检材（样本）的书写动作细节特征

书写动作细节特征的说明与一般特征的说明有所不同。说明一般特征着重于按照特征种类依次说明特征层次，说明细节特征着重于描述特征形态，而不区分特征种类。一个细节特征就是一个笔画、一个偏旁部首、一个单字所体现出的特征形态。这个特征形态既可能只包含一种特征，也可能包含几种特征。但只要这一种特征或几种特征共同存在于一个笔画、一个偏旁部首、一个单字中，就应是一个特征形态。分析检材（样本）的细节特征，应从其特征形态是否前后一致以及特征形态脱离书写规范的程度来判断其特征价值。检材（样本）中相同笔画（同位）、相同偏旁部首（同位）、相同单字（同位）表现出来的特征形态前后一致、稳定出现，说明其特征规律性强；特征形态脱离书写规范远、不符合一般书写共性、个人特色鲜明，说明其独特性高。笔迹特征规律性强，独特性高，特征价值就高；反之则低。

仔细观察检材（样本）的笔迹形态，观察比较检材（样本）某个细微部分的个性特征来分析细节特征，并确定细节特征的形态及其规律性。说明确定特征形态的理由，可采取文字描述和特征标示两种说明方式。说明细节特征应以文字描述为主，特征标示为辅。通过笔迹特征的前后比较、与书写规范的比较分析细节特征的规律性、特定性，最后分析确定特征价值的高低。

3. 分析检材（样本）的文字布局特征

文字布局特征是指全篇笔迹在纸面上的分布特点。文字布局特征是一个宏观概念，它是个人书写运动习惯和空间安排习惯的综合反映。在书写运动过程中，文字布局特征会自然反映出来，是书写人不太注意伪装的特征。但是，文字布局特征容易受到书写客观环境的影响，如纸张的大小、是否有格线限制、书写空间是否充裕、书写姿势等。我们观察分析一般特征应从整篇笔迹布局的总体情况出发，并根据文字布局的绝大部分情况来确定文字布局特征的特征层次。仔细观察笔迹材料，从整篇材料笔迹空间分布的总体状况分析其文字布局特征，确定其特征层次、分析其特征价值，并将其一一记录在检验记录表上。首先，说明文字布局特征应判明每个特征的特征层次；其次，说明判断特征层次的根据，可采取文字描述和特征标示两种说明方式；最后，分析确定特征价值的高低。

4. 分析检材（样本）的书面语言特征

书面语言特征是从文字的语音、意义、词汇、语法、文章内容等方面所反映出来的语音特征、语法特征、词汇特征和思维活动特征。分析整篇笔迹材料的大致情况，从词汇的种类（专用词汇、熟语、方言词汇、隐语、宗教迷信词汇、外来词汇等）、字的写法（繁体字、简化字、异体字）、错别字的多少、书写格式的规范程度、辞藻的丰富或贫乏程度、词句逻辑关系的严密程度、言语的书面化或口语化程度等方面来分析书面语言特征，由此分析书写人的职业、年龄、文化程度及其爱好。在检验记录表上写出对该篇笔迹材料的分析结论及相应的理由，具体解释专用词汇、熟语、方言词汇、隐语、宗教迷信词汇、外来词汇、繁体字、简化字、异体字、错别字等出现的原因，对书写人的年龄、文化程度、职业爱好等进行分析判断。在笔迹材料中选择最具有普遍代表性的几个错别字、繁体字、简化字、异体字，举例说明到文字描述的下方，并在每个错别字、繁体字、简化字、异体字后面用括号标明正确的写法。

## 二、特征比对表

在检验记录表的基础上，对检材和样本进行比对。总结分析检验记录表，从单个特征的比较、特征组的比较、特征总和的比较，将能代表笔迹书写人书写习惯本质属性的特征进行归类列表分析。特征比对表（比较检验）的制作应建立在检验记录表（分别检验）的基础上，特征比对表是检验记录表的综合与总结。但是特征比对表不是检验记录表的完全翻版，而应对检验记录表去伪存真、剔粗留精，进行宏观上、总体上的整理，使其成为书写习惯这个有机整体的忠实反映、客观反映、准确反映。

从检验记录表中选出检材和样本相对应的特征，并从中选择最具有代表性的、最能体现书写习惯本质属性的笔迹特征。若要作肯定结论，应尽量选择相同特征，将相同特征排列在前面、不同特征排列在后面。若要作否定结论，应尽量选择不同特征，将不同特征排列在前面、相同特征排列在后面。特征比对表分为检材栏和样本栏，检材栏在左、样本栏在右。将检材的笔迹特征记录在特征比对表的左边一栏中，并在每页的左边最上一行标明“检材”字样。将样本的笔迹特征记录在特征比对表的右边一栏中，并在每页的右边最上一行标明“样本”字样。特征比对表的笔迹特征记录只用举例说明的方法，而不用文字描述的方法。特征比对表中检材的笔迹特征应按照笔迹特征所依附的相同的字、不同字的相同笔画、相同偏旁部首在笔迹材料中的顺序进行排列；而样本特征的位置必须要与检材特征的位置相互对应，每个特征应独占一行。如表4－1所示。

表4-1 检验记录表

| 检　材 | 样　本 |
| --- | --- |
| 一、判断检材的性状及条件<br>（一）检材的性状<br>检材书写速度前后一致，笔力变化均匀；字行的形态方向有规律性；书面语言与语文水平一致；特征形态前后一致；运笔自然流利，字的结构合理，为正常笔迹。<br>（二）检材的条件<br>检材为正常笔迹，数量充分，具备鉴定条件。<br>二、分析笔迹特征<br>（一）书写动作一般状况特征<br>（二）书写动作细节特征<br>（三）文字布局特征<br>（四）书面语言特征 | 一、判断样本的性状及条件<br>样本为正常笔迹，数量充分，具备鉴定条件。<br>二、分析笔迹特征<br>（一）书写动作一般状况特征<br>（二）书写动作细节特征<br>（三）文字布局特征<br>（四）书面语言特征 |

### （一）说明笔迹特征的方法

1. 铅笔描绘法

在二十世纪五六十年代，笔迹特征比对表的制作主要靠文检人员用铅笔描绘，然后用红蓝笔标出特征。其优点是描绘的过程是最好的感悟认识过程，通过描绘能强制文检人员去一笔一画地仔细观察检材、样本笔迹，乃至细微的运笔动作，从而找出有价值的笔迹特征。其缺点是在描绘的过程中会掺杂进检验人员自身的书写习惯以及容易“走样”，直感效果差。

2. 光学照相剪贴法

通过光学照相，将检材、样本笔迹拍成照片，然后剪贴成特征比对表。其优点是笔迹的清晰度高，仅次于原件。其缺点是成本高，工艺烦琐，而且照片表面光滑，不易用红蓝笔标识。

3. 复印剪贴法

将检材、样本复印后再剪贴制作成比对表。其优点是基本保持了笔迹的风格面貌。其缺点是一些起笔、收笔、连笔、反射动作等细微特征反映不出来，从而使鉴定结论大打折扣。另外，此法比较浪费，有时一张纸上只能剪下一两个字。

4. 扫描粘贴法

通过扫描，将检材、样本笔迹输入电脑，然后将需要的笔迹剪切、粘贴到特征比对表上进行打印。其优点是清晰度高，单字选取便捷，大小缩放随意，且可存入电脑或光盘永久保存，既可远程传输，又可在专网上组织会检，但存在数字化失真、动态特征丢失的风险。

5. 数码照相制作法

通过数码照相将检材、样本笔迹输入电脑，然后将需要的字迹粘贴到特征比对表上，再打印出来。其优点与扫描粘贴法相同。相较而言，扫描粘贴法和数码照相制作法是目前效果好、效率高的特征比对表制作方法。其缺点是设备依赖性高（如相机性能）、光照条件敏感、后期处理复杂、细节损失、存储格式影响质量等。如表 4－2 所示。

**表 4－2　特征比对表示例**

| 检　材 | | 样　本 | |
|---|---|---|---|
| 1.  (1—1—1) |  (1—3—4) | 1.  (1—1—1) |  (1—2—1) |
| 2.  (1—3—11) |  (1—5—6) | 2.  (1—3—11) |  (1—6—6) |
| 3.  (1—4—15) |  (1—6—13) | 3.  (1—7—2) |  (1—8—2) |
| 4.  (1—7—11) |  (1—8—2) | 4.  (1—7—11) |  (1—8—2) |
| 5.  (1—5—8) |  (1—6—7) | 5.  (1—5—2) |  (1—6—2) |

（二）特征的标示

检材和样本相同的特征，用同一种颜色的笔标示；不同的特征，检材和样本分别用不同颜色的笔标示，也即检材笔迹特征一律用红色笔标示，样本笔迹相同特征用红色笔标识，不同特征用蓝色笔或黑色笔标示。不同种类特征的标示符号如表 4－3 所示。

**表 4－3　特征标示符号示例**

| 符号名称 | 符号形态 | 适用特征 | 标示举例 | 标示要求 |
|---|---|---|---|---|
| 实线 | —— | 用于标识布局，结构，形体等笔迹特征 | 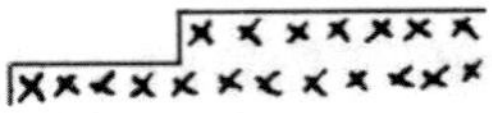 | 平齐于文字的外缘 |
| 虚线 | ………… | 用于标识单字，偏旁，部首，笔画间搭配比例特征 |  | 不同部分间采用相同的标准取位置 |
| 圆 | O | 用于标识单字局部的笔迹特征，如单字局部的连接、环绕、转折及单字局部特殊的结构、搭配等笔迹特征 |  | 多用于别的标识方法难以标识时 |
| 长尾箭头 |  | 用于标识单字笔画连续的运笔动作 |  | 紧贴文字笔画外缘，不能通过文字笔画 |
| 短箭头 | ——→ | 用于标识单字笔画的起、收、连、折、绕、顿、颤、拖、带、抖等细微的书写动作 | 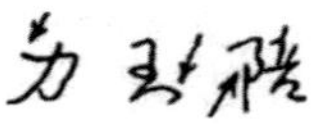 | 必须标于特征点上，长度不宜超过单字高度的2/3 |
| 括号 | （） | 对于错字、别字、异体字及特殊笔顺和写法的字迹，在括号内标明该单字的正确写法或规范写法，或用于对某个字笔迹特征的说明 | 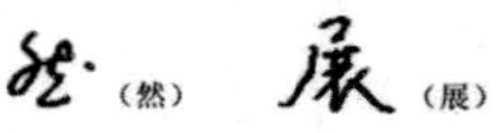 | 用宋体规范字注于文字右下角 |
| 标号 | ①、②、③…… | 用于标识笔迹特征，也可用于对笔迹特征进行编号 | 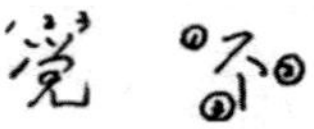 | 标于笔画起收笔处 |

（三）笔迹特征的定位描述

笔迹特征的定位描述是笔迹特征的语言描述的一种。对笔迹特征的定位可以采取行列定位描述方法。具体的方法是：去除标点符号（如果标点符号自身是检验的考察对象时为一个字符），排列在一起的数字为一个字符，检材笔迹与样本笔迹中的第一个字符标为第一行第一列，如果表达的特征为某个笔画的特征或者某几个笔画的序号，用符号标示就是××特征（a-b-c），a指字符的行，b指字符的列，c指字符中笔画的序号。若是为表达字符的组成部分之间的关系特征，则可以用符号标示为××特征（A-B）或××特征（A-B-C）。

## 三、鉴定意见书

分析特征比对表上的相同特征和不同特征，判断其属性及本质：从笔迹的可比性条件，相同特征、不同特征的价值、数量的总和比较等方面来判断检材和样本为本质的符合还是本质的差异，并作出最后的鉴定意见。

### （一）鉴定意见书的内容

笔迹鉴定意见书由文字叙述与图片对比两部分组成。两部分相辅相成，相互补充和印证，缺一不可。

1. 文字叙述部分

文字叙述部分是鉴定书的主要部分。其任务在于用文字叙述的方式客观记录和反映笔迹鉴定程序、鉴定材料、鉴定方法、鉴定意见等方面的内容。其基本格式可以依据司法鉴定管理机关颁布的笔迹司法鉴定意见书制作规范制作，主要有标题和文号、鉴定书文号、基本情况、检案摘要、检验过程、分析说明、鉴定意见、鉴定人签名、注释及相关附录等。

（1）标题和文号。主要写明司法鉴定机构法定名称全称。根据不同地方司法鉴定对象的分类方法不同以及鉴定的性质类型不同，鉴定书的具体名称有所差异。不同的地方对于诉讼中的笔迹鉴定意见书的表述不同，有些表述为笔迹鉴定意见书，有些表述为笔迹司法鉴定意见书。不同的鉴定性质应该采用不同的名称，如对于咨询鉴定，应表述为笔迹咨询鉴定意见书；对诉讼中司法机关委托的笔迹鉴定，应表述为笔迹司法鉴定书（或笔迹司法鉴定意见书）；对行政执法部门委托的笔迹鉴定，应表述为笔迹鉴定意见书。

（2）鉴定书文号。反映出鉴定机构简称、鉴定性质及类型简称、年号及案件编号等内容，按规定格式排列。如“××司鉴〔202×〕文鉴字第×××××号”。

（3）基本情况。具体包括委托单位法定名称全称及委托书文号；送检人姓名及身份证明；送检日期；受理日期；鉴定要求或者委托鉴定事项；鉴定日期；鉴定地点。其中鉴定资料包括笔迹检材与样本资料的名称、种类、数量、性质。描述应以其特定化为标准，使他人能够审查鉴定资料的真实性。

（4）检案摘要。主要写明案件基本情况（案件性质、名称、当事人或刑事被告人名称等）、鉴定目的等内容。

（5）检验过程。这一部分是重点，应详细描述。主要写明分别检验、比较检验过程中的具体检验情况，即分别检验使用了哪些检验手段和设备，通过对检材笔迹的检验，其体现出来的哪些特点说明其书写正常或者有变化或存在伪装摹仿现象，检材笔迹的特征数量与质量如何，能否构成特定的书写习惯体系，是否具备鉴定条件；样本笔迹是否正常，特征数量是否充分、不同样本笔迹中特征是否稳定，与检材形成条件与方式是否相同或者相近，有无比较条件；比较检验过程中采用了哪些检验手段和设备，检材笔迹与样本笔迹比较过程中发现并确定了哪些方面的相同特征和不同特征，并使用一定量的具体特征字对描述的相同特征与不同特征进行例证。

（6）分析说明。分析说明是对综合评断的具体表述。应写明：评断检材笔迹与样本笔迹差异点和符合点的性质及其形成原因的解释，二者相符合的特征总和能否构成一个特定的书写习惯体系。

（7）鉴定意见。鉴定意见中应当依据鉴定要求简明扼要地提出鉴定结果。

（8）鉴定人签名。注明鉴定人姓名、技术职称、鉴定执业证书编号，并由鉴定人亲笔签名。

（9）注释及相关附录。注释是对笔迹鉴定依据的规范与标准、鉴定书中某些特别问题加以的特别说明。附录是鉴定书的附件目录。

2. 图片对比部分

图片对比部分是鉴定书的次要内容、主要附件，其是对鉴定书文字叙述部分所描述的鉴定资料及笔迹特征的直观展示，其作用在于让鉴定意见审查人员能够通过对图片的审查，确定送检的检材笔迹与样本笔迹的真实性，判断鉴定人鉴定过程中对特征的认识和分析是否准确、全面。

鉴定书的图片包括检材、样本全貌图片和特征比对图片。

（1）检材、样本全貌图片。检材、样本全貌图片既可以是检材、样本的全貌照片，也可以是二者的电子扫描或电子照相的打印件，还可以是二者的静电复印件。

如果拍照制作，应该在检材、样本相应部位加放比例尺；扫描打印件应说明扫描分辨率；静电复印一般按原大小复制，若需要缩放，则应标明缩放倍率。

检材全貌图片必须如数复制。若样本过多，不宜全部复制，应重点选择特征字相对集中、比较条件好的部分进行复制。

（2）特征比对图片。特征比对图片，通常被称为特征比对表，是将比较检验过程中确定的检材笔迹与样本笔迹相同特征和不同特征进行直观展示的图片。其格式基本等同于检验记录表。不同的是，特征比对表是为他人审查鉴定意见而准备的，因此，制作时，无须将所有不同的特征字、所有相同的特征字全部列出，也无须将所有特征字中的所有相同特征和不同特征均加以标注。只需依据鉴定意见形式，重点选择部分特征字标注部分特征即可，一般而言，若出具肯定同一鉴定意见，则应尽可能选取表现相同特征方面、鉴定价值高的特征字，且检材和样本均选取 1 ~ 2 个特征字，每字选择 1 ~ 2 个高价值特征标绘出特征符号，少量选取差异性特征并标绘以说明特征差异的存在及其形成原因；若出具否定同一鉴定意见，则应尽可能选取表现不相同的特征方面、鉴定价值高的特征字，且检材和样本均选取 1 ~ 2 个特征字，每字选择 1 ~ 2 个高价值特征标绘出特征符号，少量选取相同特征并标绘以说明相同特征的存在及其形成原因。

无论哪种结论，特征比对表中所列出的特征字都应该是检验记录表中所有的字，是从中挑选出来的字，鉴定书文字叙述部分“检验过程”中所举例的字均应包含在特征比对表中且特征描述与标绘一致。

特征比对表中的特征字既可以用剪贴图片特征字组合，也可以使用 Adobe Photoshop 软件从检材、样本电子照片或电子扫描图片中对应选取组合。

（二）鉴定意见书的装订、保存及送达

制作笔迹鉴定意见书至少应当一式四份，三份交委托人收执，一份由司法鉴定机构存档。司法鉴定机构应当按照有关规定或者与委托人约定的方式，向委托人发送司法鉴定意见书。

鉴定书档案一般按如下材料和顺序要求装订：鉴定委托书、送检材料清单、送检人身份证明、鉴定机构审查意见书、受理鉴定案件登记表、司法鉴定委托与受理协议、鉴定人组成决定及鉴定资料流转记录、各鉴定人的鉴定意见和检验记录、鉴定人讨论意见记录、鉴定书文字部分签发稿、鉴定书文字部分正稿、检材与样本全貌照片、特征比对表、收费票据（存档联）、鉴定资料及鉴定书送达回证、其他附件（如鉴定申请书、当事人有关情况的说明、初始鉴定意见书复印件等），另加封面和封底，编注页码。装订后由各鉴定人签字、相关行政签发负责人签发后交档案室存档。

鉴定书正本与副本形式不同但内容相同，装订材料和顺序为：鉴定书文字部分、检材与样本全貌照片、特征比对表、鉴定人鉴定资格执业证书影印件，另加封面和封底。装订后由鉴定人签名，并在鉴定书文字部分文首文号部位和文尾落款部位独立加盖鉴定专用章、各页边缘合并加盖鉴定专用章作为骑缝印文，再在封面上分别盖上正本、副本章。由取件人在档案中的送达回证上签字后，让其连同送检鉴定资料一并取走。

（三）鉴定意见书的制作要求

笔迹鉴定意见书作为检验结论的书面表达形式不仅在格式上要按照规范书写，而且在内容上要具有科学性、客观性和条理性，不允许出现差错。否则将造成检验结论证据证明力的减弱或丧失。因此，在制作笔迹检验文书时，要遵守以下要求。

1. 遵守法律的规定

检验结论作为法定证据的一种，其文书的制作必须要符合法律的要求。法律对检验书的格式和内容都有所规定，但不够科学全面，如专业术语无统一要求，检验书格式无统一要求等。但应说明的是，这些法律上的规定是依据笔迹检验方面的科学发展结果及审判制度发展的水平而制定的。随着检验科学的不断发展以及审判制度的不断完善，对检验书的制作形式及内容的规定必将随之变化。

2. 内容准确、详略得当

笔迹检验文书是检验过程的记载，检验文书必须准确反映出检验的内容和检验的结果。检验文书所要表达的内容必须紧紧围绕着检验的对象以及检验的要求，不能在检验文书中表达有关法律问题，要准确地表达案件的基本情况、送检的检材与样本以及检验的要求。检验文书的文字部分除必须做到内容准确外，还要做到详略得当，论述性的内容要详写，介绍性的内容要略写。

3. 语言简练、用语规范

语言简练就是要做到用最少的文字表达出准确的内涵，不能有空话、废话。用语要规范，不能使用含混不清的词语以及不规范的词语，更不能使用自造词。目前仅对笔迹特征进行了大的种类命名，尚未对具体笔迹特征的自身进行命名，因此在检验文书中一直是作概括性的描述，使人无法准确地对照，在其他方面的用语上也缺乏规范性的统一规定。

4. 条理清楚、论据充分

检验文书叙述的内容要连贯而有层次，内容较多可逐条叙述。从问题的提出到检验过程，再到结论的推出要井然有序。应列出充分的依据，并运用逻辑推理证明论据和论点之间的必然联系。

**例：笔迹鉴定文书**

## ××××××司法鉴定中心
## 司法鉴定意见书

××司鉴〔202×〕文鉴字第××××号

### 一、基本情况

委托单位：××省××市中级人民法院（二级标题：4号黑体，段首空2字）

（文内4号仿宋体，两端对齐，段首空2字，行间距一般为1.5倍。日期、数字等均采用阿拉伯数字）

鉴定材料：

检材：落款日期为“一九九　年二月十日”、申请人署名“杜××”的机械误工单原件一份一页。其中的“张××”署名字迹（以下简称检材笔迹）标识为JC。

“张××”签名的样本资料如下。

1. 标注日期为“十月二十五日”的误工单原件一份一页。其中的“张××”签名字迹（下称样本笔迹1）标识为YB1。

2. 标注日期为“八月二十日”的误工单原件一份一页。其中的“张××”签名字迹（下称样本笔迹2）标识为YB2。

3. 标注日期为“元28号”的误工单原件一份一页。其中的“张××”签名字迹（下称样本笔迹3）标识为YB3。

4. 标注日期为“2-15”的误工单原件一份一页。其中的“张××”签名字迹（下称样本笔迹4）标识为YB4。

受理日期：2009年8月12日。

鉴定事项：检材笔迹是否为张××书写。

鉴定日期：2009年8月12日至2009年8月29日。

鉴定地点：××××××司法鉴定中心。

**二、基本案情**

委托人在审理“×××工程有限公司与×××集团第三工程有限责任公司建设工程施工合同纠纷”一案过程中，需对上述专门问题进行确认，特委托我中心进行鉴定。

**三、鉴定过程**

用VSC-8000型文检仪检验，发现检材笔迹系直接书写形成，其为行书体，局部书写出现不流畅和重描现象，应为书写人不适应书写工具所致。检材笔迹整体书写较为流利、自然，未检出伪装或摹仿书写痕迹，应为正常书写形成，具备笔迹鉴定条件。

四份样本资料中的“张××”签名字迹与检材笔迹标注时间同期，书写自然流利，特征稳定、一致，应为同一人书写，比较条件好。

通过计算机、扫描仪将检材笔迹与样本中的相同署名字迹进行同倍扫描后，用Adobe Photoshop软件制作特征比对图片，进一步对二者进行比较检验，其书写水平、字体字形、笔迹抑压力等一般特征相同，相同单字的笔画形态和起收笔动作、笔画和结构间的搭配位置和比例、连笔方式和形态、笔顺等细节特征相同，如“张”字两部分的形态、笔画运笔方向、搭配和笔力，“×”字笔画形态、笔画间的搭配和连笔方式，“×”字的连笔形态，等等

（见特征比对表）。

**四、分析说明**

检材笔迹样本笔迹之间的相同特征表现在各个特征方面，其数量多、质量高，应为本质性符合，反映了同一人的书写动作习惯，为同一人书写。

**五、鉴定意见**

送检的落款日期为“一九九　年二月十日”、申请人署名“杜××”的机械误工单上的“张××”署名字迹是张××书写。

司法鉴定人签名或者盖章　×××（副教授）
《司法鉴定人执业证》证号：××××××
司法鉴定人签名或者盖章　×××（教　授）
《司法鉴定人执业证》证号：××××××

（司法鉴定机构司法鉴定专用章）二〇〇×年×月×日

（文书制作日期：用简体汉字将年、月、日标全，“零”写为“〇”，启右排列。日期处加盖司法鉴定机构的司法鉴定专用章红印）

注：本次鉴定依据《文件鉴定通用规范》（GB/T 37234—2018）、《笔迹鉴定技术规范》（GB/T 37239—2018）、《篡改（污损）文件鉴定技术规范》（GB/T 37238—2018）进行。

附件：

1. 检材及样本复制件（略）
2. 特征比对表（略）
3. 司法鉴定人执业证复制件（略）

（副本无附件）

说明：

1. 本司法鉴定意见书各页之间应当加盖司法鉴定机构的司法鉴定专用章红印，作为骑缝章。
2. 司法鉴定意见书中需要添加附件的，须在鉴定意见后列出详细目录。

3. 对司法鉴定意见书中需要解释的内容，可以在正文的落款后另加附注予以说明（附注为4号仿宋体）。

## 实训设计

### 笔迹检验的程序与方法

**一、实训目的与原理**

通过对正常笔迹案例的检验，了解笔迹检验的程序、方法和步骤，熟悉并掌握笔迹检验的程序、方法，增强实际操作能力，学会独立进行笔迹检验，制作符合检验要求的鉴定书。

**二、实训要求**

发给每位学生检材与样本，使其根据笔迹鉴定的程序和方法，对案例笔迹的检材和样本进行观察检验，分析其符合点和差异点的性质，判断其笔迹是否为同一人书写习惯体系的体现，并作出相应的鉴定意见。

**三、实训器材**

1. 放大镜、体视显微镜。

2. 普通铅笔、红蓝铅笔、橡皮。

3. 检验记录表、特征比对表及鉴定书用纸若干。

4. 实训案例。

**四、实训内容**

对所附案例进行笔迹鉴定，制作检验记录、特征比对表及笔迹鉴定意见书。

**五、实训步骤与方法**

笔迹鉴定一般来说分为四个基本步骤：分别检验、比较检验、综合评断、作出结论。分别检验使笔迹特征从笔迹材料中脱颖而出，系统地体现在检验记录表上；比较检验对纷繁复杂、杂乱无章的笔迹特征进行整理总结，将其列举在特征比对表上，使其形成一个完整的特征体系；综合评断和作出结论使书写人的书写习惯体系剥去层层外衣，最终在鉴定书中清晰体现出其最为本质的属性。

# 第五章 条件变化笔迹的检验

## 第一节 条件变化笔迹概述

### 一、条件变化笔迹的含义

书写条件，是指书写活动赖以存在和变化的各种客观因素。任何书写活动的完成，都是由特定的人在一定的场合下，使用书写工具，并以一定的姿势在承受客体上运行来实现的。书写活动离不开客观的书写条件。首先，书写活动要由人来进行，人的身心状态正常与否，会对笔迹产生影响，而人的身心状态是客观存在的，不以人的主观意志为转移，可称为内部条件。其次，书写活动还脱离不了书写工具、书写承受客体和书写环境等外界条件。正常的书写条件是书写活动得以正常进行的保障；反常的书写条件则会干扰和破坏书写活动的正常进行，使笔迹发生相应的改变。

条件变化笔迹，是指由于书写者的身心状态及与书写活动相关的各种外界条件的变化而导致的非正常笔迹。条件变化笔迹可以分为内部条件变化笔迹和外部条件变化笔迹两大类。内部条件可以理解为人体自身与书写活动相关的生理心理条件。外部条件是指与书写活动相关的各种外界条件，包括书写工具、书写承受客体、书写姿势和书写环境等。

### 二、条件变化笔迹的成因

条件变化笔迹本身属于非正常笔迹，因此其必然或多或少地会暴露出一些反常特点，诸如运笔迟缓、抖动弯曲、结构松散、修饰重描等。造成上述现象的原因是书写客观条件的变化。客观条件变化分两种情况：一种是可逆的，即这种条件的改变只是暂时的，一旦客观条件恢复正常，笔迹也就正常了，如外部客观条件变化的笔迹以及间歇性精神病人的笔迹等；另一种是不可逆的，即条件一旦改变就是永久的，如书写机能衰退者的笔迹。

不利书写条件导致笔迹变化的具体原因一般有两种情况：一种是书写者对不利条件不适应。由于平时很少或从未在这种条件下写过字，一旦进行书写，便感到非常不适，正常书写的动力定型遭到破坏，笔迹相应地发生改变，但笔迹变化的大小因人而异。另一种是不利的书写条件必然造成笔迹的某种变化，或者说条件使然。例如，手外伤涉及书写机能者若尚具备部分书写能力，在勉强书写时，必然会因为其受伤的部位及伤势的轻重对应地造成笔迹的某些变化。此外，上述两种情况有时是同时发生的。例如，衬垫物不平书写形成的笔迹，一方面这种条件下书写者不适应，另一方面衬垫物的具体状况使笔迹发生了某种特有的改变。因此，分析条件变化笔迹的成因应根据具体情况作深入细致的研究，从而正确地指导我们对于笔迹变化规律的认识。

### 三、研究条件变化笔迹的意义

条件变化笔迹是笔迹检验内容的重要组成部分。本书所研究的笔迹，从其形成的过程及其受到的影响看，除正常笔迹外，还包括故意伪装的笔迹和客观条件变化的笔迹，两者是从主观和客观上对应并列的两种类型，共同构成非正常笔迹的全部外延。书写客观条件变化所包含的内容非常丰富，对笔迹的干扰也相当广泛，有时一种条件单独作用于笔迹，有时几种因素混合作用于笔迹，情况比较复杂。因此深入系统地对条件变化笔迹进行研究具有重要的实践意义。

条件变化笔迹案件日趋增多。近年来，经济案件、少量字案件明显增多，其中尤其以民事案件中的“欠条”“借据”类案件更为突出。这类字据从内容上记载了一定的事实，而法律又未明文规定应当采取何种特定的书面形式，致使形成的这类字据，在形式上具有随意性，时空选择上具有随机性，往往就地取材，书写条件不够正常。还有一些诸如遗嘱、遗书的老年人笔迹，因为衬垫物异常以及酒后书写笔迹等，情况比较复杂。各种客观条件的变化都会使笔迹出现反常表现。

对条件变化笔迹成因的分析是正确检验的前提。任何笔迹都是在一定的书写条件下形成的。笔迹变化的大小及特点取决于具体的书写条件，两者之间存在明显的因果关系。我们就是要根据笔迹所表现的不正常的并带有一定规律性的特点，去探究笔迹的具体形成条件，从而达到“吃透”检材的目的。如果对客观条件变化不了解、掌握不全面或对各种条件下笔迹变化的特点和规律缺乏研究，从而客观上限制了对检材的认识和理解，就会失去正确检验的前提。

检验中，对条件变化笔迹成因的分析有时比较困难，因为条件变化笔迹与一些伪装笔迹在某些特点上有相似之处，稍不注意，就容易混淆。例如，在书写衬垫物不平、在行进的车船上写字以及书写者手肘损伤等情况下，笔迹会出现明显的抖动弯曲现象，这一现象在一般性伪装笔迹、摹仿笔迹及左手伪装笔迹中也有出现。如果判断失误，就会导致鉴定意见出现偏差。

## 第二节　书写人身心条件变化笔迹的检验

### 一、书写人身心条件变化笔迹概述

书写人身心条件变化笔迹，是指由于书写者本身的生理功能障碍或心境、情绪变化而导致的变化笔迹。书写运动是在大脑的统一协调支配下，由皮层上主司言语及书写运动的中枢及周围神经系统支配肩、臂、肘、腕、指等的运动来实现的，神经系统与书写器官是书写运动赖以存在的物质基础。正常的书写只有在神经系统和书写器官基本处于正常状态下方能进行。如果其中个别功能障碍，即使仍然可以写字或勉强进行书写，笔迹也会受到影响，从书写内容到笔迹形象都会表现出特有的病态特点，而与正常笔迹、伪装笔迹和其他变化笔迹有所区别。障碍的程度越重，笔迹的病态特点越明显。与书写活动相关的生理功能障碍的种类大体分为以下三种类型：（1）神经系统障碍。例如，精神病人的笔迹、醉酒者的笔迹、右侧偏瘫者的笔迹。（2）书写器官障碍。例如，书写器官伤病者的笔迹。（3）综合障碍，指整个生理功能衰退的笔迹。例如，老年人笔迹、重病缠身以及濒危者的笔迹。

除此之外，内部条件的变化还包括诸如心境、情绪、身心状态等方面的细微影响。

## 二、老年人笔迹的检验

老年人笔迹，泛指人到老年，书写技能进入退化阶段的笔迹。人的生命要经历五个时期，即幼儿期、少儿期、青年期、成年期和老年期。习惯上一般认为六十岁以上为老年期。人到了老年期，生理器官老化，智力、体力衰退，笔迹也会呈现相应的变化。但由于个体的差异，有人过早出现书写技能退化，有人则会推迟相当长的一段时间。

### （一）老年人笔迹的特点及形成原因

老年人笔迹的普遍特点是：字形较大、结构松散；运笔迟缓，笔画间缺乏照应；起笔不稳，收笔拖拉，笔力平缓并伴有抖动现象；有时会出现偶然性的错字、别字以及个别字上有断笔并加以修描的现象。

我国老年人的学龄阶段大多在中华人民共和国成立前或中华人民共和国成立初期度过，繁体字在他们的学习过程中占了一定的主导地位，因此老年人的笔迹中常出现繁体字。此外，其行笔缓慢，并伴有不同程度的抖笔现象，线条笔画显得苍老；结构比较松散，字与字之间的排列不太均衡，书写随意，且不注意标点符号的规范性。

形成上述特点的主要原因如下。

1. 神经系统功能衰退

人步入老年，神经细胞老化，大脑皮层开始萎缩，神经传导迟缓、粗糙，整个神经系统相互协调的能力下降，势必造成书写水平降低。

2. 手臂运动的功能下降

老年人手臂肌肉松弛，握力减弱，动觉反应迟钝，手臂运动不灵活，甚至颤抖，必然出现运笔抖动、拖拉等现象。

3. 视力下降

通常把眼由完全静息状态到最大限度地调节所增加的折光能力称为眼的调节力。人眼的调节力随年龄的增长而减弱。老年人眼的调节力变弱，视力下降，使得视力在书写活动中的监督校正作用减弱，从而造成字形松散现象。

4. 记忆力减退

人进入老年后，大脑中储存的一些字的结构形态信息变得模糊，再加上书写需求的减弱，书面交际的减少，记忆痕迹得不到经常反复的巩固而逐渐衰退，从而出现提笔忘字、偶然笔误或中途停顿加以修描的现象。

（二）老年人笔迹检验的要点

1. 老年人笔迹的确定

一般应根据物证笔迹是否具备老年人笔迹的特点来判断其是不是老年人书写。但老年人笔迹的某些特点与高位执笔笔迹、左手伪装笔迹以及摹仿笔迹都有近似之处。特别是在经济纠纷案件中，往往存在摹仿的可能。

区分老年人笔迹与摹仿笔迹，首先要了解案件的基本情况，书写人或有关当事人的年龄、文化、职业、经历及身体状况，还要了解是否具备摹仿条件等。如果嫌疑人年龄较大，身体状况不佳，则要侧重考虑老年因素。其次从笔迹特点上分析。老年人笔迹的特点是由于生理机能衰退而造成的一种不由自主的现象；而摹仿笔迹则是摹仿人为了达到与被摹仿笔迹相像的目的，而竭尽全力仿照他人的笔迹进行摹写，势必出现摹仿的特点。正因如此，老年人笔迹的抖动弯曲比较均匀自然，严重时，甚至每个笔画上都有抖动，且抖动幅度较大；而摹仿笔迹只是在局部，尤其是转折连接部位易出现不自然的抖动现象。老年人笔迹多因出现明显败笔而重描，修描笔画动作较大，痕迹明显；而摹仿笔迹则是在摹得不像的地方修饰，动作细微，不易察觉。除此之外，老年人笔迹的起笔不稳、收笔拖拉现象是摹仿笔迹所不具备的。最后可以通过比较检验加以印证。如果嫌疑人是老年人，检材与样本在某些特点上一致，经检验确认检材为该人书写，检材笔迹当然是老年人笔迹。如果比较检验中只是大体特征相符，细节不同，则可能是摹仿笔迹。

2. 样本笔迹的选用

在确定检材为老年人笔迹的基础上，要求尽量收集近期样本以供比较。因为人的笔迹在不同年龄时期是有自身差别的，特别是进入老年期以后，可能在一两年内笔迹会出现明显的衰退变化。为了避免样本不利给检验带来的麻烦，应尽量提供近期样本。如果提供的是 10 年前或 20 年前的笔迹材料，就要结合书写技能衰退的变化规律来分析选择特征，防止机械比对和随意用机能衰退解释差异。

3. 老年人笔迹特征的选择

老年人笔迹虽然由于生理机能衰退而发生一些变化，但动力定型当中最基本的、最稳固的、惰性较强的几类特征还是比较稳定的。如习惯性错别字、习惯性的繁异体写法、笔顺特征、大体搭配比例和部分运笔习惯，可针对具体案件酌情选取。

## 三、书写器官损伤者笔迹的检验

书写器官，主要指臂、腕、肘、指。正常的书写活动，是在思维的引导下，以书写器官中的骨骼为支撑、肌腱为动力，依靠手臂的协调运动来完成的。书写器官是书写活动的具体执行者。虽然书写运动并不需要启动全部的指力和腕力，但如果上述器官损伤，重则丧失书写能力，轻则虽尚能书写，但由于握笔不稳，指、腕、臂各部分不能协调配合，书写动作异常，难以精确地表现书写运动的轻重疾徐、抑扬顿挫的节奏和字体结构形态，必然会使笔迹出现一些反常的特点。书写器官损伤的类型有多种，如手部外伤、手指残缺、风湿关节性疾病、中风造成的手部麻木等，因致病原因不同，手部的症状有别，笔迹的变化也不同。一般会出现字形较大、笔力轻浮、结构松散、明显且较均匀的抖动并伴有多余的小动作，笔画时有中断、补笔、修描等现象。检验中要注意与摹仿笔迹、老年痴呆性笔迹相区别。如能判断检材为书写器官损伤者的笔迹，既能为分析案情提供线索，也能给笔迹鉴定指明方向。鉴定中则可有重点地收集嫌疑人书写器官损伤后的笔迹样本，并用这种生理变化作为分析评断差异点的参考依据，以便作出正确的结论。

## 四、精神病人笔迹的检验

精神病是指由于大脑功能紊乱，致使神经活动发生异常的疾病。精神病人大脑思维的异常状态，除在日常生活的举止行为中有所反映外，还在言语活动中表现出来。精神病人书写作案时多以传单、大小字报或匿名信件的方式作案。

### （一）精神病人笔迹的特点及形成原因

1. 布局杂乱，不按格线

因为精神病人思维混乱，所以其在全篇笔迹的布局格式上杂乱无章、不审法度，压格线书写的较多，而且不规则。

2. 字迹潦草，结构松散

精神病人的笔迹很少有工整、严谨的，大多写得潦草、放纵、随意，字形偏大，无拘无束。特别是躁狂症患者，思维奔逸，表现尤为突出。

3. 运笔抖动，任意修描

精神病人的笔迹，无论速度快与慢，都会或多或少出现抖动现象，笔画不稳，有时还不确定地对个别字或笔画进行修饰重描。这是大脑功能紊乱，书写运动失衡等原因造成的。

4. 错别字多，古怪离奇

精神病人笔迹中经常出现错别字或生造字。错字多为多笔少画或颠倒偏旁；别字多为音近别字。错别字往往时正时误，前后不一。生造字古怪离奇，非正常人所能出现，脱离具体语言环境就不易辨认。这是精神病人大脑功能紊乱，记忆模糊等原因造成的。

5. 乱用标点，寓意晦涩

精神病人在标点符号的使用上与正常人相比差别更加显著。有的通篇不使用标点符号；有的滥用、错用标点符号；更有甚者，生造标点符号或大量使用叹号；还有的在文字间穿插一些图画或生造的图形，令正常人不易理解。这是精神病人情绪偏执、逻辑思维障碍的表现。

熟悉并掌握精神病人笔迹的主要特点，不仅有利于在检验中去伪存真，把握本质特点，也有利于缩小侦查范围。需要注意的是，并不是每个精神病人的笔迹都会表现出上述全部特点。只要出现了一些比较典型的特点，就应考虑是否为精神病人书写。

（二）精神病人笔迹检验的要点

1. 精神病人笔迹的确定

判断一份笔迹是否由精神病人书写，除了根据精神病人笔迹的特点，还要结合书面语言特点、表述的内容、作案的手段、特征的使用等情况进行综合判别。

2. 笔迹特征的选择和评断

精神病人的笔迹虽然会有一些病态改变，但毕竟要以他的书写习惯为基础。值得注意的是，精神病人的笔迹一般没有伪装，这为我们选取特征提供了有利条件。抛开精神病人笔迹的易变特点，就可抓住反映个人书写习惯的本质特征。如特殊运笔动作、大体搭配比例、笔顺、基本写法等。

对于比较中发现的运笔抖动、字形松散、错别字、生造字等方面的差异点，要考虑是否符合精神病人笔迹变化的规律，从而对差异点作出客观的评价。

检验中使用的样本大多是患病前的正常笔迹，或是间歇期书写的笔迹，偶尔也能取到患者发病期的笔迹。但要注意同是发病期的笔迹也会有差别，如突发奇想的错别字、生造字等，应灵活对待。

## 五、醉酒后笔迹的检验

饮酒之后书写的笔迹往往不同于其正常笔迹，变化的大小取决于乙醇所致其神经系统功能障碍的程度。有关资料表明：一般人饮酒后，血液中乙醇含量达到0.05%时，血液循环加快，毛细血管充血，中枢神经开始兴奋；乙醇含量达到0.05%～0.15%时，话多，易激动，自我评论；乙醇含量达到0.15%～0.25%时，动作不协调，视觉变得模糊，意识混乱，舌重口吃；乙醇含量达到0.3%～0.4%时，就会发生昏迷、鼾睡乃至进入麻醉状态，直至死亡。由于酒精对大脑神经系统具有兴奋和麻醉作用，饮酒较多时，中枢神经系统高度兴奋，自制力减弱，大脑皮层的整合机制就会发生障碍，使笔迹出现异常反应。

人际关系的沟通、商业事务的洽谈时常在酒桌上进行。尤其是心存歹意的不法之徒，利用当事人酒后头脑不清醒，让其在难以自律时，签订协议，书写条据。有的饮酒过量者事后对自己酒后签写的事实全然不记得，矢口否认而且理直气壮。这时就要根据酒后笔迹的特点和变化规律，正确地进行检验。

### （一）醉酒后笔迹的变化特点

醉酒后笔迹最为突出的特点或可能出现的变化可以概括为“快、大、误”，即速度较快，连笔增多；字形较大，结构松散；偶然笔误，出现错别字。形成这些特点的原因主要是酒精致人兴奋，血液循环加快，自制力降低，肢体动作不协调，手臂颤抖，视觉模糊。

### （二）醉酒后笔迹与摹仿笔迹的区别

醉酒后笔迹的案件多为经济案件或民事案件，如果物证笔迹与本人笔迹相像，要么是本人所写，要么是对方摹仿。所以，此类案件的关键是鉴别物证笔迹是酒后书写还是摹仿笔迹。酒后笔迹与摹仿笔迹的主要区别如下。

1. 书写速度不同

醉酒后笔迹速度明显加快，连笔动作增多，字迹潦草。摹仿笔迹除高水平的忆摹外，一般是形快实慢的。

2. 字的大小不同

酒后笔迹字形普遍增大，有的大出一倍。摹仿笔迹有时也有略微放大的现象，但字形要仿照被摹仿笔迹，不会有大的改变。

3. 运笔方式不同

酒后笔迹运笔自然，轻重疾徐，错落有致。摹仿笔迹运笔反常，会出现缓慢、生涩、抖动、停顿、重描现象，笔力平缓，缺乏节奏感。

4. 笔误、紊乱现象不同

酒后笔迹有时会出现偶然性错别字；有时因为写作速度过快、行笔紊乱而使笔顺发生变化。摹仿笔迹不会出现与被摹仿笔迹不同的错别字，有时会因被摹仿笔迹结构不清，摹仿人难以分辨而“照猫画虎”，出现结构关系紊乱现象。

判断物证笔迹是酒后书写还是摹仿形成，除根据上述特点进行细致分析外，还应结合案情，如签写的时间、地点、场合，是否饮酒，饮量大小，状态如何等。这些情况可辅助我们进行判别。

## 六、疲劳及情绪低落状态下笔迹的检验

### （一）疲劳及情绪低落对笔迹的影响

疲劳及情绪低落与精力充沛、心情舒畅状态下，书写人对书写的注意力集中程度不同。注意力是影响书写运动动力协调的一个重要心理因素，生理学、心理学的研究表明：人在每一瞬间大脑皮层都有一个最优势的兴奋区域。由于大脑皮层一定区域产生了优势兴奋中心以及由此产生了肌体的各种反射活动，人就能够清楚地感应到引起优势兴奋中心的各种刺激物。书写活动是

一种有意注意过程，心情舒畅时，神经兴奋，注意力集中，能比较准确地认识对象及其局部，注意笔画细节的修饰，因而字迹比较完美。而疲劳及情绪低落状态下，书写人大脑往往处于抑制状态，注意力分散，对对象的认识片面、模糊，在笔迹的全篇布局、连贯程度等方面都有所体现。可见，即时状态下书写人的身心状态会对笔迹产生一定影响。

（二）疲劳及情绪低落状态下笔迹的特点

总体观察，疲劳及情绪低落状态下笔迹的特点为：字迹凌乱，东倒西歪；字间、行间距不等；笔压较轻，结构松散；多连笔环绕及拖笔动作，有时会省略笔画，容易丢字漏字；偶尔出现错别字，在个别字或笔画上修描，涂改方式随意。给人一种倦怠、拖沓、漫不经心、敷衍了事之感。

进一步分析还会发现，疲劳及情绪低落状态下的笔迹细节特征缺乏稳定性，如运笔幅度时大时小，字形时简时繁，字行间距、搭配比例及标点符号等具有随意性。

（三）疲劳及情绪低落状态下笔迹检验应注意的问题

1. 正确认识特征变化规律

疲劳及情绪低落状态对一个人的笔迹会产生一定的影响，有时笔迹的变化明显些，有时则是细微的。总体来看，基本特征保持不变。不变主要表现在字的写法、笔顺、基本的搭配比例关系、起收笔位置、运笔方向、动作趋势等方面，这些足以构成一个人笔迹的总体特殊性。变化主要表现在书写水平、整体风貌、布局安排、笔画的规范程度、笔力的轻重分布、搭配比例的细节等。正确地认识疲劳、情绪低落状态下笔迹的变化规律，才能更充分地利用本质特征。

2. 收集和使用同期样本

通过笔迹研究一个人的身心状态，用以解释比较检验中的差异，除作必要的调查了解，掌握嫌疑人当时的身心状态外，还要尽量收集同期样本，如收集一两天内的日记、记录和其他文字材料，使形成样本与检材的身心状态条件最为接近，从而排除干扰，客观地进行综合评断。

# 第三节　书写工具及其他外部条件变化笔迹的检验

## 一、书写工具及其他外部条件变化笔迹概述

书写工具及其他外部条件的变化笔迹，是指由于与书写活动相关的外界客观因素影响书写运动的正常进行而形成的变化笔迹。书写工具、书写承受客体、书写姿势和书写环境既是书写活动的必备条件，又从不同侧面制约甚至干扰书写活动。

### （一）书写工具异常

正常书写使用的工具是各种笔，包括软性和硬性两类。如毛笔、软笔、钢笔、签字笔、圆珠笔、铅笔等。书写工具异常是指使用其他器具或物品代替书写用笔，如毛刷、布卷、木棍、石块、玻璃片、铁钉、钥匙、小刀，甚至是手指或指甲等。工具对书写活动干扰的大小，关键在于书写人是否善于驾驭工具，以及工具与承受客体相互作用产生的负面影响的大小。一个人用不同工具书写，由于工具的结构性能不同，端部形态不同，形成笔迹的笔痕特征也不同。

### （二）书写承受客体异常

书写承受客体包括两层含义：一是直接承受客体，或称表面载体，如各种纸张；二是间接承受客体，也称衬垫物，即表面载体的下衬物，如桌面。正常书写时，一般表面载体与衬垫物是同时具备的。

案件中的书写承受客体情况有两点：一是表面载体挺实，没有或不需要衬垫物，如在墙面、地面、桌面、门板、树干、电线杆、厚纸板等物体表面涂刷或刻写。这种承受客体的性状及其对书写活动的影响是显而易见的。二是用较软的纸张在异常的衬垫物上书写，如以手心、膝部、粗糙的墙面、窗台为衬垫物进行书写。由于衬垫物凹凸不平、不规则、过软或不稳定，笔迹会发生异常改变。

我们看到的是纸上的笔迹，衬垫物有什么特点，有待于书写人述说，或

者进行客观的分析推断。实际上，承受客体对书写活动的影响关键在硬笔尖与承受面的相互作用上。即使一个人用同一支笔，分别在均属正常的下衬玻璃板和下垫一沓纸上书写，笔迹也有不同的特点。

（三）书写姿势异常

正常的书写姿势，硬笔书写一般为坐姿、枕腕，以前三指为主握在笔杆下 1/3 处；软笔书写可坐可站，可枕可悬，多为五指握笔杆中上端。可见书写姿势实际包括身体姿势和执笔方式两个方面。书写姿势异常是指书写者有意或无意地采用平时不惯用的身体姿势或执笔方式进行书写。如蹲、趴、躺、侧转身和高位执笔等。书写姿势异常对书写活动的影响，关键在于书写姿势是否能保障书写过程的动态平衡和对笔的自如控制。

（四）书写环境异常

书写人所处的环境如果不利于书写活动的正常进行，会使笔迹发生变化。例如，光线微弱时，主要靠动觉、位置觉反馈维持书写活动；空间狭小时，会限制书写动作幅度；气候寒冷时，手指活动不灵，流墨也不畅；颠簸摇晃时，书写动作不稳定等。

综上所述，外部客观条件变化的因素很多，有时影响笔迹变化的外部条件是多方面的，应就具体案件的情况作具体分析。比较常见、变化较大的外部条件变化笔迹是尺划字、刻划字、拼组字、高位执笔笔迹以及衬垫物变化的笔迹。

## 二、尺划字笔迹检验

尺划字是指辅助以某种直边工具（如直尺、三角尺等）制约着笔尖运行书写的字迹，是笔尺结合，双手并用的产物。该种方式写出的字迹笔画僵直，字形方正，与正常手写字迹差别较大，更加接近于等线体的字形。尺划字还是誊写油印、文件复写、美工设计等经常采用的一种特殊的书写手段。我们所研究的只是案件中作为一种伪装手段出现的尺划字。

（一）尺划字笔迹的基本特点

1. 笔迹变化严重

由于用尺比着划写，所以笔迹的基本单位为直线形笔画。这种不断扭转尺子的方向并沿其直边划写的运动，既改变了笔画原有的形态，又影响了字的正常结构，在丧失大量运笔特征的同时，也掩盖了部分搭配比例特征。因此，尺划字的笔迹变化较大，习惯特征保留较少，检验难度加大。

2. 或多或少都有手写笔画

受作案人意志力的制约，加之汉字的一些转折或弧形笔画不便于尺划，所以在尺划字中或多或少地掺杂一些手写笔画。特别是在笔画多、结构繁杂的字上，书写人频繁调转尺子的方向、角度很麻烦，有时就会脱离尺子的束缚而顺便自由书写出相邻的笔画。这是不利之中的有利条件，有时是鉴定意见的主要依据。

（二）尺划字变化的一般规律

尺划字是在一种不正常的条件下写成的，其书写运动必然受到尺缘形态、尺子的类型，尺子的转动方向、角度、移动距离等因素的限制和影响，使笔迹发生较大变化。但书写人在采用尺划手段改变笔迹的同时，还要让人看懂书写内容就不能不按照他所理解并已成为习惯的书写规范进行书写，而且有些类型的特征并不受尺划形式的影响，因此，尺划字必然会不同程度地暴露书写人的书写习惯。只要我们注意分析尺划字变化的原因和规律，把握住个人习惯特征的反映，就能够正确地进行检验。

尺划字笔迹变化的大小，与书写人的书写技能水平有很大关系。一般情况下，书写水平较高或有一定绘画或写美术字技能的人，尺划技巧熟练，动作协调，其尺划字的水平相对较高，特征变化较小。书写水平较低的人，尺划技术笨拙，双手动作协调性差，尺划字的水平也相对较低，特征变化较大。但书写水平较低者往往能在不受尺划影响的一些特征上更多地反映其书写习惯的个性。尺划字水平的高低，可以从字的均匀工整程度，笔画的搭配比例是否匀称等方面，结合手写笔画的运笔特征来加以判别。

在尺划字笔迹中容易变化的是：运笔特征，尤其是起收笔动作、运笔细节形态、笔力分布、折笔形式与角度；笔画的搭配位置、斜形笔画的倾斜角度有时会受尺子摆放位置及角度等偶然因素的影响而发生变化；纵横相间的笔顺有时会因不便频繁调转尺子方向而改成先将平行笔画依次完成。

尺划字笔迹不易变化的特征，主要是那些不受尺划影响的特征。如字的基本写法特征、习惯性错别字特征、部分笔顺特征、基本搭配比例关系特征、运笔特征中的笔画变异以及其中的手写笔画或标点符号的运笔特征。此外，笔迹的整体布局、局部安排及习惯用语特征基本不变。

（三）尺划字笔迹检验的要点

1. 对检材、样本材料的要求

由于尺划字中个人习惯特征保留较少，检验难度较大，检验时要求使用检材原件，以便充分发现和利用复制件上难以反映的细微特征。所用样本要求其字体是一笔一画慢速书写的楷书、仿宋体等线体字迹。如有必要和可能，可收集尺划的实验样本，以增强可比性。

2. 选择特征的原则

由于尺划字不同于其他自如的书写，书写运动受到尺缘的限制，所以它只能体现字的结构形态等大体的习惯特征，而在运笔波折动作和笔力分布等方面很难暴露个人习惯。检验时，除按尺划字特征变化的一般规律选择特征，还应更全面地观察，具体地分析选用一切可能有鉴别价值的特征。只有这样，才能在不利的条件下作出正确的结论。

3. 充分利用手写笔画的特征

尺划字中或多或少会有自由书写的笔画及标点符号，这些个别的笔画和标点更容易暴露书写人固有的习惯，特别是手写笔画的运笔细节特征，具有较高的鉴别意义。有些手写笔画比较明显，有些则比较隐蔽，不经细致观察，不易识别。例如，有的笔画虽非尺划，但为了与尺划笔画保持一致，书写人故意将笔画写得僵直。应当看到，只要是手写，就可能在一定程度上暴露个人的运笔习惯，所以要充分注意发现和利用手写笔画的特征。

## 三、刻划字笔迹检验

刻划字，就是利用各种硬性的非正常的书写工具，在各种硬性物体表面刻写而成的字迹。它不同于篆刻艺术，是书写人为掩盖个人笔迹或受环境条件的限制而采用的一种特殊的书写方法。

刻划字使用的工具有的是随身携带的；有的是就地取材，如小刀、钥匙、发夹、碎玻璃、铁钉、石块等；有的甚至使用指甲、金属笔尖等。

刻划字的承受客体多为各种墙面、地面、金属或木器表面以及树干、植物叶片等。

刻写姿势多是站立和下蹲，一般要悬肘悬腕。刻划以肩部为书写支点，同时可能受到空间狭小、光线微弱或气候寒冷等环境因素的影响。可见，刻划字的客观条件变化比较复杂多样。

刻划字检材，多是政治性标语口号、人身攻击诽谤性词语或某些刑事案件的现场留言。

（一）刻划字笔迹变化的一般规律

在书写过程中，书写工具与承受客体表面要产生一定的摩擦。这种摩擦力是维持和调整书写运动的一种反馈信息，也是使书写工具在承受客体表面留下色料或划痕形成字迹的机械作用。因此适当的摩擦力，包括用尖硬工具在结构均匀、质地松软物面上的刻字，都不会导致笔迹的变化。但若摩擦力过小，如圆珠笔在玻璃上、铁皮上书写，由于容易滑动，会发生某些运笔的变化。所以，这种摩擦阻力如果没有超出书写运动器官动作反馈和自动控制的范围，书写人能够适应并克服其产生的影响，所形成的笔迹同正常书写的笔迹无明显差别。当然，这与书写人对客观条件变化的适应能力有关。通常情况下，这种适应能力的大小同书写人书写技能的高低成正比，即书写技能越高，克服、适应不利条件影响的能力越强，笔迹变化越小；书写技能越低，克服、适应不利条件影响的能力越弱，笔迹变化越大。

如果非正常条件下摩擦阻力大到超过了书写人的适应能力，笔迹的变化就比较显著。如在光滑坚硬、凹凸不平或有纹理结构的物体表面用力刻写，或使用带刃工具刻写，笔迹一般会有较大变化。这是因为在刻划过程中，书写活动是通过刻划工具作用于承受客体表面，承受客体又以相同的反作用力作用于受书写动力支配的书写工具。如果刻划时必须施加较大的力量才能刻出字迹，承受客体对书写工具的反作用力也会很大，从而阻碍和干扰书写活动的正常进行，限制了书写习惯的正常表露。

因此，刻划字变化的主要原因，就是承受客体对书写运动的阻力和干扰抑制了书写运动习惯动力的表现。在刻划字的笔迹检验中，关键是要结合具体案件的刻写条件，从因果关系上进行分析，区分哪些是受刻写条件影响变化了的现象，哪些是个人固有书写习惯的反映。

总体来讲，刻写过程中主要是书写运动遇到阻力和干扰，因此，刻划字笔迹变化主要表现在运笔及由于运笔的改变而涉及有关笔画搭配比例的变化。刻划字笔迹变化的表现如下。

1. 笔画僵直呆板

一般在较硬的物体上用尖锐的利器刻划，越是用力，刻写活动受到的阻力越大，运笔中的轻重、起伏、疾徐等节律性的动作特点越表现不出来，笔画显得僵直呆板，连笔动作减少或消失。

2. 个别笔画过长或过短

由于阻力大，需要用力刻写，笔画就刻得深而短；一旦冲破阻力，控制不住刻写工具，便会出现滑动性的过长笔画。

3. 笔画弯曲、跳动或间断

在凹凸不平的物体表面刻写时运笔容易跳动，笔画会出现间断、错位或残缺现象。顺着承受客体上的沟纹运行，容易形成弯曲或偏斜的笔画。

4. 钩笔、挑笔、点笔易改变运笔方向

在刻写运动中，钩笔、挑笔、点笔的运笔较难，常由从下向上的挑钩变为另起笔自上而下作钩；挑笔有时变为撇笔；点画往往拉长，斜点易变为小竖或小横笔。

5. 转折形态生硬或分笔完成

刻写时，转折笔画比较吃力，原有的转折弧度、角度及其形态特征不易反映出来，常形成硬折动作或另起笔完成。

6. 常有补笔、重描或省略现象

受承受客体表面纹理、裂痕或凹凸不平等因素的影响，笔画的运笔方向有时会出现偶然性的变化，刻写人就可能进行补笔或重描，从而出现笔画增加或凌乱现象。单字的复杂部位及其内部结构，因刻写不便，有省略或缺失笔画现象。

（二）各类刻划字笔迹变化的特点

不同刻划条件下，因为刻划工具的种类和承受客体表面性状不同，形成不同的条件组合，所以笔迹也有不同的变化。

1. 光滑坚硬物体上的刻划字

承受客体表面光滑而又坚硬，如金属板或大理石面，需用较大而又均匀的力量刻划，方能形成较完整的字迹，因此运笔伸展不开，笔画短促、生硬。一旦控制不住，刻写工具容易滑动，形成过长的笔画。有时可能反复描刻，因而会扰乱相关的笔顺。

2. 柱（球）状面上的刻划字

正常书写的承受客体是平面，书写支点的移动基本与承受面平行。但是在柱状或球状面上刻写，如在电线杆、竹竿、树干、瓜果上刻写，不同书写部位与书写支点的距离会发生变化，有的是悬腕刻写，所以难以有效地控制工具，引起运笔及相应的笔画搭配、比例方面的变化。以弧度的突出部位为中心，向心性运笔易短而重并上扬，离心性运笔易滑动并下弯。在中心部以外的侧面刻写，用力方向与承受面夹角为锐角时，运笔易呈滑动性外展；如为防止运笔滑动，注意约束运笔动作，笔画则呈内收的运笔趋势。

3. 生长植物上的刻划字

在生长着的植物上刻写的字迹，除受一般的刻划条件影响外，还会发生刻划字形成后，随着植物的生长变化而变化的情况。

所有的植物，都有一个由生长发育到成熟的过程。不同植物、不同部位、不同时期刻划字的变化都不同。如质地坚硬、水分较少、生长周期长的植物，对刻写字迹影响小；而质地松软、水分较大、生长同期短的植物，对刻写字迹影响大。在生长期内，处于发育快的部位笔迹变化较大，处于成熟部位的笔迹变化较小。

4. 有纹理结构物体上的刻划字

在有纹理结构的树干之类的物体上刻写，顺着纹理方向刻划，阻力较小，笔画易长，其形状也易顺着纹理的走势发生变形；横断纹理刻划，阻力较大，会出现笔画过短或弯曲、抖动、间断等现象，有时用力过大失去控制还会出现走笔现象；斜断纹理的笔画方向、形态易变。

5. 凹凸不平物体上的刻划字

在凹凸不平的物体上刻字，书写运动受到的阻力忽大忽小，无规则，不均匀，行笔不易掌握，易出现运笔跳动，导致笔画弯曲、时断时续以及过长过短现象。

6. 不同刻划工具刻划的字迹

刻划字迹的变化除受承受客体的影响外，刻划工具也是重要的影响因素。用尖细工具刻写时，划痕易深，阻力相对增大，运笔呆板、僵直，不易连贯。用粗钝工具在硬物上刻写，不易划深，阻力不大，但易滑动。用带刃的小刀、指甲之类的工具刻写，由于随时需要转换刀刃的方向，往往会在折笔、弯笔、钩笔上出现间断、另起笔现象；刻成的笔画挺直，刻写钩笔、挑笔、点笔易改变运笔方向；某些笔画的起笔位置不易安排得准确，常有搭配过头的现象，甚至造成字形的变化。用指甲刻划，除具备上述特点外，划痕较浅，笔画易倾斜，略呈弧形。如果指甲不是随着运笔而转换方向，则横画与竖画粗细不同，转折笔、钩笔不易一笔完成，常有另起笔现象或者省去挑钩动作。

（三）刻划字笔迹检验的要点

1. 对物证及案情的了解

刻划字检验，最理想的条件是使用检材原件，这样便于对书写工具与承受客体之间的作用关系进行深入切实的研究，以便针对具体情况选择特征。但实际工作中，刻划字笔迹检验案件因为不便提取物证原件，所以送交检验的多为照片。而照片往往对笔迹的细节反映不清，甚至部分字迹或笔画模糊难辨，加之字数本来就不多，必然会给检验增加难度。为弥补检验条件的不足，就要全面了解有关情况，如刻划工具、承受客体的性状、刻写位置、单字大小、周围环境，尤其对照片上的字迹要逐个向送检人核对，分清刻划字笔画与无关的痕迹，明确模糊不清、不易判别之处在原物上的真实面貌以便有针对性地研究笔迹的变化，正确地选择特征。

2. 特征的选择

刻划条件对笔迹的影响，因果关系比较明显。在何种条件下会发生何种变化，有其一般规律。检验时，首先，从分析检材入手，判断刻划的工具、承受客体的性状及二者之间相互作用力的大小，对书写活动的干扰、阻碍程度。其次，分析刻写人在这种刻划条件下适应能力如何，其书写技能习惯发挥得怎么样。最后，在此基础上，排除由于条件的干扰而产生的变化现象，逐字逐笔地选取反映固有习惯的特征。

一般来说，刻划字笔迹变化主要表现在运笔上，由此又影响到一些搭配比例的变化。某些特征是不易变化的，如由起笔构成的笔画搭配关系特征、偏旁部首的基本比例关系特征、特殊的运笔趋向特征、笔顺特征、基本写法特征等。若有多种写法习惯，易采用其中的楷书或简化写法；除修描及省略笔画外，错别字特征也不易改变。

3. 注意刻划字中的伪装现象

在刻划字案件中，书写人的主要精力用在适应非正常的书写条件、克服刻写的阻力上，一般无暇顾及采取伪装手段。但个别案件的作案人在客观条件变化的同时，采取随意性伪装，降低书写水平以求掩盖自己的书写习惯。这时就要注意条件影响中的伪装变化。

一般而言，客观条件变化对笔迹的影响具有单一性、必然性和规律性，笔迹变化的部位、特点比较明显而且一致。在客观条件变化的情况下再施加伪装，常出现拖长笔画、改变运笔方向、笔画搭配关系不适称现象，有的在字的写法、用法上做手脚，如故意写错字、别字等。

4. 复查现场与鉴定实验

如果对物证笔迹的形成尚存疑问，或者在比较检验中发现一定的符合，但又有个别差异不好解释，那么最好争取复查现场，仔细勘验原物。还可以模拟现场物证的形成条件，进行一些刻划实验，从而印证对笔迹特征的认识。

## 四、拼组字笔迹检验

### （一）拼组字的概念

拼组字是指用某种器物或其印迹代替书写的笔画，以书写人对文字符号的视觉印象为依据组合成的字迹，如捺印字、剪切字、线缝字、摆置字、镂印字等。

这种字与直接书写字迹的根本不同之处，在于它是用某种“定型的东西”组合成字，而不是通过手臂自由连续的书写运动完成的。它们有一个共同的本质特点，就是无论笔画的具体形象如何，拼组字的形体结构和笔画的基本形态都是书写人的视觉印象的“复制品”。

个人书写习惯的完整体系，包括三方面因素：一是书写运动系统。它是通过自动化的方式，将储存于大脑中的有关文字符号外化为笔迹的执行系统。在拼组文字时，这个系统被抑制或取代了。二是文字符号结构形态的记忆系统。这是在长期的书写实践中，在大脑中形成的深刻印象，或者称为形体信息。它是书写运动的基本依据，在拼组文字时，也是以它为基础的。三是书写过程中的内部言语活动系统。这是在长期的语言交际中形成的带有习惯性的言语思维活动。它是调动记忆系统，进行书写活动的先导和支柱，且不受书写活动方式的制约。这三个方面的因素构成了统一的书写活动的有机联系的整体。内部言语系统或文字记忆系统发生障碍，就不可能产生主动的言语活动；这两方面正常，书写运动系统障碍，却可以用其他方法来补偿，拼组字便是其一。因为拼组字是以书写人文字符号记忆系统为依据的，所以仍能反映其部分书写习惯，使拼组字的检验成为可能。

（二）几种拼组字的检验要点

在实际工作中，可能遇到的拼组字是多种多样的，但其检验要点类似。我们重点研究有代表性的几种类型。

1. 捺印字

捺印字是指借助带条形物面的工具，如螺丝刀、竹签、硬纸片等，蘸墨水或染料捺印成的文字。用小木棍、火柴杆等摆置的字与此类似。捺印字的笔画长短、粗细由工具来决定，并且该工具是构成单字笔画的基本元素。它的特点是：长笔画易短，短笔画易长，转折笔画需分解完成，复杂部位的小笔画易被省略。这种字不能反映运笔中的起、收、运行等细节特征，比例关系也容易改变。但有时对于不便捺印的笔画，用工具的一角填划，则能反映部分运笔习惯。

捺印字的检验，主要是运用字的基本写法、部分笔顺、大体的搭配比例和运笔的基本趋势。如果字数较多，还要注意布局特征、标点符号特征和书面语言特征。

2. 剪切字

剪切字有两种：一种是用剪裁的纸条代替笔画拼贴成字；另一种是以整个字为单位剪切的，其中有的是按先写好的字或勾画好的空心字剪切，有的是直接剪切。先写后剪的，基本能反映出固有的书写习惯；直接剪切的，笔迹变化较大，反映不出运笔细节，字的结构易变。除此之外，写法、大体的搭配比例、部分笔顺、运笔基本方向等尚能反映个人书写习惯。

对于以整个字为单位进行剪切的，还应注意研究剪切的方法和技巧。剪字技术高的，笔画粗细匀称，比例适当，字的大小均匀，起收转折能体现出字体特点，对互不交接的笔画与偏旁会用“连筋”以固定相互关系。剪字技术低的，笔画粗细不均，字的大小不匀，起收转折不规则，笔画边缘弯曲不齐，不会使用“连筋”，内部笔画常被挖空剪错。

## 五、高位执笔的笔迹检验

正常的硬笔书写，手指握笔位置应在距笔尖 3 ~ 5cm。以钢笔为例，应握在笔杆的下三分之一处。如果将握点提高到笔杆的顶端，笔尖与握点距离加大，就会干扰书写动力的传导与释放，使之难以准确、自如地控制笔尖的运动。同时，高位执笔还常常伴随悬腕书写，失去了手掌底部的支撑和调节功能，原有的动觉反馈系统也遭到破坏，手指、手腕的运动不习惯，笔迹必然产生相应的变化。

高位执笔书写，主观上往往具有故意性，妄图通过执笔方式这一客观条件的改变而使笔迹发生变化，以达到隐蔽自己的目的。笔迹变化的直接原因是执笔高位，同时附加其他伪装的比较少见。

### （一）高位执笔笔迹的变化特点

1. 字形增大，结构松散

字形增大，结构松散是由于握笔点提高，使运笔幅度加大，字形普遍比正常书写增大，且歪歪扭扭，结构不严谨。

2. 运笔抖动，轻飘无力

运笔抖动，轻飘无力是由于执笔高位，对笔尖的控制力减弱，运笔过程中必然出现抖动现象，笔尖触及纸面的抑压力普遍减弱，有时笔画纤细，笔力轻飘不实。

3. 起收笔处有反射或拖带动作

高位执笔书写，落笔不准、不稳，收笔不利索，容易出现反射动作或拖拉现象。

4. 有连笔、环绕动作

高位执笔书写可以加快速度，从而出现连笔或环绕动作，但连笔显得凝重、笨拙，多为实连，少有意连。

5. 有多笔、重叠现象

高位执笔动作不准，容易造成笔画重叠，有时为弥补不够圆满的动作而修描，产生多笔现象。

### （二）高位执笔的笔迹特征

虽然高位执笔笔迹会发生一系列变化，但书写习惯的能动性决定了其适应不利的条件而顽强表现自己的能力，必然会在不同侧面反映出固有的书写习惯。如布局安排、写法、错别字、笔顺、大体的搭配比例和特殊运笔等特征，基本不受高位执笔的影响，检验时要重点选取。

## 六、受衬垫物影响的笔迹检验

衬垫物作为书写承受客体的组成部分，是指纸张下面衬垫的物品。正常书写的衬垫物一般是一沓纸或光滑、平整、稳固的桌面，这样可以为书写活动创造一个适宜的条件，使书写技能得以准确发挥。如果衬垫物不平、不稳、过硬或过软，都会干扰书写活动的正常进行，使笔迹发生相应的变化。

（一）不同衬垫物对笔迹的影响

1. 衬垫物过软且不平

衬垫物过软且不平的情况包括垫在掌心、膝上、他人背上、沙发扶手上书写等。衬垫物过软，笔尖与纸张接触面较大，笔画易粗。由于衬垫物表面不平整，纸张不能与衬垫物表面完全贴合，力的大小不好掌握，稍不留意，就容易划破纸张，搭配比例也易变化，起收笔动作难以反映出来，运笔有抖动弯曲现象。

2. 衬垫物过硬且凹凸不平

衬垫物过硬且凹凸不平的情况常见的有在粗糙的窗台、石桌，有裂痕的木桌等不光滑的硬物上书写。衬垫物过硬，笔尖与纸的接触面较小，笔画较细，特别是以圆珠笔书写更明显。由于承受客体表面凹凸不平，笔尖与承受客体的摩擦力忽大忽小，要求书写人小心翼翼注意控制书写活动，往往要放慢速度，造成笔画僵直呆板，并有抖动、断笔、笔画变形、划破纸张等现象。

（二）检验的要点

1. 注意区分笔迹变化的原因

衬垫物变化的笔迹，常见的有经济案件中涉及的签名、收（欠）条，个别的还有绑票敲诈信、作案人的留言等。这种因衬垫物而导致的笔迹变化，没有故意伪装笔迹那种字形、结构和运笔上普遍的、明显的反常现象。但在签名、收（欠）条的笔迹检验中，要注意同摹仿相区别。摹仿笔迹很少会出现划破纸张的情况；形快实慢、涩行运笔、笔力平缓表现在摹仿笔迹的始终，而不是局部、个别的现象；行笔中的抖动和停笔现象远不如衬垫物变化造成的同类现象明显。只要注意区分，不难准确判别。实践中，对检材分析有误多半是因为忽略了衬垫物影响的可能性。

2. 特征的选用

在实际案件中，无论衬垫物如何变化，书写人都能努力适应不利的条件而顽强表现个人的习惯，把字写正确。一般来讲，写法、错别字、笔顺特征基本不受衬垫物的干扰；部分搭配比例及运笔基本趋向也会不同程度地有所表现；未受影响之处或用笔较轻的人，其起收转折的运笔细节特征也会反映出来。

个人习惯暴露的多少，与书写水平、适应能力、书写用纸的厚薄、纸页的多少以及书写工具是否得心应手都有一定关系。检验时，应结合具体情况作出分析，慎重选用特征。

3. 要了解有关案情

如果怀疑物证笔迹是在衬垫物异常的条件下书写的，就应详细了解书写的时间、地点、场合，当事人就书写条件的具体陈述，包括是垫在什么衬垫物上写的。这样可以引发我们对反常迹象的思考，可以通过深入分析、实验加以验证，以准确判定物证笔迹变化的性质。

## 七、毛笔字笔迹检验

毛笔是我国传统的书写工具，距今已有数千年的历史。虽然钢笔、圆珠笔等硬笔以其携带方便、使用简单等优势很快取代了毛笔的重要地位，但毛笔在一定范围内仍有使用，多见于年长者及书法爱好者。不容忽视的是，历史悠久的毛笔书法作为汉字书写的艺术将世代流传。

在笔迹检验实践中，经常会遇到毛笔字笔迹，如利用毛笔字醒目的特点，书写传单及诬陷、诽谤的大小字报；遗嘱、契约也常用毛笔书写。毛笔虽然属于正常的书写工具，但由于人们平时惯用钢笔、圆珠笔书写，一般人很少使用毛笔，一旦换用毛笔写字，就会感到很不适应。即使过去有一定毛笔书法训练的人，由于其毛笔字与硬笔字本身的差别，让毛笔字与硬笔字进行比较检验有一定的难度。对于习惯写毛笔字的人，有可能得到其平时书写的毛笔字样本来与检材进行比较，但又有个如何选取特征的问题。因此，在毛笔字检验中，熟悉毛笔字的规则、规范，掌握毛笔字与硬笔字的差别性和一致性，就显得尤为重要。

## （一）毛笔字与硬笔字的差别性

毛笔字与硬笔字的差别是指同一人书写的毛笔字和硬笔字笔迹自身的差别。

### 1. 毛笔字与硬笔字存在差别的原因

（1）书写工具不同。毛笔的笔尖是用加工后的兽毛制成的，质地柔软而富有弹性；硬笔的笔头是用金属、石墨或其他硬性材料加工后制成的，质地较硬，笔尖较细。毛笔笔头含墨，只需很小的摩擦力便可将墨涂于纸面；硬笔则需较大的力量使笔尖弹动（钢笔）或推动球珠（圆珠笔）或使色料分离（铅笔、粉笔）才能写出字迹。因此，毛笔与硬笔的用笔力度不同。写毛笔字需启动全部指力、腕力，调整用笔轻重、笔画粗细；而写硬笔字主要靠摩擦力，只需部分指力、腕力调整用笔轻重。所以习惯写硬笔字的人改用毛笔写字会有明显变化。

（2）执笔方式不同。毛笔书写的执笔方式有五指执笔法、四指执笔法、三指执笔法等多种，笔杆与纸面接近垂直。硬笔书写的执笔方式与毛笔的执笔法不同，手指的握位及其组合都有区别，笔杆与纸面呈 50°～60°角。毛笔书写还有悬臂与枕臂之分；而硬笔书写则取枕腕或枕臂。

（3）书写训练的基础不同。现代人从初学写字开始，先是使用铅笔，而后过渡到圆珠笔、钢笔等，一般经过十余年的学习训练形成了书写习惯。可以说这种习惯是靠硬笔的训练而形成的。在以后的工作、生活中，人们还是经常使用硬笔进行交流，因而对硬笔非常适应。毛笔则不然，除少数老年人、书法爱好者经常使用毛笔外，大多数人平时很少用毛笔书写或从未写过毛笔字，所以对毛笔的适应性较差，笔迹变化较大。

### 2. 毛笔字与硬笔字的具体差别

（1）写法特征的差别。毛笔书写汉字的历史悠久，在写法上多采用繁体字、旧体字，这是因为，作为一种线条艺术，笔画越多，越便于分配、调度。同时，在写法上还讲求变化，前后出现的相同字或偏旁部首写法不能雷同，要形态各异，这是擅长书法的人书写技能的表现，是其刻意追求的艺术效果。但平时以交际为目的的硬笔字则主要反映其习惯的写法。对于没有毛笔字基础和缺乏书法知识的人，毛笔字和硬笔字在写法上没有什么差别。

（2）运笔特征的差别。毛笔笔尖软而有一定弹性，使用得法，可塑造出千姿百态的笔画形象；而硬笔的弹性有限，不具有这种优势。所以二者在运笔上有所不同。首先是起收笔动作：毛笔书写起笔多藏锋，收笔也有回锋动作；硬笔书写有直起直收或顿压起收，而难以表现回转起收的动作。其次是笔画的粗细变化：毛笔字能敏感地反映出用笔力度的变化，笔画有粗有细；而硬笔字笔画粗细的变化则不明显。最后是笔画的转折形态：毛笔字笔画转折多带方棱；硬笔字转折多圆转或硬折，转折角度也会有变化。上述的差别因人而异，与毛笔字水平高低关系密切，水平越高，变化越大。

（二）毛笔字与硬笔字的一致性

虽然毛笔与硬笔的性质不同，书写人的适应性不同，毛笔字与硬笔字之间必然存在差别，但是它们都是同一人的笔迹，不会因书写工具的差别而改变，其内在本质是一致的。这种一致性，表现在同一人书写的毛笔字与硬笔字之间某些笔迹特征是相同的。如运笔特征，特别是那些速度较快的运笔方向、连笔方式、基本搭配比例特征、笔顺特征，以及非规范写法特征等均应一致。

（三）毛笔字之间的比较检验

毛笔字的笔迹检验，若用毛笔字样本进行比较，可以避开书写工具不同造成的笔迹自身的差异，从而更具可比性。

毛笔字之间的比较检验除像硬笔字检验那样要把握写法、错别字、笔顺、搭配比例、运笔等特征外，还要针对毛笔书写的特点，掌握有关毛笔笔法的知识，抓住毛笔书写的个性化特征。

笔法作为书写过程中的用笔技巧，毛笔比硬笔要复杂得多。毛笔的笔法包括执笔、用腕及用笔。用笔又分起收笔、中侧锋、转折笔、方尖圆笔、提按笔、疾涩笔等。上述笔法的运用可以反映书写者的书法水平和个人风格习惯，是毛笔字之间比较鉴别必不可少的依据之一。其中起收笔、中侧锋、转折笔可以体现书法水平；方尖圆笔、提按笔与疾涩笔能够表现书写风格及个人习惯。在检验中应综合分析，灵活运用。

1. 起收笔

起笔、收笔是毛笔字点画书写的两个重要阶段，通过起收笔，可以看出书写者是否懂得用笔的基本技法。如果起收笔既非方笔也非圆笔，既非垂露也非悬针，而只是信手点画，随意行事，则书法水平较低；高水平者起收笔动作到位，点画造型准确。

2. 中侧锋

毛笔书写一般要求中锋为主，侧锋为辅。中侧锋配合运用，是最好的用笔之法。偏锋则为错误的用笔之法。高水平者，一般都能中侧锋并用，熟练自如地转换；低水平者不懂用锋，常出现偏锋败笔。

3. 转折笔

笔法要求转弯行笔时，要停笔驻锋，调换笔锋，再用中锋继续运行。如果不掌握这种笔法，就不能在转弯过程中保持中锋，要么直接拐弯，要么“耸肩”或“脱肩”。

4. 方尖圆笔

毛笔书写存在藏锋、露锋问题，有人采用露锋方法，写出的笔画呈方形，有棱有角，称为方笔；有人将锋露成尖状，称为尖笔；还有人将笔锋藏匿于笔画之中，笔端呈圆形，称为圆笔。上述三种用锋方式体现不同的书写风格和习惯。

5. 提按笔

提按是运笔过程中笔力在垂直方向上的变化。提则笔画流畅尖细；按则笔画浑厚粗壮。正确的笔法要求提按适度，变化分明。高水平者在提按上能控制自如，如有的按笔较重，字迹饱满雄健；有的提按适度，笔画不肥不瘦。低水平者有的一按到底，点画臃肿粗肥；有的提按过猛，形如牛头鼠尾、鹄膝蜂腰。

6. 疾涩笔

书写速度不同，决定了笔画有疾涩之分。疾笔速度快，点画飞动，多见牵丝和飞白；涩笔速度慢，欲行又止，点画苍劲凝重。用笔的疾涩能表现个人的书写风格和习惯。

由于毛笔并非现代通用的书写工具，仅在小范围内使用，毛笔字功底的深浅、水平的高低，就成为鉴定的重要依据之一。在毛笔字之间的比较中，分析判断检材与样本的书法水平是首要步骤，如果样本明显低于检材，可直接否定；如果样本明显高于检材，应视检材有无伪装再予定夺；如果检材、样本书法水平接近，应考虑用笔风格、习惯是否一致，再结合其他笔迹特征进行综合分析比较，进而确定笔迹的异同。至于不习惯用毛笔的人写的毛笔字，因其不懂笔法，未形成一定的用笔习惯，其笔法特征不稳定，勿以此作为重要的鉴别依据。

（四）毛笔字与硬笔字的比较检验

在实际案件中，有时收集不到嫌疑人平时书写的毛笔字样本，只好用硬笔字样本与毛笔字检材进行比较。这种情况多见于水平一般的毛笔字，嫌疑人缺乏毛笔书写的训练，由于毛笔字与硬笔字本身的差别，会给检验带来一些麻烦。但只要掌握毛笔书写的变化规律，着重选用那些不受书写工具变化影响的布局、写法、笔顺、错别字、搭配比例及特殊运笔等特征，客观解释运笔及某些笔顺的差异，也可以正确地进行检验。

在毛笔字与硬笔字的比较检验中，对书法水平特征的运用值得注意，因为除少数有书法基础的人，毛笔字与硬笔字书法水平相当，大部分人毛笔字水平低于硬笔字水平，这与缺乏毛笔字训练有关。

一般而言，毛笔字水平高的人，其硬笔字水平一定高；毛笔字水平中等的人，其硬笔字水平至少为中等，可能还高些；毛笔字水平较低的人，硬笔字水平中等或偏低。根据这种关系，检验时应首先对毛笔字检材与硬笔字样本的书法水平作出判断，分析二者关系是否符合上述规律。如果毛笔字检材水平明显高于硬笔字样本，可直接予以否定；如果毛笔字检材水平略低于硬笔字样本，则视为正常，支持认定；如果毛笔字检材水平低，硬笔字样本水平高，且高低悬殊，支持否定，但要结合具体特征慎重决定。另外，某些老年人一直习惯用毛笔写字，出于某种原因不得不用硬笔书写时，其硬笔字就显得不如毛笔字水平高。

毛笔字的笔迹检验，也要全面了解案情，特别是要了解嫌疑人是否具备笔、墨、纸张的条件，有无书法爱好，学习书法的历史以及训练时间的长短等。必要时，还可让嫌疑人书写毛笔字实验样本来进一步比较鉴别。

## 八、复写字迹检验

复写字迹，是以复写纸为衬垫，通过一定的书写压力，使复写纸上的染料黏附在下面纸页上而形成的字迹。复写纸作为辅助的书写工具，在这一过程中起到了媒介作用。由于这种字迹是由复写纸染料附着而成，不是书写笔直接运行纸上形成，所以无笔痕特征。笔迹特征也因复写纸的参与而不能充分地显露。

### （一）复写字的变化特点

1. 单字笔画清晰度降低

复写字迹属于间接形成的字迹，其清晰度低于直接书写的字迹是确定无疑的。这是因为复写纸夹在两页纸之间，笔画是由复写纸染料印上去的，书写运动的细节受到限制、不易表露，同时又丢失了钢笔、圆珠笔直书其上的生动、细腻的笔痕。如果复写纸老化、陈旧，或一式多份，以及书写用力过轻，复写字迹就更加模糊。

2. 笔迹特征部分丢失

复写字迹的形成过程导致的笔迹清晰度降低，势必限制了个人书写习惯的全面反映，丢失部分特征是必然的。如起收笔的细小动作，笔力分布特点，过轻的连笔动作，并由此影响到笔顺的判断。特征丢失的多少与复写纸的新旧、书写用力的大小、检材处于复写时一式多份的前后位置等因素密切相关。

3. 局部划痕失真

复写字迹不同于直接书写，除正常书写的单字笔画外，指甲等硬物的滑碰和复写纸折叠后的边棱受到一定压力，都会在复写的纸页上留下点状、线状不规则的划痕，与单字笔画交织在一起，真伪难辨。有时因复写纸使用的不均衡，局部油墨的浓淡反差过大，使复写字迹笔画也出现轻重不一的现象，与笔力轻重造成的笔画浓淡变化不易区别。如果复写纸陈旧并有破损，会使复写字迹笔画局部出现断笔或露白现象。这些均属因复写条件的变化给笔迹造成的假象。

### （二）复写字迹检验需要注意的问题

1. 全面了解案情，客观分析复写字迹的可检性

了解案情，主要是了解案发情况、嫌疑依据、当事人的主张，以及侦查、调查取证和原来鉴定意见等有关情况。在此基础上，仔细观察复写字迹检材，单字和笔画是否清楚，连笔及笔顺关系是否清晰可辨，同时参照样本材料条件，综合判别能否检验。切忌在条件不佳的情况下草率行事。

2. 把握复写字迹中易于保留的个人习惯特征

复写字迹只是个人书写习惯的部分反映，检验中能否把握住本质特征十分重要。复写字迹中容易保留的习惯特征一般有基本写法、明显的笔顺、运

笔的基本趋向、大体的搭配比例，还有一些特征可以通过显微观察、仔细推敲来确定，如起收笔动作、笔力轻重、连笔动作、模糊的点号等。在具体案件中，特征保留的多少与复写字迹的清晰程度密切相关。比较清晰的复写字迹，如复写的第一页，一般可以反映绝大部分特征，甚至细节，具备比较充分的检验条件。

3. 注意与复写套摹签名相区别

复写签名案件的检验除受字迹清晰度影响之外，还常常涉及复写套摹的问题。能否确定检材是否存在摹仿是这类案件检验的关键。有无摹仿在直接书写的字迹中尚难确定，在复写时分析更是难上加难。一些情况下我们认为某些复写字迹案件不具检验条件，并非单指可利用的笔迹特征太少，更多的情况是说有无摹仿难以确定。复写套摹的一般做法是将真签名下垫复写纸，在真签名上重描，将其复写在伪造的文件上。这种手段常用于伪造复写的合同、收（欠）据、提货单等。复写套摹除具有一般套摹笔迹的基本特点外，比透光套摹笔迹的相似度高。为了发现摹仿，一是结合案情，二是注意发现被摹字迹原件，上面必然留有描摹的笔痕或压痕，这时认定摹仿证据确凿。

## 实训设计

### 书写工具变化笔迹的特点

**一、实训目的**

通过实训，观察在不同的书写环境下书写的笔迹，掌握其主要特点和特征变化规律，并能选择有价值的、稳定性强的笔迹特征。

**二、实训器材**

1. 放大镜、体式显微镜。

2. 钢笔、圆珠笔、毛笔、粉笔、纸张、砖墙等。

3. HB 铅笔、红蓝铅笔。

4. 笔迹特征比对表、记录纸。

**三、实训内容与方法**

1. 每位学生分别用钢笔、圆珠笔、毛笔、粉笔及其他书写工具在纸张、砖墙等承受体上书写。

2. 学生互换各自书写的笔迹，直接观察或采用放大镜观察在不同书写环境下书写的笔迹特点，辨析其不同性质的两类特征：一是因为书写环境影响而形成的带有“共性”的特征，二是能反映书写者书写习惯的带有“个性”的特征。

## 四、实训作业

写出实训报告，要求说明实训目的、实训内容、实训方法和步骤。

# 第六章

# 伪装类笔迹检验

## 第一节　伪装类笔迹检验的基础理论

### 一、伪装类笔迹的概念及分类

伪装类笔迹，是指书写人出于某种主观动机而故意控制调节书写动作或摹仿他人笔迹，从而使笔迹特征发生改变而形成的非正常笔迹。伪装类笔迹包括伪装笔迹和摹仿笔迹两大类。伪装的目的是“异己”，而摹仿的目的是使笔迹产生“像他”的效果。

按照书写人伪装书写时注意、意志、思维等活动特点的不同，伪装类笔迹最为常见的有三种类型：第一类是通过对自己的笔迹特征的认识，而有意识地支配和改变书写动作所形成的笔迹，即一般性伪装笔迹；第二类是习惯用右手书写的人，为了掩盖其真实笔迹，而故意改用左手执笔书写所形成的笔迹，即左手伪装笔迹；第三类是通过视觉对他人笔迹及特征的感知和对书写动作的控制与监督来完成伪装书写所形成的笔迹，即摹仿笔迹。按照笔迹伪装程度，可将伪装笔迹分为严重伪装笔迹和一般伪装笔迹两类。严重伪装笔迹反映书写人真实的笔迹特征较少，而一般伪装笔迹反映书写人真实的笔迹特征多而稳定。对笔迹伪装程度的划分常常直接影响最后的鉴定意见，因为伪装程度不同，选取的特征也不同。

## 二、伪装类笔迹检验的科学依据

伪装类笔迹按其书写动力定型的机理分析，是以临时的条件反射去干扰、破坏业已定型的书写动作自动化锁链系统，以主观意识去控制随意的书写自动化运动。在书写人主观意识的控制下，可以扭曲其书写习惯、改变其部分笔迹特征。而书写人一旦形成稳定的书写习惯，这种稳定成型的动力定型是不易完全改变的。在伪装、摹仿书写中，书写人大脑皮层书写中枢原有的动力定型并不能完全被主观意志控制，其真实的书写习惯会随时随地地流露出来，表现出其真实的笔迹特征。因此，伪装类笔迹的鉴定在书写活动的生理机制上有着充分的科学依据。

### （一）书写习惯的系统性与整体性

一个书写习惯定型的人，在进行书写时虽然在活动总体上要受到意志的监督和控制，但具体的书写动作是靠条件反射锁链系统自动实现的。书写习惯的系统性和整体性决定了书写习惯具有自动重复的特性。这种特性难以因生理机能的变化而引起书写习惯的重大改变。书写时，条件反射系统中某一神经中枢或某一动作器官机能活动的作用不能改变整个书写动作自动化体系；或者某一书写运动器官不参与，而以肢体两侧对应的器官或其他运动器官临时代替，也不会使书写动作受到严重干扰，大部分书写动作习惯仍能反映出来。

### （二）书写技能的迁移与干扰的规律性

书写活动是一种技能活动。任何技能活动都可以迁移并同时受到干扰。技能迁移，是指已经掌握的技能对于学习新技能可以产生积极的影响。伪装、摹仿书写是一种由旧技能临时变为新技能的活动方式。从技能迁移的原理分析，伪装、摹仿笔迹特征是完全可能的，而且书写技能越高的人，伪装、摹仿笔迹的可能性就越大。技能的干扰，是指业已掌握的旧技能对学习新技能所产生的消极影响，即旧技能会阻碍新技能的形成和发展。旧技能的动力定型越巩固，干扰新技能的成分越大。一个书写习惯完全定型和书写技能很高的人，在极短时期内，要学习一种与自己平常书写迥然不同的书体，要全部摹仿他人的笔迹特征，要完全歪曲自己原有的书写习惯体系是相当困难的。从技能迁移与干扰的原理说明，书写人在短时期内部分地改变自己的笔迹特征是可能的，但要全部地改变自己的笔迹特征是不可能的。

### （三）意志对书写活动控制的有限性

意志是人们自觉地确定目的，并支配其行动以实现预定目的而自觉努力的心理过程。伪装、摹仿书写活动要受到主观意志的支配与监督，由于意志的作用产生了改变笔迹特征的动机，并为实现这种动机而采取种种行为方式。书写人接受意志的调节支配，自觉地将自己熟知的语言和动作习惯通过外部动作——手的运动和内部心理状态的调节——尽量掩盖自己原有的书写动作习惯。也就是说，在意志控制之下进行伪装、摹仿书写可以改变一部分笔迹特征。但是，意志的能动作用是有限的。书写人进行伪装、摹仿书写这种以改变自己笔迹特征为目的的主观意志的实现，必然受到书写活动的客观规律（自己的习惯规律和别人的习惯规律）、自己的生理机能、自己的心理规律等一系列条件的制约。

书写人在伪装、摹仿书写过程中要完全控制住自己的书写动作，完全按照自己设计的伪装模式进行书写，或随心所欲地任意书写，或完全仿照他人的书写习惯进行书写，是要受到其生理机能的制约的。因为书写活动是一种十分精细的自动化系统活动，很难全部接受意志的控制。正常书写活动是在视觉、动觉的监督调节下，依靠手指肌肉群精细的自动化运动完成的。伪装书写主要是靠第二信号系统的词语信号调节控制。这时所发出的改变笔迹特征的词语信号，一方面与书写自动化系统的形象记忆和动觉习惯相矛盾，另一方面词语信号本身也是抽象的，尤其是像起收笔的形态、位置，行笔趋势，笔画交叉、搭配，运笔压抑点等精细的动作方式，难以用词语描述得十分准确，因而任何人都不可能准确地用词语信号去发动和控制手指肌肉按照某种既定的“特征模式”和方式进行书写活动。如果人的意志对细微的书写动作干扰过多，动力定型系统就会抵抗意志的控制，这不仅会使书写活动困难，达不到预期效果，而且隐蔽的、细小的书写动作习惯反而会较多地流露出来。

书写人进行伪装、摹仿书写，还必须通过意志调节自己的心理状态，克服紧张心理，排除外来干扰。为此目的，书写人必须留意每一个书写动作。但因为这种活动与犯罪行为联系在一起时必然会出现紧张和慌乱，因而就难以控制住自己的书写动作按照“伪装模式”的要求完成，于是稳定的书写动作习惯就会越来越多地保留下来。

上述意志对书写活动监督控制的有限性规律，揭示了伪装、摹仿书写改变部分笔迹特征的可能性和改变笔迹特征体系或习惯总和的艰巨性。

（四）注意的多种矛盾规律决定了伪装类笔迹的规律性

注意是机体的一种定向反射活动，它是人的大脑皮层最清楚的意识状态。当人在注意某一事物时，就意味着他在感知、记忆、思考该事物。伪装、摹仿书写是一种刻意注意的心理过程。人的注意是受到一系列规律制约的，因而伪装、摹仿笔迹也显示出相应的规律性。如注意广度与注意集中相矛盾的规律决定了笔迹伪装程度的大小与书写人的书写水平、社会经验、伪装书写练习时间成正比，与一次性书写文字的多少成反比；注意中心与注意边缘矛盾规律决定了笔迹特征的伪装只能是部分的、有选择的；注意的稳定性（持久性）与注意的分散性相矛盾的规律决定了伪装笔迹特征是呈现规律性变化的；等等。这一系列心理规律决定了伪装、摹仿书写活动是不完全以书写人的主观意志为转移的，伪装笔迹是不可能彻底的。

## 三、决定笔迹特征伪装程度的因素

任何人进行伪装、摹仿书写时都要受到一系列生理因素、心理因素和其他条件的制约，笔迹特征的歪曲也会受到一定限制。制约伪装书写活动的因素主要有以下几种。

（一）书写人书写水平的高低

书写水平与笔迹伪装程度成正比：书写水平越高，笔迹伪装程度越高；书写水平越低，笔迹伪装程度越低。

（二）一次性连续书写文字数量的多少

一次性连续书写文字的数量与笔迹伪装程度成反比：一次性连续书写的文字越多，笔迹伪装程度越低；一次性连续书写的文字越少，笔迹伪装程度越高。

（三）书写速度的快慢

书写速度的变化程度与笔迹的伪装程度成反比：检材笔迹书写速度较快或较慢（平常书写的适中速度），笔迹伪装程度低；书写速度极快或极慢（强行快写或强行慢写），笔迹伪装程度高。

（四）伪装手法的繁简

复杂的伪装手法，如混合伪装书写、非正常方法伪装书写、规律性伪装书写、摹仿书写等，笔迹伪装程度一般都很高。而一般性伪装书写，如改变书写速度伪装书写，改变书体、改变字的结构伪装书写等，笔迹伪装程度往往比较低。

（五）伪装书写练习时间的长短

有的伪装笔迹是书写人经过练习之后形成的，如摹仿笔迹、规律性伪装笔迹、左手伪装笔迹、改变书体的伪装笔迹等。其练习时间与笔迹伪装程度成正比：书写练习时间越长，笔迹伪装程度越高；没有练习或练习时间很短，笔迹伪装程度低。

## 四、伪装类笔迹特征的基本规律

伪装书写受到书写动作自动化锁链系统、书写技能的迁移与干扰规律、意志力的控制、注意力矛盾规律等多种因素的影响与制约，因此，伪装笔迹的特征体现出一定的规律性。

（一）注意力疲劳规律

如果一次性连续书写的字迹多，则检材前面部分的笔迹伪装程度较高、笔迹特征不太稳定，检材中间及后半部分的笔迹伪装程度相对较低、笔迹特征较稳定。

（二）注意力有限性规律

检材笔迹中，笔画多、结构复杂的字的特征不易伪装，而笔画少、结构简单的字的特征容易伪装；明显的笔画、结构关系、形态、顺序容易伪装，而隐蔽的、细小的笔画、结构关系、形态、顺序则不易伪装。

左右结构的字，右半部分的结构和笔画特征不易伪装；左中右和上中下结构的字，中间部分的结构和笔画特征相对不易伪装；内外结构和半包围结构的字，内部结构和笔画特征相对不易伪装。

（三）控制力矛盾规律

检材笔迹中，书写速度较快和较慢的笔迹特征反映较正常；书写速度过快和过慢的笔迹特征易伪装变化。

此外，书写人书写水平高则伪装笔迹特征的能力强，笔迹特征的伪装程度高，书写人书写水平低则伪装笔迹特征的能力弱，笔迹特征的伪装程度低。

## 第二节　一般性伪装笔迹检验

### 一、一般性伪装笔迹的概念

一般性伪装笔迹又称随意伪装笔迹，是书写人书写文字时不经过任何书写练习和准备，仅凭自己临时的想象，采用通常的书写方法，随意改变而书写形成的伪装笔迹。一般性伪装笔迹伪装方式比较常见，往往是书写工具、书写承载物、书写环境、执笔方式都比较正常，其伪装手法和书写动机都带有一定的随意性，信手生变书写，追求笔迹的严重变化，以达到笔迹异己的目的。该类伪装笔迹的种类包括故意改变书写速度的伪装笔迹、故意改变字形的伪装笔迹、故意改变书体的伪装笔迹、故意破坏字的结构的伪装笔迹、故意写错别字的伪装笔迹等。

### 二、一般性伪装笔迹的变化规律

（一）故意改变书写速度的伪装笔迹

1. 故意慢写

故意慢写是指书写人故意放慢书写速度，一笔一画拼凑文字的一种伪装笔迹。故意慢写的笔迹书写水平降低，前后不一致；运笔呆滞，连笔动作减少甚至没有连笔，或者有不正常的停顿等现象；笔画之间、组成部分之间搭配不严谨，完整的笔形被拆分。

2. 故意快写

故意快写是指在书写人主观驱动下，超出正常书写速度，甚至强行连笔书写的一种伪装笔迹。在故意快写时，超出了正常的快写速度，因此笔尖往往不离开书写面，形成笔笔相连、字字相接的现象。故意快写的笔迹连笔增多，且连笔动作缺乏规律性，行笔中的提顿转折动作消失，笔画的搭配比例关系发生变化，运笔紊乱潦草，甚至有些单字出现补充笔画和多笔少画现象，笔迹的书写水平被降低。

故意改变书写速度的伪装笔迹容易改变的特征主要有运笔特征、连笔特征、搭配比例特征和笔力特征；不容易改变的特征主要有文字布局特征、书面语言特征、错别字特征、字的写法特征、笔顺特征、标点符号特征等。

（二）故意改变形体的伪装笔迹

改变字的正常形态，包括改变字形和改变字的倾斜角度。

1. 改变字形的伪装笔迹

改变正常字形的笔迹，是指书写人故意把字写成长形、扁形、圆形、东斜西歪甚至奇形怪状等现象的一种伪装笔迹。常见的字形伪装主要有以下几种。

（1）长形字。长形字是指字的上下之比明显大于左右之比的一种字形。为了达到长形字的伪装效果，书写人一般会尽量缩短字的横画，拉长字的竖画，使字形变成瘦长形。因此故意伪装长形字时，书写速度一般较慢，字的连笔减少；由于横短竖长，造成比例特征的重大变化；长形字比正常字形大，因此带来整篇笔迹的布局特征如字间、行间距离等发生相应的变化。

（2）扁形字。扁形字是指字的左右比例明显大于上下比例的一种字形。在进行扁形字伪装时，书写人必须尽量拉长字的横画，缩短字的竖画，使字变成扁宽形。因此故意伪装扁形字时，书写速度一般较慢，字的连笔减少，由于横长竖短，造成字大小比例、笔画长短以及搭配发生重大变化，文字布局特征也随之相应地发生变化。

（3）圆形字。圆形字是指书写人故意将直行笔画、转折笔画改写成弧形笔画所构成的一种字形。在汉字的八个单一笔画中，“点、横、竖、挑、折”画为直行笔，“撇、捺、钩”画为略弧行笔。这些笔画组成的汉字横平竖直、匀称方正。而圆形字是书写人违反书写规则，故意改变笔画的要求规范，将部分笔画甚至所有的笔画写成弧形笔画，导致字形由方变圆。书写人故意改变笔形时，必须着力控制自身的书写方式和习惯，以圆形笔画取代直形笔画，导致笔画的转折角度、运行方向发生较大变化；部分搭配比例特征也相应发生变化。

故意改变字形的伪装笔迹容易改变的特征主要有整体结构特征、字的长短比例特征、笔画的长短比例特征、运笔特征、文字布局特征等；不容易改变的特征主要有笔顺特征、起收笔特征、搭配比例特征、字的写法特征、错别字特征、标点符号特征、书面语言特征。

2. 改变字的倾斜角度的伪装笔迹

书写人有意改变平时的书写习惯，将垂直、端正的字，伪装成倾斜的字，或者把平时习惯倾斜的字，改成端正的字，还有的将略倾斜的字，进一步加大倾斜的角度。其特点是：书写速度较慢，全篇字迹中字的倾斜方向和角度不一致，缺乏规律性，相同字、相同偏旁重复出现时形态可能不一致。

改变倾斜角度笔迹的变化主要体现在运笔方向的改变上，可导致笔画起收笔位置、笔画间的夹角变化，有些框架外的笔画，可发生运笔形态和搭配比例关系的变化，同时笔迹中会出现搭配比例反常和字的大小不均的现象。

（三）故意改变书体的伪装笔迹

故意改变书体的伪装笔迹，是书写人为了歪曲自己的笔迹特征而用平常不会书写或很少书写的某种书体书写而成的笔迹。书写人由于不熟悉该种书体，书写的笔迹不完全符合该书体的书写规则，有明显不熟练和出错的地方，在某些地方甚至流露出其常用书体的特点。

故意改变书体的伪装笔迹容易改变的特征主要有运笔特征、连笔特征、比例特征、整体结构特征等；不容易改变的特征主要有错别字特征、搭配特征、笔顺特征、标点符号特征、文字布局特征。

（四）故意写错别字的伪装笔迹

故意写错别字是指书写人明知该字的正确写法与用法，而故意写错用错，借以掩人耳目的伪装方法。故意写错别字伪装，容易忽视对语文水平的伪装，因此错别字水平与语文水平可能形成极其明显的矛盾，容易出现前后“错”与“非错”、“别”与“非别”自相矛盾的情况；有时还伴随着故意降低书写水平的伪装，具有很大的欺骗性。

故意写错别字的伪装笔迹容易改变的特征主要有错别字特征、运笔特征、连笔特征等；不容易被改变的特征主要有写法特征、笔顺特征、标点符号特征、文字布局特征、书体特征、搭配比例特征、书面语言特征等。

（五）故意破坏字的结构伪装笔迹

故意破坏字的结构是伪装笔迹时最容易出现的手段，主要有两种情形：一种是有意拖长或缩短字的个别笔画，改变笔画的比例关系；另一种是改变字的各部分位置关系。

1. 改变个别笔画长度的笔迹

改变个别笔画长度的笔迹主要表现为书写速度较慢，在个别笔画上出现夸张地拉长或缩短的现象，从而导致笔画之间或偏旁之间的搭配比例失调，字的结构不适称，甚至出现结构紊乱的现象。其易变的特征主要有个别笔画过长或过短，局部搭配比例；稳定的特征主要有写法、错别字、笔顺、文字布局特征等。

2. 改变字的各部分位置关系的笔迹

改变字的各部分位置关系的笔迹主要表现为书写速度快慢不均，字的大小差异明显，字的组成部分过大或过小，有的还伴随着夸张的动作，字形奇特，总体上看笔迹变化明显。由于改变字的各部分位置关系的方法具有随意性，在字的结构上变化明显，所以易变的特征主要有写法、错别字、笔顺，其他特征则较为稳定。

## 三、正确区分一般性伪装笔迹与低水平笔迹

一般性伪装笔迹，较普遍的现象就是书写水平被降低。因此准确界定书写水平高低的性质，对于鉴别一般性伪装笔迹具有重要意义。

### （一）正确区分降低书写水平的笔迹与低水平的笔迹

降低书写水平，是以故意降低书写水平为目的，以本身固有的较高书写水平为前提的一种伪装笔迹的手段，它与固有的低水平的笔迹有着本质区别。

1. 故意慢写笔迹与小学生笔迹的区别

（1）小学生运笔生硬僵直，下笔压力重，书写速度慢，笔画横平竖直，这些不熟练表现在所有的字和笔画中；而故意慢写笔迹虽然书写速度也慢，也有部分运笔生硬僵直、笔画东倒西歪的现象，但部分笔画、偏旁部首或单字也能反映出较高的书写水平。

（2）小学生较低的书写水平与简单幼稚的言语、贫乏单一的词汇相辅相成；而故意慢写的笔迹，则表现出书写水平与语文水平自相矛盾的现象。故意慢写笔迹可能表现出较高的语文水平，出现书面语言、修饰方法等现象。

2. 故意慢写笔迹与书写水平较低笔迹的区别

（1）书写水平低的笔迹，运笔呆板僵直，尤其是结构和笔画比较复杂的

字，搭配比例往往失称，且这些现象在相同字、相同偏旁部首、相同笔画上特征反映基本一致，呈规律性反映；而故意慢写笔迹，虽然字的结构也是松散凌乱、东倒西歪，但将相同字、相同偏旁部首、相同笔画排列对照观察，则呈不规则反映。

（2）书写水平低的笔迹，自始至终，所有的字、所有的笔画都反映出低水平的现象；而故意慢写笔迹，从表面上看似乎书写水平较低，但仔细观察，笔画呆板伴有停顿抖动现象，有些快写的字或细小笔画的连笔反映出较高的运笔特点，甚至有的单字结构较为严谨，搭配比例也比较匀称，反映出不熟练中有熟练，“低中有高”的现象。

（3）书写水平低的笔迹，伴随有较多的错字、别字，与较低的语文水平相一致；而故意慢写笔迹，有时顾此失彼，反映出较高的语文水平，或者是一些简单常用字写错用别了，而较难的字却写正确用对了。

在判断低水平笔迹的真伪时，应注意从以下三点进行分析：第一，看低水平的笔迹是否呈规律性反映；第二，看通篇笔迹的书写水平与语文水平是否相一致；第三，看错别字同其难易程度是否一致。如果通篇文字材料中，上述各项反映基本一致，则为书写水平低的笔迹；如果上述各项相互矛盾，则说明是书写人故意降低书写水平的笔迹。

### （二）正确区分故意写错别字与低水平者的错别字

故意写错别字与低水平者的错别字，其根本区别就在于，书写人是否理解该字的正确写法与用法。明知该字的正确写法与用法，而故意写错成别字，则是伪装笔迹；不知该字的正确写法与用法，将该字写错成别字，则是低水平的正常反映。

#### 1. 故意写错别字与小学生错别字的区别

小学生写错别字，同时伴随着与其年龄、文化程度相吻合的笔迹、语言特点。例如，字写得比较规范，横平竖直，笔画之间、偏旁部首之间搭配比例不协调，笔画较多的字写得比较大，笔画较少的字写得比较小；运笔生涩不熟练；用词简单幼稚；音近、形近别字较多。而故意写错别字虽然努力地降低自己的语文水平，写了许多错别字，但文中所反映的思想观点、语言特点和表达方式是成熟的，反映出成年人的特点，尤其是一些较难的字能正确使用，而一些常用字反而写错用别，这是违反常规的。

2. 故意写错别字与低文化程度者错别字的区别

真正的低文化程度者，词汇贫乏，语句不通顺，逻辑修辞和表达能力差，不能正确使用标点符号；运笔生硬僵直，笔画搭配比例不协调。而故意写错别字伪装，其错别字的出现往往与标点符号的正确使用、与笔画中流露出来的较高水平的运笔、搭配比例特点自相矛盾。

## 四、一般性伪装笔迹的检验要点

（一）特征的选择与应用

（1）从重复出现的带有规律性的笔迹中选择特征。将那些重复出现的相同字、相同偏旁部首、相同笔画排列在一起进行观察分析，从中选用有价值的特征。这些特征往往是书写习惯的表现。

（2）从结构比较正常、运笔比较自然流利的笔画、偏旁或单字中选择特征。方法是快中找慢、慢中找快，即在故意慢写笔迹中，注意从速度较快的字、偏旁或笔画中选择特征，而在故意快写笔迹中，注意多从较慢的笔画或偏旁中选择特征；同时还要注意选择那些不易受书写速度影响的写法特征、笔顺特征和交叉部位搭配特征等。

（3）从结构比较复杂的单字框架内部选择特征。一般来说，笔画较少、结构简单的字比较容易伪装；而在笔画较多，结构复杂的字上容易暴露其固有习惯；特别是框架内部一些小笔画的细节特征，往往容易保留书写人固有的一些书写习惯。

（4）对于个别仅出现一次而字形特异的某些字的写法、笔顺、搭配比例等特征，可作为有疑问的特征，待同笔迹样本比较时加以验证。

（5）注意选用那些不容易受一般性伪装影响的笔迹特征。如标点符号的布局、形态特征，书面语言特征等。

（二）评断差异点

差异点是客观存在的，关键是研究和区分差异点的性质，即形成差异点的主客观因素及其条件。分清哪些是非本质差异，哪些是本质差异。

1. 非本质差异

非本质差异的主要表现有：书写速度过快过慢，或将笔画写得奇形怪状的运笔、搭配、比例特征，与正常笔迹相比较所表现出来的差异；故意降低字的熟练程度，反映出来的书写水平与正常笔迹相比较表现出来的差异；故意改变字的形态，将字写成长形、扁形、圆形与正常字形相比较而表现出来的差异；故意破坏字的结构，将字写得松散凌乱，搭配过高过低或过远过近，与正常笔迹相比较而表现出来的差异；故意降低语文水平而写的错别字与正常笔迹相比较表现出来的差异；一般性伪装笔迹造成字行方向、字行形态、页边关系、字间距发生的变化与正常笔迹的文字布局特征相比较表现出来的差异。

2. 本质差异

本质差异的主要表现有：字的写法特征；笔顺特征；重复出现的稳定的搭配、比例、运笔特征；标点符号特征；书面语言特征。

## 第三节　左手伪装笔迹检验

### 一、左手伪装笔迹的概念

所谓左手伪装笔迹，是指不习惯左手书写的人，为了掩盖自己右手书写所能反映的书写习惯，故意改用左手书写形成的笔迹。人的左右肢体构造的对称性，使左手与右手的正常活动功能相反，当书写人用左手伪装书写时，不仅难以适应便于右手书写的书写规则，还受到视觉监督矫正障碍的影响，因此左手伪装笔迹必然会出现一些固有的特征，书写水平低者表现得更为突出。

### 二、左手伪装笔迹的特点

左手伪装笔迹与右手正常笔迹相比有很大的变化，但是这种变化是有因可查、有据可循的。左手伪装笔迹变化的原因，主要在于左右手书写功能具有对称性、相向性，左手未经长期练习，书写动作比较生疏。明确和掌握了左手伪装笔迹变化的原因后，就能从中发现和找出变化的规律。

（一）书写水平明显降低

偶尔用左手书写的人，由于伪装心理和左手书写动作的不协调，所写的全篇文字的书写水平下降，字行不整齐，字体结构松散，搭配比例失称，字形不正，连笔减少，运笔生涩、呆板，起收笔易出现拖带痕迹或反射钩，笔画有抖动、弯曲等现象。由于左手控制能力较差，字的大小不一，一般是前小后大，笔画少的字较小，笔画多的字较大，字间距和行间距不匀称，还常有多笔少画、笔画交叉、搭配部位的改变和笔画重叠等现象。

（二）呈左高右低趋势

由于左右手书写支点与力点的分布关系是对称的，即右手书写的支点位于书写重力点的右下方，左手书写的支点位于书写重力点的左下方。同样按照规则书写，相对于支点而言，右手是作由远及近向右后方的牵拉动作，非常顺手；而左手则是作由近及远向右前方的推送动作，很不方便。同时，在支点固定不动的情况下，左手在一个半径内自左而右的推送动作必然向右下偏斜，从而出现左高右低，字行倾斜的现象。支点每向右移动一步，就形成一个新的运动半径，于是出现一段又一段的左高右低区间，导致整个字行形成总体向右下倾斜又参差不齐的波浪形。另外，书写人用左手按正常规则从左至右书写，视线会受到左手的遮挡，为便利视觉观察，左手的书写动作会很自然地向右下倾斜。即使一时有注意控制，稍有疏忽，仍会出现左高右低现象。

（三）反向运笔或左右颠倒

由于右手生理功能和人体解剖结构的对称性，左手书写很容易朝右手的相反方向运动，这是一种自然的生理现象。当大脑加强对书写运动的控制指挥时，左手能按规则做书写运动，一旦大脑对书写运动的控制指挥稍有松懈，左手便会朝右手的相反方向做书写运动，从而出现反起笔、反行笔、反字、反笔顺和字的组成部分有颠倒的现象。当然，有的反起笔和反行笔等现象是左手书写不如右手方便所引起的。

左手伪装笔迹容易变化的特征有书写水平；字间、行间距和字与字行的倾斜方向；字形与字的大小；起收笔动作，笔画连笔动作；部分不利于左手书写的笔顺特征；书写速度稍快时，单字可能出现的多笔画少笔画现象。左手伪装笔迹不易变化的特征主要有：字的基本写法；错别字特征；笔顺特征；笔画间和偏旁间的搭配比例关系；部分笔画的特殊运笔；书面语言特征；文字布局格式和标点、符号的写法、用法、位置等特征。

## 三、区分左手伪装笔迹与其他类似笔迹

正确判明是否左手伪装笔迹，是检验左手伪装笔迹的前提和关键。如判断失误，将会导致检验结果错误。有几种笔迹反映出来的特点与左手伪装笔迹非常相似，在检验中必须仔细观察，认真分析，正确区分。

### （一）左手伪装笔迹与左手正常笔迹

左手正常笔迹是指左利者或右手伤残者，经过长期的左手书写练习，形成稳固的动力定型后所写出的笔迹。长期习惯于左手书写的人的笔迹，它虽然与左手伪装书写具有一些共同特点，但前者是经过长期的练习，已经形成了动力定型之后自然书写而成的。而左手伪装书写是为了掩盖右手的真实书写习惯，临时改用左手书写，所以两者的特点不尽相同，区别主要在于以下几点。

（1）左手正常笔迹比较自然、运笔比较流畅、单字排列较为整齐和匀称，而左手伪装笔迹的书写不自然、运笔生涩呆板、字行不整齐，字间、行间不匀称，单字大小不一致。

（2）左手正常笔迹的字行和较长的横画无明显的左高右低现象，而左手伪装笔迹的字行和较长的横画左高右低，呈明显的规律性。

（3）左手正常笔迹基本没有反起笔、反字或左右颠倒的字，而左手伪装笔迹则常出现反起笔，反字或左右颠倒的现象。

（4）左手正常笔迹单字结构较严密，笔画交叉搭配部位合理，无左手书写引起的多笔少笔或笔画重叠现象，而左手伪装笔迹单字结构松散，笔画交叉搭配部位常有改变，易出现多笔少笔甚至笔画重叠的现象。

（5）左手正常笔迹落笔位置基本准确，起笔力度虽不如右手，但下笔轻重基本一致，而左手伪装笔迹落笔位置不准，下笔轻重不一，起笔无力，收笔易拖长。

（6）左手正常笔迹仅反映左手笔迹的某些特点，而有些左手伪装笔迹除反映左手伪装笔迹的特点外，还伴有其他伪装方法的特点，如故意破坏字的结构形式和改变字的写法等。

上述左手正常笔迹和左手伪装笔迹的区别仅是一般规律，检验时应根据每例左手伪装笔迹的具体情况进行分析，应特别注意左手伪装结合其他伪装

的情况。

（二）左手伪装笔迹与高位执笔笔迹

高位执笔笔迹变化的根本原因，是持笔点与笔尖的距离拉远，手指对笔尖的控制力减弱，腕部悬空、支点移位。高位执笔笔迹易出现抖动痕迹，笔力轻飘、字形较大、字的结构松散、其收笔有拖笔和反射钩等类似左手伪装笔迹的特点。左手伪装笔迹与高位执笔笔迹的主要区别有以下几点。

（1）高位执笔笔迹无左手伪装笔迹易出现的有规律的左高右低和反字、反起笔、反笔顺或字的左右结构颠倒等特点。

（2）高位执笔笔迹一般较左手伪装笔迹书写速度快，且有实质性的连笔动作。

（3）高位执笔笔迹不似左手伪装笔迹笔压轻重不一、提顿转折生硬，笔画较粗、墨迹甚浓，而是整体笔力轻飘，抑压力普遍减弱，笔画纤细、墨迹较淡。

（4）高位执笔笔迹比左手伪装笔迹的字形和运笔幅度大，结构松散。

（三）左手伪装笔迹与老年人笔迹

老年人笔迹是指老年人在生理技能逐步衰退阶段正常书写的笔迹。老年人笔迹易出现运笔无力、笔画抖动或弯曲、起收笔拖带、字形增大、结构松散等类似左手伪装笔迹的特点。左手伪装笔迹与老年人笔迹的主要区别有以下几点。

（1）老年人笔迹无左手伪装笔迹易出现的有规律的左高右低和反字、反起笔、反笔顺或字的左右结构颠倒等特点。

（2）老年人笔迹虽也有起收笔拖带现象，但没有左手伪装笔迹出现的反射钩。

（3）老年人笔迹虽运笔无力、笔画抖动弯曲，但没有左手伪装笔迹落笔位置不准，下笔轻重不一，笔画交叉、搭配的部位改变和笔画重叠等现象。

（4）老年人笔迹出现的字形增大、结构松散的特点是普遍出现的，不像左手伪装笔迹字的大小不一，字间距、行间距失称。

（四）左手伪装笔迹与故意慢写笔迹

书写人减慢书写速度，使故意慢写笔迹出现笔画呆板弯曲、转折生硬，连笔减少，书写水平下降等类似左手伪装笔迹的特点，两者的主要区别有以下几点。

（1）故意慢写笔迹无左手伪装笔迹易出现的有规律的左高右低和反字、反起笔、反笔顺或字的左右结构颠倒的特点。

（2）故意慢写笔迹虽因减慢速度而显得笔画呆板、连笔减少，但有的笔画运笔有力、不漂浮，不像左手伪装笔迹那样运笔生涩无力。

（3）故意慢写笔迹虽然出现书写水平下降，但书写水平不一致，字体、字形、笔形可能不一致，而左手伪装笔迹则基本一致。

（五）左手伪装笔迹与低水平笔迹

低水平笔迹是指写字技能低的人正常书写的笔迹。写字技能低的人因缺乏练习，其臂、肘、腕、指等书写运动器官的协调性较差，书写动作不熟练，从而所写的字易出现运笔生涩呆板、连笔较少、搭配不匀、字形不正、字行不齐，甚至笔画抖动、错别字等类似左手伪装笔迹的特点。两者的区别主要有以下几点。

（1）低水平笔迹无左手伪装笔迹易出现的反字、反起笔、反笔顺等特点。

（2）低水平笔迹虽也有字形不正、字行不齐现象，但不是左手伪装笔迹横笔画或字行呈规律性的左高右低现象。

（3）低水平笔迹虽运笔生涩呆板、连笔极少，有时笔画抖动，但笔力较左手伪装笔迹重一些。

（4）低水平笔迹虽有笔画或偏旁部首搭配不匀特点，但较少伴有左手伪装笔迹的落笔位置不准现象。

（5）低水平笔迹的错别字主要因书写水平低引起，并有一定的稳定性；而左手伪装笔迹的错别字主要因多笔少笔所致，常常不稳定，可能在全篇文章中出现同一个字有几种错法的现象。

除上述类型笔迹外，还有一些笔迹，如改变用笔方式等也会出现类似左手伪装笔迹的特点。另外，在确认左手伪装笔迹时，还应注意区别出于某些客观因素，如病理性书写器官障碍，以及书写衬垫物不平和书写环境变化而导致的类似左手伪装笔迹的情况，要结合具体案件情况作出正确判断。

## 四、左手伪装笔迹的检验要点

### （一）选用特征

选用特征是以分析检材笔迹为前提的。对于左手伪装笔迹来说，就是要研究检材笔迹有无掺杂其他伪装手法。大部分作案人总是企图用左手伪装书写当作一种完全改变自己书写习惯的方法。因而，大多数左手伪装笔迹属于单一性的伪装，然后再按左手伪装笔迹的变化规律挑选可供比对的特征。对于某些除用左手伪装书写外，还采用了其他伪装书写手法的案件，只要鉴定人员判明作案人的伪装手法，分清检材中哪些是左手伪装书写形成的，哪些是其他书写手法伪装的，同样可按左手伪装笔迹和其他故意伪装笔迹的变化规律来选用特征，只不过特征选择的范围可能更小一些。

检验左手伪装笔迹，一般可以从以下几个方面选用特征：多次出现或仅一次出现的字的基本写法；重复出现的错字、别字；稳定的笔顺，特定是违反规范，不为多数人所用的特殊笔顺；单字不规范的结构方式；稳定的较特殊的笔画间或偏旁间的搭配比例关系；特殊的运笔和连笔；习惯性的书面语言；文字布局的格式；标点符号的写法、用法及分布位置等。

选用特征时应注意的问题：挑选特征时应区别是单纯性左手伪装，还是左手加其他的故意伪装，如属后者，则应根据其伪装方法对重复出现的特征进行鉴别；重复出现的错字，笔顺、搭配比例关系虽是选用特征的一个方面，但也有可能是左手伪装书写形成的变化，须在与样本的反复比较中加以证实；重视对文字布局、标点、符号等特征的选用，这是左手伪装笔迹中不易改变的部分。

### （二）评断特征价值

对左手伪装笔迹特征价值的认识是一个由表及里、由粗至细、由浅入深的过程。对特征价值的评断随此过程而逐步趋于客观、公正。可以说，对特征价值的评断是贯穿检验始终的。当鉴定人员根据左手伪装笔迹的特点和变化规律，从检材上挑选出可供比对的特征开始，就对特征的价值有了一种初步的估量。然后通过与样本笔迹的反复比较来验证其对所选特征价值的认识，此间，原先认为有比对价值且被挑选出来的特征可能被淘汰，而原先认为比对价值不大或不可靠的特征可能重新被入选。最后在确认异同点的基础上，再对符合点和差异点的价值分别作出客观的并且符合实际情况的评断，为检验提供条件。

由于认识上的限制，鉴定人在选用特征时对特征价值的评断尚处于初级阶段。如前文所述的根据左手伪装笔迹的变化规律选择特征，是指一般规律而言，选用特征是在一般规律的基础上对特征的价值作出估量和评断后进行的。然而，由于个案有不同具体的变化情况，选择特征时对特征价值的评断尚处于初级阶段，此时对特征价值高低的评断是不确定的。

当进行检材与样本笔迹比对时，鉴定人对特征价值的认识也随之进入比较成熟的阶段。在最初阶段按一般规律对特征价值作出的评断有了对应的样本笔迹时，应该结合个案的具体情况来加以调整，从检材和样本材料中选配更切实际并能反映书写习惯本质的特征加以比较。所以，此时对特征价值高低的评断不仅是比较确定的，也是比较客观的。

综合评断是作出鉴定意见的论证阶段，这时就整个检验过程而言，对特征价值的评断也到了最后的阶段，即关键的阶段。这时，对特征价值的评断分为符合点和差异点两个方面，既要对检材与样本材料进行比对检验后出现的符合点和差异点的价值分别作出评断，也要对符合点和差异点的综合价值分别作出评断，同时判明其实质，为鉴定意见奠定最后的基础。

（三）运用左手笔迹样本应注意的问题

鉴定实践中，绝大部分左手伪装笔迹检验是以右手字迹作为比较检验样本的，并且作出了正确的鉴定意见。然而，也有个别左手伪装笔迹案件，因情况特殊且具有可能条件，需要用左手书写的笔迹样本进行比较检验；或者有些左手笔迹案件，经用右手书写的笔迹样本比对后，鉴定人认为还需要收集左手书写的笔迹样本进行比较检验。无论哪种情况，凡使用左手书写的笔迹样本均应注意以下几点。

1. 必须使用左手笔迹样本的案件，应尽量收集被鉴定人平时左手偶尔书写的笔迹样本，如需收集左手书写的笔迹样本则应注意一定的方法

如经分析检材笔迹系左手正常笔迹，则可以推断书写人可能为左利者，平时习惯用左手书写或左手、右手都能书写。对于此类案件，应当收集被鉴定人案发前的左手字迹材料用以检验。当然，对于那些左手伪装笔迹案件，一般只能根据需要收集被鉴定人案发后的左手书写的笔迹样本，同时，必须

注意采取适当的收集方法。

2. 收集左手书写的笔迹样本，要在自然宽松的气氛中进行，并且应创造类似于检材的书写条件

用左手伪装书写的作案人一般平时都习惯用右手写字。偶尔用左手写字很生疏，笔迹特征变化较大，因此应尽量避免在被鉴定人情绪处于紧张状态时收集左手书写的笔迹样本。否则，所收集的笔迹样本会因笔迹特征变化太大而难以符合检验要求。同时，收集左手书写的笔迹样本还要模拟检材的书写工具、承受客体以及书写环境等。

3. 在用左手笔迹样本检验时目标要把左手笔迹的共同特点当作检材与样本的符合特征

在实践中，有两种情况必须避免，即当用右手笔迹样本检验左手伪装笔迹时，往往容易把左手书写形成的特点与右手字之间的差异作为否定结论的重要依据；同样，当用左手笔迹样本检验左手伪装笔迹时，也很可能把左手书写形成的共同特点作为认定同一的重要依据。一定要特别注意分析左手笔迹的共同特点及其变化规律，注意区分左手笔迹普遍出现的有规律的变化和书写人固有的书写习惯。

4. 补充慢写的和早期的笔迹样本

一般检验左手伪装笔迹是以被鉴定人平时右手书写的笔迹作为比较检验的样本的，然而左手伪装笔迹是用不习惯写字的左手所写，书写速度比较慢，故与书写速度相对较快的右手笔迹比对有一定难度。为此，检验左手伪装笔迹，如遇样本均为平时正常速度书写的右手字时，就应当补充慢速度书写的和早期书写的右手笔迹样本，以创造有利的检验条件。

（1）检验左手伪装笔迹使用早期的笔迹样本时，要分析早期样本和近期样本所反映的书写人书写习惯的变化规律。每个人书写习惯的形成都有一个漫长的过程，过去写的字与现在写的字会有所变化，特别是与现在用左手书写的字相比对，更应客观地加以分析后慎用。

（2）补充书写人现写的慢速度笔迹时要尽量多收集一些相同字。让书写人现写慢速度的字，应该采用比较自然的办法，要求被收集人多写一些与检材上相同的字，为检验创造更好的条件。

## 第四节 摹仿笔迹检验

摹仿书写是伪装笔迹的一种特殊手法。书写人以被摹仿人的笔迹作为样本，按其所观察和理解到的笔迹特征进行仿写，妄图以他人的书写习惯体系代替自己的书写习惯体系，通过视觉对他人笔迹及特征的感知和对书写动作的控制与监督来完成伪装书写所形成的笔迹，即摹仿笔迹。

### 一、摹仿笔迹的手段

摹仿笔迹不同于正常笔迹，与其他方法伪装的笔迹也有区别。摹仿笔迹就其摹仿的常见手法有临摹、套摹、忆摹三种类型。

（一）临摹

临摹即临写摹仿。摹仿人将被摹仿人的笔迹样本作为摹本，通过视觉、知觉、注意、记忆等生理机能对被摹仿人笔迹获得形象的认识后，一笔一画地进行仿写。运用临摹手法模仿的笔迹有两种情形：一种是临时性临摹，即以被摹仿人笔迹样本为摹本，边观察边照样本书写的摹仿；另一种是练习性摹仿，即经过多次练习后再照样摹仿。由于摹仿实践的程度有别，临摹笔迹与摹本笔迹相似程度不尽相同。当然摹仿笔迹与被摹仿人笔迹的相似程度，关键还是取决于摹仿人的书写技能高低，以及对摹本笔迹特征观察、感知的程度。但是笔迹特征是多方面的，有些特征又是多层次的，摹仿人感知到的特征往往是有限的。一般情况下，临摹他人笔迹不可能达到惟妙惟肖、十分相似的程度。

（二）套摹

所谓套摹即套取仿本字样进行描摹仿写。一般又分透影套摹、描摹等手法。

透影套摹即影摹、透视套摹，即把被摹仿笔迹放置于具有一定透明度的纸张下面，通过透视形成可见字形笔画，然后逐笔逐画地进行描摹书写；还有的用印制图纸或印相片的灯箱做透影设备，通过投射增强透视影像的能见度，然后根据透影字样逐笔逐画地进行套写。透影套摹的相似程度，取决于仿本笔迹透影到纸面上的清晰度、摹仿人对被摹仿笔迹特征的熟悉了解程度及摹仿人的书写技能。

描摹，就是通过印压、复写等方式将被摹仿笔迹先勾描，再根据勾描痕迹用笔描成的套摹笔迹。一般又有复写套摹和印压套摹等手法。复写套摹，即将摹本置于所需的物证上，如支票、凭证等，中间放复写纸，然后用圆珠笔、铁笔或钢笔，依照摹本一笔一画地摹写。根据票据纸的页序（三联或四联）有的还需要对复写形式的字，二度用钢笔或圆珠笔逐笔逐画地进行重描。印压套摹，是将摹本笔迹置于载体纸页上，用圆珠笔或铅笔类工具，依照摹本字迹逐笔逐画地进行描摹，通过压力在载体纸页上形成压痕文字，再根据压痕文字用笔描成的套摹笔迹。

描摹字迹的相似程度，取决于形成压痕字迹的准确度、复写时摹仿人对被摹仿笔迹观察感知的程度，以及摹仿人执笔摹仿的技能和能力。由于不通过透视，其准确度往往高于透影套摹。

（三）忆摹

忆摹即记忆摹仿，亦称背摹。它是凭借作案人对被摹仿笔迹笔画形体特征的观察和感知，经过一定的摹仿练习，从而在大脑皮层高级神经中枢建立神经联系，通过记忆的储存将获得的一些仿写技能重复再现。记忆摹仿依据心理和实践过程，可分为长时记忆摹仿和短时记忆摹仿。长时记忆摹仿实际上就是“练习摹仿”，是摹仿人经过对仿本笔迹进行细微的观察、感知之后，经过一定的练习实践，以建立相似的书写习惯，并长期保持下来，一旦需要便可重复再现。短时记忆摹仿又称暂时记忆，即根据摹仿人的特定需要而临时起意，对仿本进行一次性的观察和稍加练习之后，便离开仿本进行仿写。短时记忆摹仿与长时记忆摹仿的最大区别，就在于未建立起较稳固的仿写技能，对仿本字迹特征的记忆保持不能持久。又由于缺乏必要的练习，短时记忆摹仿与仿本笔迹的相似程度，较长期记忆摹仿与仿本笔迹的相似程度相差甚远。

## 二、摹仿笔迹的一般特点

### （一）临摹笔迹的特点

临摹笔迹，是书写人对照被摹仿人的笔迹摹本，采用边看边仿写形成的非正常笔迹。摹仿人为了摹仿得像，既要仔细观察摹本笔迹，又要控制自己的书写习惯，因此，临摹笔迹常出现以下特点。

1. 形快实慢

临摹笔迹的书写速度较慢，虽有连笔，但往往在一些字或笔画上运笔迟疑，缺乏照应关系，墨迹或普遍浓重，或轻描淡写，或浓淡不均，运笔的形态、节奏与书写速度的缓慢明显不协调。

2. 笔力平缓

笔力是指写字的起、行、连、转、收等运笔过程所体现的力度，往往与书写水平成正比。书写水平高的人，其运笔流畅有力，富有轻、重、疾、徐的节奏感；书写水平低的人，只要达到一定的流畅程度，其笔迹也不失为流畅自然。但临摹笔迹由于边看边仿，不仅运笔缓慢，该快不快，该慢不慢，在笔力上则表现为无轻无重，笔画该粗的不粗，该细的不细，着墨也往往无浓淡之分，运笔显得平缓无力，缺乏节奏感，特别是在某些钩笔、挑笔以及某些上下笔的连接部位，不是疾速轻提或有节奏地环绕连接，而是拖、送而成，收笔无笔锋。

3. 中途停顿

摹仿人仅注重摹仿字的外形，没有能力或没有意识到要协调连笔形式快与运笔速度迟缓这一矛盾，因此，常在一些较长的笔画或笔画转折处，又或上下笔的连接处出现停笔待摹或是另起笔的现象，以及有些连笔画上下笔之间缺乏照应关系。在显微镜下可以观察到停笔另起处局部墨水洇散、笔画间断或因另起笔而出现笔画叠合的现象。

4. 修饰重描

正常书写文字除因笔误可出现修改外，一般情况下很少有修饰重描现象，而临摹笔迹难免摹仿不走样。当作案人发现摹仿笔迹的一些部首或笔画仿得不像或是暴露自己的笔迹特征太明显时，就要采取添、改、涂、描的手法加以补救，以便同被摹仿笔迹更接近一些。此类现象多数反映在笔画的起笔、收笔时有意增补伸延笔画，或是通过修饰重描，改变笔画转折的角度、弧度，以及上下笔画的连接形态。

5. 抖动弯曲

正常书写，除因年老体弱或久病引起手的震颤而出现整体性的较为均匀的笔画抖动弯曲外，一般情况下书写动作连贯，行笔平直圆滑，笔画边缘整齐，没有弯曲抖动现象。而临摹笔迹由于作案人心理紧张，谨小慎微地边看边仿写，不仅行笔缓慢，而且伴随有运笔抖动、笔画弯曲现象，在某些大笔画或笔画转折，以及上下笔连接处则更为明显。

在字数较多的临摹笔迹中，被摹仿笔迹可能从不同时期的非同一仿本材料中选取笔迹，因此在同一份检材笔迹中，可出现形体多样、书写速度不一的现象，而且字与字之间、词语之间缺乏书写的连贯性和协调性，这也是违反书写活动的正常规律的。

暴露临摹笔迹特点的明显程度，往往又和摹仿人书写水平的高低，摹仿字数的多寡，所用书写材料、书写工具的不同以及摹仿人事前是否经过充分的摹仿练习等有一定的关系。一般情况是，书写水平低的人摹仿书写水平高的人的笔迹时，更容易暴露摹仿笔迹的特点和作案人自身的一些书写习惯；字数多的检材比字数少的检材更容易暴露摹仿特点和作案人自身的书写习惯；纸张的厚薄、吸水的性能与墨水的洇散程度也能暴露摹仿笔迹的特点和作案人的书写习惯。当然，是否经过摹仿练习也是要考虑的因素，未经摹仿练习的比经过充分练习的暴露摹仿笔迹的特点和作案人的书写习惯更明显一些。

（二）套摹笔迹的特点

套摹笔迹，是书写人利用笔迹摹本，采用直接套描或勾描后再描写的方式书写形成的非正常笔迹。这种摹仿出来的笔迹往往和仿本的笔迹外形很相像，其主要特点有以下几点。

1. 具有临摹笔迹的基本特点

套摹笔迹与摹本的笔迹字形很相像，由于摹仿人是小心翼翼地按被摹仿笔迹逐笔逐画描仿而成，在套摹过程中会出现形快实慢、笔力平缓、中途停顿、抖动弯曲和修饰重描特点。如果仿本笔迹的结构与笔画在透光下清晰可见，事先又经过充分摹仿练习，则抖动、停顿、修饰、改动现象可能不十分明显。

2. 形体不一

因为套摹笔迹所用字、词、句往往选自被摹仿人不同时期或不同速度、书体的文字材料中，有的甚至是从两人以上的笔迹中拼凑起来的，所以在同一份检材笔迹中会出现字的大小不等、倾斜不一或形体多样的现象。

3. 布局失调

正常书写材料所用的词组、句子或一段文字，书写是一气呵成的，因此其书写动作连贯，字距均匀，布局富有整体性和协调性。而有些套摹的检材笔迹是东拼西凑组合而成的，往往在某些字之间、词组与词组或句子之间，以及行列之间会出现疏密不均、布局失调的现象。

4. 原样重复

正常书写文字，即使同一时间重复书写同一个字也不能完全一样。然而，当摹本笔迹有限，而检材文件的字数较多，在多次出现同一个字或词组时，作案人往往重复套摹同一个字或词组。对这类现象，只要鉴定时认真比较，就不难发现在同份检材中，重复出现的字或词是一模一样的，这是认定套摹笔迹的有力证据之一。

5. 笔画或多或少、连笔紊乱

由于受被摹仿笔迹的结构和笔画的清晰度、透视影像能见度的影响，以及摹仿人只注重单个笔画的套摹，而对字的整体结构有所忽略，加上受紧张心理因素的影响，在套摹笔迹中往往会出现多笔少画、连笔紊乱的现象。在某些笔画多、结构复杂的字迹中尤为明显。如果采取勾描的手段进行套摹，不仅可在被摹仿笔迹上发现重描印压痕迹，有的可能还会在纸张背面留下复写痕迹，或在物证笔迹上发现与字迹运笔不完全重合的打样（印压或复写）痕迹。

6. 文理不通

受摹本的限制，套摹笔迹中所需的词语如未出现，书写人只好找一些语意相近的字词替代，就会出现用词不当、语意不清、词句牵强、句子结构不完整，甚至出现褒贬不分或文理不通的现象。

（三）忆摹笔迹的特点

忆摹笔迹是书写人凭借对摹仿人笔迹特点的深刻印象进行回忆摹仿而形成的非正常笔迹，一般会先经过摹仿练习。从实际案件看，多数用于摹仿他人签名或字数较少的批语、收据等。用这种方式摹仿笔迹一般运笔较为自然流利，形快实慢、抖动弯曲、停笔另起等典型的摹仿笔迹特点不明显。仅就检材笔迹本身不易判定是否摹仿笔迹。但是，这种摹仿笔迹与被摹仿人的笔迹相比，只能在某些特殊的写法、运笔形态和搭配比例上大体相似，而在细节特征上相差甚远，而书写人自身的笔迹特征却暴露很多。

## 三、摹仿笔迹的检验要点

鉴于摹仿笔迹检验的特殊性，检验要求高，检验难度大的特点，在检验过程中除遵循笔迹检验一般的程序和方法外，还必须强调以下一些基本环节。

### （一）了解案情，确定摹仿的可能性

摹仿笔迹案件，无论是报复陷害，还是经济上的诈骗、贪污舞弊，一般来说范围都比较窄，摹仿人与被摹仿人之间有一定的瓜葛或制约关系。摹仿人实施摹仿本身，就是一种违背客观事实而制造的骗局。因此，在了解、分析案情中可以发现某些异常迹象。如果从了解分析案情中遇到异常迹象，要警惕检材笔迹有无摹仿的可能性。

### （二）发现摹仿笔迹的固有特点

能否比较客观、全面、准确地发现笔迹固有的摹仿特点，是摹仿笔迹检验成败的关键所在。综观摹仿笔迹的各种手段和它的特点，可以把它归纳为以下五个反常。

1. 运笔反常

运笔反常，是指在检材笔迹中出现运笔缓慢或形快实慢、笔力不匀、弯曲抖动、修饰重描和不适当的停笔另起，以及上下笔画之间缺乏照应关系等现象。

2. 字形反常

字形反常，是指在同一份检材笔迹中出现的字的形体、大小、倾斜方向以及书写速度不一致，或某些重复出现的字、词一模一样。

3. 布局反常

布局反常，是指在同一篇检材笔迹中其字间距疏密不一致，排列不整齐、不规则，而在完整的词语之间因间断而缺乏连贯性以及一气呵成的协调性和整体性。

4. 语句反常

语句反常，是指语句不完整、不通顺，用词不当，表达事物的意思不充分，或是褒贬不分，或是前后矛盾。

5. 痕迹反常

痕迹反常，是指在有的检材笔迹中，出现正常书写所不应具有的一些抑压痕迹、复写残迹和局部笔画的修饰重描现象。

（三）在与被摹仿笔迹的比较中确认摹仿笔迹

在摹仿笔迹的鉴定中，由于诸方面的因素，单纯分析案情的疑点和检材笔迹本身的一些特点，有时可能不足以将检材笔迹确定为摹仿笔迹。在笔迹检验实践中，如果通过检材与第一个嫌疑人样本笔迹进行比较（此人往往就是被摹仿人），发现下列情形之一者，要考虑检材笔迹可能是摹仿书写形成。

1. 大同小异

大同小异是指检材笔迹与被摹仿人的样本笔迹在大的明显特征上相符，如字的形体写法（含错字、别字），大体的搭配比例和运笔动作，某些明显容易辨别的笔顺等；而在一些细节特征上，如起收笔的细节动作、笔力的分布特点和不连笔的笔顺等特征则存在差异，给人以“形同实异、貌合神离”的感觉，要考虑此人是否为被摹仿人。大同小异，是摹仿笔迹与被摹仿笔迹比较时必然出现的一种现象。它同正常笔迹与作案人笔迹的比较，或故意伪装笔迹与作案人笔迹的比较，所发现的符合与差异的性质是有区别的。

2. 一模一样

在比较检验时，可能发现在多份检验上，或者检材与样本上的某些字，或相同的词组，或相同数字、符号，其外形结构特点一模一样，甚至有的可以互相重合，要考虑是否存在套摹的可能。

3. 照猫画虎

由于被摹仿笔迹的笔迹较小，或连笔转折比较复杂，摹仿人对这些字的结构特点、连笔方式、笔顺先后辨认不清或判断有误，采取按字的外形“照猫画虎”的方式书写。因此如在检材笔迹中，或在其与样本笔迹的比较中发现单字的外形轮廓相像，而一些字的连笔混乱时，要考虑是否存在摹仿的可能。

4. 留有痕迹

在比较检验时，如果发现检材或嫌疑人样本笔迹上，有抑压痕迹（正常的书写压痕除外）、墨水洇染痕迹等，要考虑有套摹的可能。

（四）与摹仿嫌疑人的笔迹比较

在发现检材笔迹出于摹仿而且确认被摹仿人后，对于政治陷害、诽谤一类的标语、传单或有些经济案件的检材，还必须进一步鉴定作案人，这是查办此类案件的最终目的。一份摹仿的检材笔迹中存在多种成分：摹仿笔迹的固有特点、被摹仿人的一些笔迹“特征”以及摹仿人自身固有的书写习惯。而反映作案人书写习惯的笔迹特征，往往数量不甚充分，而且多数是一些微小细节的深层次特征，如起收笔的位置、形态，以及笔力大小等；又由于摹仿笔迹成分具有多元性和反映摹仿人固有书写习惯特征的隐蔽性这一特点，检验中在与摹仿人的笔迹比较时，必须同时与被摹仿人的笔迹作比对。也就是说，鉴定人在编辑制作特征比对表时，必须把摹仿笔迹与嫌疑人甲（被摹仿人）以及嫌疑人乙（摹仿人），同在一个画面上作相对应的笔迹特征比较。只有这样才能把检材笔迹的多种特征成分分别归类，哪些是被摹仿人的笔迹特征，哪些是摹仿人固有的书写习惯特征，哪些是摹仿笔迹本身出现的特点，可能还有一些特征是由于摹仿走了样，是归不了类的。对这些各自的特征成分和特点，要因案因人而异作具体分析。与摹仿嫌疑人笔迹比较，能反映摹仿人书写习惯的笔迹特征的数量和质量，取决于摹仿人自身的书写水平和摹仿能力。

（五）综合判定摹仿事实

综合判定摹仿事实，就是要求鉴定人在检验此类案件时，首先要分析在案情中发现的疑点。如某些有政治内容的信件有“直接署名”或“含沙射影”影射某个人；经济纠纷或与诈骗有关的可疑票据、收条、合同、协议书等，当事人对签名不承认，而双方的陈述在某些地方有破绽；一些有争议方的遗嘱、遗书等。其次要分析在检材中出现的“五个反常”（运笔反常、字形反常、布局反常、语句反常、痕迹反常）的一些摹仿笔迹的特点。再次要分析在与被摹仿人样本笔迹比较时出现的“形同实异、貌合神离”的“形”与“神”相异的特点。最后要综合分析与摹仿人笔迹比较时出现的“大异小同”。“异”是摹仿的结果，而“同”是与摹仿人书写习惯存在内在联系。把在四个检验步骤中发现的诸方面摹仿笔迹的特点联系起来进行综合分析，一般就不难判定提交检验的物证笔迹是否出于摹仿形成。

（六）认定摹仿人的条件和依据

认定摹仿笔迹的作案人，是摹仿笔迹检验的关键所在。此项鉴定是笔迹检验中比较难的课题，难就难在摹仿笔迹本身的特征成分存在多元性，在一份检材笔迹中，或一个字甚至一个笔画中，既有摹仿笔迹的特点，又有被摹仿人的笔迹“特征”，还有反映摹仿人书写习惯的特征，而这部分特征往往是数量不多，带有一定隐秘性的、很微小的深层次特征。若不对这“三合一”的多成分现象作出正确的分辨，特别是对其中摹仿人自身固有书写习惯的特征作全面、客观、深入的挖掘，往往在作结论时容易举棋不定或作不出意见。但是摹仿笔迹检验的科学依据和摹仿笔迹鉴定的实践表明，摹仿笔迹是可以检验的，是可以认定摹仿人的，但是必须要考虑到认定摹仿人的条件和依据是否充分、有力。

## 实训设计

### 伪装笔迹的检验

**一、实训目的与要求**

通过对各类伪装笔迹的检验，观察各种伪装笔迹的变化特点，认识其稳定与变化规律，掌握伪装笔迹的检验方法，并能准确地作出正确的鉴定意见。

**二、实训内容**

制作各种伪装笔迹材料；观察他人的伪装笔迹材料，分析笔迹特征的稳定与变化规律，并且对伪装手法进行判断，按照笔迹检验程序检验伪装笔迹。

**三、实训器材**

量角器、刻度尺、削笔器、马蹄镜、黑色钢笔、黑色铅笔、红蓝铅笔、橡皮；带格线的稿纸、实训报告、作业纸、草稿纸（透明）。

**四、实训步骤与方法**

（一）制作笔迹材料

两个学生为一个实训小组。每个学生各自在带格线的稿纸上自由书写一份笔迹材料1，并签字署名、注明书写日期。笔迹材料内容不限、格式不限、字体不限、大小不限、疏密不限。但笔迹材料要求文字至少书写十行以上，每行十个字以上。每个实训小组内成员相互交换各自书写的笔迹材料，分别以一般性伪装、左手伪装、摹仿的方法对笔迹材料1进行伪装书写，分别形成笔迹材料2、笔迹材料3、笔迹材料4，并参照笔迹材料1自行书写一份笔迹材料5。书写时统一用钢笔，并必须保持最舒服的同一坐姿和在相同的承载体上进行。

（二）分析笔迹特征

各个实训小组相互交换各自书写的笔迹材料，观察对方分别用不同伪装手法书写的三份笔迹材料，按照分别检验的格式和要求分析和总结笔迹材料的笔迹特征。首先将作业纸按照检验记录表的格式分成四格，每页的最上一行分别书写“检材1”“检材2”“检材3”“检材4”的字样，找出笔迹材料的一般特征和细节特征，系统地记录在作业纸上标明的一栏中。然后将伪装笔迹与正常笔迹相比较，将作业纸按照检验记录表的格式分成四格，每页的最上一行分别书写“检材2”“检材3”“检材4”的字样，找出笔迹材料的一般特征和细节特征，系统地记录在作业纸上标明的一栏中。

（三）总结稳定变化规律

仔细分析作业纸上的特征记录，比较每种笔迹的异同之处；分析哪些特征发生了变化，哪些特征保持稳定的形态，并以此确定伪装笔迹与正常笔迹变化稳定的规律；分析稳定特征和变化特征的形成原因，并将自己总结的规律记录在实训报告上。

## 五、实训作业

用不同的方法制作各种伪装笔迹材料，通过各种伪装笔迹与正常笔迹、摹仿人正常笔迹的比较，在作业纸上分析比较伪装笔迹与正常笔迹，总结各类伪装笔迹的变化与稳定规律。

# 第七章 签名笔迹检验

## 第一节　签名和签名笔迹概述

### 一、签名的由来

签名古称签字、画押，是指享有一定权利或应尽某些义务的个人将自己的姓名书写在文件上以示负责的行为。在文件上加注一定的个人身份象征在我国古代就已产生并被普遍采用。最早为了证明文件的真实性，大多采取签署人（当事人）在文件上加盖指印的方式。随着印章的出现，逐渐兴起在文件上画押或加盖自己的名章以加强文件的信誉。到唐朝，签字开始出现在文件上，与指印、印文并用。据说是唐太宗使令群臣，在上奏时可任用草书，唯名不得草。至此，指印、印文和签名，作为证实真实、有效的三大凭证最终形成了。据古书《石林燕语》记载，唐朝人起初还没有在文件上签名画押的习惯，但要在文件上草书自己的姓名，作为自己的记号，因草书的流利、美观、难辨，所以称其为“花书”，又叫“花押”。从宋代开始，有人将花押刻成印章，叫花押印。

历史上老百姓识字的太少，也不会签名，有条件的以盖章代签名，而没有条件刻章的目不识丁者在文件上不能签署自己的姓名，常以画“十”字或者画个“○”等表示自己承认文件记载的内容，这就叫画押。“花书”“花押”一直流行到近代。

## 二、签名与签章

按照中国的传统习惯，人们对盖章的信任远高于签名，但在国外，人们更多相信签名。盖章与签名都是取信于人的手段，各有长处。签名比盖章方便，但伪造签名比伪造印章方便。在高科技时代，识别假印章比识别假签名更难。综合权衡利弊，也便于与国际惯例接轨，签名应当得到更广泛的推广和应用。

2004 年 8 月 28 日修正的《票据法》第 7 条第 1 款规定，“票据上的签章，为签名、盖章或者签名加盖章”。也就是说，签名是签章的一种法定形式，从而结束了只认盖章不认签名的历史。但该条第 3 款同时规定，“在票据上的签名，应当为该当事人的本名”，本名是指户口簿、身份证上的姓名。在票据上的签名不能用别名、化名、笔名，更不能用假名。签章作为票据行为的一种凭据，《票据法》第 82 条第 3 款规定，开立支票存款账户，申请人应当预留其本名的签名式样和印鉴。支票的出票人不得签发与其预留本名的签名式样或者印鉴不符的支票。银行或其他金融机构，经核对发现支票出票人的签名与预留签名的式样不符时，可以拒绝承兑。由此可见，签名的鉴别已成为票据业务的一项重要内容。2019 年 4 月 23 日修正的《电子签名法》第 14 条规定：“可靠的电子签名与手写签名或者盖章具有同等的法律效力。”

## 三、签名的意义

### （一）签名是对某一行为或事件的认可

签名，又称签字，就是把自己的姓名通过书写的方式反映在文件上。在重要文件上签名称为签署。由主管人审核同意并在文件上签名叫签发。收到公文、信件、邮包等时，在收发单据上签名叫签收。在书画、书信、作品、文章上面的签字叫署名或落款。

在社会各个领域、各个层次的政治、经济、文化、生活交往过程中，签名形式被广泛应用于各类文件上，它是办理公私文件的必经程序，是文件不可缺乏的必备内容，是文件真实性和有效性的标志之一，又是身份、地位和信义的象征。签名和印文一起构成了文件所载内容的真实性和有效性的凭证。

一般来讲，签名是书写者对某一行为或者对某一事件的认可或承诺。签名是证明文件真实性的一种重要凭记，是对文件所规定的当事人权利、义务的认可，是对文件所证明的资格、身份和所从事活动的肯定。也是在发生问题之后，追究签名人责任的直接凭据。尤其在法治社会，凡是依靠法律所调整的活动，无不要求对形成的有关文件进行签名或盖章。所以亲笔签名也是遵守法律、适用法律的活动。有了签名，任务可以下达，命令可以执行，票据得以生效，经营得以运转，合同得以履行，债权债务关系得以成立，行为得到认可等。是否签名，是签名人的权利。但在某种关系已经存在时，是不能不签名的，譬如收到邮件要签名，领取工资要签名，上学、参加工作报到要签名，传阅文件也要签名等。尽管这类签名可能显得不那么重要，但不能不签，因为这是对有关人责任的解脱。一旦发生争议，文书上的签名就成了关注的焦点。

签名比印章更具有防伪作用，因为它特征信息复杂，难以摹仿。从书法艺术角度来说，签名还是一个小小的视觉艺术品，它展示签名人的书写技能，融入了签名人的思想情感和审美情趣，因而签名与一个人的文化、修养，乃至性格、气质心理特点等有一定的联系。

（二）真签名不等于真文件

有一桩名人轶事：一个年轻人环绕欧洲旅行。一天他遇到了法国著名作家雨果，请雨果为他在纸上签名留念。雨果考虑再三，将名字签在了那张纸上方的一个角上。因为他对这位素不相识的青年心存疑虑，担心日后该青年可能会在签名上方写个债务承担书，或者把签名用到其他不当的场景。但他没有想到，这个青年就是安徒生。

雨果的疑虑是有道理的，至今仍有现实意义。因为的确有人截取有某人签名的书信的空白部分，添写成“借条”或“收据”；有人利用负责人在来函信封背面的批示，添写伪造了请示报告；有人将债务人已签名，甚至按了手印的借据，改成大额；有人将双方签了字的协议书采取添加条款的办法，妄图达到欺诈目的；还有的法人代表为方便经营活动，竟先在空白信笺上或空白合同上签名，任由他人添写，一旦发生争议便要求鉴定签名，等等，此类案件已屡见不鲜。这种签名确实是自己亲笔所签，当然是真的，但这类文件却是假的。我们说签名是文件真实性的凭据，但签名的文件并不一定真实，所以这种真实性是指一般而论，在具体案件中则要具体分析，在案件审理中不能“唯签名”是论。在鉴定过程中，鉴定人不能置整个文件的真伪于不顾，孤立地就事论事地去检验签名是否本人亲笔书写。尤其当委托人只委托检验签名，而不是检验整个文书真伪时，更应慎重。

## 四、签名笔迹的分类

笔迹是通过书写活动形成的具有个人特点的文字符号形象系统。它的本质是人的书写习惯和书写技能。书写人签名形成的笔迹叫签名笔迹。由于签名书写人的文化程度、职业、职务、兴趣爱好的不同，以及签名时的文件种类等条件的影响，签名的表现形式多种多样。不同的签名方法所形成的签名笔迹，在大小、长短、宽窄、排列方式和方向、笔画的繁简、组合方式等方面表现出的特点也不尽相同。

按不同标准，可将现实的签名笔迹划分为不同的类别，以便针对各类签名笔迹的特点实施检验。

（一）按照签名笔迹语体划分

1. 中文汉字语体签名笔迹

汉语作为联合国六种正式工作语言之一，在全球政治、经济和文化交流中具有重要作用。目前，汉语是世界上使用人数最多的语言，因此中文汉字语体签名出现频率高。

2. 外文字母签名笔迹

外文字母签名笔迹即以英文为代表的各种外文字母签名的笔迹。英语是世界上使用最广泛的语言，其次为西班牙语、孟加拉语、印地语、葡萄牙语、俄语、德语、法语等。

3. 其他语体签名笔迹

其他语体签名笔迹即以其他语体如一些少数民族语体，日文、韩文语体等签名的笔迹。

（二）按照姓名表达方式划分

1. 规范签名笔迹

规范签名笔迹即签写的是自己的姓和名。有些外国人的全称签名很长，组成签名的字或字母多，更有利于检验。

2. 简写签名笔迹

简写签名笔迹即用自己的姓，或者名中的某个字来代替签名，如有些开票员、验收员、检验员的签名。有人主张把它叫作“签字”，以有别于有姓名的签名。外国人也往往只签自己的姓或名，不写全称，但其毕竟是由若干字母组成，比中国人只写一个字要容易鉴别。

（三）按签名笔迹书体划分

1. 楷书签名笔迹

楷书签名笔迹即用一笔一画不连贯的正体字签名的笔迹。这与用大写或小写的印刷体字母签名类似，是一种工整庄重的签名，其实就是写名。由于它书写速度慢，结构清晰，笔形变化少，易于识读，但也比较容易伪造。

2. 行草体签名笔迹

行草体是介于行书和草书之间的一种书体，是公务签名的演变。书写力求潇洒飘逸，流畅自然，清晰实用，形体优美，个性独特。这种签名符合中国人的书写习惯，容易融进个人的思想感情和文化内涵，是当今使用最为广泛的签名款式。

纯草书签名，是指用标准草书设计出的签名，写起来非常容易，对书写条件要求不高，容易突出个性、抗摹仿性强、风格多样。缺点是有些字别人不易辨认，最适宜以签名为主要内容的各类经理和机关单位一把手使用。纯草书签名的不足就是不易辨认。

3. 组合式书体签名笔迹

组合式书体签名即利用一个字和两个字之间的共同笔画或偏旁进行相互结合或共用，既可上下合并，也可左右合并，进而形成一个整体或将名字中的几个字合成一个图案的一种设计签名。有楷书、行书、行草书、草书合文等各种类型。设计性很强，富有情趣。在中国的古老汉字艺术中，组合式书体签名往往采取多字合一，将名字中的若干个字的相同偏旁合二为一或将若干个字组合成一个图案的设计方法。这是一种很有中国民间艺术特色的签名，较难辨认，但一经指点，即恍然大悟，极富艺术情趣，令人回味。这种签名在一定程度上突破了文字形体规范和书写规则的约束，在结构上进行了简化和重组，以便于连写和隐蔽特征，有的还设计了特殊的笔形和笔顺，难以伪造，即使伪造，也比较容易识别。

（四）按照签名书写格式划分

1. 横式签名笔迹

横式签名笔迹即按自左而右的顺序书写的签名。个别少数民族文字的签名，有自右而左的横写。横式签名是最多见的一类签名。

2. 竖式签名笔迹

竖式签名笔迹即按自上而下的顺序书写的签名。这种签名形式源于中国传统书写习惯，从笔画的承接到章法布局均可参照行草书法特别是草书的书写形式，有些人的汉字签名，以及日文签名、蒙文签名可取竖式。有时为适应文件格式或书写空间的需要，将习惯的横式签名临时改为竖式签名。竖式签名目前在我国港澳台地区及海外华人华侨中使用相对较为广泛。

3. 反向签名笔迹

反向签名，是将签名正字反写、倒写或侧写，从纸背透光或倒置才可以识读。这种签名通常用行草体或花体，具有一定的隐蔽性和较强的防伪性，适用于对自己的物品做特殊标记。但很少有人将其用于具有法律意义的签名场合。

（五）按照笔迹检验的目的划分

1. 真实签名笔迹

真实签名笔迹是本人书写在一定载体上的本名笔迹，即“本人书写”的笔迹。真实笔迹又可分为正常签名笔迹、书写条件变化签名笔迹和伪装签名笔迹。

正常签名笔迹是书写者在身体、书写工具和承载客体正常条件下形成的签名笔迹。正常签名笔迹反映了书写者的书写习惯和书写特征。

书写条件变化签名笔迹是书写者在生理病理和书写工具、承载客体发生变化的条件下形成的签名笔迹。这种笔迹只反映书写者的部分书写习惯和书写特征。

伪装签名笔迹是书写者出于某种目的而故意改变自己平时书写风格的一种签名笔迹。这种笔迹只反映书写者很少的书写习惯和书写特征，也是最容易影响分析结果准确性的一种签名笔迹。

2. 伪造签名笔迹

伪造签名笔迹是书写者出于某种目的而冒充他人在一定载体上的签名，

即非本人书写、非真实的签名。伪造签名不是签名人的意思表示，而是损害签名人形象或利益的行为。

伪造签名有冒充他人签名、摹仿他人签名、复制他人签名等。摹仿他人签名又分为临摹、套摹、描摹、忆摹等，分析和研究伪造签名笔迹，是文检工作现实的需要。摹仿签名是伪造签名的一种，是伪造者智能技能的较高水平表现，因此成为签名笔迹鉴定中的重点和难点。

## 五、签名笔迹的特点

不同的签名方法所形成的签名笔迹，在大小、长短、宽窄、排列方式和方向、笔画的繁简、组合方式等方面表现出不同的特点。签名使用的次数多、范围广，在重要文件上具有代表书写人的特殊性质，在其他文件上是自身身份、个性和魅力的象征，因此，签名笔迹与人们平时书写的单字之间存在较大的差别，比其他任何字迹都具有独特性。其独特性通过书写方向、顺序、排列布局、单字写法、笔顺、笔画形态、笔画间的比例、关键笔画的运笔、连写方式、缩减方式、装饰笔画等方面反映出来。

### （一）签名笔迹的整体性

人们一般的书写活动形成的笔迹是以字、词为单位的临时组合。然而，姓名是由固定的几个字或若干字母按一定顺序组成的不可分割的整体。尤其是行草书签名和花体签名，因其书写速度快，笔画与笔画、字与字之间的连贯性强，故而签名笔迹在结构和连笔动作上形成了一个独立的整体词组。签名多在重要文件上签署，具有代表书写人身份、个性和魅力的象征，因此签名字迹与人们平时书写的单字之间存在较大的差别，比其他任何字迹都具有独特性。人们在设计和书写自己的签名时，本着既美观又实用、既易于自己流利书写又使他人难以摹仿、既能辨读又要隐藏其特征的原则，在书写方向、顺序、排列布局、单字写法、笔顺、笔画形态、笔画间的比例、关键笔画的运笔、连写方式、缩减方式、装饰笔画等方面通常会形成独特的风格和鲜明的个性。

签名笔迹整体性的特点，使有限的几个字包含了比其他笔迹更多的可资鉴别的特征。特别是签名的整体结构特征，更具检验鉴定价值。由于签名笔迹的整体性强，签名笔迹这个整体中的某个字或字母，已不同于单独书写的那个字或字母，两者往往在结构、运笔上有较大差别。因此，签名的笔迹检验应取签名样本进行比较检验。只有在检验楷书签名或伪装签名时，才有必要补充单个字的笔迹样本。

（二）签名笔迹特征的隐蔽性

签名笔迹特征具有较大的隐蔽性。由于许多人的签名是经过精心设计的，有的不按正常的形体规范与书写规则书写，加之有些姓名使用的字本身是结构特殊的生僻字，尤其用行草体签写，或设计花体签名，让一个不熟悉的人很难识读和摹仿。

签名笔画环转动作密集，又多用意连的方式，其结构、笔顺并非一目了然，甚至不能用一般形体规范与书写规则去理解和识别，这就决定了签名笔迹的特征更具隐蔽性。这种隐蔽性的特征一般是指意连动作的方向、弧度，起落笔角度和位置，不连笔或连笔紊乱的笔顺，密集的平行运笔或环绕动作的方向、幅度，以及用笔的压力分布和笔力特征。签名笔迹特征的隐蔽性，使签名更具防伪性，不容易摹仿。同时提示我们，在检验过程中必须反复仔细地观察，深入领会，才能把这些带有隐蔽性的更具特殊意义的特征充分发掘出来。

（三）签名笔迹的变化性

导致签名笔迹变化的因素有很多，即使在签名式样定型之后，每次签名也不会完全相同。如何通过“变化”这一客观存在的现象抓住签名笔迹的稳定性和特殊性（本质特征）是签名笔迹鉴定的难点。不同的时间、地点，不同的书写工具，不同的载体、衬垫物，不同的心理、生理条件等都可能造成签名笔迹形态上的不一致。影响签名笔迹变化的因素如下。

1. 签名笔迹的自身演变

一个人签名的书写水平，都有一个由最初的不熟练、不完美，发展到比较熟练、相对完美，书写水平、连贯能力逐步提高的过程；签名式样由楷书体发展到行草体，有的则改用花体签名或符号式签名；也有的人由单一式样的签名发展到根据不同场合使用不同式样的签名。签名的自身演变情况，可以通过收集和观察该人签名的历时样本来掌握。检验时最好用同时期的各种式样的签名样本进行比较。

2. 签名人书写功能变化引起的改变

由于签名人的神经系统或书写器官发生异常，或者书写机能显著衰退，其签名将发生相应的变化。如醉酒后签名时，签名动作粗放，字形大，结构松散，下笔不稳，笔画搭配不准，行笔拘谨抖动多有拖带，易产生多笔少画现象。有的在手指受伤，功能有一定障碍时签名，由于执笔不稳，运动受限制，用笔不能自如，书写动作生硬；有的在久病临终前签名，由于书写机能衰退，书写速度缓慢，结构松散，用笔无力，甚至有明显的抖动。检验时要详细了解签名的形成过程，以及签名人的身心状况，要注意同摹仿笔迹相区别。

3. 签名时心理状态临时变化导致的改变

签名人在签名时心理状态失常，也会导致签名的变化，从而与正常状态下的签名有所不同。如在比较庄重的场合，签名比较认真、正规；在注意力不集中乃至“心不在焉”的状态下作应付性的签名时，签名比较潦草，可能会出现个别动作的增减，或局部笔画变形；在紧张、惶恐或木讷、无可奈何状态下的签名，书写运动呆板，结构散乱或拘谨；为提供检验样本，要求当事人临场签名，可能由于心虚或者心情紧张，从而有意避开平时的签名式样，或者降低书写速度、减少连贯性，或者故意加快书写，以致连笔紊乱。检验时，应了解签名的场合，签名人的精神状态，结合所签文件的性质，与签名人的利害关系，分析判断签名的变化。

4. 签名时书写条件影响引起的临时改变

签名的书写条件比一般文件的书写条件要复杂。凡是能写几个字的条件下都能签名。因此，送检的签名往往受书写条件的影响而发生变化。如在一个狭小的空格中签名，无疑会限制签名的动作幅度，不得不压缩签名；站着手托本子签名，或抵在墙上签名，或放在腿上签名，由于书写运动没有支点或者支点不稳，造成起收笔位置和个别笔画形态的变化；有的用他人的笔签名，因用笔习惯不同，或下水不畅，或划破纸张，起笔有试笔和修描、补笔现象；因衬垫物柔软或者不平，签名时捅破纸张或不敢用力以致发生行笔受阻而中断，以及行笔弯曲抖动和重描现象。检验时应结合签名的具体环境，根据签名的具体特点，分析判断笔迹的变化。

（四）签名过程的短暂性

一般书写活动的笔迹，是在思考书写内容、表达方式、斟酌词句的同时，由内部言语引导着书写运动形成的。这就有一个厘清思路、调整心绪、试笔并适应书写条件的过程。由于字数较多，开始时在某个字或某一画上的失误，可以在该字或该画再现时得以纠正。这就便于我们将其前后联系起来，准确把握其笔迹的本质特征。但是签名笔迹只是由几个字或少量字母组成的，一个签名很少有重复字或偏旁，完成一个签名只需几秒钟，而且大多数只有一次签写的机会。在这种情况下，没有给签名人留下调整心理状态，适应书写条件，修正失误的机会和余地。因此，一气呵成的签名笔迹，往往因为当时的生理状况、心理情绪、书写条件的影响而发生变化。譬如，手指受伤时的签名、醉酒时的签名、顺手拿别人的笔签名、手托着纸本签名、心虚状态下当庭书写的签名等，都可能与其平时的签名有所不同。

签名笔迹形成过程的短暂性给签名笔迹的检验增加了难度。在检验过程中，必须从签名笔迹的形成过程分析签名笔迹的变化，使用充分的签名样本进行比较，找出稳定性特征。同时，由于签名过程的短暂性（尤其是当场签名），没有给签名人留下仔细伪装、造假的机会，这是签名笔迹检验鉴定的有利条件。

（五）签名笔迹检材形式的多样性

签名笔迹检材形式常见的有各种取款凭条、汇款单据、购物发票、电报手稿、书信、留言条、契约、合同、借款条据、收款条据、遗书、现金支票、货票、工资表、匿名信、集资债券等。有些检材上的内容全由手写文字构成，有的部分为印刷或打印形式，部分为填写形式。有些文件上的全部手写文字（包括签名）都需鉴定，有些文件只需确定签名是否某人书写，其余手写字迹已有明确的书写人。

有些签名笔迹依附于其他手写文字之后，鉴定要求确定整份文件手写字迹的书写人（签名笔迹只是检验对象的一部分），字数相对较多，鉴定难度不大。作为单独检验对象的签名笔迹的鉴定难度明显大于前者，其结论只说明了签名笔迹的书写人。此外，签名笔迹的正常与否，变化与伪装的程度也影响签名笔迹鉴定的难易程度。

### （六）检材和特征的有限性

签名笔迹字数少，汉字签名一般为两三个字，少的仅有一个字。由于字数少、重复再现率低，无言语性特征，笔迹本身反映书写人书写习惯的信息量有限或者不够充分，不易抓住有规律的书写习惯特征，增加了检验的难度。特征量少，书写特征反映不明显，笔迹特征的本质不好把握，是签名笔迹鉴定最基本的特点。正因为签名笔迹字数少，所以其间相同单字、单字中相同的结构也非常少，若检材只是一份签名字迹，往往难以从中认识书写人的书写运动规律。只能在仅有的几个字中间去找寻特征，选用特征，很难确定发现的特征就是被检笔迹的本质特征。若是有多份签名笔迹检材，就可为认识其伪装手法、确定特征规律提供良好的条件。

### （七）签名笔迹的指向性

一般的书写活动笔迹，最初并不知道是何人的，或者可能是谁的笔迹。这个问题需待分析、调查并通过笔迹鉴别后才能解决。但是签名笔迹本身就是一个人的名字，有待解决的问题是本人签名还是他人所写。即使是他人所写，这个他人也是与其有某种联系的人。所以，签名笔迹具有明确的指向性。

虽然签名笔迹案件的类型繁多，检材形式多样，但这类案件往往调查范围较小，涉案人数有限，通常能找出较为明确的重点对象。受审查人与事主、当事人或受害人之间往往有比较明显的关系，如亲属关系、同事关系、上下级关系、同学关系、社会交往中的朋友关系、业务往来中的合作关系或者其他工作关系。在刑事案件中，实施签名的动机和目标明确，有的是为了贪污或诈骗国家、集体或他人的财物，有的是为了攫取财产的所有权或继承权，有的是为了掩盖犯罪事实，有的则是为了栽赃陷害他人，等等。民事案件和行政案件中涉及签名笔迹的案件大多与逃避债务、夺取继承权和躲避法律责任等目的有关。签名笔迹案件的这一特点在很大程度上弥补了字数少、鉴定困难的缺陷，将受审查对象限制在一定范围内，给鉴定工作提供了良好的条件。

### （八）被人伪造和摹仿的方便性

由于签名笔迹字数少，使用场合多，有些人习惯性地练写自己的名字，给他人伪造和摹仿创造了便利条件。一个书写水平高的人摹仿他人签名非常容易，只要多加练习就可能使人分辨不清。在经济和民事纠纷中，由于利益驱动，一方签名极有可能被另一方伪造和摹仿并且不易露出破绽，常常被当作真实签名而给一方当事人造成重大损失。同时签名笔迹本身的变化易与被人摹仿、伪造所引起的变化相混淆，难以区分自身正常的变化与被人摹仿、伪造所引起的变化。

上述特点让鉴定人难以把握笔迹特征本质，稍有不慎，就可能造成冤案、假案、错案。故造成部分文检人员谈到签名笔迹鉴定就“色变”，认为签名笔迹特征少，书写人的书写习惯不好把握，鉴定的胜算难以确定，有的文检人员甚至遇到有签名笔迹鉴定的案件就“绕道走”。这种现象的产生固然有签名笔迹鉴定难度大的客观因素存在，但确实不能排除有的文检人员对笔迹特征认识不到位，尤其对少量字鉴定的方法、规律掌握不足的可能性。

## 第二节　签名笔迹检验的依据

### 一、签名笔迹检验的基础依据

签名笔迹的反映性为笔迹检验提供了物质基础，笔迹的自身同一性是签名笔迹检验的基本条件，由特征总和构成的笔迹总体特殊性，是签名笔迹检验的根据。签名笔迹检验的原理可概述为以下五个方面。

（一）书写动力定型决定书写习惯

书写动力定型，是指自动支配和调节书写活动的大脑皮层机能系统性的效应活动体系。人在书写练习过程中，大脑皮层接受一定顺序出现的复合刺激，形成与之相适应的暂时联系（条件反射）系统。经过反复的书写练习刺激，即可形成书写动力定型。书写习惯的生理机制就是建立在条件反射基础上的书写动力定型。

（二）书写习惯人各不同

书写习惯受人的生理结构、教育程度、书写练习情况、气质个性等综合影响，每个人的书写习惯均不相同。

（三）笔迹的反映性是签名笔迹检验的物质基础

书写习惯必然要在书写的笔迹材料中不同程度地反映出来，其是不以人的意志为转移的客观存在。它不仅能在长篇的、正常书写的笔迹材料中反映出来，而且能在签名笔迹数量少和非正常的笔迹材料中不同程度地反映出来，就是有故意伪装也不会被彻底改变。

（四）笔迹的相对稳定性是签名笔迹检验的基本条件

一个人的笔迹在长时间内不会发生重大变化，这是因为人的书写动力定性的守常性以及语言文字社会规范与规则变化的缓慢性等，其决定了一个人不同时期形成的笔迹虽有差别，但其本质特征不变。

（五）笔迹的总体特殊性是签名笔迹检验的鉴别依据

笔迹的总体特殊性是签名笔迹检验的鉴别依据，这是因为个人的书写习惯具有共同性与特殊性的双重属性，其决定了不同人的笔迹特征既有一致又有差异，而特征总和则各不相同。

笔迹鉴定的过程就是一个发现特征和认识特征的过程，鉴定人员要善于发现笔迹中特殊的、稳定的、不受书写人伪装和条件变化影响的特征，以其鉴定经验准确地判断这些特征的价值，并依据特征的价值、数量进行综合评断得出鉴定意见。特征价值的大小可用该特征在人群中的出现率来具体衡量。比如，某个字的特殊搭配，在 1000 人当中只有 1 人会出现这种特殊用法时，这个字的特征价值就较高。要想得出这个“价值较高”的认识，鉴定人员一要做到发现该处特殊，这和鉴定人的业务素质有关；二要正确判断出该特征在一定群体内的出现率约为千分之一，这和鉴定人的检案经验有关。认为该特征价值平平而不予采用，或认为该特征价值过大能一字定案的，都可能会造成错误判断。比如，在一份检材笔迹中找到两个千分之一特征、三个百分之一特征，那么在笔迹中同时具备这五个特征的概率为 $0.001 \times 0.001 \times 0.01 \times 0.01 \times 0.01 = 1$ 万亿分之一，即理论上全世界所有华人中只有一人能够写全这五个特征。如果没有价值大的差异，并排除周围相互学仿的可能，以这些特征就能定案。这就是签名笔迹鉴定的基础依据。

## 二、签名笔迹检验的造假手段依据

签名造假是指出于欺诈目的，有预谋地伪造他人的亲笔签名。伪造的签名笔迹与本人的真实笔迹之间的差别性是签名笔迹检验的手段依据。伪造他人签名的手段有以下三类。

（一）冒签他人姓名

知其姓名，但不知其签名的式样；或者知其式样而不适宜用这种式样填写姓名时，一般是凭借自己的书写技能和习惯去书写他人的姓名。如冒领他人的邮件、汇款，冒支他人的存款等，填单或单独签名时，通常是采取这种方式。有的为了掩盖自己，为了在事后否认亲笔书写，签写时进行了一定的伪装。这种签名与其本人的亲笔签名差别比较明显，反映的书写人自身的笔迹特征比较充分。只要找到了嫌疑对象，进行笔迹鉴定是非常容易鉴别的。

（二）摹仿他人签名

摹仿他人签名就是在占有他人签名的式样或非常熟悉他人签名的式样的基础上，摹仿他人的笔迹或采用其他方法把他人的姓名写在承载客体上。摹仿他人签名的方法与一般摹仿笔迹的方法相同，摹仿的签名也具有摹仿笔迹所固有的特点，或称摹仿手段的特征。但因签名整体性、连贯性强，比一般笔迹难以摹仿，而越是小心谨慎，生怕摹仿不像，摹仿特征就越明显、典型。

1. 临摹签名

临摹就是将他人签名的式样摆在一旁，经过观察、练习，比照签名式样进行仿写。这种摹仿签名不可能与被摹签名的大小、间隔、笔画长短完全一样。在摹仿签名上程度不同地表现出“形快实慢”、笔力平缓、中途停笔、修饰重描等摹仿特征。

2. 套摹签名

套摹是采取透光方式将纸张覆盖在被摹仿签名上，按照签名的透影进行仿写。这种签名同样具有临摹签名的特征。如果透影不十分清楚，对被摹的签名观察不细，感知不够明晰，套摹时易产生连笔紊乱、结构失真、笔画缺失等特点。如果连续套摹几份签名，则各个签名均一模一样，几乎可以重合。如能找到被摹仿的那一个签名摹本，譬如以存档文件上的签名或会计凭证中的签名为摹本，那么套摹的签名与摹本将完全重合。同时可以发现摹本上留下的套摹压痕和墨迹污染现象。由于套摹是按透影进行的机械摹仿，它不易暴露摹仿人的习惯，但摹仿笔迹的固有特点很明显。

3. 描摹签名

在被摹签名下面垫纸张，或中间衬一张复写纸，然后用硬尖笔照着被摹签名的式样逐字逐画描写，目的是给伪造签名打样，最后用墨水笔或圆珠笔沿着纸上形成的签名压痕或复写纸痕迹，描成伪造的签名。描摹与套摹基本特点类似，但具体手法不同。在描摹签名上可以发现描摹“打样”痕迹，即与笔画相伴行的压痕或复写痕迹。为了伪造复写票据或合同第二联、第三联上的复写签名，也可以采取上述方法，只不过复写摹仿之后无须再描。这种签名的清晰、完整程度往往与本联应有的特点不符。在被描摹的签名摹本上，可以发现相应的描摹痕迹。

4. 忆摹签名

摹仿人凭借自己对被摹签名的熟悉程度，经过回忆和反复练习，然后摹仿成他人签名，叫忆摹签名。摹仿得像不像，主要取决于他对被摹签名式样记忆的准确性和他的书写技能。这种摹仿签名与被摹签名大体式样相同，细节结构和运笔有差别，容易反映出摹仿人自身的一些笔迹特征。由于是凭记忆经过练习的摹仿，相比其他摹仿方法，其书写运动的自由度较大，摹仿笔迹的固有特点表现不太明显。

上述几种摹仿手段，单就签名式样的摹仿效果而言，套摹、描摹仿得最像，其次是临摹、忆摹。就出现摹仿笔迹固有特征的明显性而言，也是套摹、描摹比较典型，其次是临摹和忆摹。摹仿得像不像，与摹仿人书写技能高低、其对被摹签名特征认识的准确性成正比，而与被摹签名结构的复杂性、书写运动的连贯性，以及被摹签名书写水平的高低成反比。

（三）复制他人签名

复制他人签名，是用有关的技术方法将他人签名移植到伪造文件上。复制他人签名的手段有以下三种。

1. 复印签名

以他人签名为原稿，使用复印机将签名复印到伪造的文件上。这种签名与真签名完全一样，且没有摹仿笔迹的特征。但在放大镜或显微镜下仔细观察，可见签名笔画没有墨迹笔痕，是由微小的墨粉颗粒集聚而成；在文件空白部位弥散分布着细小的墨粉点。据此可以判定签名是复印的。

有的人采用剪辑法，将签名或其复印件拼贴在伪造文件上，然后再复印，并以此复印件作为诉讼证据。在此情况下，检验时要注意拼凑复印特征。如果没有足够根据证明复印件是拼凑复印而成，最好不要根据复印件对签名的真伪进行鉴定。因为复印件容易伪造，而且难以反映出签名的细节特征与摹仿笔迹的特点。根据传真件鉴定签名更不可靠。

2. 转印签名

有人利用复写文件的第一页，将签名背面的复写纸颜料加压转印到伪造的文件上。这种复制的签名与真签名式样一致，但它不是书写形成的，笔画由复写纸颜料构成，没有书写压痕。由于转印时要用圆钝光滑的工具在真签名上作扫描式的碾轧，必要时适当加热，于是在被转印签名上留下碾轧痕迹，在转印的签名上呈现出颜色浅淡，笔画间断、残缺，部分笔画有双影等特点。如能找到被转印的文件，其签名可以重合，并可发现转印痕迹。

3. 偷垫复写纸窃取签名

以复写方式签写的合同、票据类文件，有人在签名时多垫一张复写纸，将伪造的文件偷放在下面，秘密取得签名。这个签名与其他各联的签名一样都是本人书写，从这个意义说签名是真的。但从乘人不备而窃取来说，该签名又是假的。检验时应注意这个签名的颜色浅淡，压痕不明显、起收笔用力较轻的笔画可能反映不出来，连笔会发生间断。如能找到与此签名一次形成的签名样本，经过核对便可证实。

## 三、签名笔迹检验的笔迹特征依据

笔迹特征是笔迹检验的依据，特别是签名笔迹检验，必须把握好签名笔迹的整体特征，才能做好检验工作。

### （一）签名笔迹的单字特征

1. 单字的形体特征

重点把握签名笔迹单字的形状、大小、倾斜方向和角度特征。

2. 单字的基本写法特征

签名字迹中单字的特殊书写形式特征往往比其他书写字迹特殊并且稳定。如单字的繁简或异体写法；单字的图案化或象形化写法；单字相同笔画或形体近似笔画的合并或共用写法；单字笔画的增加、减少或省略；单字某一笔画借用其他字的某一延长笔画构成等特征。因此，进行检验时必须把握好单字的基本写法特征。

3. 单字结构的搭配比例特征

单字结构的搭配比例特征即构成单字的组合结构、笔画之间的位置关系所表现出来的特点。其主要包括签名笔迹各单字组合结构，笔画间的搭配方式，位置与比例关系和照应关系，等等。

4. 单字笔画和结构的书写顺序特征

由于签名的特定组合特点，加之书写人的风格设计，签名笔迹单字内部的笔画往往不按规范书写顺序书写，形成了自己特有的笔顺特征。其主要包括组字结构间的笔顺关系和笔画间的笔顺关系，尤其是连写式签名中的某些笔画或结构在整体布局中的交错笔顺出现率较高。在书写形式较为简单、连笔较少的签名笔迹中，单字的笔顺特征往往还是判断检材签名是否摹仿和认定书写人的一个重要方面。

5. 单个笔画的运笔、连笔特征

单个笔画的运笔、连笔特征是构成签名笔迹特征的最基本单元，其特征细小、隐蔽，书写动作精细，具有难以伪装和摹仿的特点，是签名笔迹鉴定应重点寻找和使用的一类特征。其主要包括连笔笔画的形态特征，笔画起笔、收笔部位的动作特点。如连笔书写的笔画部位、运笔方向、环绕回转的方向和弧度、角度、形态，连笔笔画中各部分的粗细变化，及所反映出来的书写速度的快慢变化规律和笔迹抑压力的轻重变化规律，单一笔画习惯性的特殊形态，起笔、收笔部位的停顿、拖带、回转、环绕、上翘、下压动作特点，笔力分布特点，等等。

6. 附加笔画和装饰笔画特征

签名笔迹书写人为了增加签名的特殊性，根据设计需要，往往在签名笔迹中加入一些附加笔画或装饰性笔画，如签名笔迹末尾笔画书写完成后所打的习惯性小点，单字某一结构部位或外围的装饰性环绕笔画，末尾单字尾部笔画的故意加长且多次环绕形成的多余笔画。这类笔画是签名笔迹的特定组成部分，在分析特征时应像对待单字单个笔画的连写和运笔特征一样加以重视。

7. 笔痕特征

签名笔迹往往是书写人持有特定书写工具形成的，书写工具会在文件上形成特定的笔痕特征。不同书写工具在笔画局部形成的笔痕特征是不同的。当案件说明书写人应持有某一特定书写工具完成签名时，书写工具笔痕检验是认定书写工具异同、确定书写人的一个重要依据。

（二）签名笔迹的整体组合特征

签名笔迹不同于其他笔迹的一个重要表现就是几个单字（或一组字母或符号）是一组特定的组合文字。签名笔迹的书写形式，排列组合关系，文字间的连写、合并、借用、省略、增减特点等，构成了签名笔迹单字间的整体书写形式。这类特征主要包括以下几个方面。

1. 整体组合书写特征

整体组合书写特征是指签名笔迹的书写方向以及倾斜角度特征。应分析签名是从左至右的横式书写，还是从上至下的竖式书写，或者是左高右低或左低右高的倾斜式书写，以及倾斜度如何。

2. 整体组合种类特征

整体组合种类特征是指签名笔迹属何种形式的签名。应分析签名笔迹是规范性签名，还是非规范性签名，若为非规范性签名则采用的哪种具体排列组合形式，即是采用何种方法进行单字组合的。采用的是字迹大小相近的均等方法，还是反差明显的对比方法，抑或采用了图案、合并、省略等方式。

3. 整体组合的总体轮廓特征

整体组合的总体轮廓特征即签名笔迹整体所具有的外部轮廓的具体形态特征。受签名笔迹的书写格式、方法的影响，签名笔迹几个字构成的整体形式的外部轮廓的形态反映不同。字迹大小不等，位置高低不同，个别突出笔画和装饰笔画的长短、方向和形态直接确定了签名笔迹的整体外形特征。

4. 整体组合的排列组合特征

整体组合的排列组合特征主要指签名笔迹各个字相互之间的位置关系、距离远近、方向及大小比例关系等具体特点。该类特征较前面几个方面的特征更为细小、具体，有一定的特定性。

5. 整体组合字间连写及照应关系特征

整体组合字间连写及照应关系特征主要分析签名笔迹单字之间的连写方式，连笔部位，连笔的形状，连笔环绕转折的数量、方向、角度、弧度、大小，连笔部位的笔画粗细、抑压力大小，连笔书写反映出来的连写过程中的书写速度和笔力的起伏变化规律。这类特征鉴于连写式签名的书写运动整体性特点，可以将其视为单字结构与笔画之间的连写性，有其细微、精细、独特的特点。

（三）签名笔迹附加文字符号特征

有些文件的签名要求除签名外，书写人还要同时书写其他文字、数字和符号。如填写支票、汇票、取款凭条，除签名外需填注账号、金额、日期；在某些特定法律文件上签名，还应填明日期等。这些附加的文字、数字、符号特征往往是书写人自身习惯的反映。常常涉及的有货币符号（如￥）、质量单位符号（如 T、kg）、容积符号（如 L、ml）、长度符号（如 km、m、cm、mm）、阿拉伯数字及其他相关文字。分析符号、阿拉伯数字特征时，要注意分析其书写方式、书写水平、连笔方向和形态、运笔方向和形态、起收笔动作特点、起收笔之间的位置关系、数字间的大小比例关系和排列方向及位置高低关系。

（四）签名笔迹其他方面的特征

签名笔迹鉴定并非单一认定签名笔迹的书写人，有时需要判明签名笔迹的形成方式。因此，综合利用检材上反映出来的各方面的特点，对于认识签名笔迹的形成、来源有极大的好处，也能为认定书写人提供必要的帮助。

1. 签名笔迹与文件上其他字迹之间的关系特征

签名笔迹与文件上其他字迹之间的关系特征主要是指，签名笔迹与文件上其他字迹之间大小是否相称，位置、距离远近是否恰当、正常；有无本应由签名人全文填写的内容却只有签名的情况；条据实质内容的文字是否过小且过于紧凑，而签名字迹和日期排列稀疏；签名笔迹与文件其他文字的书写工具、材料是否一致，有无书写工具不同、复写纸种类和新旧程度不同等特点；签名笔迹的形成方式是否与文件其余文字一致，复印文件检材有无剪贴拼接痕迹反映；有无两部分的笔迹抑压力明显不一致甚至签名笔迹模糊、残缺、无笔迹压痕等现象；签名笔迹同文件上的其余文字是否同时期书写形成，等等。

2. 签名笔迹在文件纸面上的位置关系特征

签名笔迹在文件纸面上的位置关系特征包括签名笔迹与文件纸张的格线关系特点，即签名笔迹在格线中的位置是否适中，有无偏离的特点，以及签名笔迹与预留部分的大小比例是否恰当的特点，即是否过大而超出预留部位的面积或过小而难以辨认使其比例失称。

3. 签名笔迹与文件种类、性质之间的关系特征

签名笔迹与文件种类、性质之间的关系特征即签名笔迹是否与文件种类、

性质相适应。具体是指有无签名笔迹与文件种类、性质不相符合的现象，非规范性签名是否出现在非常正式的文件上等。

4. 签名笔迹与其相关文件之间的关系特征

签名笔迹与其相关文件之间的关系特征是指签名笔迹文件与其衬垫纸页上的压痕文字之间的关系，即有无在第二页无关纸页上留有该签名笔迹的压痕情况；复写签名笔迹与其余联上的签名笔迹之间是否为一次复写形成的；其余文件上的签名笔迹与该签名是否有不应为一次复写形成而又能相互重合的情况，等等。

## 第三节　窃取他人签名笔迹检验

窃取他人签名，是指行为人出于非法目的，秘密地利用他人亲笔签名制作虚假文件的行为。窃取他人签名的方式有直接和间接两种。直接窃取是指窃取他人已签名的纸张或利用重叠复写骗取他人签名。间接窃取是指利用其他文件上已有的亲笔签名，采用转印或复制的方法制作、伪造文件上的签名。由于窃取的签名来源于书写人的亲笔签名，其笔迹特征反映真实，极易达到以假乱真的目的。

在实际案件中，由于签名的被窃取人往往否认文件记载的事实而否认文件全部，不承认文件的签名笔迹是自己所写，所以送检单位提出的鉴定要求往往是确定签名笔迹是否由被窃取人亲笔书写形成或有关嫌疑人摹仿书写形成。若就事论事，鉴定往往会出现认定签名是某人亲笔书写的结论，按此结论处理案件，势必出现错案。因此，鉴定过程中准确判明签名笔迹的形成方式，确定签名笔迹的出处，认定签名笔迹的窃取事实，能够为正确处理签名争议案件提供科学依据和客观的证据。

### 一、截取有签名字迹的空白纸页伪造文件的检验

截取有签名字迹的空白纸页伪造文件签名，是指行为人利用自己手中掌握的他人亲笔签名的文件，将其正文后的空白部分截取下来，在签名前的纸页空白处填写（或打印）有关文字内容形成假文件。这是一种典型的亲笔签

名被盗用的伪造文件方法。其签名字迹自然，无任何伪造或摹仿痕迹，识别难度较大。

在签名笔迹鉴定过程中，单纯进行签名笔迹鉴定认定书定人显然是不够的。由于文件本身还存在利用真实签名进行伪造的可能性，仅凭笔迹鉴定意见处理案件，会出现鉴定意见与案件其他证据相互矛盾的情形，甚至将案件的侦查、审判工作引入歧途。正确的方式应该是，首先通过笔迹认定了签名笔迹（有些包括附加词句和日期）书写人之后，再充分利用其他各项技术手段仔细检验检材，全面发现和确定检材上反映出来的各方面的特征，结合其他材料的检验和案件的实际情况，准确判明文件的来源及形成方式，判明文件有无伪造、变造情形。

（一）结合案情判明伪造文件的可能性

审查案件可疑文件自身的性质、用途，文件内容对谁有利，有无明显的正文字迹书写水平低于签名字迹和日期字迹现象；审查案件涉及的双方当事人之间有无经济往来活动或其他利害关系，签名笔迹书写人在与对方交往过程中是否给对方写过或提供过有自己真实签名的文件材料，或者对方有无从其他地方获取其有真实签名文件的条件；若文件上的日期为签名笔迹书写人所书写，则可以让其回忆并具体指明在该日期内给对方提供过什么具体文件，以此确定文件伪造的可能性。

（二）寻找发现检材与文件内容之间的矛盾

截取有签名字迹的空白纸页伪造的文件，虽然其签名是亲笔书写的，但从其整体形成过程乃至内容所记载的事实而言，毕竟是伪造形成的，因此必然反映出各方面的矛盾和伪造的特点。截取含有真实签名的空白纸页伪造文件中，检材最突出、最有价值的特点是文件自身所反映出来的矛盾较多，主要表现在以下几个方面。

1. 文件形成方式不合常规

从伪造的文件整体外观观察，一般能够发现，文件所用纸页过小，且往往是整页纸的最后小半部分，这通常与被盗用签名人的正常用纸习惯相悖，也有违常规。一般情况下，经济往来中的各种条据的全部内容应由立据人亲笔书写，而截取含有真实签名的空白纸页伪造的文件除签名（有些包括日期）外，均为他人书写。特别是签名笔迹书写人的书写水平明显高于文件其他内容的书写水平时，可考虑是他人窃取伪造。

2. 文件内容排列布局矛盾

通常情况下，即使随意书写一些无关紧要的文件，在文件正文内容与署名之间所留的空白也不会太大。而伪造人在利用空白处填写相关伪造内容时，所添写的文字一般字迹较小，字间间距和行间间距过小，可能出现字迹越往后越大越稀或越小越密的情况，甚至出现一行内写两行文字或两行内写三行文字、行线空白处写有成行文字的现象。这使文件正文文字显得过于紧挤，而签名及日期字迹在字的大小、字间距和行间距方面表现自然、均匀、合理。若只盗用原文件上的签名，则原文件上的正文内容及落款日期都要被裁掉，从而形成伪造的文件有上下两个裁切缘，除正文文字紧挤外，还会形成补充的落款日期字迹过小且不在格线内的现象。同时，添写的文字大多紧贴裁切缘书写，纸页的上、左、右三面所留页边小甚至无页边，而签名与日期部分页边合理，甚至日期以下还留有大块空白多余纸页。这些就使文件明显表现出正文与签名及日期之间，在字迹大小、字间距离、行间距离、页边的分布和大小等方面，以及文件整体内容趋前而后留空白过大等矛盾。有的甚至无文件标题，或将标题、正文与署名连贯安排，没有应用文应有的三款布局的分段、提行、空格等格式。出现文件内容排列布局明显不合理时，可考虑是他人窃取伪造。

3. 文件语言不合情理

伪造人为了能够在截取纸页的有限空白处添写所需的文字内容，就不得不精简、压缩添写内容中的有关文字，使得文件内容过于简单、语句不通顺、前后内容不连贯、个别不应省略的重要语句缺省。涉及金额的伪造文件，内容中往往只有阿拉伯数字，没有大写数字。

4. 被盗用的签名笔迹与添加文字内容两者在书写时间、书写工具方面存在差异

首先，从被盗用签名人书写原有文件内容及签名，到伪造人获取或占有文件并利用文件进行伪造一般都要间隔一段时间，所以伪造文件上签名笔迹及日期的书写时间必然早于其他被添加上的文字内容。两者形成的先后时间差别为检验确定文件伪造事实提供了科学依据。其次，文件上被盗用的部分与后添加的部分字迹两者书写工具往往不同，两部分的书写工具即使种类相

同但字迹也往往不能完全同一，所以两者反映出的书写工具痕迹有差异。这种同一时期连续书写的同一份文件的两部分内容之间的书写工具不同的矛盾，揭示了文件形成中改换书写工具的不正常书写方式。

通过仔细观察文件上的矛盾，如果发现一份简单文件由两人书写又没有合理理由；纸页大小与文字内容不成比例；标题、正文与签名、日期之间，在字间距离、行间距离、页边距等方面存在矛盾；纸面前部分文字过于紧密、后部分空白过大；文件三款布局不规范；重要词句或大写金额等内容不全；签名前后的附加词与文件用途、性质存在明显矛盾等，可考虑是他人窃取签名伪造文件。

（三）检验文件上的压痕文字特征

检验可疑文件本身除正文内容外的压痕文字，确定其内容，认定其是否由签名笔迹书写人书写形成，压痕文字内容与签名书写人提供给对方的原有文件的内容是否相同，压痕文字形成方式是否与签名笔迹和日期形成方式一致。条件具备的，应对原有文件书写时的衬垫纸面进行压痕文字检验，分析其压痕文字内容是否与可疑文件或争议文件内容相同，有无文件上签名笔迹的压痕。通过文件自身的压痕文字检验和衬垫纸面上的压痕文字检验，往往可以直接确认利用其他真实文件上的签名及空白部分伪造文件的事实。

（四）进行书写时间和书写工具检验

对签名笔迹与文件其他内容进行书写时间和书写工具检验，以确定文件是否伪造形成。通过对文件上两部分文字的书写工具和书写时间鉴定，确定文件上形成两部分文字的工具和时间是否一致。出现签名笔迹书写时间在前、正文内容书写时间在后的矛盾时可以直接揭露文件伪造事实。

（五）将两部分文件进行整体分离痕迹检验

鉴定委托单位应采取多种手段，尽可能收全嫌疑人手中掌握的可能用于伪造的签名笔迹书写人的手写文字材料，特别是内容不全、已被分离且缺乏应有签名的文件。将那些被分离的文件与可疑文件进行对比检验，确定两者的种类、颜色、光泽度、纤维种类、走向是否一致；纸面花纹、格线的类型及拼接情况；分离缘的形态及拼合情况，从而判明可疑文件纸页是不是从某份文件上分离下来的，以确定文件是否伪造形成。

## 二、利用复写签名时套取多余签名伪造文件的检验

窃取多余复写签名就是利用复写方法秘密骗取他人真实签名后伪造文件的行为。套取复写签名笔迹的方法大致有两种：一是行为人按文件格式，事先写好或填好除签名外的文件全部内容，在寻找到窃取机会时，将伪造文件置于需签名人亲笔签名的真实文件之下，将两者签名部位对齐，再将适当大小的复写纸条置于两者之间的签名部位，使书写人一次签名活动形成两份签名笔迹，实现不法目的；二是行为人利用他人在真实文件上签名的机会，采用复写方法窃取签名之后，在有多余复写签名的纸张上添写所需内容，形成假文件。采用这种方法伪造的文件，因其内容、形式等与同类真实文件相同，且签名笔迹具有亲笔书写的特性，所以其伪造行为不易分辨。但是，这种假文件形成的条件与真实文件相比，仍会反映出不同的特点和自身矛盾，这又为检验提供了条件。

### （一）查明窃取复写签名伪造文件的可能性

窃取复写签名笔迹的检验工作往往是从鉴定签名笔迹书写人开始的。鉴定过程中若发现检材有诸多矛盾，就不应急于作出结论，而应在准确认定书写人的基础上，进一步确定文件的伪造事实。主要了解签名人有无面对伪造嫌疑人书写签名的事实；历次的签名字迹是在哪些条件下，哪些文件上书写的；可疑文件或有争议文件是由谁提供的，由谁持有或保管；文件记载的内容对谁有利等情况。

### （二）从分析文件自身特点入手，发现矛盾

窃取他人真实复写签名伪造的文件，其签名复写字迹之间由于书写要求、形成方式、物质材料、书写工具等多种不同条件的影响，必然出现正常书写不应出现的某些差异现象，形成明显矛盾。伪造文件上的签名与其他内容之间存在的矛盾有以下几点。

（1）不需要复写的文件，如借条、收条、领条、欠条等被复写，违背了日常书写方式。

（2）伪造文件除签名笔迹外，其他内容都是伪造人或其他人书写的。

（3）伪造文件签名字迹与其他手写文字间出现书写工具和书写压力方面的明显差异。

（4）伪造文件上签名笔迹与其他手写文字的复写纸颜料出现差异。

（5）伪造文件上的签名笔迹出现残缺或边缘多余笔画。

在分析可疑文件检材时，应特别注意观察有无此类矛盾现象出现。如果出现此类矛盾现象，可考虑是他人窃取复写签名伪造文件。

（三）检验样本材料，发现检材复写签名的来源线索

全面收集签名人给文件伪造嫌疑人书写的各种签名文件，特别是书写速度快、签名位置固定的文件。仔细检验这些样本文件，从中发现窃取复写签名的线索。检验时，注意观察样本文件上的签名笔迹与检材上的签名笔迹在字的大小、字间距离、字间组合方式等一般特征方面是否相同；文件上有无因窃取复写签名而出现的签名笔迹颜料明显淡于其他复写文字的现象；单份文件签名笔迹部位及一次复写的多份复写文件尾页签名笔迹部位，背面有无正常书写不应出现的签名文字复写印痕；印痕是否在正面签名时一次性书写形成，或是否因复写套摹签名而留下。

（四）对检材和样本文件上的签名笔迹进行比较检验

通过检验样本，找出与检材文件签名笔迹形体相同的样本文件。若某份文件上的签名字迹经透光重叠检验能与检材文件的签名字迹完全重合，且检材文件上的签名字迹无任何伪装或摹仿特征反映，就可以认定，检材文件与样本文件的签名字迹是利用复写方式一次书写形成的。结合检材文件与样本文件两者内容、性质、用途的本质差异，可以直接确定检材文件的伪造事实。

确定伪造文件上签名字迹的出处所依据的样本，主要是检验单份文件签名部位背面有无复写印痕，或一次复写形成的多份文件尾页签名部位背面有无复写印痕，以及一页纸上的签名笔迹复写颜料是否淡于同页的其他复写文字。但是，由于文件伪造人在窃取他人复写签名时，为了防止在真实文件背面留下不应有的复写印痕，往往采取在真实文件与复写纸间预放薄纸的方法。因此，检验时，真实文件签名部位背面有无复写印痕并不是认定文件伪造事实的必要条件。

依据检材文件与可能被利用的样本文件之间的签名笔迹确定检材文件的伪造行为和出处，往往取决于两个条件：一是必须首先认定检材签名字迹不是复写摹写形成的，而是自身亲笔书写的；二是必须全面掌握一切可能被利用的文件样本。复写窃取的签名笔迹与复写摹写笔迹有许多共同特点。判断

某一复写签名字迹是书写人自身笔迹特征的自然反映还是他人复写套摹形成的，可以依据以下方法。

（1）复写窃取的签名因书写压力轻或书写工具不宜复写，其笔迹模糊，复写颜料少，字迹淡薄，笔画较虚；而复写摹写签名笔迹由于摹写时力求逼真效果，书写压力较大，其笔迹笔画较实，复写颜料较浓，字迹清晰易辨。

（2）复写窃取的签名虽模糊，但笔锋仍有反映，其书写自然、流畅，为正常书写形成；复写摹写的签名笔迹会反映出摹写笔迹的特点。

（3）窃取复写签名被利用的文件，透光观察时，其签名部位正背面的文字完全重合；侧光观察时，签名文字笔画边缘无多余压痕。被复写摹写的签名字迹底样因经两次书写动作而出现正背面的文字不完全重合，签名文字的笔画边缘有印压痕迹的现象。但一般很难找到复写套摹的底样进行比对。

（4）复写窃取的签名笔迹与被利用的真实文件上的签名笔迹进行比对时，两者可完全重合；而复写摹写的签名笔迹与被摹写样本上的签名笔迹则不能完全重合。

## 三、转印签名伪造文件的检验

转印签名，是指行为人利用所掌握的他人亲笔签名的文件，采用物理、化学、脱蓝、提取后转印等方法，使真实签名的部分笔画物质转印到伪造文件上形成签名笔迹的行为。转印签名伪造文件的方法包括直接转印和间接转印。直接转印是指将他人真实签名笔画上的或复写的部分笔画上的物质直接转印到伪造文件上，常见的是利用真实复写签名文件纸张背部的复写印痕，将伪造文件置于其下，然后在真实文件签名部位进行擦压，使其复写颜料脱落并附着于伪造文件表面，形成签名笔迹的复写颜料痕迹；间接转印是指先将真实文件签名笔迹的部分笔画物质经擦压转印到一定介质物面上，再将介质物面上的笔画物质（反像文字）经擦压转印到伪造文件上形成签名笔迹。这种方法所用介质物多为带有药膜层的印相纸或涂有凡士林、鱼蜡等介质的白纸。转印法伪造文件签名虽然笔画形态、签名整体结构和布局等方面反映逼真，但伪造特点明显，易于识别。

### （一）转印签名笔迹颜色浅淡、无笔压、无笔道沟痕

转印签名笔迹颜色浅淡，着色粗糙，笔画物质悬浮于文件纸面纤维上而

与纸张结合不紧密，无笔压反映，笔画部位无笔道沟痕。检验笔画物质在纸面的分布情况及其与纸面的结合度，有无笔画沟痕，有无介质残留物。从检材自身特点入手，确定转印签名伪造文件的事实。

（二）转印签名笔迹笔画不规则、边缘界限模糊

擦压复写印痕直接转印的签名易出现笔画不规则、边缘界限模糊现象，纸面有擦压形成的条状压痕；被转印签名是圆珠笔书写的，转印下来的签名字迹笔画边缘无圆珠笔油堆积和洇散现象；新鲜钢笔墨水签名字迹被转印的，形成的签名笔迹无墨水渗透、洇散现象。

（三）转印签名笔迹部位有蜡屑、凡士林油渍附着痕迹

使用介质物质转印的，形成的签名笔迹部位有蜡屑、凡士林油渍附着痕迹；加有机溶剂转印的，相应部位有有机溶剂残存。

（四）被转印签名的文件有相应特点反映

如原文件上有擦压条状痕迹和复写印痕模糊的特点；被转印部分有蜡屑、凡士林油、有机溶剂附着；被转印的圆珠笔签名笔迹部位笔画堆积状笔油被压平，笔画表面立体形态变形，等等。

（五）发现被转印文件，确定转印签名出处

与样本比较过程中，发现被转印文件，确定转印签名出处。根据检材与样本签名笔迹形体是否相近，样本有无擦压条状压痕、介质物质、有机溶剂等条件，发现被转印文件原件。再将原件签名字迹与转印签名笔迹重合比较，或进行笔画物质种类、成分鉴定，确定检材文件的伪造事实和出处。

## 四、复印签名伪造文件的检验

复印签名伪造文件，是指利用静电复印技术，将他人原有亲笔签名复印到伪造文件上的行为。复印签名伪造的文件因其是复印形成的，其签名字迹表现出来的复印特征易于确定，加之伪造文件的签名笔迹与其他文字内容之间有拼凑、补接等痕迹，所以识别其伪造事实较为容易。

（一）判明可疑文件上的签名字迹是否复印形成

判明可疑文件上的签名字迹是否复印形成，主要分析文件纸张是否复印专用纸张，墨迹是否静电复印粉末，笔画上的墨层形态，有无笔道，有无复

印形成的底灰、附加影像、感光鼓老化损伤痕迹、分纸部件污染痕迹及其他机械装置上的脏痕等复印文件特定痕迹反映。文件纸张也可能是某种特定复印方式所使用的特殊纸张和普通纸张。

（二）判明可疑文件上的签名字迹与其他文字的形成方式是否一致

复印签名字迹与文件其他部分文字的形成方式不同。若伪造文件只复印签名字迹，而文件其他内容则由打印方式完成，文件的签名部分与其他内容必然反映出各自的形成方式特点。一个完整文件两部分内容形成方式的差异，特别是正文内容为打印字迹，而签名为复印字迹，这是无效文件的重要特点之一。检验时，应分别依据两部分文字各自的笔画物质、笔痕及其他附加痕迹特征，确定两者形成方式，判明两者形成方式是否一致，有无与真实文件形成方式上的矛盾。如果其他内容字迹形成方式为打印而签名字迹为复印，则应判明可疑文件上的签名字迹是被他人复印形成。

（三）确定可疑文件上有无拼凑痕迹

拼凑复印伪造文件除反映出复印特点外，还反映出拼凑、补接的痕迹特点。直接把签名与其他内容经一次复印合成整体的伪造文件，在签名部分与其他内容之间往往会出现一条反映拼接缘的复印线痕；先复印签名字迹再复印其他内容的两次复印形成的伪造文件，除拼接缘的复印线痕外，与其他内容之间可能出现位置不正、原文件行线对接不准的现象，并且文件上能够反映出两次复印痕迹。先逐字拼凑粘贴后复印形成的整体伪造文件，单字边缘有复印拼接线痕，纸张上的格线因粘贴文字而被破坏，表现出格线不完整现象；单字在原真实文件上压格书写而剪裁后，在伪造文件上往往会形成多余格线复印痕迹，或者因去除多余格线而使文字笔画出现残缺现象。检验时，应通过分析文件正文与签名之间有无被复印下来的拼接线痕，单字边缘有无拼接线痕，文件格线是否完整，文字笔画有无多余格线或笔画残缺现象来确定是否被复印伪造。

（四）确定可疑文件全部内容是否一次性连续书写形成

由于逐字拼凑的字迹不是来自同一份文件，且原有文件形成过程中书写工具、书写速度、墨水的种类和颜色、字体类型、大小等条件不同，拼接后复印出来的文件单字与单字之间的连笔多少、墨迹数量、字体类型、大小、笔画痕迹等方面不一致，字间间距不均匀、行线不整齐、倾斜程度不一致，文件上表现出单字不是一次连续书写形成的特点。文件中前后相同的单字若原文件中只出现了一次而用同字反复拼接复印，其相同单字能完全重合。检验时，若文件全部手写字迹都出自签名字迹书写人，应分析单字与单字之间在书写速度、书写工具、墨迹颜色深浅、字的大小及形体方面的特点是否一致，字间距、行间距是否均匀一致，行线是否整齐，字的倾斜程度是否一致，前后相同单字特征是否相同，分析确定文件是否被复印伪造。

（五）进行比较检验，寻找可疑文件签名笔迹的来源

对可疑文件签名笔迹与书写人真实签名的其他文件进行比较检验，准确认定文件上的复印签名字迹是利用哪份文件上的签名笔迹复印形成的，甚至认定文件全部文字是从哪些真实文件上复印下来经剪贴拼接再复印形成的，从而认定文件的伪造事实。只要能认定文件上的部分字迹是出自两份或两份以上的文件，伪造文件事实就可确定。

## 第四节　伪装签名与摹仿签名笔迹检验

### 一、伪装签名笔迹检验

伪装签名是指签名者出于某种个人原因，为逃避签名的法律责任，在书写签名时，主观故意进行伪装书写形成的签名。在鉴定实践中，出现了伪装签名的一些案例，如某些询问（讯问）笔录的被询问（讯问）人的签名、某些诈骗案件中诈骗人在作案过程中书写的签名以及某些交通违章处罚通知中的当事人签名等。分析和研究对伪装签名的检验鉴定，是文检工作现实的需要。

（一）伪装签名笔迹的特点

在签名时有意改变自己签名的书写特征和书写习惯，其动机一般是为了事后不承认或在发生问题与争议时，摆脱自己的责任，甚至反诬他人伪造签名。伪装自己的签名特点有以下两点。

1. 降低书写水平

伪装自己的签名用降低书写水平的方法比较容易。一般通过降低书写速

度把字写得难看些，字迹特征在运笔上明显拘谨、呆板；或伴有停顿和抖动现象，但在某个字、偏旁或笔画上有较高书写水平反映；字的大小不匀称，同样的偏旁或笔画运笔特征不一致，缺乏规律性；常用字书写水平差、不规范，而生僻字、结构复杂字显得完整规范。

2. 改变字的形态和结构

伪装自己的签名往往改变字的形态。有的把字写得很长很瘦，有的把字写得很扁很胖，有的把字写得很圆；有的改变倾斜方向和角度；有的改变书体，将平时使用的行草体签名变为楷书签名；有的改变某个字的习惯写法；有的在起笔处附加动作，在收笔时故意环绕或拖长；有的改变字的结构，使偏旁之间或笔画之间搭配比例失调。

（二）伪装签名笔迹的检验要点

伪装签名的鉴定难度大，主要困难在于对伪装签名的正确识别和判断。要正确地鉴定伪装签名，需要做到以下六点。

1. 充分了解和分析案情

客观、准确、全面、充分的案情，是正确判断伪装签名的有利条件。毋庸置疑，伪装签名有书写人进行伪装书写的主客观需要。书写活动一般是在双方当事人在场的情况下完成的，书写人一般有签名书写前的预谋计划，书写人无论是社会知识和经历，还是思想和法律意识等都有较高的水平。

2. 全面细致地分析检材，正确判断检材性质

伪装签名常反映出书写速度变化，多笔少画，比例失调，夸大或缩小某些笔画，某些运笔不自然，有部分抖动或弯曲甚至停顿等现象。依据书写人的书写水平，具体的反映现象有所不同。但伪装书写时受双方在场的条件限制，其伪装的具体手法受到限制，即书写人始终处于既要尽力伪装书写得“不像”，又要不被对方发现的矛盾之中，而且伪装的能力受到其个人认知和书写能力的限制，因而伪装的结果一般不致相当严重。详尽分析检材的具体反映现象，正确判断检材性质是检验伪装签名的重要环节。

3. 准确全面把握检材的笔迹特征

鉴定时，可以选取可加以利用的伪装签名的笔迹特征，主要有书写水平、字体、字形特征，签名风格特征，写法、笔顺特征，速度快和流利的运笔、连笔特征，部分搭配比例特征和其他细节特征等。分析和选取特征，要全面

细致，逐步深入，如注意发现某些人签名完成后的打点习惯，并进一步充分挖掘该点的形态、大小、力度和与签名的相互位置关系等；要充分结合样本，互相印证、合理解释，准确选取反映书写人书写习惯的特征，选足、选好书写特征。

有的签名书写人注重签名的好看和艺术性，注意签名的练习、提高和创意。特别是发生争议的签名已过一段时间，样本签名书写水平明显高于检材和其他字迹的书写水平，如签订的合同、协议和借条、收条等发生争议时，往往已过半年、一年或更长时间。签名人的书写水平有很大的提高空间。如果综合分析评断检材与样本的差异与符合反映出的是“神似形不似”而非“形似神不似”的关系，这时应判断检材为伪装签名。

4. 正确区分伪装签名与摹仿签名

伪装签名的非正常反映，使其容易与摹仿签名相混淆，因此必须正确区分二者。伪装签名一般无摹仿书写的“形快实慢”、重描和另起笔现象，但要注意发现签名中易被摹仿和不易被摹仿的特征。

5. 必须充分占有样本材料

签名笔迹本身字迹少，笔迹特征少，伪装签名反映书写人习惯的笔迹特征相对更少。检验中，应该占有历时的尽量多的样本，不能只求某时的样本数量，要注意样本反映的书写习惯的多样性，通过样本，进一步认识和印证检材的特征，全面地把握其书写习惯及其变化的规律。

6. 注意综合和完整利用检材的其他信息

有时伪装签名书写人只注意了签名的伪装书写或者自以为伪装成“不是”就万事大吉而忽略了落款时间的伪装，而送检部门也只提出了对签名的鉴定要求。鉴定人员要注意发现和利用书写人的“失误”，通过书写水平、墨水特点和笔痕特征等，判断落款与签名是否为同一人书写，再通过与样本的比对来进一步确定，使对伪装签名的鉴定更加细致全面。

对伪装签名的笔迹特征进行综合评断，要逐个研究反映个人书写习惯的作用价值，客观分析，准确把握。要从总体上把握伪装签名与样本的笔迹符合特征，其总和应该是高质量的、本质的、独特的、排他性的，构成个人书写习惯的同一；要合理解释二者的笔迹差异特征，其反映应该是表象的、低质量的、非本质的。

## 二、摹仿签名笔迹检验

正常情况下人们书写的字迹，多数具有形态正常、运笔自然、笔画连贯，转折笔画、起收笔动作运行自如，墨水层次清晰，墨迹与笔压痕协调一致等明显特点。而摹仿笔迹，则由于书写人在临摹或练习摹仿时，欲使被摹仿的字迹的形象写得逼真，又使自己的笔迹特征尽可能地少流露，必须竭力抑制自己固有（但只能是局部）的书写动作，运用反馈运动调节原理，不断地调节运笔方法，这就容易失去书写运动的灵敏性和灵活性。由于摹仿人必然要受到自身注意力、控制力的局限和对被摹仿字迹基本特点不甚理解，很难把被摹仿字迹的特点全部反映出来。

### （一）摹仿签名笔迹的特点

1. 连笔特征异常，“形快实慢”

摹仿签名是以仿为目的伪造他人签名。由于被摹仿的正常签名，多是运笔自如的快速签字，摹仿签名为了追求形态逼真、以假乱真，必然都是有“形快实慢”的特点。

“形快实慢”，就是快笔的形态，慢笔的动作，或者连笔强，运笔慢。尤其是连笔，既不同于正常的连笔，又不同于伪装的连笔。正常的连笔是快速的，属于自如型；伪装的连笔是慢速完成的，属于强化型。而摹仿的连笔是“形快实慢”，具体形态似连非连，断而不连，先断后连，不该连的硬连，以及方向与形态不一致。“形快实慢”现象多出现在横折笔画，或者快速书写的上下笔画连接的过渡部位。

连笔特征的特殊性较强，是个人书写活动中的高难动作，最能反映个人的书写水平和特点，较难仿写，所以连笔特征的异常是识别签名笔迹正常与否的关键。

2. 运笔呆滞，笔力平缓

正常的书写动作，是一个自动化的连贯动作，它包括上下笔的照应，虽然落在纸上两个笔画间是中断的，但是两个笔画的书写动作是连续的，并没有中断，运笔自然流畅，有浓淡过渡，笔力有轻有重，有快有慢，有一定的节奏变化。而摹仿签名，无论是临摹还是套摹，由于书写人特定的心理状态，书写动作不协调，签名的某些主要笔画呈现粗细不均，墨迹浓淡不匀，上下笔画间照应关系矛盾，运笔无轻重、无快慢、缺乏节奏变化，特别是勾、挑、连笔不是快速轻提而是环转、拖送而成，没有笔锋等特点。

3. 中途停顿、修饰重描、笔画抖动、弯曲

摹仿签名时，由于被摹仿的签名大都是快速书写的行草体字，摹仿人短时间内难以掌握，仿写时边看边写或边看边描，常常出现停笔待摹现象，一些不应停笔的部位出现停笔，局部笔画变粗，有的笔画还出现另起笔。当摹仿人发现仿写走样时，还要进行改、描、添、涂，以便仿写的签名更加“真实”。这种停顿重描现象常反映在笔画的开头、结尾的有意增补或延伸笔画，或者通过修饰重描改变笔画转折角度。

（二）摹仿签名笔迹的检验要点

1. 深入细致地考察签名笔迹的特征

特别应注意分析连笔特征，从起笔、行笔到收笔进程中所表现出的点画形态和力度特点。检验时要求送检的检验材料必须是原件，以便了解检材与样本的笔迹形成条件。要注意连笔异常所体现的部位，分析其成因，与样本笔迹材料相比对，看总体书写水平是否一致，如果检材笔迹的书写水平明显超过同时期的样本笔迹，那么摹仿的可能性就较大。

2. 进一步了解案情

对于签名笔迹的检验，不能就事论事，要善于运用签名案件特有的条件，来充实和验证检验初期所作出的判断是否正确。联系真实的案情，了解是否存在具体的摹仿条件，从客观上论证摹仿的客观可能性。如果不存在摹仿的具体条件，就会暴露出摹仿签名判断的根据不充足的问题。进一步了解案情能够促使检验人员再思考，避免可能发生的失误。

3. 考察细节特征

当签名笔迹字数较少，尤其是结构简单和仅有姓或名的单字签名时，摹仿人容易注意对中心特征（姓名特征）的摹仿，而忽视一些不明显的笔顺、运笔、搭配、比例、倾斜等方面的细节特征。在签名笔迹的比对检验中，细节特征的符合与差异，是对签名检材分析判断正误的又一次验证，从而确保鉴定意见更加科学、公正。

总之，在检验过程中，我们要全面、完整、系统地应用摹仿签名笔迹的特点和特征分析检材笔迹，经过分析判断，认定特征的总体特殊性，以避免

检验结论的错误。

## 三、伪装签名与摹仿签名笔迹的区别

伪装签名与摹仿签名都有主观故意的伪装，二者都有现实的需要和利益的驱动。二者都有签名书写前的预谋计划，均有非正常的外在反映。相较正常签名笔迹，伪装签名常有书写不自然、不连贯、多笔少画，部分比例失调，部分抖动弯曲等现象，摹仿签名常有书写不自然，笔力不均匀，形快实慢，抖动弯曲，重描和另起笔等现象。这些都是签名笔迹鉴定的疑难点。伪装签名笔迹特征不易被全面认识，摹仿签名摹仿人的笔迹特征较少出现，而出现的被摹仿人具有的笔迹特征又容易被当成摹仿人的书写习惯，综合评断难度大。在鉴定实践中，二者容易被混淆。

实践中对摹仿签名进行了大量深入的研究和探讨，取得的成果和方法应用效果良好。摹仿签名是伪造签名的一种，是伪造者智能技能的较高水平表现，因此成为签名笔迹鉴定中的难点。由于伪装签名在实践中出现的数量相对较少，学术上对其研究相对较少，在鉴定实践中容易出现失误：一是书写人的伪装影响鉴定人对笔迹特征的认识，二是伪装签名容易被误认为摹仿签名而造成鉴定的另一种失误。应该定义和区分伪装签名与摹仿签名并在实践中注意把握。简单地说，伪装是隐藏，隐藏是“是”；摹仿是伪造，伪造是“非”。有人提出的“自己摹仿自己”书写的方法，从鉴定的角度仍应归类于伪装而非伪造书写的方法，是一种极特殊的伪装方法。伪装签名与摹仿签名笔迹的区别主要表现在以下几个方面。

### （一）形成的条件不同

伪装签名一般是当事人双方在场时形成的，书写人的伪装书写活动受到现场和个人能力的制约，而摹仿签名由单方独立伪造形成，书写人的伪造书写活动受到所占有的被摹仿人笔迹材料和摹仿者个人能力的制约。

### （二）形成的根本目的不同

伪装签名的目的是隐藏，是尽量“不是”，以期逃避和否定签名的法律责任；摹仿签名的目的是伪造，是尽量“是”，以期嫁祸和确定他人担负“签名”的法律责任。

（三）二者的本质不同

就鉴定而言，伪装签名是伪装的书写活动，是“形不似而神似”，是书写人个人书写习惯与伪装产生的表象特征的矛盾统一体；而摹仿签名是伪造的书写活动，是“形似而神不似”，是书写人个人书写习惯与他人具有的书写特征的矛盾统一体。伪装签名一般能够反映出书写人的书写习惯，认定书写人相对容易；而摹仿签名一般较少能够反映出书写人的书写习惯，否定被摹仿人书写容易，认定书写人难。

（四）正确鉴定的结果不同

从正确鉴定的结果看，伪装是隐藏，隐藏是“是”，因此伪装签名的正确鉴定意见应该是真实签名即“本人书写”，而摹仿是伪造，伪造是“非”。因此摹仿签名的正确鉴定意见应该是非真实签名即“非本人所书写”。

## 实训设计

### 摹仿签名笔迹的检验

**一、实训目的**

通过实训，观察各种签名笔迹的变化特点，掌握它们的变化规律，并能正确地识别案件材料中的笔迹是否为摹仿笔迹，由何种摹仿方式形成；掌握各类签名笔迹的检验方法，并能作出准确的鉴定意见。

**二、实训器材**

1. 放大镜、体视显微镜。
2. 钢笔、红蓝圆珠笔、签字笔、铅笔、白纸、橡皮。
3. 特征比对表。
4. 鉴定书用纸。

**三、实训内容与方法**

1. 每位学生使用钢笔、圆珠笔、签字笔等书写工具，在白纸上运用临摹、套摹等摹仿方法，对同一签名笔迹进行摹仿。

2. 学生互相交换各自的摹仿签名笔迹，在放大镜或体视显微镜下仔细观察笔迹的特点，辨析出每份笔迹是使用哪种摹仿手段形成的。

3. 归纳各摹仿签名笔迹的特点，总结其变化规律。

4. 对课堂提供的摹仿签名进行检验。

**四、实训作业**

每位同学写一份实训报告。

# 第八章

# 民事、经济类笔迹检验

## 第一节　合同、票据类笔迹检验

### 一、合同笔迹检验

（一）合同笔迹的概念

合同，也称契约，它是当事人之间确立、变更和终止民事权利义务关系的协议。合同是经济发展的产物，是商品交换关系的一种法律形式。合同是当事人双方或多方的法律行为，它的成立须双方或多方当事人的意思表示一致。合同的形式有口头形式和书面形式两种，以书面形式居多。而作为笔迹学检验对象的合同必须是以书面形式出现的合同，即文书式合同。合同笔迹是指引起法律纠纷的合同文件上有争议的手写文字符号，这种笔迹通常是由签订合同的当事人或代书人书写的。

（二）合同笔迹的特点

立约一方或其他人对合同事实或其内容的真实性发生争议而引起诉讼的案件，称为合同纠纷案件。引起争议的合同文件一般有以下特点。

1. 合同笔迹数量表现多样

合同笔迹的制作形式不同，笔迹的数量表现也不一致，常见的有以下几种情况。

（1）手写合同。合同文件一般由标题、双方当事人名称、正文和结尾四部分组成，其具体内容包括标的、数量、质量、价款或酬金、履行期限、地点和方式、违约责任以及其他根据法律规定或按照合同性质必须具备的条款和当事人一方要求必须约定的条款等。相对于票据而言，合同文件的笔迹数量较多，并且多有阿拉伯数字笔迹和签名笔迹。

（2）打印合同。该类合同的手写笔迹为签名笔迹、落款时间笔迹，因而笔迹的数量少，容易出现摹仿伪装书写的情况。

（3）格式合同。合同文件的手写笔迹包括填写笔迹和落款部分的笔迹，填写笔迹主要是双方当事人名称、标的、数量、质量、价款或酬金、履行期限、地点和方式等。落款部分的笔迹主要是阿拉伯数字笔迹和签名笔迹。

2. 合同笔迹一般书写比较规范

合同文件制作一般要求笔迹工整清晰，格式正规，标点符号正确，单位数量准确，数字金额大写，并且合同文件的内容多涉及当事人双方的利益，因此笔迹鉴定中的合同文件书写一般都比较规范。为了日后不引起争议，合同文件通常采用楷书、行书字体以及比较工整的自由体，而且大多数使用签字笔或钢笔书写，个别的也有使用毛笔书写或圆珠笔复写的情况。

3. 合同笔迹易受保管等因素的影响而变化

司法实践中通常会遇见合同文件保管不善、人为破坏造成部分笔迹难以辨读或者伪造、变造合同文件的情况，改变了合同的原意，使当事人对合同事实的真实性发生了疑问。无论是以上哪种情况，其中合同笔迹的变化是合同引起文件争议的原因。因而合同笔迹的鉴定，通常要求解决两方面的问题：一是确定合同笔迹的真伪，即合同笔迹是否由某人书写，或是否由同一人书写；二是要求鉴定可疑合同笔迹的书写人。

4. 部分合同笔迹的形成时间久远

司法实践中的合同文件形成大致有三种情况：第一种情况是20世纪五六十年代或更早的合同，最常见的是土地房产合同；第二种情况是20世纪70年代的合同，常见的是房屋买卖租赁合同；第三种情况是20世纪80年代以后的合同，各类经济合同都比较普遍。不论是以上哪种情况，合同形成与发生争议通常都有一个较长的时间间隔，长则十年八年，短则一年半载。

20世纪60年代以前的合同多数使用毛笔书写，纸张质量较差，文书自然老化、破损现象明显。样本笔迹因合同书写人的书写动作习惯随时间的推移和生理病理原因而产生了明显的变化，有的因合同书写人死亡、迁徙、工作调动等难以找到，收取笔迹样本有困难。这些情况都给笔迹鉴定带来了很大的难度。

（三）合同笔迹的鉴定方法

1. 针对合同笔迹特点科学地收取笔迹样本

合同笔迹样本除了遵循收取笔迹样本的一般方法和原则，还必须针对案件具体情况进行收取。第一，合同文件可能不是当事人亲自书写的，而是请人代笔的，因此在收取笔迹样本时一定要查清合同文件具体书写人，切勿盲目收取；第二，合同文件可能只有部分内容被伪造、变造，因此应根据合同文件的怀疑部位有针对性地收取笔迹样本；第三，合同文件一般格式规范，书写工整清晰，因此应尽可能收取受审查人书写工整清晰的笔迹样本进行比对；第四，有的合同笔迹可能带有某种风格，如柳体、颜体、魏体等，因此应尽可能收取受审查人相同风格的笔迹样本；第五，合同笔迹的书写工具、物质材料多种多样，因此应尽可能收取相同条件的笔迹样本进行比对；第六，由于合同形成的时间与合同内容被改变以及引起争议的时间间隔较长，除尽可能收取同期样本外，还应尽可能收取不同时期的历时样本，以便把握其书写习惯体系演变的规律。

2. 判定合同文件真伪，确定伪造、变造的具体情况

判定合同文件真伪，确定伪造、变造的具体情况应做好以下几方面的工作。

（1）判断合同文件的真伪。合同文件被伪造、变造的情况在各类案件中都较为突出。一种是伪造合同，即对合同的形式和内容进行全面伪造，无中生有。对于伪造合同，应对其物质材料和文字内容进行全面检验。要仔细研究合同文件的物质材料，如纸张、墨水等的生产、制作、使用情况是否符合历史事实，相互之间有无矛盾。另一种是变造合同，即对原合同的部分内容进行改变，如添改、增删合同的主要条款，或者伪造合同的签名、印文等。变造人往往利用各种技术手段对合同文件进行处理，如擦刮、挖补、镶接、消退、涂污、掩盖、添写、改写等。因此合同文件上通常会留下各种变造痕迹，为鉴别合同文件的真伪提供了有力依据。最后有效的合同文件通常要求先签名后盖章，因此确定签名与盖章的先后顺序对鉴别合同的真伪也有一定

的意义。

（2）确定伪造、变造时间。伪造合同的形成时间一般晚于合同文件上注明的日期。通过对合同书写时间及其物质材料的老化程度进行分析，一般可以确定伪造合同真正的形成时间。而变造合同的原合同形成一段时间后，变造人才会对合同文件进行变造、添改笔迹。因此，确定添改笔迹与原文笔迹是否同时形成对鉴别合同真伪有一定的参考价值。其鉴定方法主要是检验两者形成笔迹物质材料的老化程度是否相同，如观察墨水颜色的异同，检验染料的溶解能力、复印能力以及无机盐的扩散情况，等等。

（3）确定合同笔迹的书写人数。除了当事人的签名，合同文件通常由一人独立书写完成。在变造合同中，变造人通常不是合同书写人，因此变造合同上通常有两种以上的笔迹特征。在笔迹鉴定中要首先确定合同文件中不同部分的笔迹是否由同一人书写，并分别查明各部分笔迹的书写人。

（四）伪造、变造合同笔迹的鉴定方法

1. 伪造合同笔迹鉴定方法

伪造合同应按照笔迹鉴定的一般步骤和方法进行检验，但要结合文书内容、形式分析和物质材料检验。

2. 变造合同笔迹鉴定方法

变造人在添改合同内容时，往往在书写工具、书写材料、字体、字形等方面尽量与原文笔迹保持一致。因此，添改笔迹一般都存在严重的伪装，与原文笔迹非常接近。鉴定变造合同添改笔迹与原文笔迹是否由同一人书写时，通常是以合同中添改笔迹作为检材笔迹，而把合同原文笔迹作为样本笔迹进行比对。如果添改笔迹不是合同书写人书写的，那么添改笔迹与原文笔迹会存在一定差异。差异的大小随变造人的书写水平而定：如果变造人书写水平较高，其添改笔迹和原文笔迹特征相似程度较高；如果变造人书写水平较低，其添改笔迹和原文笔迹特征相似程度则较低。但是不管笔迹特征如何相似，不同人的笔迹所反映的书写习惯是存在根本区别的。只要仔细地比较笔迹特征，完全可以作出正确的鉴定意见。但在鉴定过程中应注意不同书写工具、不同物质材料、不同字体、不同字形对笔迹特征产生的影响。

（五）注意笔迹检验与物质材料检验相结合

合同文件的鉴定通常需要多种检验方法、多种解决途径以及多种物证相互印证。如合同文件的内容、笔迹、印文、物质材料之间可以相互印证。因此，在检验合同文件时，既要对笔迹、印文进行鉴定，也要分析合同内容、检验各种物质材料。各方面物证相互结合，互为补充，才能有效地实现鉴定目标。

## 二、票据笔迹检验

### （一）票据笔迹的概念

票据，泛指发票、凭证、单据之类。票据的种类繁多，从式样到各栏目的内容各不相同。票据从印刷和书写上可以分为两种基本类型，即带有一定格式的表格式票据和手写的便条式票据。除少数便条式票据外，多数票据都有固定的格式和内容，是一种表格式的文书。票据笔迹是指票据文书中所填写的手写文字符号，其中主要包括记载事实日期的笔迹，相关人员的批注笔迹和签名笔迹。

票据是记载经济活动事实、债务发生和演变事实的主要凭证。因此，不论是刑事案件、民事案件还是行政案件，凡是涉及经济开支、财产关系、债务关系的都可能以票据作为主要证据，而票据笔迹的鉴定自然成为查办案件的主要手段。

### （二）票据笔迹的特点

1. 笔迹数量少，笔迹特征难以准确判断

多数票据都是表格式的印刷文书，需要填写的文字符号不仅数量少，而且按财会管理规定还必须几人分别填写。所以，在检材票据中不管其中哪一栏列为可疑笔迹，可供鉴定的笔迹数量都是不多的。由于票据笔迹数量少，加之填写的内容一般是汉字少、数字多，很少有重复出现的单字和笔画相互印证，笔迹特征往往判断不准。这给笔迹鉴定带来了一定的难度。

2. 笔迹多有变化或伪装

票据多用规定的硬性书写工具书写，笔迹一般被格线限制。因此，除专业人员外，一般人会对票据的书写条件不适应而引起笔迹特征的变化。而且有的票据笔迹是书写人在环境复杂、心情紧张、工具异常、姿势特殊等条件下进行书写的，如冒领存款填写的取款凭条等。这些不利条件常使票据笔迹特征发生较大的变化。有的票据是书写人经过精心策划、巧妙伪装或经过长时期的摹仿练习之后书写而成的，笔迹伪装严重。有的票据被采用添写、改写、涂污、销蚀等变造手法，使原文笔迹变得面目全非。这些情况给笔迹鉴定增加了更多的困难。

3. 笔迹形成的时间间隔较长、跨度大

涉及票据的案件往往具有票据形成与发生争议的时间间隔长，或者是原始票据与变造票据形成的时间跨度大的特点。在案件侦查时对票据上可疑笔迹的书写人往往难以分清，如无有关行为人、当事人指认证实，或者记忆有错。在笔迹鉴定中可能把数人书写的笔迹当作一人书写的笔迹进行鉴定，使票据笔迹的差异点难以获得科学的解释。

4. 笔迹样本难以收取

由于票据格式和用途的特殊性，除财务人员外，大多数人平常不在票据上填写文字符号。因此，鉴定票据笔迹欲收取与检材笔迹近似的笔迹样本是有困难的。若收取其他形式的笔迹样本，由于内容和书写条件不同，笔迹特征的变化程度较大。这些都会给笔迹鉴定造成困难。

5. 怀疑对象集中

因为票据内容较少，制作要求特殊，只有规定的人员参与填写。因此无论其中哪一笔迹可疑，其书写人的范围都较窄，怀疑对象集中，多为制作、保管、使用票据的责任人及其相关人员。所以案件的排查范围不宽，笔迹鉴定需要审查的可疑书写人不多。这一特点对于案件侦查和笔迹鉴定是一个有利条件。

（三）票据笔迹的鉴定方法

1. 检材笔迹应尽可能提供原件

票据一般笔迹数量少，清晰程度差，笔迹特征多有变化或伪装。委托鉴定时只有提供票据原件，鉴定人才能正确判定检材笔迹形成的原因和笔迹特征变化伪装程度，准确地选用笔迹特征。票据的照片和复印件失真程度大，往往掩盖笔迹真相，给笔迹鉴定带来很大的困难。此种检材一般不符合鉴定要求，不能据此作出鉴定意见。如果作为物证的原始票据没有被销毁，即使入库归档，也应按规定临时提调。

2. 收取样本笔迹必须符合要求

鉴定票据笔迹的样本，应当符合三个要求：第一，样本笔迹数量要充分。凡是检材中出现的所有笔迹内容，包括数字笔迹（阿拉伯数字和汉字大写数字）、签名笔迹和其他文字符号笔迹，在样本笔迹中都应当反复出现。第二，要有正常笔迹和各种变化笔迹。收取笔迹样本时，除了一般手稿，还必须收取案前或案后填写的票据笔迹样本，并且其形成条件必须与检材相似。委托鉴定时只送交一般手稿或票据样本都是不符合要求的。第三，必须逐一核实票据样本的书写人。一张票据往往是多人共同书写的，其中属于受审查人书写的部分应当经过本人指认签字或者得到其他人相互证实。

3. 受理鉴定时必须查明票据需要鉴定的部位和笔迹

由于票据制作、使用和保管过程中的复杂情况，案件涉及的可疑笔迹只是票据某一部分的笔迹。委托鉴定机关和受理鉴定人必须当面确定委托鉴定的具体部位，并详细填入委托鉴定登记表，以免受检部位不准确而导致鉴定意见的失误。

4. 判定检材有无伪装变化

判断检材有无伪装变化，应首先分析判断检材笔迹是否正常；检验检材所有笔迹的书写工具和墨水种类是否一致；检验票据上有无其他可疑的变造痕迹；并对票据填写和记账方式是否符合财会制度的规定等进行综合分析。

5. 综合运用各类笔迹特征

票据笔迹数量较少，种类却繁多。因此笔迹鉴定时必须利用各类笔迹特征，为鉴定意见提供尽可能多的依据。鉴定票据笔迹，一般有四个方面的笔迹特征可供利用：一是普通汉字笔迹特征，即记载票据事实的汉字，如标题、名称、事由、批注意见等；二是数字笔迹特征，包括阿拉伯数字和汉字大写数字；三是签名笔迹特征；四是附加符号特征，如货币符号特征、计量单位符号特征、四则符号特征、分式符号特征、保护符号特征等。这四个方面的文字符号的书写动作特征和文字布局特征，应按本书有关篇章所阐述的特征表现形式和确定特征的方法及鉴定价值加以运用和评断。

## 第二节　字句类笔迹检验

### 一、字句类文书的概念

字句类文书是指诉讼中出现的只有少量单字或个别词句的文书。字句类笔迹属于少量字迹，在各种案件中比较常见。如现场遗留的通讯簿纸张、留言字条、标语传单、恐吓字条等。字句类文书与犯罪嫌疑人有着千丝万缕的联系，蕴含着丰富的犯罪信息。通过对字句类文书的检验分析，可以获得侦查线索和方向。因此掌握字句类笔迹的检验方法，对侦查和诉讼工作有着很大的帮助。

## 二、字句类笔迹的特点

### （一）笔迹数量少，句式简单

字句类文书属于少量笔迹的文书，表达意思简单直接，只有少量的词句，因此笔迹数量少、句式简单。笔迹数量少，其表现出的笔迹特征数量也就少；笔迹数量少，笔画和单字重复出现的机会就小，笔迹特征不能相互印证，书写动作的规律也就不易反映出来，难以把握稳定的特征。句式简单，检验中可供利用的辅助特征少，如标点符号特征、文字布局特征、书面语言特征等。这给笔迹检验带来了一定的难度。

### （二）笔迹特征多有变化

字句类笔迹多属非正常笔迹。有的文书笔迹经过伪装，有的文书笔迹虽无伪装，但其书写客观条件的异常多会引起笔迹特征发生不同程度的变化。以下是其常见的原因。

1. 书写工具异常

现场就地取材进行书写的情况较多，书写工具多是非正常的，如石块、铁钉、小刀、手指等。有的犯罪分子为了掩盖其笔迹特征或达到恶劣的影响，可能选择某些特殊的书写工具和书写材料，如使用工业排笔和油漆进行书写，或者使用扫帚和石灰水进行书写，形成的笔迹很大而且不易擦掉。笔迹过大，书写工具异常，其笔迹特征就会发生变化。

2. 承受客体异常

案件现场的地理环境千变万化，而字句类文书多直接书写在现场的物体上，其承受客体的表面性状也有很大的差异。承受客体的异常会对笔迹特征带来很大的影响。如有的比较坚硬，有的比较松软；有的比较平整光滑，有的比较粗糙；有的表面凹凸不平或存在明显的沟槽、裂纹等；有的罪犯故意选择正在生长的植物表面进行刻写，如在树干、竹子或瓜果表面刻写文字等。

上述情况都会影响书写活动的正常进行，从而引起笔迹特征发生一定程度的改变。如刻写在生长植物表面的文字，随着植物的不断生长，笔迹特征会不断发生变化，变化程度与刻写时间到案发时间的长短成正比。

3. 书写姿势异常

现场情况比较复杂，地势多样，书写时姿势难以保证舒适和正常。书写姿势的异常也会对笔迹特征造成一定影响。如果选择的书写位置过低、过高或侧身书写，由于身体难以保持平衡，书写运动器官支撑不稳，视觉的监督作用下降，书写动作难以控制，必然会引起笔迹特征的改变。

（三）伪装笔迹的手法多样

由于字句类文书多直接遗留在现场，书写人为了隐藏自己的身份，书写时多有伪装。文书笔迹数量少，书写人容易歪曲自己的笔迹特征。因此案件中字句类文书随意伪装占的比例较大，常用的伪装手法是故意改变书写速度，改变字体、字形，破坏单字结构，故意改变笔形以及采用空心字、重描字、美术字、尺划字等。不同的伪装书写手法对笔迹特征的歪曲程度不同，引起笔迹特征改变的方面各异。

（四）检材多为现场照片，原件送检的情况较少

字句类文书最常见的情况是直接书写在现场物体上的标语、辱骂字句等。这种情况由于条件限制，文书通常只能采用照相的方法提取。而照相提取往往会引起文书笔迹特征的变化，尤其是照相方法不当可能造成笔迹的变形，进而影响对笔迹特征的分析判断。

## 三、字句类笔迹的检验方法

（一）分析检材笔迹的形成条件

在进行鉴定之前，必须详细了解案件基本情况和检材提取状况。对于标语字句案件，应注意了解发案的时间、地点、现场环境、书写工具种类、书写承受客体性状等情况。在条件允许的情况下，文检人员还应深入案件现场进行实地勘验，了解引起笔迹特征变化的相关因素，并确定检材笔迹特征变化的程度。

（二）判断检材笔迹有无伪装，查明伪装手法

判断检材笔迹有无伪装的方法：第一，从整体上观察检材笔迹是否全篇

文字书写水平不一致，字体、字形不统一，运笔动作不流利，错别字情况与语文水平不相称，语文水平与熟练程度之间存在矛盾等。第二，分析单字笔画有无异常现象，如单字笔画起收笔位置不准，运笔动作呆板，笔画中有不适当的停顿、中断，收笔部位有细小的反射动作或拖带现象，笔力轻重不一，等等。如果检材具备了上述特点，即可判明是伪装笔迹。确定检材笔迹的伪装手法，必须根据各种伪装笔迹的具体特点进行分析。

（三）准确选择笔迹特征

字句类文书检材笔迹数量少，单字结构一般比较简单，而相同单字的重复出现率低。这给认识笔迹特征带来了一定的困难。同时，由于字句类案件句式简单，也在一定程度上限制了选择笔迹特征的范围。因此，在鉴定中分析选择笔迹特征主要是对单字特征进行全面剖析。为了准确选择笔迹特征，检材应尽可能使用原件，样本数量要充分，种类要齐全，可比性要好。

1. 选择特征的范围

字句类文书笔迹鉴定中选择笔迹特征的范围主要是运笔特征、笔形特征、笔画交叉搭配特征、单字基本结构特征。其他辅助特征，如标点符号特征、文字布局特征、书面语言特征，如有出现也应注意运用。

2. 选择笔迹特征的基本方法

第一，把相同单字、相同偏旁部首和相同笔画联系起来进行综合分析，把握书写习惯的规律性，确定其稳定特征；第二，把不同单字相同的结构、相同笔画联系起来进行考察，分析它们的共同点和不同表现方式，找出其共同规律，确定其规律特征；第三，对于那些没有重复出现的较为独特的笔画、单字，一时难以确定其是书写人书写习惯的真实反映，还是因主观、客观因素影响而偶然出现的个别现象，可暂时存疑，在比较检验中通过与嫌疑人样本笔迹进行反复对照研究，得到印证后再决定取舍。

3. 确定独特稳定的特征

对于不同种类的笔画，独特稳定的特征所在的具体部位是不同的，鉴定过程中应根据笔画种类的不同部位选择特征。一般规律是：横画起收笔的反射动作、压力点和中间部分的弧形运笔特征；竖画起笔动作，行笔方向，笔画的弧度，笔画形态，收笔时的折笔、停顿、回笔、反射动作；撇画和捺画的特殊类型；折画转折部位的动作、方向、弧度、角度；挑画起笔动作的形态、运笔方向、收笔位置、形状；勾画提顿动作的形态（勾的类型）、勾的角度、弧度、运笔方向、收笔位置、收笔形状、收笔动作的方向。笔画之间的连接搭配特征应着重观察笔画连接的部位、连接顺序、连写动作形态、笔画间的照应关系。

在选择笔迹特征的过程中，一定要结合案件各方面的具体情况进行客观分析。根据笔迹特征的变化规律和特点，区分哪些是容易改变的特征；哪些是不容易改变的特征；哪些是可靠的特征；哪些是有待进一步验证的特征；哪些是书写习惯主流和本质的反映；哪些是故意伪装或受客观因素影响形成的假象，等等。只有经过具体分析，才能正确选择特征，为综合评断作出正确的鉴定意见打下坚实的基础。

（四）结合案情进行综合评断

字句类文书的笔迹鉴定，案情对鉴定意见的影响很大。为了综合评断作出正确结论，必须认真了解有关案件情况。第一，了解受审查人范围的大小和人数的多少。一般来说，审查范围越小，涉嫌人数越少，笔迹特征总和价值相应提高，鉴定意见可靠性也相应增强。第二，了解侦查方向和范围有无偏差，是否将书写人纳入侦查视线之中，对重点嫌疑人的嫌疑依据是否充分。这是字句类笔迹鉴定的一个重要前提条件。第三，了解案件现场各方面的情况，特别是应对各种书写客观条件作深入的调查与分析。

1. 评断特征总和的价值

一般来说，凡是作肯定同一意见的案件，各类特征相同点的比例较高（多在60%），相同特征总和占选用特征总数的比例也较高（70%）；凡是作否定同一意见的案件，各类特征不同点的比例较高（除字形特征外，一般多在70%以上），不同特征总和占选用特征总数的比例自然也高（60%以上）。对于字句类文书的笔迹鉴定，由于笔迹数量较少，可供利用的特征数量、种类和范围局限性很大。因此，除了重视相同与不同特征数量的基本比例关系，更要以特征价值的高低作为鉴定意见的主要依据。在综合评断中，要着重审查它们在特征总和中所占的比例，审查每类特征中鉴定价值高的部分的比例，审查那些出现率极低的稳定特征是否一致，并分析差异点产生的原因。

2. 确定差异原因

引起字句类文书笔迹特征发生变化的客观条件主要有书写环境、书写姿势、光照条件、书写工具以及承受客体等。

（1）分析书写环境对笔迹特征的影响。由于此类现场大多数是公共场所，犯罪分子书写时心情紧张，难以从容书写或对笔迹特征进行各种有效伪装，书写速度较快，通常比较潦草，容易出现漏字或出现多笔画、少笔画现象。如果是在行进中进行书写，笔画容易出现弯曲抖动、搭配比例失调等现象。

（2）分析书写姿势对笔迹特征的影响。犯罪分子如果选择的书写位置过低、过高或侧身书写，由于身体不平衡，书写运动支撑点不稳，容易使部分笔画拖得过长或伸展不开，造成比例失调，笔画搭配不准，单字形体发生变化。

（3）分析光照条件对笔迹特征的影响。犯罪分子如果在夜间或在较黑暗的角落书写，由于光照条件差，视觉的监督调节作用下降，书写动作主要靠业已形成的书写动力定型的自动化系统完成，容易出现笔画重叠、多笔少画以及部分笔画搭配比例失调的现象。

（4）分析书写工具对笔迹特征的影响。字句类文书的形成中，犯罪分子多就地取材进行书写或使用特殊书写工具进行书写，对笔迹特征的影响较大。如是非正常的书写工具，则笔迹特征主要反映在书写水平、笔画的起收笔、转折部位以及笔画粗细等方面的明显变化。

（5）分析承受客体对笔迹特征的影响。字句类文书是犯罪分子多在现场直接书写的。在各种不同物体表面进行书写，承受客体的表面性状对笔迹特征的影响也很大。如在墙面上进行书写，运笔阻力较大，笔画容易出现弯曲抖动现象；当墙面不平整或有明显勾缝时，笔画中容易出现不正常的停顿或中断现象等；在木质表面进行书写、刻写，木器的纹理结构和表面裂缝也会干扰正常运笔动作；在柱形面或较狭窄的表面进行书写，字的形体和笔画形态容易发生变化，笔画的长短比例关系容易失调，收笔部位还常常出现不适当的拖带现象。

（6）字句类文书不仅在形成过程中会因客观环境而产生变化，文书形成后也会产生变化。文书形成以后发生变化的情况主要有以下三种：第一，现场环境受到自然破坏或人为破坏，造成部分笔迹或个别笔画残缺不全，模糊不清，以致难以辨认；第二，在生长着的植物干茎或瓜果表面刻写字句，由于植物的自然生长或死亡干缩，笔迹发生变形，结构松散，笔画自然弯曲，部分笔画残缺等；第三，由于提取文书的方法不正确，如拍照角度不当，调焦不准，曝光失误等，单字结构发生变形，细小笔画容易损失，单字结构不清晰等。对于上述各种情况，在受理鉴定过程中应仔细询问现场情况和文书的原始状况，以及文书的提取方法等情况，必要时鉴定人员应深入现场进行实地勘验，澄清疑点。

字句类笔迹的伪装形式多样，其中随意伪装笔迹较多，如故意降低书写水平，改变书写速度，改变字体、字形，破坏单字基本结构，改变执笔方式或笔形等。有的犯罪分子也可能采用左手书写或右手写反字等比较特殊的伪装方法，有的甚至采用摹仿伪装或规律性伪装方法进行书写。各种伪装手法都有其特定的变化规律和特点，因此要对字句类笔迹进行具体分析，查明伪装方法，分清容易变化和不易变化的特征，去伪存真，抓住书写人书写习惯的本质和主流，准确地解释差异。

在综合评断过程中，对差异点的解释一定要客观细致，既不能对差异点的存在视而不见、避而不谈，也不能对差异点的形成原因进行主观臆断或笼统地进行解释。为了有效地解释差异点，鉴定人员在鉴定过程中可以模拟案件现场条件或某种特定的伪装手法，进行必要的书写实验。在制作鉴定书时，对一些反动标语或辱骂字句要注意将单字分开描绘或剪贴，避免不恰当的反面宣传。

## 第三节　阿拉伯数字笔迹检验

### 一、阿拉伯数字的历史演变

阿拉伯数字是一种古老的数字符号，它的创立和发展已有一千多年的历史。阿拉伯数字是公元 3 世纪前后印度梵文天城体字母衍生的，当时属于印度数字系统。以后这种数字符号被传到阿拉伯国家，最后演变成为阿拉伯数字系统再传到欧洲。直到 15 世纪阿拉伯数字才形成现代的数字形式，逐步成为国际通用数字。阿拉伯数字的主要功用，是在文字系统中代表数量的概念，同时是速记和通信技术的代用符号，有的国家还用它作为文字代表符号的一部分。现代阿拉伯数字是各种文字系统的附属部分，它在记录社会政治经济文化生活中具有不可代替的作用，所以便自然地伴随各种手写文字在文书中出现，成为笔迹鉴定的一部分。在经济犯罪案件中，阿拉伯数字大量出现在有取存款和信汇凭证、财会账目、借条、收据、票证、工资表和签字日期等的贪污、行贿受贿案件中。

## 二、阿拉伯数字的笔迹特征

阿拉伯数字的书写方法与汉字大体相同，但数字笔迹仍然有着自己的特点。阿拉伯数字笔画简单，多则两笔、少则一笔。由于其简单易学，它在人们的工作和生活中被广泛采用。依据数字的书写特点，书写动作有笔画和笔画因素的区别。笔画是指从起笔到收笔所完成的一个线条或一个点，而笔画因素是指一个方向上的书写动作。数字的一个笔画多由几个笔画因素构成。

阿拉伯数字笔画的形态和书写要求与汉字有较大差别，所以笔画名称也与汉字不一样。在我国目前尚未统一其笔画命名，但多数笔迹学研究工作是按照数字的形态和书写要求确定笔画名称的。一般分为圆形、椭圆形笔画和笔画因素；弧形笔画和笔画因素；转折笔画和笔画因素；下行直画；补充笔画。鉴定中，笔迹特征的部位和形态也是根据笔画名称进行描述的。

### （一）数字笔迹熟练程度

数字笔迹熟练程度是指书写数字的运笔流利程度、数字间大小均匀程度、数字间排列、连写的合理程度以及数字笔画搭配关系的总体熟练程度。笔迹熟练程度分为高、中、低三等。熟练程度高的数字运笔流利自然、大小均匀、各部分的搭配比例也比较匀称；熟练程度低的数字运笔生涩、大小不均匀、各部分的搭配比例特征不匀称；介于两者之间的为熟练程度中等。

### （二）数字形体特征

数字形体特征是指数字的书体与形状。手写数字的形状一般是长形、长斜形、瘦长形、方形、扁形以及斜形。阿拉伯数字一般有四种书体：楷书体、工整体、行书体、花样体。

（1）楷书体：有固定的形式，用于工程技术图表、文件编码、财会人员总计账目。

（2）工整体：书写端庄工整，速度较慢，多用于书写公文、信函、合同、契约的日期和其中的数字。

（3）行书体：又称自由体，多用于财会人员日常记账和书写单据。

（4）花样体：书写流利，气势豪放，多用于记载书信日期和专业人员记录工作情况，如教师批改作业、评卷记分等。

手写数字多为长形字。财会人员限定斜长体字，向右倾斜55°。“6”字高于其他数字1/4，“9”“7”字较其他数字下伸1/4，“0”字与其他数字长宽一致。根据书写数字的规范程度，可分析书写人是否有某种职业特点。

（三）数字与格线的关系

数字与格线的关系是指在一定的格栏内填写阿拉伯数字时，数字与格线之间的位置关系。多数数字是写于有格线的纸上的，必然和格线之间产生一定的位置关系。两者相对的位置关系有：数字写于两条格线中间；靠格线上缘书写数字；靠格线下缘书写数字；压下线书写数字；数字超出上格线；数字跨越下格线。

（四）数字的大小与间隔关系

数字的大小与间隔关系，是指一组数字的每个数字之间相对大小关系和距离关系。数字排列形式有同等大的、从大到小的、从小到大的、两头小中间大或者相反的。数字排列间隔有的稀、有的密、有的有习惯性的间隙。

（五）数字间的连写特征

数字间的连写特征是指一组数字的前后两个数字之间的连接特征，主要表现为连写的部位和方式。“2”“3”“6”“8”“0”与其他数字连写的最多。

（六）数字的基本结构形式特征

同一个数字同一种字体有几种结构形式。“1”“6”“7”“8”“9”“0”的结构形式特征相对多一些。

（七）数字的笔顺特征

规范数字只有“4”“5”两字有两笔，其余数字均只有一笔，笔顺本不复杂，但多数人书写“6”“7”“8”“9”时，笔画因素会分解开来，单独形成笔画，从而也形成笔顺特征。

（八）笔画的搭配特征

笔画的搭配特征主要表现为：“4”“5”“7”的笔画搭配位置特征；“2”

“8”环绕交叉位置特征。

（九）单个数字的比例关系特征

同一个数字上下左右的比例关系特征多表现在“2”“3”“5”“8”“9”字上。有上大下小、上小下大、上宽下窄、上窄下宽、上下均等多种形式。

（十）数字的运笔特征

数字的运笔特征主要表现在各个数字的起笔、行笔、收笔的位置、方向、形态方面。

起笔特征：“0”“2”“3”“5”“6”“7”“8”“9”字位置、方向、形状特征表现形式较多。

行笔特征：多表现在“2”“3”“4”“5”“6”“7”“8”“9”字的行笔方向、弧度、角度、环绕转折形态方面。

收笔特征：多表现在收笔位置、方向、反射动作形状以及与其他笔画的连接趋势方面，尤以“2”“3”“5”“8”“9”“0”字特征较多。

（十一）数字的附加符号特征

阿拉伯数字用来表示一定事物的数量。由于所表示的事物不同，人们通常在数字的前后标示一定的符号。如在数字前加“#”“NO”表示号码，在数字后加上单位等。这些符号的写法、运笔、笔顺、位置安排以及同数字之间大小比例等，反映了个人的书写习惯。此外，表示数量单位所用的小数点和分节符号的形态大小、位置安排也因人而异。分析研究这些符号的笔迹特征，对于扩大利用特征的范围，充实鉴定意见有重要意义。

## 三、阿拉伯数字的检验要点

阿拉伯数字笔迹检验的方法和程序与其他笔迹检验的方法和程序相同，但是它有其自身独特的特点。

（一）比较阿拉伯数字与文书整体的笔迹熟练程度

阿拉伯数字与文书整体的笔迹熟练程度应该是基本对应的。一般情况下，文字熟练程度高的，数字熟练程度也高。但一些特殊职业可能有所不同，如财会人员长期书写数字，可能数字熟练程度高于文字熟练程度。在正常情况下，如果两者熟练程度差异较大，应考虑是否有伪装。

（二）分析阿拉伯数字的形体特征

分析阿拉伯数字的形体特征，首先要研究检材属于哪种形体，样本有几种形体；分析样本笔迹，判断检材的形体特征是否符合嫌疑人的职业爱好、文化程度等情况。形体特征常因书写客观条件的改变而发生变化，快写易写行书体，慢写易写楷书体；印刷格扁宽，字形易扁宽；印刷格狭长，字形易狭长。故意伪装时，形体特征也容易发生改变。在笔迹鉴定时，应将以上因素都考虑进去。

（三）综合特征的运用

阿拉伯数字笔迹特征从分类角度上可以划分得很细，但由于单个数字本身的笔画单一，许多特征集中体现在一两个笔画上。如果将特征单独分开来看，特征出现率高，其鉴别意义比较小；如果将一个数字上的笔迹特征综合起来分析，特征的出现率降低，鉴别意义比较大。因此，在数字笔迹鉴定中，应多运用综合特征。

（四）判断阿拉伯数字有无伪装变化

文书中出现的阿拉伯数字通常代表标的、数量、价格、金额等重要内容，对文书内容起着至关重要的作用，并且阿拉伯数字笔画简单，容易伪装变造。因此许多案件都是文书中的阿拉伯数字出现伪装变化，而阿拉伯数字也成为案件的争议点。因此在笔迹检验中，要严格区分阿拉伯数字笔迹的书写人，并观察分析其是否有修改、重描、擦刮、掩盖等现象，确定其真伪。

（五）书写习惯的多样性

一个人多次写同一个数字，不仅不可能一模一样，而且可能交替出现不同的特征类型。这些不同的特征类型是书写习惯多样性的表现。在笔迹检验过程中，要注意分析差异点的形成原因，确定差异的性质，这样才能确保鉴定意见的科学客观。

## 第四节　英文笔迹检验

随着改革开放的深入和发展，我们与世界的交往越来越频繁，作为国际交往通用语言的英语在我国受到越来越广泛的重视和普及，并成为我国与世界进行交流的一种重要的语言交流手段，是我国目前使用人数最多的一种外国语。司法实践中，涉及英文笔迹鉴定的案件日趋增多，因此，研究英文的笔迹特征，掌握其检验方法显得十分重要。

## 一、英文的形体与书写规则

### （一）英文的形体

英文的形体主要指英文字母的字体和字形。英文常用的手写字体有五种：手写印刷体、匀笔斜体行书、圆体行书、斜体行书和花体。英文较常见的有长行字母、方形字母、圆形字母、扁形字母等。

### （二）英文的书写规则

英文属于拼音文字，虽在写法和笔画数量上比汉字简单，但与其他文字一样，有其固定的书写规则。如英文字母的大小写规则、笔顺规则、倾斜要求等。

英文书写一般采用三线簿，即由四条组成的均匀的三格本。书写时以中间一格为基准，字母应落在由上往下数的第三条线上，不能高出或低于基线。字母的上伸笔画顶端不能超出第一条线，字母下伸笔画底端不能超出第四条线，而且字母一般呈一定的倾斜角度。字母间距要均匀，单词间距要统一，单词间距一般相当于一个小写字母的宽度，句子之间的间距是单词间距的两倍，相当于两个小写字母的宽度。句子中大写字母的高度要一致，小写字母b、d、h、k、l与大写字母高度相同，小写字母的上伸笔画和下伸笔画长度相同。大写字母与大写字母之间不连写，也不能与后面的任何小写字母连写；字母g、j、q、y四个下伸笔画不能与后面的字母连写；字母s与前面的字母可以连写，但不能与后面的字母连写，双写时也不能连写；字母z不能与后面的字母连写。字母b、o、r、w、v与后面的字母e连写时，这几个字母的收笔位置要稍低，而字母e的收笔位置要相对高些。字母t、f双写或字母f与t连写时两条横线可连成一条横线。字母f与i/l可连写，但不与字母e连写。字母q一般与字母u放在一起，但不能连写。

## 二、中国人与英语母语者书写英文在笔迹特征方面的差别

中国人在学习和使用英语时常会受汉语语言习惯和语法的影响，在英文笔迹中反映出一些汉语的语言和语法特点，从而出现一些共同性的错误，为区别中国人与英语母语者书写英文笔迹的不同特点提供了条件。此外，在笔迹特征上，两者也存在较明显的特征表现形式方面的差异。在笔迹特征上，中国人与英语母语者的差别主要表现在字母形体、笔顺、倾斜方向、标点符号、基线习惯形式、布局安排及日期排列形式等方面。

### （一）字母形体的差别

汉字为方块字，英文系拉丁文字。相较而言，汉字笔画曲线少而转折笔画多，因此，中国人在书写英文时受汉字影响往往将英文写得比较规矩、呆板，字体、字形较单一，较易辨读；而英语母语者书写英文则不拘形式，字体、字形富于变化，不拘一格，笔画流畅、自然，极具美感，修饰笔画和省略笔画也很多，可能难以分辨。

### （二）笔顺的差别

英语母语者书写英文字母时较其他语种的书写人特别是中国人书写英文更准确、熟练，并且英文字母笔画较少、笔顺简单，因此英语母语者出现错误笔顺的概率相对要低。而汉字笔顺的书写规则与英文笔顺的书写规则有所区别，即使是汉语拼音字母，其与英文字母的笔顺规则同样存在差别。由于受汉字和汉语拼音字母笔顺习惯的影响，中国人在书写英文字母时，就很容易按汉字或汉语拼音字母的笔顺规则进行书写，故会出现较多错误的英文字母笔顺。

### （三）倾斜方向的差别

由于英语非中国人的母语，书写时往往严格遵守英文笔迹的书写规则，一般都能做到英文字母向右倾斜；而英语母语者在书写英文时随心所欲，多凭个人喜好尽情发挥，垂直的、向左倾斜的、向右倾斜的都较常见，而且有些书写人书写的字母倾斜角度往往很大。

### （四）标点符号的差别

英语的标点符号与汉语的标点符号在使用写法上都存在一定的差别，而

中国人学习英语往往会忽视对标点符号的使用，加之应用英语的场合不够普遍，使用时常会把两者标点符号混同起来，如将英语的句号“.”写成汉语的句号“。”，把英语文章中的斜体词（书名的一种表示方法）写成汉语的书名号等。冒号在英文中用在某一子句后表示其后的子句进一步说明了该子句的含义，并且冒号可以由分号或句号代替。

（五）文章布局的差别

在信封三款的安排顺序、信文落款的程式化和信文中书写寄信人姓名地址的习惯上，中国人与英语母语者存在较明显的差别。中文的大标题、小标题一般要求位置居中，而英文的大小标题均顶格书写，即便首段也是如此。另外，英文文章的小标题通常不编号，只用黑体字母或斜体字母表示。

（六）书写日期形式的差别

中国人书写英文落款日期时，往往容易用书写汉语日期的方式代替，而英语母语者书写日期的形式则多种多样，如1999年9月4日可以写为04/09/99；Sep. 4，1999；9 \ 4 \ 99；9 -4 -99等形式。

## 三、英文笔迹的特点

（一）字母数量有限

与我国汉字相比，英文所使用的字母符号的数量是十分有限的，英文只有26个字母，即使将大写、小写字母及标点符号统合起来，数量也不会超过100个，这应是英文笔迹与汉字笔迹相区别的重要特征。

（二）字母结构简单

英文无论是字母结构还是标点符号的结构都很简单，笔画数量少，最多的字母笔画只有三个，大多数是一两个笔画，而且在结构上也没有汉字的上、下、左、右、内、外等几种结构形式，标点符号的笔画最多只有两个。

（三）书写动作简洁

英文字母的结构特点决定了绝大多数字母符号只需一两个书写动作就可以完成，这与汉字的复杂书写动作和书写方法相比无疑相差最大。

## 四、英文笔迹的检验要点

英文笔迹检验的步骤、方法与汉字笔迹检验基本相同，也包括分别检验、比较检验和综合评断三个阶段。由于英文笔迹具有区别于汉字笔迹的特点，其在具体检验过程、检验方法上与汉字笔迹检验又有所不同，有其自身的特殊性。

（一）判定检材字母符号的文种

各种拼音文字一般都使用几十个固定的字母符号来表示本民族独特的语言特点。由于各种拼音文字的字母来源不同，不同文种的字母符号系统差别很大，这种差别主要表现在字母符号形态和数量两方面。即使是有共同来源的拼音文字，由于各民族语言的特点不同，它们在字母符号系统也不完全相同，如英文、法文、德文的字母符号都源于古代拉丁字母，它们的基本字母形态完全相同。但这三种文字的发音符号存在明显差别，英文字母中没有发音符号，法文和德文却有各种发音符号就是差别之一。又如，汉语拼音与英文的差别，除表示声调的四种符号外，汉语拼音中还存在大量的特定字母组表示相应的声母、韵母等。因此在检验拼音文字笔迹之前，必须首先弄清检材字母符号的种类，确定其文种。

（二）区分英文字母字体

无论何种文字，其在历史发展演变过程中，受到书写工具和书写材料的影响，以及为满足各种书写需要等主客观的要求，便形成了不同风格、形态、特点的字体。由于英文字母符号的结构简单，不同字体之间的字母在形态和书写方法上存在很大的差别。通常情况下，英文字母只有在同种字体之间才具有较强的可比性，因此，掌握每一种字体的书写规则和书写方法，能够有效区分出不同字体对英文笔迹检验显得十分重要。

（三）辨识英文字母符号

在快速书写的英文笔迹中，单词中字母符号之间的连写、简写、缩写较多，加之英文字母的圆弧形笔画十分普遍，使单词中的字母符号容易混淆而难以辨读，在笔迹检验过程中容易误将不同的字母符号当作相同的字母符号进行比对。为了防止这种不必要的失误，避免因此产生的结论错误，在英文笔迹检验之前，应正确理解检材内容，结合句子本身意思和上下文的意思，弄清每一个单词的含义，明确每一个单词的字母构成，分清其字母符号的拼写方法，严格坚持在相同的字母之间进行比对的原则，避免将不同字母当作相同字母进行比对，造成认识上的错误。

（四）分析检材笔迹的性质

多数情况下，中国人使用英文书写时一般不会进行伪装，因而这种情况下的笔迹应属于正常笔迹。但随着使用英文文书的人日趋增多，为实现某种目的而故意伪装书写英文笔迹的书写人越来越多，伪装手段也多种多样。因此检验时首先要分析检材笔迹是正常的，还是书写人非主观意愿的变化及故意伪装的，如练习摹仿、套摹的等，进而判断检材笔迹的性质，即正常笔迹、变化笔迹还是伪装笔迹。

（五）准确选取英文笔迹特征

英文笔迹特征与汉字笔迹特征的表现形式不同，因此，为准确选取英文笔迹特征，必须做到以下六点。

1. 单词作为比对单位

正如汉字笔迹检验一样，不应该也不能局限于在相同单字或偏旁部首间进行比对，有时需要在相同词组之间进行。英文笔迹检验更由于其字母笔画的简单等特点，不能局限于单个相同字母的比对，因为多数英文字母笔迹特征是在单词中体现出来的，同一字母，在不同单词中因其相邻字母不同，其连笔特征和运笔特征也会产生相应的变化。因此，在选取英文笔迹特征时，既要注意相同字母的比对，更要重视相同单词为比对单位的比较，即最好选取相同单词或相同的字母组合，以增强可比性。而且由于英文字母在单词中的位置变化较多，所处的位置不同，其特征表现形式便有所差别，故收集笔迹样本时要尽可能收集具有相同单词或相同字母组合的笔迹，即尽量选择相同位置的相同字母的笔迹特征进行比较，提高特征鉴定价值。

2. 掌握英文的书写规则

英文笔迹的书写规则与汉字书写规则差别很大，选取特征时要严格依照英文书写规则进行。如英文字母符号有大写、小写之分，大写字母与小写字母的书写大小与位置安排要求不同，以此形成了基线特征、行线方向和形态特征、字母间的搭配比例特征，以及字母倾斜、连笔要求的不同形成了倾斜特征、连笔特征等。如不熟悉英文书写规则，就难以合理准确地选取笔迹特征。

3. 细致研究英文的语法结构

作为音位文字的英文的表音特点决定了其语法结构比较复杂，主要表现在词法和句法两方面。因此，深入研究英文的语法结构是认识笔迹语法特征和语言特征的重要前提。此外，英文在词性、主宾格、语序等方面的变化也很复杂，所以，深入细致研究英文的各种语法特征，对全面分析、运用英文笔迹特征体系是十分重要的。

4. 研究笔迹特征价值

对英文字母符号要进行分类研究，从而确定字母特征鉴定价值的高低和特征区域，使选取的特征更具针对性。美国最新研究成果表明，英文字母符号的左下角是书写速度最快的部分，右上角次之，如果将字母划分为四个区域，即一区域、二区域字母笔画的书写速度比三区域、四区域快。这两个区域的书写速度加快，书写人的固有特征暴露得较为明显，书写速度越快，笔迹特征暴露得越充分，甚至可能出现派生体；相反，三区域、四区域笔迹特征表现不明显，是因为英文字母在这两个区域出现得很少，书写速度也较慢。充分利用这些研究成果对选取英文笔迹特征具有重要的意义。

5. 充分利用出现率高的字母

英文单词的构词法决定了英文字母的较高出现率。在检验过程中，特别是检验较少单词时，要确定哪些字母出现得最多，首先选择处在词首的字母，其次再考虑位于词中的字母，并结合与其相连的前后字母进行研究，最后考虑位于不同单词后即词尾的字母。因为同一字母因所处位置不同其笔迹特征也有所变化。因此鉴定时，必须要考虑同一字母在词首、词中、词尾时对其书写特征的影响。

此外，多数常见字母往往具有稳定的独特性特征。鉴定时，要分析鉴别哪些字母特征是一直存在的，哪些字母特征是偶尔出现的或只出现两三次的，再用同样方法分析较常见的字母及所有字母特征，进而掌握这些字母及字母组合的独特的书写习惯，为笔迹鉴定服务。如存在拼写错误时，还要分析其是书写人固有的书写习惯还是书写人故意伪装形成的。

6. 全方位选择和利用笔迹特征

手写英文字母圆弧形笔画较多，书写动作完成速度较快，字母符号连写现象十分普遍，一些基本笔画发生笔画差异的现象十分突出。因此，在检验中应该特别注意选择和运用 26 个大小写字母的运笔特征、连笔特征、提笔特征、拼写特征及 10 个数字和标点符号的写法特征。当然也不能忽视英文笔迹的一般特征和书面语言特征。如笔迹在纸张上的页边、全篇笔迹的空隙和拥挤、花边、插入、行线等位置的布局特征，不同身份、年龄、地区的书写人使用词汇的特征，标点符号和数字符号的调整，某些单词的特殊写法特征以及各种反映书写人用语习惯的语言特征等，这些特征的任何一种都可能有其独特之处，在汉字笔迹检验中通常是认定书写人的辅助依据，而在英文笔迹检验中往往具有较高的鉴定价值。肯定笔迹的依据很多，有些鉴定依据可能价值很高，这是由每份检材的特定书写环境条件等因素决定的，因此，切不可在选取笔迹特征时随意取舍，一定要具体案件具体分析。

（六）收集充分的英文笔迹样本

笔迹鉴定要充分利用检材笔迹特征系统，所以收集样本笔迹是笔迹鉴定必要的前提和基础。而收集的样本笔迹是否符合检验条件又将直接影响到笔迹检验能否顺利进行。如果英文检材笔迹可以确定是中国人书写，则应尽量收集其英文笔迹样本，若实在收集不到其英文笔迹样本，就要收集与英文笔迹字母接近的汉语拼音字迹样本，但使用时要特别注意两者各自的特点。

一般情况下，如果检材与样本笔迹是同一人书写的，自然可以认定两份笔迹具有同一的书写习惯。如果检材笔迹与样本笔迹中出现了一个重要的特征差异，一般应视为由两个人书写的显著标志，除非在提供的有关样本笔迹中能得到合理的解释；但如果存在几个反复出现的重要的特征差异，则毫无疑问就可以否定两份笔迹是由同一人书写的。相反，仅根据检材与样本中存在的一两个甚至几个“独特的”符合特征却不可能认定书写人。因为如果两份笔迹系由同一人书写的，一定会存在足够的符合特征，而不应存在本质性的差异，所以出现的偶然性的一致这种可能性已经排除。所以，笔迹同一认定不仅需要一系列的符合特征，还要保证两者之间不存在本质差异，故收集样本是笔迹检验过程中最复杂和最困难的工作，具有不可或缺的地位，而做到收集的样本笔迹符合检验条件又是重中之重。

1. 样本笔迹的量一定要充分

足够的样本笔迹对笔迹检验是十分重要的。只有一两份样本笔迹往往不能作出鉴定意见。由于书写活动是一种变化的发展过程，书写人受书写技能影响的同时，又受其精神状态、身体状况、年龄及其他各方面因素的影响。所以收集样本一定要达到一定的数量，即必须能反映出书写人的书写习惯及其变化，但也不必收集包含书写人所有笔迹特征的样本，一般只要样本中包含检材笔迹的那些特征即可。但鉴定过程中，不能仅依靠单纯的英文笔迹细节特征，其他许多因素也应该充分利用。一般而言，书写活动越多或越频繁，其形成笔迹的多样性变化就越多，而且随着时间的推移，笔迹特征的变化就越大。通常书写人总是想用尽量少的书写笔画、简单的结构形式，达到较快的书写速度，这样使英文字母及字母间连笔增多，也可能省略个别字母或出现许多字母写法的变异。因此，检验中出现和认识这些变化导致的特征差异，就需要足够的笔迹样本作基础，否则就可能误入歧途。

2. 样本笔迹的主体内容要与检材相似

标准化的样本笔迹还要包括字母表中的所有字母和许多通常使用的单词等。最合适的样本是既包含大量的字母也包含大量的与检材相同的短语及字母组合，否则便不具有可比性。英文字母字体不同，形成的字母形态等笔迹特征也会有所区别。了解几种字体之间的差异是笔迹鉴定必须要掌握的。比如，手写印刷体笔迹中的个性特征主要表现在起笔的细小差别，而草写体笔迹的个性特征主要表现在字母的写法、字母的连接情况、连接形式及运笔特征。另外，由于手写印刷体字母间不连写，一般情况下手写印刷体字母间距大。因此一定要收集与检材笔迹相同的字体、相同的笔迹样本，以免将不同字体间的差异当作特征上的差异而导致鉴定意见错误。此外，由于文件种类不同，书写人的书写风格、书写方式方面都有所变化，故收集样本一定要尽量选择与检材主题内容相近的。

## 实训设计

### 民事、经济类笔迹检验

**一、实训目的与要求**

通过对各类民事、经济类笔迹的检验，观察各种民事、经济类笔迹的变化特点，认识其稳定变化规律，掌握民事、经济类笔迹的检验方法，并能作出正确的鉴定意见。

**二、实训内容**

制作票据、合同、字句类笔迹材料。观察他人的票据、合同、字句类笔迹材料，分析其笔迹特征的变化规律，并且对伪装变化手法进行判断，按照笔迹检验程序检验票据、合同、字句类笔迹。

## 三、实训器材

量角器、刻度尺、削笔器、马蹄镜；黑色钢笔、黑色铅笔、红蓝铅笔、橡皮；带格线的稿纸、实训报告、作业纸、草稿纸（透明）。

## 四、实训步骤与方法

### （一）制作笔迹材料

两个学生为一个实训小组。每位学生各自在带格线的稿纸上自由书写票据（检材1）、合同（检材2）、字句类笔迹材料（检材3），并签字署名、注明书写日期。笔迹材料要求文字至少书写十行以上，每行十字以上。

### （二）分析笔迹特征

各个实训小组相互交换各自书写的笔迹材料，观察对方书写的三份民事、经济类笔迹材料，按照分别检验的格式和要求分析、总结笔迹材料的笔迹特征。将作业纸按照检验记录表的格式分成四格，每页的最上一行分别书写“检材1”“检材2”“检材3”的字样，找出笔迹材料一般特征和细节特征，系统地记录在作业纸上标明的一栏中。

### （三）总结稳定变化规律

仔细分析作业纸上的特征记录，比较每种笔迹的异同之处。分析哪些特征发生了变化，哪些特征保持稳定的形态，因此确定伪装笔迹与正常笔迹变化稳定的规律。分析稳定特征和变化特征的形成原因，将自己总结的规律记录在实训报告上。

## 五、实训作业

用不同的方法制作各种民事、经济类笔迹材料，通过检验分析票据、合同、字句类笔迹材料，总结各类伪装笔迹的变化与稳定规律。

# 第九章

# 印章印文检验

## 第一节　印章印文检验概述

### 一、印章的概念、种类及其特征

（一）印章的概念

印章是国家机关、社会团体、企事业单位或个人制作的署有本单位或个人名称的一种印模。印章又称图章、印戳等，历史上还称为印信、关防、朱记、花押等。

印章通常由印面和用于执掌的印柄构成。印面是形成印文的造型体，镌刻有文字、线条或图案等印文内容的表面，是印章的核心部分。印面中的图文主要分为阴文和阳文两种，凸起的图文称为阳文或朱文，凹入的图文称为阴文或白文。但有的印章比较特殊，印章印面由阴文和阳文各半组成。

印章是一种信物，具有特殊的证明作用，运用较为广泛。按照惯例，文书上的印章印文是文书真实性的一种权威凭据，在文书上用印代表对文书内容表示认可和对文书所规定的权利和义务负责。所以，文书处理程序规定，文书的内容形成之后，经过审阅、认可后才能签字盖章。随着社会的迅速发展，使用印章的单位、团体、个人越来越多，可以说，印章的使用领域基本涵盖了人们生活的方方面面。随着社会经济的快速发展，利用印章印文的这种特殊证明作用，通过伪造、变造印章印文实施的违法犯罪案件大量涌现，尤其是在民事、经济领域，伪造变造印章印文的案件更是常见。对印章印文的真伪进行准确的识别，是文件检验的一项重要任务。

（二）印章的种类

印章种类繁多，分类方式多样，一般按印章的用途、制作工艺、制作材料等进行种类划分。

1. 按印章的用途分类

按印章的用途，可将印章分为公章、专用章、名章和戳记四类。

（1）公章。公章是指党、政、军各级机关及社会团体、企事业单位及其所属机构使用的代表本单位或部门的印章。

（2）专用章。专用章是指专用于某种业务或某种文书的印章，其不具有普遍的证明作用。这类印章常见的有“财务专用章”“税务专用章”“户口专用章”“合同专用章”“现金收讫专用章”“调查专用章”“证明专用章”等。用于证件上的钢印也属于专用章的一种，它是由上下两块印面合成的，上面为凹入的阴文，下面为凸起的阳文，文书在上下两个印面之间被挤压形成凸起的无色印文。国务院有关部委外事用的火漆印也是专用章的一种。专用章种类繁多，除主要、常用者外，没有一定规格要求，印面形状有圆、方、扁、椭圆、菱形等，印章大小、字体各异。

（3）名章。名章是指有个人本名的印章，也称私章。其中法定代表人的名章应登记备案，由专人保管，按规定使用。私人名章由本人保管，自由使用。私章的款式、大小、形状、字体等较繁杂，但形状多为方形、圆形，字体多为隶书体、篆书体、楷书体或宋体。

（4）戳记。戳记是指为代替重复书写而刻制的办公或某种事务用的印章。如护照的签证戳、收藏戳、记账戳、封口戳、打号机数码戳，以及镌刻有个人笔名、别号或职称、职务的戳记等。

2. 按印章的制作工艺分类

按印章的制作工艺，可将印章分为手刻印章、机刻印章和铸塑印章三类。

（1）手刻印章。多数基层单位的公章、专用章和名章等是用手工雕刻的方法制作的。

（2）机刻印章。部分金属或某些非金属材料的印章，是采用激光或刀具仿形雕刻的方法制作的。

（3）铸塑印章。某些印章是首先制成印章印面的凹模，再浇注或充填塑性材料热压而成的。如某些橡胶章和现在流行的原子印章属此类。

3. 按印章的制作材料

公章、专用章一般用塑料、铜或弹性高分子材料制作，用木料的少。名章用材广泛，除上述材料外还多用石料、牛角、木料。有些戳记是用橡胶制作的。

除以上分类方式外，还可按照印章的制作方法不同分为雕刻印章（包括手工、机械、激光雕刻印章）、渗透印章（包括普通渗透印章和原子印章）、树脂印章（包括普通树脂印章和光敏印章）；按照是否采用防伪技术可分为普通印章和防伪印章。

（三）印章的规范性特征

刻字刻章业属于特种行业。1999 年印发的国务院《关于国家行政机关和企业事业单位社会团体印章管理的规定》（国发〔1999〕25 号）对国家行政机关和企事业单位印章的规格和式样作了明确规定。据此，印章的规范性特征主要表现在以下几个方面。

1. 印章的规格和式样规范

（1）国家行政机关和企事业单位、社会团体的印章一律为圆形，中央刊国徽或五角星，外刊机关名称，文字自左而右环行。

（2）国务院的印章，直径为 6 厘米，中央刊国徽，由国务院自制。

（3）各省、自治区、直辖市人民政府、国务院办公厅、国务院各部委的印章，直径为 5 厘米，中央刊国徽，由国务院制发。

（4）国务院直属机构、办事机构、直属事业单位的印章，正部级单位的直径为 5 厘米，副部级单位的直径为 4.5 厘米，中央刊国徽，没有行政职能的单位中央刊五角星，由国务院制发。

（5）国务院议事协调机构和临时机构的印章，直径为 5 厘米，中央刊五角星，由国务院制发。

（6）国务院部委管理的国家局、国务院部委的外事司（局）的印章，直径分别为 4.5 厘米和 4.2 厘米，中央刊国徽，由国务院制发。

（7）自治州、市、县级和市辖区人民政府的印章，直径为 4.5 厘米，中央刊国徽，由省、自治区、直辖市人民政府制发。

（8）地区（盟）行政公署、乡（镇）人民政府的印章，直径分别为4.5厘米和4.2厘米，中央刊五角星，分别由省、自治区人民政府和县级人民政府制发。

（9）驻外国的大使馆、领事馆的印章，直径为4.2厘米，中央刊国徽，由外交部制发。

（10）国家行政机关内设机构或直属单位的印章，直径不得大于4.5厘米，中央刊五角星，分别由国务院各部门和地方各级国家行政机关制发。

（11）企事业单位、社会团体的印章，直径不得大于4.5厘米，中央刊五角星，制发办法由公安部门会同有关部门另行规定。

（12）国务院有关部委外事用的火漆印、国务院的钢印直径均为4.2厘米，中央刊国徽，由国务院制发。

（13）各单位的其他专用章（包括经济合同章、财务专用章等），在名称、式样上应与单位正式印章有所区别，经本单位领导批准后可以刻制。

2. 印章的名称、文字、字体和质料规范

（1）印章所刊名称，应为本机关的法定名称。如名称字数过多不易刻制，可以采用规范化简称。地区（盟）行政公署的印章，冠省（自治区）的名称。自治州、市、县级人民政府的印章，不冠省（自治区、直辖市）的名称。市辖区人民政府的印章，冠市的名称，乡（镇）人民政府的印章，冠县级行政区域的名称。

（2）实行民族区域自治的地方人民政府的印章，可以并刊汉字和相应的民族文字。

（3）印章所刊汉字，应当使用国务院公布的简化字，字体为宋体。

（4）印章质料，由制发机关根据实际需要确定。

国务院《关于国家行政机关和企业事业单位社会团体印章管理的规定》对印章的尺寸规格、式样、文字内容、字体、中间图形等都作了严格的规定，由此形成了印章的规格性特征。印章的规格性特征对印章印文的检验具有极为重要的鉴别意义。若将可疑印文与真印文进行比对，发现规格性特征明显不同，即可作出否定同一的鉴定意见，确认伪造事实。只有在规格性特征相同的前提下，才有必要对可疑印文与真印文进行细节特征的比对，并在此基础上最终作出鉴定意见。

### （四）印章的刻制与管理方面的规范

（1）印章制发机关应规范和加强印章制发的管理，严格办理程序和审批手续。国家行政机关和企事业单位、社会团体刻制印章，应到当地公安机关指定的刻章单位刻制。

（2）因单位撤销、名称改变或换用新印章而停止使用的印章，应及时送交印章制发机关封存或销毁，或者按公安部门会同有关部门另行制定的规定处理。

（3）须建立健全印章管理制度，加强印章管理，严格审批手续。未经本单位领导批准，不得擅自使用单位印章。

（4）对伪造的印章或使用伪造印章者，要依照国家有关法规查处。如发现伪造印章或使用伪造印章者，应及时向公安机关或印章所刊名称单位举报。

## 二、印文的概念及其种类

### （一）印文的概念

印文是印章印面盖印形成的痕迹，也称印记，它是印章印面结构的反映形象。文书上的印文是文书真实性与有效性的凭证。

印章印文一般为阳文，即盖印到文书上的印面的文字、线条或图案是凸起于同一平面的，而不需要盖印出来的空白部分在印面上是凹下的。少数名章印文为阴文，即文字线条在印面上是凹下的，其余部分凸起于同一平面。盖印时，印面凸起部分蘸印泥（油），在一定的压力下与文书接触便在文书表面留下文字、线条或图案的印迹。因此，印文是印面结构的反映形象。印章印面的结构和盖印的过程，类似于印刷术中的凸版印刷。

### （二）印文的种类及形成

文书上的印文按其形成方式不同，可分为盖印印文、压凸印文和印刷印文三类。通常情况下，使用较多的是盖印印文，有时是压凸印文，特殊情况下才使用印刷印文。

1. 盖印印文

盖印印文是指用印章蘸印泥（油）或用印章自身含有的印油（如原子印章）直接盖印到文书上所形成的印文，这是通常的用印方式。这种印文具有凸版印刷印迹的特征。它的形成取决于印章印面的材质和结构，又与盖印的作用力大小、作用力的均衡性和衬垫物软硬，蘸用印泥、印油或印台水的多少和分布的均匀性，文书纸张是否平整光滑，洇油性、洇水性如何等因素有关。在研究印章印文及其特征时，必须全面考虑上述诸因素的影响。

2. 压凸印文

压凸印文一般指钢印印文。它是用下有印章的凸模，上有印章凹模的钢印，从正反面同时挤压文书所形成的。压印印文一般出现在证件、证书和银行汇票上。这种印文无色，凸起于文书表面。它的形成，不仅取决于印章钢模的结构及凸凹模咬合的精度，又与作用力的大小、文书的厚薄有关。

3. 印刷印文

需要一次性批量用印的公文、证件等，往往在印制该类文书时便将印章印文直接印到文书上。在文书上印制这种印文，需由单位提供“套印印章”或印章的印文作为制版用的印模。一般是制成平版进行胶印，个别重要证件的印文也有制成凸版或凹版印刷的。因此，这类印文的形成完全按印刷机原理，有胶印、凸印或凹印制品的特征。

## 三、印章印文检验的任务和作用

### （一）印章印文检验的任务

1. 根据印章印文进行印章的同一认定

在文件检验实践中，对可疑印章印文的真伪进行鉴别是印章印文检验最重要也是最常见的一项任务。检验时，一般是对可疑印文与真实印章或印文样本的相关特征进行分析比较，从而确定其是不是真实印章盖印而成或与样本印文是否为同一枚印章盖印而成。特殊情况下，也可对多份可疑文书上的印文进行分析比对，以确定它们是否为同一枚印章盖印而成。

2. 分析识别伪造印章印文的方法

如果已经明确可疑文书上的印章印文是伪造的，可根据侦查工作的需要，分析判断其伪造方法。伪造方法大体分为两类。

（1）制造假印章。这种方法通常是根据真实印章印文的式样，采取各种方式复制成假章，再用这枚假章盖印伪造文书。

（2）直接伪造印文。这种方法是不做假章，而是直接按真印文的式样在伪造文书上制成假印文。

无论行为人是制造假印章还是直接伪造印文，都必然留下相应的特征反映，检验中都可根据这些相应的特征反映来判断可疑印章印文的伪造方法。

3. 认定手工雕刻印章的雕刻人

在检验实践中，有时还需要对手工雕刻印章的雕刻人进行认定。在认定雕刻人时，一般运用笔迹鉴定原理，对可疑印文与嫌疑人刻制的印章样本印文进行比较检验，根据某些笔迹特征和刀法特征进行综合判断。

4. 鉴别印章印文的盖印时间

鉴别印章印文的盖印时间可以根据印文中的油脂扩散程度和收集该印章的历时盖印样本，通过比较鉴别加以解决。

5. 确定制成文书的各种字迹与印文盖印的先后顺序

根据印文与字迹相交部位二者之间相互作用、互相覆盖和物质分布层次等方面的特征，判定是先写字后盖印，还是先盖印后写字。

（二）印章印文检验的作用

1. 为确定印章乃至文书的真伪提供依据

在文书上盖印印文是对文书的内容表示认可的行为，印文则是文书真实性的标志。如果通过印章的同一认定检验确认可疑印文与样本印文不是同一印章盖印的，一般可以说明可疑印章印文是假的，同时意味着可疑文书是伪造的。如果通过检验认定可疑印文与样本印文是同一印章盖印的，则可以说明可疑印文是真的，在一般情况下也可说明文书是真实的。

但是，印章的现实使用情况是复杂多样的，检验时应注意多方分析、审慎判断，尤其应注意以下几个对检验有重要影响的情况的识别。

（1）印章并不一定唯一，可能存在多枚印章并用的情况。有的印章使用人为了“方便”，可能会违反规定同时制作两枚印章，通行并用，或者在按规定启用新印章后未及时销毁旧印章而将其继续沿用。这些做法破坏了有效印章唯一性的原则。而在印章不唯一的情形下，可疑印文虽不是某枚印章盖印而成的，但不能据此判定可疑印文乃至文件系伪造而成的。因此如果可疑印文与一枚印章的样本印文不是同一印章盖印的，在未明确此枚印章是唯一的这个事实之前，就不能绝对说可疑印章是伪造的。

（2）“空印”泛滥。现实生活中，有的人为了方便将整本空白票据、介绍信，甚至信笺、合同纸等先盖上章，以便随时可以填写或打印所需的内容。

在这种情况下，尽管印文是真的，但从行文用印程序看，盖章并不表示对文书内容的认可。从这个意义上说，章是真的，并不完全证明文书是真的。

（3）印章管理不严。实践中，由于印章管理不规范，被人偷盖印章的事例屡有发生。在此情形下，印章是真的，文书却不是真的。所以，要确定盖印印文的真伪，必须预先弄清其印章使用、管理情况，保证真章的唯一性。而且一般情况下，印章印文鉴定只能作出可疑印文与样本印文是否同一印章盖印的意见。如果要鉴别文书的真伪，则应从多角度进行全方位的检验，按系统鉴定的原理和方法作出鉴别。

2. 通过印章的同一认定，确认印文的内容

有些信封上的邮戳残缺不全，合同、票据等文书上的印文褪色，变得模糊难辨。遇到此类问题可以通过污损文件检验，采取相应的物理、化学手段显现和辨读。同时也可以收集有关印章的印文样本，用同一认定的方法鉴别被检验的残缺、模糊印文与哪个印章的样本印文为同一印章盖印，从而依据样本印文确认残缺、模糊印文的内容。这对查明邮件的投邮地点，正确解决合同、财务等经济纠纷具有重要意义。

3. 为案件侦查提供线索和证据

实践中，对伪造印章印文所具有的特点的分析，可以推断违法犯罪分子的技术水平及其所用的工具、材料和技术设备的种类，乃至复制印文的机具，从而为寻找伪造者、缩小嫌疑范围提供重要的侦查线索。此外，还可以通过对手工雕刻印章的分析，鉴别或印证印章的雕刻人，为诉讼提供重要的证据。

## 第二节　印章印文特征及其变化

印文特征是印章印面结构特点的反映，印章印文的检验，主要是根据印文特征，以同一认定理论和理化的方法，借助仪器分析、理化分析等检验技术，对可疑印章印文与真实印章印文的特征进行比对分析，从而解决可疑印章印文的真伪、确定伪造变造印章印文的方法手段等问题。因此，印章印文特征是进行印章印文检验的具体依据。根据印章印文特征形成的原因及其在检验中的运用价值，可将印章印文特征分为一般特征和细节特征两大类。

## 一、印章印文的一般特征

印章印文的一般特征是指印章印文的形态状况及其组成部分的一般状况特征。印章印文的一般特征因受其制作规格的限制而特定程度相对较低，该类特征容易被伪造者发现和仿制。因此，为鉴别印文真伪而进行的比较检验，首先要比对一般特征，在其基本符合的基础上，再进一步比对细节特征是否相同。如果印章印文的一般特征相似或相同，不能据此认定其真实性；但如果一般特征明显不同，则可据此直接作出否定的意见。印章印文的一般特征包括以下八点。

### （一）印章印文的制成方式特征

印章的制成方式有手工雕刻、机械雕刻、照相制模。印文的制成方式有盖印、印刷等。

### （二）印文的形态特征

印文的形态是指其整体所构成的几何形状，一般有一定的规范要求。公章统一的形态为正圆形，专用章有长方形、三角形、椭圆形、菱形等，私章的形态没有统一的要求。

### （三）印文的大小特征

印文的大小是指印章印文形态的几何数值。公章的大小有统一的规定，专用章和私章的大小规格虽有一定的行业规范，但任何人可以自由确定。不管是何种印章印文，其大小可以通过测定面积、直径或长、高等进行确定。圆形印文测直径，椭圆形印文测纵径和横径，正方形印文测边长，长方形印文测对角线，三角形印文测高等。在测定印章印文的大小时，有边框的从边框外缘测量，没有边框的从文字外缘测量。

### （四）印文的图文内容特征

印文的图文内容包括印章印文上表明印文所代表的单位、机构、部门的名称或个人的姓名或其他特殊用途的文字内容，也包括除印面文字外的图案、图形等其他内容。

### （五）印文的图文内容排列形式特征

印文的图文内容排列形式特征是指图案、文字在印面上的位置安排和排列特点。圆形印章多为自左至右环行或横行排列，或环行加横行、环行加竖行。椭圆形专用章多为上环行或上下环行排列。三角形章多为竖行或竖行加横行排列。

（六）印文的文字形体特征

印文的文字形体特征是指印章印文使用字体、字形的特点。公章印文的字体一般为简化的宋体字。专用章印文字体一般为简化的宋体或仿宋体。私章印文的字体较为多样，有篆体、楷书、隶书、宋体、仿宋体等。

（七）印文的边框类型及形态特征

公章的边框为单边框，呈线状，宽 1 ~ 2 毫米。专用章、私章的边框类型、宽窄无明确规定。

（八）印文的图文、线条规范程度特征

印章的规范程度与雕刻方法及雕刻水平有关。其主要特征表现在文字的大小，笔画的粗细、长短，图文、线条的位置、距离等。

## 二、印章印文的细节特征

印章印文细节特征是印章制作人的个人风格、制作方法、制作的技术水平，以及印章在制作、使用、修补等过程中形成的印面结构的细微特点在印文中的反映。每一个印章印文的细节特征体系都是特定的，即使精心仿制也不可能和真印章完全一样，因此印章印文的细节特征是鉴别印文真伪、进行印章同一认定的主要依据。印章印文的细节特征主要有以下几类。

（一）图文、线条的细节特征

图文、线条的细节特征是指印文图案、文字、线条或边框的形态和搭配比例以及在印面上的相互位置关系特点。

（1）字间的位置、距离特征，指印文的文字与文字之间、文字与边框之间、文字与中心图案之间的相对位置与距离。

（2）笔画线条的交接和搭配位置特征，指相交叉或连接的笔画或线条的交叉部位、搭配的位置。

（3）笔画、线条间的比例特征，指邻近的笔画之间或线条之间的长短、粗细的比例关系。

（4）笔画、线条的倾斜方向特征，指笔画或线条相对其相邻近的笔画或线条的倾斜方向。

（5）笔画、线条的形状特征，指笔画或线条的弧度、转折角度及两端形态。

（6）国徽、星徽的结构形态特征，指印文的国徽、五角星的具体结构形状的细节特点。

（二）磨损、修补特征

印章的材质不同，磨损、修补的情况不同。

1. 磨损特征

磨损特征主要表现为文字笔画和线条变粗，图文的边缘不齐，笔画、线条、图案的交角变钝，印面结构有疵点、缺损等。这种特征在印面上往往分布不均，印章使用的时间越长越容易磨损，呈现出阶段性特点。

2. 修补特征

修补特征是印章受到损坏，尤其是图文损坏后采用补贴的方法所形成的。其表现为点、线、局部面的补、贴，补、贴部分或凹或凸，并且没有规律性。

（三）暗记特征

印章印文的暗记是制作人或使用人在印章的制作或使用过程中，为了防伪或区别印章在不同时期根据使用情况而有意在图文、线条的某一部位增加或减少某一部分所形成的不易察觉的形态特点。这主要表现为图案局部较规则的缺损、细小笔画缺失、边框中断或空白部分出现色点等。

（四）盲字

盲字，又叫瞎字，是指印章在使用过程中，印泥或其他异物堵塞文字笔画造成的暂时性模糊不清现象，或磨损、腐蚀、老化等造成印文文字的某些细密结构永久性的模糊不清现象。

（五）制作工艺的细节特征

按照印章的制作工艺印章可分为手刻印章、机刻印章和铸塑印章三类。多数基层单位的公章、专用章和名章等是用手工雕刻的方法制作的。部分金属或某些非金属材料的印章，是采用激光或刀具仿形雕刻的方法制作的。某些印章是首先制成印章印面的凹模，再浇注或充填塑性材料热压而成的，如某些橡胶章和现在流行的原子印章属此类。印章由于制作方法不同，其印文往往带有制作方法特有的类型特征。

1. 雕刻法制作印章印文的特点

印文笔画清晰，棱角分明；印章印文是通过盖印方式呈现于介质上的，其文字笔画会有中间轻、两边重的挤墨现象；手工雕刻的印章印文字体规范程度一般，笔画上易出现刀痕；印章底子清理不干净，有时会出现残留的底痕。

2. 照相制版法制作印章印文的特点

印文棱角不是很分明，比较圆滑，立体感差；有挤墨现象；由于树脂浸油性、附着力差，印文笔画会出现斑驳的漏白痕迹。

3. 原子印章印文的特点

章面印油分布均匀，印文清晰，无印油堆积现象；制作时采用照相制版，印文笔迹笔画棱角不分明，比较圆滑；印油是储存在章体内的，使用时不用蘸油，印文不易出现疵点；介质表面易留下章壳支撑的痕迹；印文颜色比较鲜艳。

## 三、影响印章印文特征变化的因素

印文是在动态盖印的过程中形成的。不仅印章使用过程中所发生的种种变化会带来印文特征的相应变化，即便是同一枚印章，在不同盖印条件下所形成的印文也会有不同的反映。要正确进行印章印文检验，检验人员必须熟悉和了解印章印文的特征变化的一般规律，才能准确选择和评价特征。

### （一）印章印面自身的变化

印章制成之后，印章质料的物理性涨缩变化和使用过程中的磨损、老化、磕碰等会导致印章印面自身发生不同程度的变化。印章质料的物理性涨缩变化主要是指印章制作材料在温度、湿度、印染物质的浸染以及压力等的影响下而发生的涨缩性变化。印章质料的涨缩性变化程度大小与印章制作材料的物理特性密切相关。一般情况下，木质印章的涨缩性变化最大，橡皮印章次之，牛角印章、塑料印章变化较小，象牙、水晶、石料等其他材质印章则基本无明显变化。随着印章的涨缩性变化，印面结构特征发生相应的改变，由其所盖印形成的印文也会随印面的变化而变化。实践中，因印章材质的涨缩性变化而改变的特征主要有印文大小、印文形态、印文字迹的清晰度以及文字线条的粗细变化等，检验中应注意识别。

1. 印文大小的变化

印文大小的变化一般是经常使用的会变大，不经常使用的会缩小，因而相应地引起文字笔画、线条的粗细、长短发生变化，这种变化与印文大小的变化基本成正比。

2. 印文形态的变化

木材、牛角等由于纹理结构不匀，在发生涨缩性变化的同时，印章印面发生不均衡的涨缩，从而引起印文略有变形的现象。如正圆章变为椭圆形，长方章长边变弯，正方章变成一边大于另一边，原来的直边变成向内或向外弧形。因此，相应引起一部分笔画、线条间的相对位置和距离发生变化。

3. 印文字迹的清晰度以及文字线条的粗细变化

橡皮、塑料印章因时间长久会老化，弹性减弱，印面略有干缩，橡皮印章长期受印油浸泡可软化，印面略有膨胀。同时文字笔画变得不清晰，有时会出现永久性盲字，边框线条随之有粗细变化以及弯曲或断裂等。

此外，印章印面还会因使用过程中的磨损、磕碰等因素而发生不同程度的变化。在保管和使用过程中，木质、石料和橡皮印章易发生磨损、划伤或碰伤，这些磨损、划伤或碰伤都会在印面上形成新的特征，有的可进行修补，所形成的特殊特征也会随之消失。因此，不同时期的印文又有不同的特征。

（二）盖印力和承受面的影响

盖印力是印章印文形成不可缺少的一个因素，其大小、方向都会影响印章印文的形态。盖印时按压力直接通过印柄作用于印面，当盖印力垂直于印面时，印面接触承受面不会发生位移；而当盖印力倾斜作用于印面时，印面接触承受面会发生位移，印面位移使印文图文、线条变形。盖印过程中按压力大小不同，也会产生变化。压力轻的，笔画、线条不太清晰，有的笔画不完整；压力重的，笔画、线条变粗，字间间距缩小，原有的笔画线条的间断现象有时会缩小或弥合；压力不均匀的，笔画、线条出现一边清晰一边不太清晰的现象，压力重的一边可能出现外框变形、笔画线条变粗等现象，特别是具有弹性的橡皮或塑料印章，很容易受作用力变化的影响。如印章在按印过程中稍有挪动，会使印文边框变宽，甚至出现双线，笔画起止点变形或笔画变粗等现象。

承受面由文书纸张、衬垫物、承受物组成。当印章直接作用于文书纸张时，文书纸张的质量、衬垫物的厚薄、承受物面是否平整等都会对印文的形成产生影响。总体来说，文书纸张较厚，衬垫物较软，盖印的印文清晰完整；文书纸张较薄，衬垫物又较硬，盖印的印文往往不实，甚至不完整；在某些施胶层较差的纸张上用印油和墨水盖印时，往往因印染物渗散而出现笔画变宽、边缘不清等现象；此外，如果在表面硬而不平的衬垫上盖印，则容易出现印文残缺不全，笔画、线条间断或边框消失等现象；如在手掌及其他过软的衬垫物上盖印，则易出现“飞边”或假边框（原来印章上并没有边框，衬垫物过软以致将印章底部的四边都印在纸上而形成类似边框的情况），因纸张被按压起皱，某些笔画、线条还会出现变形、间断等现象。

（三）印染物质的质和量的影响

盖印时所用的印染物质有印泥、印油及墨水等，盖印蘸取印染物有量的不同，这些都会对所形成的印文特征产生不同的影响。

1. 印染物质不同造成笔画、线条粗细和印文大小的变化

一般用印泥盖印的印文，要比用印油或墨水盖印的印文显得粗大些；用含油量大的印泥盖印的印文要比用含油量少的印泥盖印的印文显得粗大些；蘸印染物多盖印的印文要比蘸印染物少盖印的印文显得粗大些。

2. 蘸印染物多少对印文的影响

蘸取印染物过多，会使印文的笔画线条边缘不清，个别地方有不规则变形现象，甚至还可能造成部分或整个字出现暂时性的“盲字”现象。印染物过少则会形成印文笔画间断与残缺现象。

3. 一次盖印次数多少对印文的影响

如果是一次蘸印泥多次盖印，由于印章表面的印染物被逐渐粘掉，笔画周围多余的印染物却仍旧存在，再盖印时就会形成笔画、线条的“镶边”现象。

（四）印章洗刷前后的变化

印章如果使用时间较长，印泥物质会附着在印章的凹处或笔画线条上，特别是笔画较多的文字最容易堆积印泥，使局部印文模糊。此外，像砂粒、烟末、线头、纸屑等异物，如果长久不清除，则在该时期内盖印的印文均具

有这些特殊“标记”的印迹。如果印章经过洗刷，随着这些附着物的消失，原有的特殊“标记”也产生变化。

（1）去掉附着在边框和笔画上的多余印染物，笔画、线条会变得清晰。如果是木质印章，由于洗刷时吸收水分可能发生膨胀，边框和笔画线条略变粗。

（2）洗刷后最容易使笔画、线条的交叉、接合、转折处，以及笔画、线条间的小空隙等部位原被印染异物黏附所形成的特殊特征消失，固有的缺损、断线又出现。

（3）洗刷时用力过大，会将一些纤细的笔画、线条弄断，于是形成笔画、线条的缺损特征。

（五）印文盖印后的变化

在印文盖印形成后，文件纸张受潮而膨胀，晾干后又收缩，印文也会相应地发生涨缩变化。此外，如果文件被揉搓、磨损、撕揭、粘补，印文也会随着纸张的皱缩、破损、变形而发生相应的变化。

## 第三节　印章印文检验的步骤和方法

印章印文检验的步骤和方法是指以检材印文和样本印文是否同一印章盖印形成为目的的检验步骤和方法。这是印章同一认定以及印文真伪鉴别的一般步骤和方法。

### 一、印章印文检验的条件

对印章印文进行真伪识别检验时，要求检材印文和样本印文必须符合一定的条件，才能实施检验。

（一）检材印文的条件要求

检材印文有各种各样的表现形式。多数检材印文完整清晰，但也有少数的印文残缺、模糊或变形。根据印章同一认定的要求，检材印文应具备以下两个条件。

（1）印文的全部或局部（反映了主要图文）清晰，模糊或变形的印文经技术处理后全部或局部能确定细节特征。

（2）印文应为原件，如果有可疑的印章可一并送交，不能送照片或复印件。

（二）收取印章印文样本的要求

印章印文的样本有两种：一种是平时样本，另一种是实验样本。平时样本是真实印章在日常使用过程中盖印在各种文书上的样本。它是供比对的主要样本，能够较好地反映印章的主要特征以及在一定时期内印章特征的变化情况。平时样本印文与检材印文的形成时间越近，供比对的条件越好。实验样本印文是为了弥补平时样本的不足或准确认识检材印文的形成变化特点，而按一定的条件要求由司法人员或鉴定人依法收取的样本。收取印文实验样本的条件要求及方法有以下四点。

（1）分析检材印文形成的盖印力的轻重和方向，衬垫的厚薄，使用印油或印泥的条件，尽可能地模拟相同或相近的条件收取实验印文样本。

（2）按力的轻重不同分别在白纸上盖取 3～5 个印文，如果印文有脏印现象，可在清洗前后分别按要求收取。

（3）按衬垫物的厚薄不同，以及印油或印泥的浓淡不同，分别按数量要求收取实验样本。

（4）印文实验样本应当清晰完整。对于每份实验样本，应该记录对应的实验条件和收取人。

## 二、印章印文检验的步骤和方法

（一）实施检验前的准备

1. 审查检材印文

审查检材印文是否符合实施检验的条件。

2. 收集印章印文样本

收集印章印文的平时样本和实验样本。此外，对于印章不唯一的，还应收集全所有的印章印文样本。

3. 制订检验方案

在检验之前，应根据检验要求和检材、样本的具体情况，制订科学可行的检验方案。

4. 准备检验材料和所需器材

检验前，应根据检验方案，准备好检验所需的材料和器材。对于检验材料的准备，应制作检材印文和样本印文等大照片，一般可用比例照相的方法同倍拍照制作等大的检材、样本印文的彩色照片。文书纸张上有干扰印文照片背景内容的，应通过分色照相减少干扰。此外，还可用复印机同次同倍复印制作检材、样本印文等大复印件，用扫描仪扫描检材、样本印文并录入计算机直接打印出来。如果检验中需要用到某些器材，应提前准备好，确保其处于良好的工作状态。

（二）印章印文的分别检验

对于检材印文，首先应判明是否有伪造、变造的事实和手法。然后按照先检材后样本，先一般特征后细节特征的顺序，仔细全面地观察印文特征，并对观察到的印文特征进行认真记录。印文特征记录时，一般特征采用语言描述的方法确定记录，图案、文字、线条的细节特征按顺时针或从左到右的顺序，逐一用双箭头标示记录，同时用文字描述所确定的特征。分别检验的方法主要有几何测量法、几何构图法、特征标示法等，可根据检验需要灵活采用。

（三）印章印文的比较检验

在分别检验的基础上，应对检验中发现的检材印文和样本印文的特征进行认真比较，发现和确定其特征的异同。在对可疑印文比较检验时，可借助如下方法进行。

1. 仪器检验

具体检验方法如下所述。

（1）可通过专用仪器进行检验。瑞士 Projectina 公司生产的通用比对投影仪（universal comparison projecter，UCP－8032），具有极其精确的光学设计，检材和样本的影像通过光路被投射在观察屏上。观察屏有各种格线供检验者定位比对，通过变换投射镜头，检材、样本的影像可以进行拼接比对和重合比对。它可以选用各种激发光和接收滤色片，并可配合动态闪变比对装置，达到准确、直观的检验效果。UCP－8032 的放大倍率最大为 100 倍，可以清楚地观察印文的细节。它还配有高压汞灯、光导纤维等多种光源，环形光头可以观察同轴印刷图像。另外，投影屏上的图像可以通过相机接口拍照，也可以通过其配置的摄像机输入计算机进行进一步处理和保存。国产的一些简易的比对投影仪也可以用来进行印文的重合、拼接检验。

（2）计算机辅助人工比对。通过扫描仪、数码相机等输入设备将检材、样本印文采集到计算机内，利用现成的图像软件如 Photoshop 等，能够方便地实现重合、拼接比对及进行细节观察，检验效果较好。

2. 手工检验

具体的检验方法及要点如下所述。

（1）透光重叠比较法。这是最基本的检验方法之一，它是将可疑印文与真印文样本重叠起来，透光观察两枚印文文字线条、图案的影像是否能全部重合。一般的手工雕刻、描绘、漏印、拼接等方法伪造的印文与真印文很难重合，所以透光重叠比对，很容易发现两者重合不上的特征。对这些重合不上的特征，还要分析是怎样形成的，以确定可疑印文的真伪。

（2）特征标示法。它适宜于对印文的细节特征进行比对。检验时，可仔细观察可疑印文与样本印文的同部位特征，选择其中比较清晰可靠的进行比较，并用笔将特殊的符合点或明显的差异点标示出来。

（3）测量比较法。这种方法主要是测量印文的大小及印文中相同部位的文字、笔画、线条、五角星、国徽等的大小、长短、粗组、间距等。测量印文大小时，圆形印文可测量内径、外径，椭圆形印文可测量纵径、横径，方形印文、菱形印文可测量对角线及边长等。测量印文各部位的特征时，可在可疑印文和样本印文的相同部位确定若干基点，最好是在两个相比较印文清晰的部位，然后用分规测量仪测量。将测量的结果记录下来，比较两个印文相应基点之间的距离，观察各部位测量结果是否相同。为了保证测量的准确性，应使用比较精密的卡尺。测量时可从几个方向上进行多次测量，以便分析印文发生变化的原因。

（4）透明胶片覆盖比对法。将样本印文用复印机复印在透明胶片上，然后将其覆盖在检材上进行重合比对。这种方法简易、快捷、准确性好。但是检验时要考虑到复印机的复印误差，最好将检材和样本经过同一台复印机分别复印在透明胶片上后进行重合比对。

（5）显微比较法。此种方法是将相比较的两个印文分别放在比较显微镜的两个载物台上，调整位置与焦距，观察两个印文文字线条的接合情况，有的比较显微镜也可以观察两个印文的影像重合情况，并可以利用比较显微镜的照相装置，将印文接合情况拍照固定，以进一步研究。

（6）拼接比对法。将检材印文和样本印文制成等大的照片，然后将两者的照片重叠后确定2~3条分割的基线，按基线进行切割，最后将分割的检材印文照片与样本印文照片进行交错拼接，观察交错拼接的检材印文和样本印文的图文和线条能否对接，从而确定两者特征的异同。对拼接后的印文还应标示特征的异同。

以上几种检验方法，在实际案件中可以分别使用，也可以同时使用以相互印证。

（四）印章印文的综合评断

印文属于形象痕迹的范围，其特征是以一定的形态表现出来的。在检验鉴定过程中，检材印文和样本印文都是特定的，其特定性是由印文形成要素的特点决定的。印文特征有三种来源。第一种是印章固有的特征。这是印章在制作过程中形成的反映自身本质特性的特征。第二种是印章自身变化的特征。这是印章在使用过程中自身在内外条件的作用下所形成的特征，由于这种特征是在印章形成后的一段时间内出现的，有的稳定时间长，有的稳定时间短。第三种是印章盖印时由特定的盖印条件和机制所形成的特征。这类特征是因为盖印时力的轻重、方向，衬垫物的厚薄、平整度，印油或印泥的多少等不同而形成的随机性特征。这三种特征的性质是不同的，在比较检验以后，前两种特征是印文的本质特征，相同与不同都是本质性的；第三种特征是印文的非本质特征，相同与不同都是非本质的。

对印章印文综合评断的一般步骤方法：统计符合点和差异点的数量和质量；按印文特征的种类进行分类；确定符合点和差异点的性质。

1. 对符合点性质的评断

根据特征性质的不同，检材印文和样本印文特征符合的性质有本质的符合和非本质的符合。本质的符合是同一印章自身特征的直接反映，而非本质的符合是同类印章的共性和伪造的相似性反映。印文一般特征的符合有部分符合和完全符合。

非本质的部分符合：一是同类章的共性反映，如同级政府公章印文的大小，边框的宽度，图案的种类和大小，字体、字形等；二是伪造时“仿制”

和“复制”所形成的符合；三是同一印章盖印过程中部分发生变化，而部分符合。

印文一般特征的完全符合情况：一是同一印章的反映，二是采用照相制版伪造印章或直接转印伪造印文等所形成的符合。

印文一般特征的符合仅能表明两者的种类属性部分或完全一致，这种一致并不能反映同一印章特殊本质的相同，因而不能作为肯定同一的主要依据。检材印文和样本印文细节特征符合的性质对印章的同一认定有重要的意义，因而应根据印文形成方式的不同进行评断。如果检材印文是正常的，那么细节特征的符合是本质的符合；如果检材印文是采用雕刻、照相制版、转印等方法伪造的，则细节特征的相同是非本质的相同。不同的原子印章在制作时由于使用同一软件设计和打字机打印，部分文字、图案、线条的细节特征是相同的，这种符合是共性的符合，因而是非本质的符合。

2. 对差异点性质的评断

检材印文和样本印文的差异点是指两者的不同特征。差异点的性质有本质的差异和非本质的差异。本质的差异是不同印章特性的反映，而非本质的差异是同一印章使用和盖印过程中所形成的差异。对印文差异点性质的评断应首先从印文形成方式的性质进行分析，如果检材印文是伪造的，那么差异的性质是本质性的，反之则是非本质性的。评断印文一般特征差异的性质时应充分考虑影响印文变化的因素，并对不同的差异点进行评断。对于印文的大小，文字笔画和线条的粗细等的差异，应分析是否超出了正常的变化范围，在正常的变化范围之内的差异是非本质的差异，反之则是本质的差异。

字体、字形、图文内容等的差异可直接判断为本质差异。如果印文清晰完整、变化小，那么图文和线条细节特征的差异是本质的差异。如果印文全部或部分模糊不清、变化大，那么应根据印文变化的因素分析差异点形成的原因，进而判断差异点的性质，凡是影响印文变化因素所形成的差异都是非本质的差异，而不同印章盖印所形成的印文特征差异都是非本质的差异。

## 三、印章印文的计算机自动识别系统

开发印章印文的计算机自动识别系统的目的一方面是便于印章的管理，另一方面是缩短对可疑印文的识别时间，主要是针对银行工作量大，靠传统的目测观察、折角比对的检验方法识别较慢的情况。目前国内多家研究单位开发出了印章印文的微机识别系统，该系统的工作原理是运用去噪、特征提取及自动旋转配准等尖端图像处理技术，自动实现重叠比较、测量比较和拼接比较等，在数秒钟内比对印文特征（含加密特征）的重合率。这种自动识别使印文检验由手工向自动化转变。该系统的优点有以下四点。

（1）识别率高：对于盖印条件较好的可疑印文，系统一般可以识别。

（2）方便快捷：识别比对快捷，模式识别图像处理采用多项优化技术和实时算法，识别比对一个印文时间小于几秒，印文数据在网络上实时更新。

（3）安全性高：口令输入（密码），用户权限分明，不能超越权限工作，所有操作及结果都如实记录，以备查明责任，并有票据挂失和票据控号功能，杜绝假冒。

（4）实用性强：系统适合银行业务流程，操作简便，替代人工验印手段，提高验印速度，发挥网络优势，便于账户信息和印文数据采集。

但是应该看到该系统给工作带来方便的同时，也存在问题。考虑印文由着墨多少、盖印力大小及盖印时衬垫物不同所造成的差异，在特征提取时要采用一定的“模糊”算法，也就是计算时设定一个误差范围。这个误差范围在由系统识别过程中就成了“机械”的比对，目前出现的利用高新技术伪造印章印文，与真印文的差异很细微，这个细微差异如果小于系统的误差范围，那么该系统就不能区分该差异是印章盖印条件不同形成的非本质差异，还是不同枚印章形成的本质差异。因此从印章鉴定角度来讲，该系统并不能代替专家检验，它需要有专家的辅助来进行综合评断，这样才能得出正确的结论。

## 四、原子印章印文检验的方法

原子印章是利用印文制作的软件系统，通过计算机排版后打印成印文稿样，经照相制版和压膜制成高密海绵或其他可塑材料的印面，然后将印面固定在印章套内制成的印章。

### （一）原子印章印文的特征

原子印章印文的特征主要是在印章制成过程中形成的。印章的制作比较规范和精确，因而印文的特征比较精细。

1. 字体、字形特征

不同厂家制作印章的电脑字库因用字不同而使字体种类的多少、同体字的字形有所不同。

2. 笔画和组成部分的细节特征

不同厂家制作印章的电脑字库因用字不同而使一些单字的个别笔画出现粗细不匀、长短失调、缺失、中断，个别字的组成部分变形、配比失调等现象。重复出现的同体同号单字和组成部分能重合。

3. 图案、文字和线条的位置和距离均衡

在电脑排版的情况下，图案、文字和边框在任何一个相位的距离相等，字与字的间距也相等。有的情况下，由于排版人调节图案、文字和边框之间的距离各有特点，形成的印章间距相对特定。

4. 断笔、豁口和划痕特征

形成断笔、豁口和划痕特征的原因是，打印时色带质量低或老化，制作模板时紫外线照射不均或分离模板时有划伤或碰伤等。

5. 印面字迹不平，文字笔画转折生硬、不光滑

印面字迹不平，文字笔画转折生硬、不光滑，这种特征只在玉膜工艺水平低或储墨垫质量低的情况下才会出现。

6. 印油的种类、成分特征

原子印章所用的印油是专用的印油，其种类和成分与其他印章印油不同。

（二）原子印章印文检验的方法

原子印章印文的检验方法与一般印文的检验方法相同，但其制作比较规范和精细，因而采用印文的计算机自动识别系统进行检验是较佳的方法。在检验时应注意以下几个问题。

（1）采用制作原子印章的阳版、工艺制作的相同印章所盖印的印文，与真实印章印文因为是由同一工艺或仿真工艺制成的，因而真假印文之间基本没有差别，真伪鉴别极其困难。检验时一定要结合印章的制作情况综合考量，确保检验的准确性。

（2）用特征标示法、几何测量法以及计算机自动识别系统等检验时，应做到观察细致、测量精确，比较特征应做到系统而全面。

（3）在综合评断时应客观地分析符合点和差异点的性质，从原子印章印

文形成和变化的原因判断相同和不同特征是本质的还是非本质的。原子印章印文特征变化的原因主要有衬垫物的厚薄、储墨垫中印油的多少、盖印力的轻重等。在具体评断时应注意以下问题。

首先，确定检材印文的制成方式。如果检材印文是手工雕刻的印章印文而样本印文是原子印章印文，则两者的差异十分明显，对符合点和差异点的性质判断较为确定；若检材印文是用照相腐蚀制成的金属印章或原子印章盖印形成的，而样本印文也是原子印章印文，则两者的符合点数量多，差异点的数量少，并且差异点较精细，对这种差异点性质的评断较为困难。

其次，分析差异点是不同印章固有的，还是盖印条件变化所形成的，如果经观察分析不能确定性质，应进行模拟实验，从而科学地判断差异点的性质。

最后，对检材印文是照相制版制成的印章印文，应进行制作工艺的调查。通过调查和实验确定印章制作过程中形成的固有特征，从而确定差异点的性质。

## 第四节　伪造、变造印章印文的检验

伪造、变造印章印文的检验是印章印文最主要的任务，伪造、变造印章印文的方法有很多，归纳起来主要有四种：伪造印章后盖印、变造印章后盖印、直接伪造印文和直接变造印文。并且，随着时代的发展，伪造、变造手法不断翻新，增加了检验鉴定的难度，给检验提出了新的要求。伪造、变造印章印文的方法不同，其特点也各不相同。而各种伪造、变造方法的不同特点是确定伪造、变造印章印文的方法及印章印文真伪的主要依据，检验中应注意准确地进行识别和运用。

### 一、伪造印章的方法及其特点

常见的伪造印章的方法有雕刻法、照相制版法等。利用雕刻、拼凑的方法伪造印章，因伪造者制作手法和技术水平的限制，伪造的印章印文与真实的印章印文差异较大。而使用照相制版法伪造的印章的仿真程度较高，其印文与真实的印章印文相似性大，检验难度较大。

（一）雕刻法

雕刻法伪造印章是常见的伪造方法。雕刻法伪造印章，伪造者以真实印章印文为底样，采用雕刻的方法制作印章，再用印章盖印形成印文。通常情况下，伪造者雕刻水平的高低与伪造的印章印文的相似程度成正比。但是，雕刻法伪造印章，有时雕刻人不了解印章的规格要求或没有真印文作为样本，因而出现明显的不符合规格要求的特点，即使按真印文样本进行仿制，由于印章材质的差别、工具条件的限制等，一般与真印章有比较明显的差别。雕刻的印章印文既可以反映雕刻人的书写动作习惯和文字布局习惯，也可以反映雕刻人的雕刻技法习惯。雕刻法伪造印章印文的特点主要有以下五点。

（1）印文图文和线条有书写和手工设计的随意性特点，文字之间，边框、文字与线条之间的布局不匀。

（2）印文文字的大小、形体，图案的大小、形态，线条的粗细、长短和形状等与印刷规范明显不同。

（3）图文线条的边缘不齐，构成的对等角的角度大小不一，文字笔画和线条的粗细、长短、搭配比例等不规则。

（4）图文和线条的边缘有疵点、豁口，图案的中心或边缘有布局定位的疵点，有的边框有明显的损伤等雕刻特征。

（5）如果印章的底子清理不净，在印文空白处可能留有底子印痕；有时可能出现反向的文字或偏旁、笔画。

（二）照相制版法

照相制版法伪造印文有两种具体方法：一种是伪造者以真实的印文为样本，通过照相制成负片，用负片在涂有感光物质的铜、铅锌合金以及感光树脂等版材上曝光，再经显影、定影、洗版、修版后制成平版、凸版、凹版的印面，再直接用印面或将印面装在空章上盖印形成印文。另一种是伪造者直接在印文底片上进行雕刻，然后用雕刻的印文底片进行拓印形成印文，或者拓印在雕刻材料上再雕刻制成印章后盖印形成印文。前一种称为照相再制版伪造，后一种是直接的照相刻版伪造。照相制版伪造印章印文和照相雕刻伪造印章印文有不同的特点。在正常的印章制作过程中，原子印章、有的金属章等也是用照相制版的原理和方法制成的，因而用相同的原理和方法伪造这类印章的仿真程度较高。照相制版是高仿真伪造印章印文的主要方法。这是因为照相具有对物体外表复制的功能，因而照相制版法能伪造各种印章盖印制成的印文。

1. 照相再制版伪造印章印文的特点

照相再制版的印章类型一般有平版、凸版和凹版三种，其中以伪造凸版印章最为常见。其印文的具体特点有以下五点。

（1）伪造印文与真印文的字体、字形、字的大小、线条的形态和量值一致，图文和线条的布局相同。

（2）伪造印文的墨迹具有平版、凸版、凹版的印迹特征。

（3）文字笔画、图案和线条的边缘发虚、有的细小笔画消失和出现模糊、中断等现象。

（4）文字、图案、线条的交角圆顿，棱角不分明。

（5）伪造印文的印染物质可能与真印文不同。

2. 照相直接制版伪造印章印文的特点

照相直接制版伪造印章印文的基本特点与真实印文的字体、字形、字的大小、线条的形态和量值等基本一致，图文和线条的布局相同。用照相底片雕刻形成的印模拓印伪造印文还具有的特点是：墨迹浓淡不均，图文和线条的边缘有溢墨现象；印迹没有印压力，图文和线条的边缘较整齐，部分有豁口、疵点等；有的细小笔画可能缺少，笔画和线条的粗细不均。用照相底片雕刻形成的印模拓印在空白的印面上进行雕刻伪造的印章再盖印形成的印文特点是：除具有照相制版伪造印章印文的基本特点外，还具有雕刻法伪造印章印文的细节特点等。

## 二、伪造印文的方法及其特点

实践中，有的造假人不伪造印章，而采用手工描绘、复印、转印等各种方法直接伪造印文。直接伪造的印文由于其形成机理与印章盖印而成的印文不同，在力的作用方式、形成物质、印文细节形态等方面也与印章盖印而成的真实印文存在较大的不同。这些不同之处是检验中识别和确定印文是直接伪造而成还是伪造印章后盖印而成的重要依据。具体来说，直接伪造的印文与印章盖印而成的印文的区别主要表现在以下几个方面：首先，两者形成的色料物质不一样，直接伪造的印文的色料多为染料、油墨、复印粉末等，而用印章盖印的印文的形成色料多为印油或印泥；其次，直接伪造印文没有盖印力，而用印章盖印形成的印文有盖印力；最后，直接伪造的印文会反映出复印、描绘、转印等伪造方法的细节特征，而用印章盖印而成的印文则会反映出雕刻或照相制版的印章的细节特征。

直接伪造印文的方法多种多样，不同的伪造方法反映出的特点也不尽相同。在确定了印文是直接伪造形成后，还应根据各种伪造印文方法的不同特点反映，准确判断印文的伪造方法。

(一) 转印法伪造印文的特点

转印法伪造印文是通过一定的理化处理，把印文色料转移到另一载体上形成的印文。转印法伪造印文一般需通过中间介质转印，即先将真实印文的色料经加热、加压后复印提取，转印到中间介质上，获得镜像印文，然后将中间介质上的印文加热或加压转印到需要伪造的文书上。采用转印法伪造的印文形态逼真，图文、线条及其布局与真实印文相似度极高，甚至文字笔画的细节特征、图案、边框的豁口等也与真实印文相差无几，检验时具有极大的迷惑性，稍有不慎就可能被误导。但转印法伪造的印文也会表现出以下一些特有的特点，检验中应注意识别。

(1) 印文色泽平淡、不清晰、不实，印文表面干枯粗糙，色料呈粉末状浮于纸面，与纸张结合程度差。

(2) 印文无压痕，没有立体感，笔画和边框边缘颜色较重处没有挤墨现象。

(3) 转印印文主要转移的是颜料，油痕渗散性较弱，用陈旧印文转印的印文则无油渗散痕迹。

(4) 作母本用的印文如与手写、打印笔迹笔画有交叉，则转印印文上可能留有相应的痕迹。

(5) 如转印中用到某种介质，则在图文、线条附近一般会出现明显的特定介质污染痕迹。

(二) 复印法伪造印文的特点

复印法伪造印文是指用彩色或多色复印机将真印文复印在伪造文件上形成的印文。近年来，随着彩色、多色复印机的普及以及复印仿真度的提高，利用复印机伪造印文成为很多违法犯罪分子的首选手段。复印法伪造的印文图文逼真，印迹清晰，图文、线条的布局及部分细节特征与真印文相似度极高，但也有一些特有的特点，这些特点是检验时发现和确定复印法伪造印文的重要依据，检验中应注意充分加以运用。

彩色复印机复印法伪造印文的特点有以下四点。

（1）图文没有刀刻痕迹，不如印泥、印油盖印的质感好，没有抑压的立体感。

（2）图文、线条的边缘略有发虚，角度圆顿。

（3）显微观察，笔画没有洇散现象，印文笔画边缘有弥散的红色墨粉颗粒。

（4）印文附近的文书其他部位会留下墨粉粒、遮挡笔画残留痕迹等复印的痕迹。

### （三）计算机打印法伪造印文的特点

计算机打印法伪造印文是指将真印文用扫描仪扫描后输入计算机，用彩色打印机打印形成的印文。这种模—数、数—模转换，信号损失极小，因此打印出来的印文与真印文相似程度很高，但借助显微观察仪器或肉眼认真观察也会发现一些不同于盖印印文的特点。

（1）显微观察会发现，计算机打印法伪造的印文图文由彩色墨点构成，不同于印油和印泥盖印特点，而且没有抑压痕迹。

（2）如果是喷墨打印机打印伪造的印文，还会出现印文图文笔画遇水即洇散的现象。但用激光打印机打印的印文图文清晰、干净，无洇散现象。

（3）多份检材不同页上的印文墨色分布和漏白有可能完全一致。

（4）多份检材不同页上的印文相对位置可能完全一致。

（5）在印文的空白处周围或文书空白处有彩色墨点存在。

### （四）手工描绘法伪造印文的特点

手工描绘法伪造印文主要有临摹描绘法和套摹描绘法两种方法。临摹描绘法伪造印文，是指利用真实印文为样本，借助直尺、圆规、铅笔、色料等，用铅笔描绘印文，再进行着色形成的印文。套摹描绘法伪造印文，是指采用抑压、透光、复写、复印等方法将真印文套摹在需要的文书上，然后着色形成的印文。临摹描绘法和套摹描绘法虽然都是手工描绘而成，但由于操作方式不同，特点反映也有所不同。

1. 临摹描绘法伪造印文的特点

（1）印文的文字笔画、图案的边缘、线条等粗细不匀，墨色浓淡不均。

（2）字的大小不均，字位不正，字体、字形不规范，具有书写字迹的特征。

（3）文字、图案、边框的布局，字与字间高低、远近的位置、距离明显不均。

（4）文字笔画、图案有明显的修饰痕迹。

（5）印文没有明显的压痕。

2. 套摹描绘法伪造印文的特点

（1）图文的大小比较规范，线条粗细比较均匀。

（2）文字、图案、边框的布局，字与字间高低、远近的位置、距离比较均匀。

（3）局部图文、线条会出现移位、错位。

（4）有抑压、复写、复印痕迹等套摹描绘的痕迹。

（五）漏印法伪造印文的特点

漏印法伪造印文是指伪造者利用刻写油印、誊印机誊印、电子打印机打印制成油印孔版，再油印形成的印文。刻写油印、誊印机誊印、电子打印机打印等几种漏印法伪造印文都必须通过漏印形成印文，因此具有漏印（孔版印刷）的特点。具体来说，漏印法伪造印文主要有以下特点。

（1）印文文字的大小、字体、字形、字间搭配比例以及印文的图案、线条的布局与真印文基本一致。

（2）印文具有孔版印刷的特点，即图文、线条由不同形状的小点组成。刻写制版油印的小点多为长方形，誊印机誊写油印的小点多为圆形，电子打印机打印制版油印的小点因打印机种类不同而不同，有的为圆点，有的为方点。

（3）印文文字笔画、图案边缘，线条的疵点、豁口等的形态、位置、数量与真印文的不一致。

（4）手工刻写油印的印文，图文、线条规范性差，其中间有条状中空现象，并且粗细不匀，边缘不齐，角度不圆。

（5）誊印机誊写制版油印的印文，空白处容易出现原印文文书的字迹和污点，笔画、线条发虚，甚至出现间断现象。

## 三、变造印文的方法及其特点

变造印文是指变造者采用擦刮、消退、挖补、添加等方法改变真印文的一部分文字内容或图案形成的印文，或者将不同真印文的不同部分剪贴拼接形成的印文。

### （一）擦刮、消退法变造印文的特点

擦刮、消退法变造印文是指变造者利用擦刮、消退的方法消除真实印文的部分文字，再添加所需要的文字而形成的局部变造的印文。

擦刮、消退法变造印文的特点：印文上有擦刮、消退的痕迹；添加的文字在形体、大小、字位、字的细节特征等方面可能与印文其他文字不同；印文的作用可能与文书的用途不同；添加文字的印染物可能与原印文文字的印染物不同。

### （二）挖补、添加法变造印文的特点

挖补、添加法变造印文是指变造者挖掉真实印文的部分内容，再补接上需要的文字或图案所形成的局部变造的印文，或采用添写的方法在真实印文的空白处增加所需要的文字形成的局部变造的印文。

挖补、添加法变造印文的特点：印文上有挖补的痕迹；补接、添写、添盖的文字字体、字形、字位、字的细节特征与印文其他文字不一致，图案与真实印文的图案不一样；印文的作用可能与文书的用途不同；添加文字的印染物可能与原印文文字的印染物不同。

### （三）拼接法变造印文的特点

拼接法变造印文是指变造者根据需要将两个或两个以上的真印文剪切、拼接形成的印文。

拼接法变造印文的特点：印文上文字的字体字形、字的大小、字位、字的细节特征不一致；不同部分拼接形成的印文的边框、线条、文字可能错位；图文、线条的颜色、宽窄可能不一致；印文的不同组成部分可能有不同印文空白处的残余文字和污迹；不同部分印文的印染物不同；印文不同部分的纸质不同。

## 四、伪造、变造印章印文的检验要点

检验伪造、变造印章印文的任务是确定伪造、变造印文的事实和方法。检验伪造、变造印章印文的方法与印章印文检验的一般方法是相辅相成的。有的情况下可先确定检材印文与样本印文不同一，再进一步确定检材印文的伪造、变造事实和方法，如高仿真伪造印章印文、转印法伪造印章印文等；而有的情况下先确定检材印文伪造、变造的事实和方法，再确定检材印文与样本印文的不同。在检验伪造、变造印章印文时，应注意以下检验要点。

（1）准确掌握各种伪造、变造印章印文的特点，运用印章印文检验的一般方法发现检材印文所具有的伪造、变造的特征，并对发现的特征一一标示记录。

（2）综合运用各种检验方法，包括目力观察法、显微镜检验法、不可见光检验法对检材印文进行检验，发现、识别和确定伪造、变造印文的特点。

（3）运用系统鉴定的方法，从不同角度、不同层次对发现的检材印文伪造、变造的特点进行分析，并结合案件事实，采取各种检验手段挖掘可疑文书上印文所能提供的全部信息，经过综合分析研究，准确确定形成这些特点的伪造、变造方法。

## 五、高仿真伪造印章印文的检验方法

高仿真伪造印章印文是指利用现代化的制章和办公设备对真印章印文进行仿制形成的印文。这种伪造方法制成的印章印文的整个形态及其细节方面都与真印文相似，仅有部分细节特征和制成方式特征与真印文不同。真印文在各种变化因素的作用下会发生不同程度的变化，因而高仿真伪造印章印文不仅真伪难以识别，而且确定伪造、变造的事实和方法也较困难。

高仿真伪造印章印文多出现在伪造的货币、证券、金融凭证、海关单据以及具有重要经济价值的文书上。伪造者多为境外的犯罪集团或组织，以及境内的专业伪造文书者和制作印章印文的人员。

### （一）高仿真伪造印章印文的常见方法及特点

1. 照相制版伪造

照相制版伪造印章印文，是指具有专业照相制版技术的伪造者以真印文为样本，用专业的照相制版设备和照相制版技术制成尼龙、树脂、聚酯、金属等的凸版或凹版印章后盖印形成的印文。

2. 电脑排版照相再制版伪造

电脑排版照相再制版伪造印章印文，是指掌握了原子印章制作技术的伪造者，将原子印章印文或其他印文用扫描仪录入电脑，经技术处理后去掉背景干扰物，再用激光打印机打印印文稿样后照相再制版伪造形成的印章印文；或者用原子印章的制作技术和方法伪造树脂印章形成的印文或伪造原子印章形成的印文。

采用高仿真的伪造方法伪造的印章印文与真印章印文的相似程度较高，如果将高仿真伪造的印章印文与真印文用几何测量法、几何作图法、重叠法等比较检验，则不能发现明显的差异点。

以上伪造印章印文的方法特点是：伪造的印文与真印文在大小、字体、字形，图文和线条的布局，笔画、图案、线条的形态和多数的细节特征等方面基本一致；笔画、图案、线条可能有少量独特的疵点、豁口等特征，其特征往往是照相、晒版、修版过程中形成的；细小的笔画、线条缺失，有的笔画有中断现象，文字的撇、捺笔画可能变形；笔画交角圆顿或模糊；有的笔画、图案、线条的边缘不整；有的图文、线条的墨迹不实，有悬浮感，有的无刀刻特征。

（二）检验高仿真伪造印章印文的方法

（1）将检材上的印文置于显微镜下观察，根据观察到的具体特征，分辨清楚是何种方法形成的，即盖印、复印、打印或印刷形成的。

（2）将检材上的印文与真印文分别制成同倍放大的照片，进行细致的观察比对。注意比较检材上的印文与样本印文相对应的缺损、划痕、暗记及个别特征的形状、大小、边缘状况等，同时注意印文中的一些可变特征常常在伪造印文中变成稳固的“特征”。

（3）印章在使用过程中会有磨损或硬伤，造成印章在不同时期盖印的印文特征有一定变化，因此检验时最好让送检单位提供与检材印文同时期的真印章印文样本。

（4）比对检验应细致，多做实验，加以分析，把握住选取特征的可靠性和稳定性，为鉴定意见提供可靠的依据。

（5）对符合点和差异点进行认真的分析，正确地判定其性质。高仿真伪造的印章印文与真印章印文相比，相同的特征多，而差异的特征少。但是相同的特征是高仿真制作所形成的相似性反映，而差异的特征是印章印文制成方式不同的本质反映。所以真伪印章印文的符合点和差异点的性质是由两者制成方式的不同决定的，而不是由形态特征数量的多少决定的。在评断符合点和差异点时，影响印章印文变化的因素对确定差异点的数量及性质有重要的作用。对此应反复进行分析，分清差异点形成的原因，判定差异点是印章固有的，还是正常变化引起的，从而判明差异点的性质。

## 第五节　印文与文字形成先后顺序的检验

### 一、印文与文字形成顺序的概念及其鉴定的意义

印文与文字形成顺序又称朱墨时序，是指印文与书写、打印或复写字迹形成的先后次序。此问题是司法实践中经常遇到的专门性问题，因而解决这类专门问题是印章印文检验的基本任务。

经济、民事案件中的许多文书需判断朱墨时序，借以确定案件的某些事实。某些特定文书或重要文书形成时，要求必须先书写或打印文字，审核无误后盖印公章印文，即先墨后朱。伪造者在伪造这类文书时，采取非正常手段先盗盖印文后再填写文字，即文书形成过程反序。通过鉴定朱墨时序可以认定文书的真伪。此外，在经济、民事案件中，通过鉴定文书上印文与其他文字形成的先后次序，还可以判断当事人所陈述事实的真实性、文件形成的时间等问题，为法庭审理提供依据。

### 二、确定印文与其他文字形成顺序的原理和方法

#### （一）确定印文与其他文字形成顺序的原理

印文与其他文字的形成顺序，是根据印文与文字交叉点的外观特征以及印文、字迹两种形成色料的理化性质进行确定的。在印文与其他文字交叉的部位处，纸张纤维上印文的印染物质与其他文字的形成物质间必然存在相互

渗透以及掩盖与被掩盖的现象，而且由于印文与其他文字形成方式和作用力不同，两者的交叉部位往往形成立体加层痕迹。运用科学技术手段确定印文印染物与文字物质在交叉部位的上下关系，就能确定印文与其他文字形成的先后顺序。因此，确定印文与其他文字形成顺序的基本条件是印文与其他文字相互之间有交叉，并且交叉的部分越多，鉴定的条件越好；形成交叉关系的两种色料的层次感越强，理化性质差异越大，其鉴定条件越好。但是，印文与其他文字形成顺序的确定还需结合印文与其他文字的物质成分的种类、浓淡程度、印文与其他文字的形成方式、文书纸张自身状况、印文与其他文字各自形成的时间、印文与其他文字交叉后的污染情况等可能影响判断的因素进行综合考虑。

（二）确定印文与其他文字形成顺序的方法

鉴定印文与其他文字形成的顺序时要求检材必须是原件，复印件和照片都不能进行检验鉴定。检验的一般步骤是：确定检材是否具备鉴定条件；对印文和其他文字进行彩色拍照；准备检验所需的仪器和试剂；按鉴定方法和要求实施检验；拍照记录所发现的特征；进行综合评断；作出鉴定意见；制作鉴定书。检验的方法主要有显微检验法、转印检验法、脱色检验法等。

1. 显微检验法

显微检验法是指利用显微镜等显微观察仪器对印文与文字交叉点的外观特征进行显微观察来确定印文与文字形成顺序的判断方法。常用于朱墨时序检验的显微镜主要是体式显微镜、比较显微镜、生物显微镜、反射荧光显微镜、消色差显微镜、扫描电子显微镜等，检验时可视检验需求及显微设备配备情况灵活采用。

利用显微镜判定朱墨时序时，主要观察交叉点表层色料分布和变化。所谓色料分布，是指朱或墨的色料是否均匀以及印泥颗粒形态；所谓变化，就是把交叉点处与非交叉点处的同一笔画或线条进行比较，交叉点处的笔画是否发生变细、断笔、洇散等异常现象。如发生上述现象，一般应视为该处已存在一种色料，即发生变化的朱（或墨）是后形成的。但要注意，个别偶然因素也可能使先形成笔画刚好在交叉点处产生断笔等现象，所以需检验多个交叉点，找出规律性的特征以排除偶然因素的干扰。显微检验时，应将朱和墨所有的交叉点充分利用，因为公文中印文处的墨大多只含单位名称、签名和落款时间等少量笔迹，形成的交叉点少，并且书写、盖印条件引起的变化很多，同一文书上的朱墨时序的特征表现有可能不同，这些都会给准确意见的作出增加难度。所以，必须充分利用各交叉点表现出来的各种特征，并进行科学客观的综合评断后，才能准确判定印文与文字的形成顺序。

进行综合评断时，应从以下几个方面进行综合分析：首先，研究交叉点外观特征的数量和质量，结合这些特征的明显程度、稳定程度以及是否呈规律性进行分析；其次，研究“朱”“墨”两种色料的理化性质，如可溶程度差异，色泽覆盖能力的大小等；最后，研究被检客体的形成条件。同是两种色料形成的交叉关系，书写压力大、墨层厚、盖印力大、盖印色料多等与其相反条件形成的交叉点特征不同，甚至出现相反的外观特征。因此，显微检验时要以本质性特征为主，全面考虑，而不能只以一点的特征出具意见。综合评断时，如果“朱”“墨”的色料特性相差很大，但被检客体未出现明显的表明一种时序关系的特征时，就应考虑与此相反的时序关系的存在。

此外，显微观察时，为消除印文或文字笔画线条的不必要的干扰，根据检验需要还可借助滤光器进行分色检验，即用红色滤光器滤除红色印文，使交叉点处的书写、打印、复印文字笔画特征更突出。拍照时，加用红滤光器，使照片只有一种笔画存在，避免印文笔画在照片上形成的干扰。红滤光器既可放在文书上，也可置于照相机镜头前。如果需显微照相，则滤光器最好放在显微镜物镜前。实际工作中，为了表现印文与笔迹交叉处的色料笔画两种影像，减淡印文的影像，以便于确认交叉点的位置，可选用橙红色滤光器如CB600、HD620等，这种滤光器能减淡印文色调，同时又能增强色料笔画，对于朱墨时序鉴定，这种拍照方法更实用。

2. 转印检验法

转印检验法是利用胶带、定影相纸等材料的粘着性质，粘取交叉部位的表层色料，根据某种色料笔画或印文是否完整，判断其交叉部位的覆盖顺序的检验方法。此法只适用于不同类型色料相互交叉的情况，尤其适用于印章印文与各种笔迹形成顺序的鉴别。

转印检验法的具体方法主要有两种。一种是用一小块透明胶带或不干胶纸，贴在印文与书写笔迹的交叉部位，以书本作衬垫，用光滑的小胶棍在胶带上轻轻滚压或用手指轻轻均匀地磨压，然后顺一定方向将胶带慢慢揭下；

另一种是把一小块直接定影的相纸润湿后，用滤纸吸干表面水分，以胶面覆盖在不同色料的交叉部位，用厚书加压几分钟。对于印文与墨水、墨汁笔画交叠的情况，还可用熨斗（加热至60～80摄氏度）在相纸或文书背面压15～20秒，然后轻轻揭下。取下胶纸或相纸后，可直接观察或放大观察交叉部位的色料被粘吸的情况。如果印文是后盖的，交叉部位的表层是印泥或印油，粘取下的印文是完整的；如果是先盖印后写字，交叉部位表层是书写物质，粘取下的印文不完整，而且还会粘下表层书写色料或完整的书写笔画。但如果书写压痕很深，无论是先盖章还是后盖章，粘取下的印文都不完全，在书写压痕处形成空白，所以判断结论要视检材的具体情况而定。

3. 脱色检验法

脱色检验法是利用化学试剂对各种色料的脱色能力差别以及某种色料脱色速度的不同，判断其在交叉部位的形成次序的检验方法。

对于蓝黑、纯蓝墨水笔迹与印泥印文相互交叠的情况，可利用次氯酸钠溶液判断形成次序。次氯酸钠既是碱性物质，又是强氧化剂，与墨水笔迹接触后，会立即改变酸性染料的颜色并破坏染料分子结构，使笔迹褪色。而印泥是油溶性的，不与次氯酸钠水溶液相溶，因而不能发生褪色反应。检验时，可用小棉签蘸取少量次氯酸钠溶液点在交叉部位，如果是先盖章后写字，则点上药液后会很快发生化学反应，并能观察到书写文字的褪色现象；如果是先写字后盖章，药液需通过印泥颗粒的间隙或印文边缘沿纸张纤维向内侧渗透才能接触到书写笔画，再发生化学反应，因而需经过一定时间才能观察到笔画褪色现象。

对于复写笔迹与印泥印文相互交叠的情况，可以利用丙酮试剂来判断形成次序。印泥是油性物质，盖印后能渗透到纸张内部，与纸张的吸附力强，不易被丙酮洗脱下来。复写纸色料是干性物质，复写后其色料只粘附在纸张表面，与纸张纤维结合不牢固，很容易被丙酮洗脱下来。检验时将检材置于显微镜下，用细滴管在交叉部位滴上一滴丙酮溶剂，如果是先盖章后写字，会立即观察到有复写纸色料颗粒在溶剂中浮动；如果是先写字后盖章，由于有印泥膜层的屏蔽作用，看不到复写纸色料颗粒的悬浮现象。

4. 荧光检验法

荧光检验法主要有激发荧光检验法和熄灭荧光检验法两种。激发荧光检验法，是指以某种光线作激发源使交叉点处的色料（一般为印泥）发射荧光，通过观察或测量荧光强度的变化来判定朱墨时序的检验方法。该法适用于印泥与碳素墨水、蓝黑墨水、圆珠笔油墨、复写纸、打印色带油墨、墨粉等色料构成交叉时序关系的文书。印泥是一种强荧光物质，对紫外线和可见光短波区的光线可强烈吸收，并产生荧光，其中以波长470纳米左右的青色光为激发光时的荧光强度最大，荧光峰大约在590纳米处。上述的书写、打印、复印色料中，有的对此波长的激发光不吸收，难以产生荧光，有的色料（如含碳素）不属发光物质。在激发光的作用下，交叉点处朱与墨的荧光反差比反射光时的反差大大加强，从而突出了时序特征。实验表明，在先墨后朱的情况下，各种文字的色料能吸收印泥发出的橙红色明亮荧光而呈黑色，并且印泥层上微量的黑色色料分布形态更明显、突出；在先朱后墨的情况下，则可见墨层上有印泥堆积物的荧光，且层次特征界面清晰、稳定，印泥层越厚、面积越大，则特征越明显。

熄灭荧光检验法是将交叉点的两种色料作为杂质，在该处涂刷少量的强荧光粉末进行检验的方法。当荧光粉末在特定光源照射下辐射荧光时，交叉点的粉末荧光因杂质作用而减弱或熄灭，熄灭程度与交叉时序存在对应关系。先朱后墨时交叉点吸附荧光粉末相对较少，并且熄灭荧光的能力强；先墨后朱时，吸附粉末相对较多，熄灭能力却较弱。判定打印色带笔迹和碳素、蓝黑墨水笔迹与印油、印泥印文形成的交叉时序，使用荧光素粉末为宜，蓝圆珠笔油墨与印泥形成的交叉时序不宜用熄灭荧光法检验。

5. 表面成分分析

只要相互交叠的两种色料不是水溶性的，它们在纸面上就不会完全混溶，而是表现出一定层次的空间分布，即先形成的印记在下，后形成的印记在上。利用探测深度在10埃以内的现代仪器分析方法就可以鉴别出这种层次关系。检验时可以分别在交叉部位和各自的非交叉部位进行成分分析，然后比对其分析结果。适用此种分析的仪器有电子探针（EPMA）和能谱仪（EDAX），通过比对微量元素的种类和含量来判断先后顺序。另外，还可以用显微分光光度计进行表面反射光谱分析，分别测得交叉部位和非交叉部位的微区反射光谱，然后比较光谱图，其谱图与交叉部位谱图相同的色料是后形成的。

6. 扫描电镜、能谱仪检验

电镜分析是形貌观察和成分分析相结合的分析方法。能谱仪可对 Na11 ~ U92 无机元素进行定性、定量分析。电镜形貌观察具有分辨率高、景深大、放大倍率高等特点，可进行微区形态的观察。应用能谱仪对印文与书写材料形成的加层物质进行属性判别，根据加层物质属性特点，鉴别朱墨时序；也可对印泥与文字笔画的交叉部位进行扫描电镜（SEM）二次电子像的表面观察，根据交叉部位加层物质表面所产生的微区变化形态，鉴别朱墨时序。

## 三、印文与常见书写工具字迹笔画交叉处的表观特征

印文与书写文字交叉处的表观特征是判断印文与书写文字形成时序的重要依据。常见书写工具字迹有钢笔、毛笔、签字笔、圆珠笔字迹等，不同的书写工具写成的字迹与印文交叉处的表观特征不尽相同。这种表观特征的数量和质量与书写工具、色料种类、书写条件等诸多因素密切相关，检验时应根据印文与具体书写工具字迹笔画交叉处的表观特征对印文与相应文字的形成顺序进行准确判断。

### （一）印文与圆珠笔字迹笔画交叉处表观特征

1. 先朱后墨

在先朱后墨的情况下，印文与圆珠笔字迹笔画交叉处表观特征主要有以下四点。

（1）圆珠笔笔画在交叉点处出现完全性断笔或沿书写轴线方向上的半断笔现象。圆珠笔油墨属粘稠性的油溶性物质，书写后其渗透性弱而层状结构性强，但随时间延续，渗透程度逐渐增大并向笔画两侧扩散。当书写至印文笔画或线条处时，圆珠笔球珠因受印文色料存在的纸张表面状态变化而输出油墨少，出现断笔现象。特别是当印泥量较大或盖印时间较长时，此现象明显。

（2）印泥堆积物立体感程度下降。印泥印文笔画、边框、图案的表面并不平整，在显微视场中可观察到一块块的印泥堆积物。因圆珠笔书写压力较大且受到色料覆盖，印泥堆积物立体感程度明显下降。

（3）圆珠笔笔画凹陷处分布红色印文色料。这是因为印文盖印在先，不论后写笔画是否完整，笔画沟痕处都存在印文物质。

（4）在以印泥为盖印物的文书中，纸张背面圆珠笔压痕较浅。

2. 先墨后朱

在先墨后朱的情况下，印文与圆珠笔字迹笔画交叉处表观特征主要表现为：圆珠笔压痕处无印文色料，当圆珠笔书写压力较大时，压痕较深，与其他处纸张不处于同一平面，盖印后该处未能黏附印文色料而呈“露白”现象；如果压力较大、衬垫物软或印文色料较多（尤其是印油），圆珠笔压痕处不但能黏附，而且该处印文色料更多更浓，表现出“填谷”现象。印文与圆珠笔字迹笔画不出现断笔现象，墨迹笔画上有立体感强的红色印泥堆积物，印文色料无污染，字迹色料变色严重，印文笔画及堆积物上表面状态完整无擦痕，纸张背面可见书写压痕完整。

### （二）印文与复写纸复写字迹笔画交叉处表观特征

1. 先朱后墨

在先朱后墨的情况下，印文与复写字迹笔画交叉处的表观特征主要有以下几点。

（1）复写笔画多有缺损。复写纸色料属干性油溶性色料，在常用书写色料中渗透性最差，它是靠抑压力将色料转移到纸张上形成笔画的。抑压力大小、均匀程度，复写纸新旧程度，纸张表面状态都将影响笔画的完整。所以，印文特别是印泥印文上的复写纸笔画很难完整无缺。

（2）复写色料在印文上呈颗粒状浮着状态分布，即复写色料黏附在纸张粗大纤维或印泥堆积的顶端，在高倍率显微镜下观察这种情况最明显。这是判断复写字迹与印文朱墨时序的一个主要依据。

此外，如果复写纸使用次数较多，染料及油脂减少，这种情况下书写的复写纸笔画易出现完全性断笔，色料浮着现象更明显。

2. 先墨后朱

在先墨后朱的情况下，印文与复写字迹笔画完整，不出现断笔，墨迹笔画上有立体感强的红色印泥堆积物，印文色料无污染，字迹色料变色严重，印文笔画及堆积物上表面状态完整无擦痕，纸张背面可见书写压痕。

### （三）印文与墨水字迹笔画交叉处表观特征

墨水字迹是指纯蓝墨水、蓝黑墨水、碳素墨水、墨汁、签字笔水字迹等。

1. 先朱后墨

在先朱后墨的情况下，印文与墨水字迹笔画交叉处会出现以下表观特征。

（1）墨水字迹笔画易出现墨水点、笔画变细甚至断笔特征。在先朱后墨的情况下，由于印泥与墨水有油水相拒的性质，受表面张力作用，墨水既不能渗透又有呈最小表面积的趋势，故而形成墨水点或变细、断笔特征，而且印泥印文的笔画、线条越宽，色料层越厚，该现象越明显。如果观察各种墨水之间的差异，纯蓝、蓝黑墨水比碳素墨水出现断笔变细的概率更大一些。

（2）交叉点处印泥印文笔画、线条两侧有因墨水堆积产生的洇散现象。由于墨水与印泥不能互溶，墨水收缩至印泥笔画两侧，造成交叉点处印泥印文笔画、线条两侧有因墨水堆积产生的洇散现象，墨水量越多，洇散越严重，并且多发生于钢笔与印文笔画刚接触的那一侧。

（3）在以印油为盖印物时，墨水笔画在印文笔画中洇散。印油为水溶性色料，盖印后纸张表面被轻微“浸泡”，再用墨水书写时产生洇散。由于墨水笔画在印文笔画中的洇散，印油量越多，盖印时间与书写时间相距越近，后写笔画越容易产生洇散。这种洇散现象发生于印油笔画中而不是像印泥印文笔画那样的两侧。

（4）墨水笔画上无印文色料。先盖印文后书写笔画，表层墨水上一般看不到印文色料，但该特征观察、确定较困难，只有在墨水笔画宽而浓时，才容易观察到这种现象。

2. 先墨后朱

在先墨后朱的情况下，印文与墨水字迹笔画不出现断笔，墨迹笔画上有立体感强的红色印泥堆积物，印文色料无污染，字迹色料变色严重，印文笔画及堆积物上表面状态完整无擦痕，纸张背面可见书写压痕。

## 四、印文与打印字迹笔画交叉处的表观特征

（一）先朱后墨

在先朱后墨的情况下，印文与打印字迹笔画交叉处表现出以下特征。

（1）印文字迹线条或笔画被分割成网状，其形态分布与纸面凹凸（打印点阵）相对应，针点处和针空处都有色带染料覆盖，但前者的黑色色料稍浓于后者。针式打印机靠打印针击打色带后将色料转印到纸张上，先朱后墨时

印泥因受击打力的作用而下陷，变得凹凸不平，下陷（针点）处转印的色带染料也较多。

（2）黑色笔画上没有印泥堆积物，与先墨后朱形成的印泥堆积物明显不同。虽然印泥印文因被击打而表面不平，但不会形成条状或块状的印泥颗粒覆盖几个针点，这是由两种相反时序关系决定的。

（3）交叉点处印文笔画边缘呈整齐凹陷形态，并且下陷处均分布印文色料。此外，沿打印方向的色带笔画中，有时可观察到色带移动出现的印泥被拖带痕迹。尤其当印泥盖印后未完全干燥或色带与纸张过小，摩擦力较大时，更易出现印泥被拖带的现象。

（4）激光打印字迹墨料表面渗透很弱，呈干燥粉末状黏附在印泥层上；喷墨打印字迹使鲜红色印泥明显变暗，不形成断笔。

（二）先墨后朱

在先墨后朱的情况下，后盖印的印文笔画与先形成的墨迹笔画不出现断笔。打印文字上的印泥堆积物可覆盖几个点阵空间，这是表面张力大、纸张表面不平整、印泥呈收缩趋势造成的。墨迹笔画上有立体感强的红色印泥堆积物，印文色料无污染，印文笔画及堆积物上表面状态完整无擦痕。

## 五、印文与复印字迹笔画交叉处的表观特征

（一）先朱后墨

在先朱后墨的情况下，由于复印墨粉是干性色料，对纸张不渗透，只是黏附于纸张表面，在纸张表面形成薄色料层。当盖有印文的纸张经复印机复印后，在印文与复印文字交叉点处会表现出以下特征。

（1）墨粉笔画中多处出现边缘不整、缺损或印文笔画中央无墨粉覆盖现象，即后复印的笔画残缺不全，形成该特征的原因可能是印文表面光滑程度较纸张不同或印文色料与墨粉的亲和力较纸张小，复印鼓上转印到印文上的墨粉不均匀，故墨粉笔画不完整。

（2）印文笔画或线条周围的纸张上墨粉弥散点多于其他处。复印文书上除文字外，空白处还黏附许多墨粉弥散点，但分布比较均匀。用盖有印文的纸张复印，因复印的静电效应，纸张上格线、图案处及四周容易黏附墨粉，所以，沿印文笔画两侧的墨粉点更密集。

### （二）先墨后朱

在先墨后朱的情况下，由于印文笔迹和线条、图案是经印章施压后转印的，凡施压处都黏附印文色料，不容易出现印文断笔现象。墨迹笔画上有红色印泥堆积物，并且立体感较强，显微视场中能观察到不规则形状或块状的印泥颗粒。印文色料无污染，色泽鲜艳，复印墨粉笔画渗散、扩散程度重。先墨后朱的情况下，印泥中的植物油可溶解墨粉，故可使墨粉向纸张渗透也向笔画两侧扩散，时间越长则渗散越严重。

## 实训设计

### 印章印文的检验

**一、实训项目**

1. 不同材质印章的盖印实训。

2. 印章印文的系统检验方法。

**二、实训目的**

1. 通过对不同材质的印章进行盖印实训，掌握印章印文的特征。

2. 检验案例材料，学会印章印文的系统检验方法。

**三、实训原理**

不同印章由于印面材料不同、制作过程不同，盖印出的印文特征有所不同。硬质印章纹线变形程度小，软质印章纹线变形程度大；雕刻印章纹线的弧形边缘有折线感，照相制版印章纹线的弧形边缘圆滑。相同内容的不同印章，受到不同制作过程中随机因素的影响，纹线的位置与形态必然有差别，这些差别会在印章印文中表现出来。同一枚印章，使用过程中因磕碰磨损、某些特征产生变化（盖印压力、衬垫物、印染物等），印章印文的某些特征也产生变化。所有这些不同印章之间和同一印章自身的变化，都能在印章印文中表现出来。因而，通过印章印文，能够判断印章的材质、印章的制作过程、几枚印章印文是否为同一枚印章盖印以及同一枚印章盖印印文的变化规律。

**四、实训内容**

用不同材质的印章进行盖印实训，确定印章印文的形成方式，并对检材和样本进行同一认定。

**五、实训条件**

1. 实训器材。实训所需放大镜、显微镜、白纸、分规、直尺、印泥、印油、有色细笔、不同材质的印章若干枚。

2. 案例材料。可疑印文一份，样本印文若干。

**六、实训方式**

学生每人独立完成，在实训室由指导老师指导进行实训。

**七、实训步骤与方法**

1. 变换不同条件（压力大小、衬垫物软硬、作用力方向等），分别用不同材质印章进行盖印实训。

2. 观察、分析盖印条件及印章印文的特点，确定印章的种类。

3. 采用重叠法、拼接法、画线法和测量法，依次比较并记录案例材料中检材和样本印文的异同。

4. 采用特征比对法标明检材和样本印文细节特征的异同。

**八、实训作业**

1. 完成一份实训报告。要求说明实训目的、实训内容、实训步骤和方法以及实训心得体会。

2. 就所给案例材料制作符合法律要求的印章印文鉴定书。

# 第十章

# 印刷文件检验

## 第一节　普通印刷文件的检验

在我国国家标准《印刷技术术语　基本术语》（GB/T 9851. 1—1990，已废止）中，印刷的定义是："使用印版或其他方式将原稿上的图文信息转移到承印物上的工艺技术。"随着现代印刷技术的不断改革发展，印刷本身从过程到设备也发生了诸多变化。为此，现行的国家标准《印刷技术术语 第1部分：基本术语》（GB/T 9851. 1—2008）将印刷定义为："使用模拟或数字的图像载体将呈色剂/色料（如油墨）转移到承印物上的复制过程。"

在此基础上，国家市场监督管理总局、中国国家标准化管理委员会发布的《印刷文件鉴定技术规范》（GB/T 37232—2018）将印刷文件定义为：采用凸版印刷、凹版印刷、平版印刷等传统制版印刷技术及特种制版印刷技术，或利用打字机、打印机、复印机、传真机等办公设备，制作形成的各类机制文件的总称。印刷文件一般可分为传统制版印刷文件、办公设备机制文件两大类。同时，《印刷文件鉴定技术规范》中分别概述此两大类印刷文件："传统制版印刷文件：采用凸版印刷、凹版印刷、平版印刷和孔版印刷等传统印刷方式制作形成的印刷文件。办公设备机制文件：用打字机、打印机、复印机和传真机等办公常用设备，制作形成的打印文件、复印文件、传真文件等印刷文件。"

本章所称的普通印刷文件，主要是指以纸张为载体，使用各种专业印刷技术、方法和原理，通过制版的方式而印制得到的印刷品。其内涵和范围与《印刷文件鉴定技术规范》中的“传统制版印刷文件”基本等同。此外，需要强调的是，国家市场监督管理总局、中国国家标准化管理委员会发布的《特种文件鉴定技术规范》（GB/T 37236—2018）中的特种文件与本章论及的印刷文件存在一定的印刷原理和印刷特征的交叉，在各自鉴定过程中，可有针对性地互相借鉴。

普通印刷文件检验，是检验人员运用印刷技术知识，依据各类印刷文件上反映出来的各种印刷方法特点和印刷加工工艺特点，鉴别与案件有关的印刷文件真伪，判定其印刷方法和机具，查明其出处的一项专门文件检验技术。

## 一、普通印刷文件的分类

普通印刷文件存在专业性强、印速快、印数大、种类多等特点。依据不同的分类方式，可以将现实生活中存在的各种普通印刷文件划分为不同的类别。

按照印刷制版方法和原理的不同，普通印刷文件可以分为凸版印刷文件、平版印刷文件、凹版印刷文件和孔版印刷文件四大类。

根据印刷品用途的不同，普通印刷文件又可以分为：书籍杂志印刷文件，多为平版印刷；新闻印刷文件，为适应彩色需要而采用平版或照相凹版轮转机印刷；广告印刷文件（含彩色图片、画报、海报等在内），大部分采用平版印刷，偶有凸版、凹版或孔版印刷；钞券及其他有价证券，在凹版印刷的基础上，辅以凸版及平版印刷；地图，因其幅面大、精度高、套色多、印量少，而原稿又多为单色，因此主要采用照相平版印刷；文具如信封、信纸、请帖、名片、账册、作业簿等，为实现成本低廉、大量印刷的目的，品质要求相对较低，以凸版印刷为多；等等。

因为印刷版所用的版材有木版、石版、锌版（亚铝版）、铝版、铜版、镍版、钢版、玻璃版、石金版、镁版、电镀多层版、纸版、尼龙版、塑胶版、橡皮版等，所以普通印刷文件又可据此分为不同种类。

上述分类中，按照制版方法和原理所进行的分类为普通印刷文件检验的常用分类方式。不同的制版印刷方式，其印刷版型、原理均存在差异，在文件上形成的特点也就会表现出多种不同，从而为鉴别和检验普通印刷文件的真伪，确定印刷文件的来源提供依据。

## 二、凸版印刷文件的检验

凸版印刷，是指印版印面上的图文笔画、线条与版面空白不在同一水平面上且图文呈反像，印刷时印面凸起部分着墨后在压力作用下直接转印到承受面上的印刷技术。

凸版印刷文件就是采用凸版印刷技术印制的文件。其中，某些压印有隐格凹陷或钢印印文的文件，亦属于凸版印刷文件之列。该类印刷文件的制版方式主要有利用铅字钉、装饰边线、空铅和铅条拼排成的铅活版；利用铅活版进行凸版复制得到的复制凸版；用照相排字机在软片或相纸上排出版面，或利用激光照排系统排出版面后，经一定的技术处理晒制、腐蚀得到的凸版；利用手工雕刻或机械雕刻方式制得的凸版四类。

### （一）凸版印刷文件检验依据的特征

凸版印刷文件在印刷时，印版凸起部分由墨辊着墨，通过压力将图文压印到承印物表面。其形成的原理是：印版的着墨部分（大多是图文部分）凸起于印版平面，不着墨部分（大多是空白部分）凹下，印刷时，着墨部分的油墨直接与纸张接触，借助一定的压力转移到纸张上，从而完成印刷，得到印刷文件。

凸版印刷必然在印刷品上形成一定的反映，该版型的基本特点有以下四点。

1. 图文墨层实、重，与纸张结合紧密

凸版印刷时，印版凸起部分的油墨直接转印于文件表面，且给印版刷一次墨只印一次，故墨量较大，因此，在文件面上形成的图文较实、较重；加之印刷时有较大的压力作用于印版与纸张，使油墨与纸张结合紧密，在图文笔画、线条部位，油墨附着牢固并深入纸张深层。

2. 墨迹较实，中淡边浓，边缘有挤墨现象

由于印刷时凸版与纸张间有较大的压力作用，印版凸起部分的油墨在转印到纸面上时受到挤压，多余油墨便向四周低凹处溢出并堆积在笔画、线条外侧，发现明显的挤墨现象，形成笔画、线条上的墨迹中间淡、边缘浓的特点。

3. 印刷的图文正面凹入，背面凸起

凸版印刷时印面凸起部分的笔画、线条在压力作用下与纸面接触，使纸面的笔画、线条部位呈现出正面凹入、背面凸起的立体形变，形成较强的立体感。这种变形在文件正背两面均能直接观察到。

4. 印迹边缘及微小空隙处易粘杂质而出现油墨疵点或模糊等现象

由于纸张及油墨或空气中的尘埃、残渣或其他异物常附着在印版上凸起的距离较近的笔画间、线条间，这些多余物质自身或经过一段时间的积累高出印面或与印面水平，会黏附油墨而转印到印刷品上，出现油墨疵点或模糊。凸版印刷品的油墨疵点常见于笔画、线条边缘或距离较小的笔画、线条之间，较大面积的空白部分一般不出现油墨疵点。

（二）凸版印刷文件的鉴别方法

凸版印刷文件的鉴别，首先应了解凸版印刷文件的基本特点，其次必须了解凹版印刷、平版印刷及其他印刷技术（如孔版印刷、静电复印、打印）印制的文件的基本特点，从而进行区分。首先区分出文件是专业印刷形成的，再确立其是凸版印刷品。在鉴别时，可以借助放大镜、立体显微镜等观察仪器，通过可见光进行侧光、透光观察。仔细观察纸面上墨层表现形式是否较实、较重，墨迹与纸张结合是否紧密，油墨是否渗透到纸张纤维；油墨较浓部位的文字笔画和图案线条边缘有无油墨堆积，挤墨现象是否明显；油墨疵点的位置是否在图文的笔画、线条间及其边缘，油墨疵点的大小、形状；纸面有无立体变形，是否呈现正面凹入、背面凸起的特点，立体变形明显的从文件正背两面侧光观察或用手触摸均能发现。

## 三、平版印刷文件的检验

平版印刷的本质在于利用在制作平版印版时所形成的图文部分与空白部分理化特性的差异，使图文部分亲墨拒水，空白部分亲水拒墨，从而实现施水时空白含水，施墨时图文着墨，最终实现版面上图文与空白间的差异。

平版印刷方法有直接印刷与间接印刷两种。直接印刷就是指纸面直接与印版接触而印下图文，其印面呈反像。间接印刷是指纸面不直接与印版印面接触，印面图文黏附油墨后先转印到一个橡皮滚筒上，再由橡皮滚筒与纸面接触将文字转印下来，这就是所谓的胶印技术。

平版在制版过程中，一般要经过原版制作和晒制平版两个步骤。在制作原版时，可采用手工制作、照相制作和电子分色制版等几种方法；在晒版时，根据所用版材材质的差异，可以分为金属版和非金属版两种。

（一）平版印刷文件检验依据的特征

平版印刷文件在印刷时，利用水油相拒的原理，将版面湿润后施墨，仅使图文部分着墨，然后将图文直接或间接压印到承印物表面，印版图文部分和空白部分几乎处于同一平面。其形成的原理是：印版上的图文部分与空白部分几乎处于同一平面，但由于在制版过程中形成的版面图文与空白部分理化属性的差异，图文部分亲墨拒水，空白部分亲水拒墨。印刷时，借助油水相拒的原理，先由水辊给印版上水，使印版空白部分黏附上水，再由油墨辊上油，让印版图文部分黏附油墨，然后将印版上的油墨通过直接或间接的方式转印到纸张之上，从而得到平版印刷文件。

平版印刷文件上的版型特点有以下四点。

1. 印迹墨色均匀，无挤墨现象，但墨迹有时显得浅淡不实，边缘发虚

由于印版印面上图文与空白两部分是依据理化属性的差异而非印面高低差异来实现图文含墨的，印刷时印面整体，各处压力分布基本一致，加之两部分边缘交界处水油分界明显，因而形成笔画、线条墨迹均匀，无余墨外溢的挤墨现象的特点。但同时，由于印面图文部分着墨能力有限，易出现墨迹平淡不实，与纸张结合不紧密，边缘发虚的现象。

2. 图文部分平整，正反面无凹凸印压痕迹

因图文与空白两部分在印版表面基本位于同一平面，在印刷时所受压力一致，印面平整，因此纸面无印压痕迹，纸张结构无凸凹变化，墨迹亦无立体感。

3. 图文易出现点状漏空

受制版原稿或原版，或者制版过程中笔画、线条部位可能部分特征不改变，以及印版墨量转印不能完全黏附于纸面等因素的影响，图文笔画、线条部位常见点状、环状不着墨的空白现象，较大面积的图文可能出现墨量较淡的现象。

4. 空白部分常见脏版墨点，且墨点形状小、数量多

位于同一平面的图文部分和空白部分的印版表面均可能被油墨、纸张的

杂质等侵害而黏附，或者制版时磨损度不一致导致印刷时含水量存在局部差异，使印刷品上图文附近及远离图文的空白部分常出现点状甚至呈弥散性分布的油墨疵点。

（二）平版印刷文件的鉴别方法

平版印刷品的版型特点是相对于凹版、凸版、孔版及其他印刷方法而言的，因此鉴别平板印刷品就必须了解其他印刷品的特点。鉴别时可以借助放大镜、立体显微镜从不同角度进行侧光、透光观察，分析笔画、线条部位的油墨量；油墨与纸张的结合程度；纸面有无立体变形；油墨斑点的位置分布情况。一般而言，平版印刷品的油墨量较凸版、凹版印刷品都少，不可能出现局部增多的情况，且油墨不深入纸张，也不凸出纸面，往往浮于纸面；侧光观察或用手触摸，文件纸张正背面均不可能出现立体凸、凹变形；油墨疵点常见于空白部分，而不仅仅在笔画、线条边缘出现。各种原版因排版、制版方法不同，所表现出的特点虽一定程度地反映在文件上，但其根本性特点不会改变，仔细分辨容易发现差异，从而排除其他印版类型印刷的可能。

## 四、凹版印刷文件的检验

凹版印刷是指版面上应着墨的图文凹入，而空白部位凸起，印刷时，先让版面全部着墨，然后用刮刀刮净印版表面凸起部分的全部油墨，使凹入部分含蓄油墨，经过压印而使纸面吸附凹入部分的油墨，从而形成文字图像。

按制作工艺不同，凹版可以分为雕刻凹版和照相凹版两种。雕刻凹版又有手刻和蚀刻之分，手刻凹版版材是铜和钢，蚀刻凹版版材只用铜。照相凹版制版有撒粉法和网点法之分，版材为铜。凹版印刷往往根据承印物的性质和用途采用不同的印版和印法。

我国目前的凹印技术大多用于印制贵重文件和精美图书，且大多以图案、图画为主，文字多是图画的说明部分。纯文字性的文件一般不采用凹版印刷。

（一）凹版印刷文件检验依据的特征

凹版印刷文件在印刷时，印版普遍着墨后用刮刀等工具除去空白部分的油墨，通过压力将油墨转印到承印物表面。其形成的原理是版面的空白部分凸起于印版表面，而图文部分是凹入的。印版表面光滑平整如镜，图文线条呈反像，上墨后全版面着墨，经刮刀等刮去凸起部分的油墨后与纸张接触，在较大压力的作用下，使纸面黏附印版凹入部分的油墨而将图文转印下来，经干燥装置催干形成文件。

凹版印刷文件上的版型特点有以下五点。

1. 印迹色调浓重，墨层凸于纸面

凹版印刷是在压力作用下，使纸面将印版凹入部分的油墨黏附起来，油墨本身并未直接受压力影响，因此，在文件上，笔画、线条部位的油墨呈堆积状隆起，且墨层厚实，有明显的立体感。文件墨层堆积的高度与印版上笔画、线条凹入的深度直接相关，一般越宽大的笔画、线条因版面凹度越大，其墨层越厚、立体感越强；越细、窄的笔画、线条因版面凹度越小，其墨层越薄、立体感越弱。雕刻版属于此类，该特征尤为明显。

2. 有与凸版印刷文件纸面相反的凹凸立体变形反映

凹版印刷受压力作用的是印版与纸面的空白部分，因此，纸面上笔画、线条的立体变形呈正面凸起，背面凹入。

3. 墨迹边缘不齐，有毛刺现象

凹版印刷在催干环节前，其承印表面上堆积的油墨尚呈液态，因此在笔画、线条粗大的部位，如果承印面材质不够光滑，如纸张等容易在表面纤维所形成的间隙中，在毛细作用下，墨迹边缘出现毛刺状墨迹外溢，从而表现为毛刺现象。其中照相版、加网版、电子雕刻版因印版本身图文边缘不流畅，因此印迹边缘易呈锯齿状，文字笔画边缘更为明显。

4. 低调处油墨较厚，呈起伏波浪状

凹版印刷中，色调的高低主要通过墨迹的浓淡加以体现，而墨迹的浓淡主要通过版面的凹陷程度予以实现。因此在图文低调部位，其表面自然油墨浓厚，堆积明显，而此厚重的油墨在干涸过程中因运动及受热不均等因素影响，容易形成起伏波浪状。

5. 一般无油墨疵点出现

比较精致的、印刷工艺高的凹版印刷品因其版面材质和印刷方式，一般不出现油墨疵点。但若出现版面不平或有瑕疵，或者照相凹版原稿上有疵点，或文字是铅活字排版而成的，则会出现油墨疵点，但其位置、形状、大小相对固定，保持不变，同时也是呈堆积状隆起的特点，立体感较强。

（二）凹版印刷文件的鉴别方法

鉴别印刷文件是否凹版印刷形成，主要是依据凹版印刷品自身的特点来确定的。这些特点往往是与凸版、平版、孔版的特点相比较得来的，其墨迹形态、纸张变形、笔画和线条边缘平整度、油墨疵点的有无等都是相对于平版、凸版、孔版而言的。观察时，可以借助放大镜、立体显微镜进行侧光和透光观察。侧光观察时，可见凹版印刷的图文线条墨层明显高于纸面，有较强的立体感，反光强烈；较粗的线条可见正面凹入、背面凸起的立体形变；若是用苯作稀释剂的油溶性油墨，着墨部位有较好的光泽。若笔画或线条边缘有放射状毛刺分布，一般都是凹版印刷的；使用凹印品做原件的照相平版也有毛刺现象出现，但毛刺的明显程度及墨层状态与凹版印刷品有区别。如果图文是翻拍的凹版印刷品或是用凸版印刷品清样做原稿的，会一定程度反映出凸版印刷的特点，如笔画边缘粗细程度不一致，有油墨疵点附着于图文边缘等，但其墨层挤墨现象消失，且纸面变形相反。

## 五、孔版印刷文件的检验

孔版印刷文件又称誊印文件，是指利用誊写、誊影等方式制成图文孔版印刷成的文件。孔版印刷文件，依据其形成孔版的原理、方法，所采用的工具和材料的不同，可分为三大类，即誊写油印文件、誊影油印文件和其他油印文件。誊写油印文件的制版，是将需印制的文件原稿按印刷设计要求，用铁笔刻写在置于钢版上的刻写蜡纸上，使本身不透油墨的蜡纸面留下由铁笔与钢版表面文案相互作用而形成的点状小孔，从而制成油印孔版。誊影油印文件的制版，是利用专用的光电誊影机的光电识别系统对复制的文件进行光电扫描，当扫描到文字、图案信号时，誊影针产生脉冲高压电火花，从而在誊影纸上烧灼出与光电扫描系统扫描到的信号一致的小孔组成的文字笔画、图案线条，从而制成油印孔版。其他油印文件的制版是指除上述两种方法以外，利用其他的制版设备和材料，形成沿图文笔画、线条规律排布的孔洞，从而制成的孔版。如打印蜡纸形成的打印孔版、照相晒蚀的丝网版等。

（一）孔版印刷文件检验依据的特征

孔版印刷文件的印版图文部分由大小不同的孔洞组成，能透过油墨，空白部分没有孔洞，印刷时，油墨透过孔洞漏印到承印物上。其形成的原理是：在薄型版材上，利用一定的工具，制成由孔洞构成的图文，印刷时，在压力的作用下油墨透过孔洞漏印到纸面上，从而形成印刷图文。

孔版印刷文件上的版型特点有以下四点。

1. 图文笔画、线条由不规则的点、片状墨迹组成

孔版印刷的图文，其印版上的文字笔画、图案线条均由小孔构成，所印成的文件上的文字笔画、图案线条也就是由每个小孔对应透漏过的点状、片状油墨痕迹所组成。但由于制版方式工具不同，图文对应的墨迹具体的大小、形态、位置关系等各处并不完全一致。

2. 纸张无印版压痕，纸面结构不发生变化

孔版印刷文件在具体印制过程中，纸张上油墨的获得是通过孔版孔洞所具有的筛选、透漏作用而实现的，而油墨与纸张间的结合完全依靠两者间的自然结合力而实现，而不是依靠压力转印，整个过程或通过离心力，或通过油辊较小的按压力，版面和纸张间受到的压力很小。同时，版面本身没有质感且较为平展，因此，纸面结构不会发生变化。

3. 图文边缘不齐，墨层较厚，墨迹不均

孔版文件中图文均是由规律且等大或不规则的油墨点组成的，而这些油墨小点的状态取决于制版机具的固有设置，其不会严格地依据图文边缘位置形态而改变自身的结构位置。因此在具体体现图文角度、宽窄等形态时，两者间的冲突就会表现为图文边缘部分位置的参差不齐。同时，孔版印制所依靠的漏印原理，要求必须有较大的油墨量才能够在较小的压力作用下，使油墨充分漏印，这就导致孔版印刷文件具有油墨量较大，墨层较厚的特点。但是，由于漏印油墨所需的孔洞各处具体形态和大小等方面存在一定差异，即便是在相同墨量、相同压力作用下，各处的油墨通过量也会各有不同，因此形成了墨迹不均的特点。

4. 纸面空白处多有点状、片状或条状的油墨污染痕迹

孔版印刷大多不在专业印刷厂内进行，其印制机具要求也比较简单。因此无论是手工印制还是机器印制，纸面在印制过程中均会发生黏附、擦蹭等油墨污染。同时，由于孔版印刷采用的是油性油墨，印刷纸张上的油墨量较大，整个印制过程中也没有干燥环节，所以也导致纸面在印制完成后，极易

出现由于擦蹭未干油墨而形成的污染痕迹。

（二）孔版印刷文件的鉴别方法

鉴别印刷文件是否孔版印刷所形成，主要依据孔版印刷文件的在印刷过程中所形成的相关版型特点。可以利用放大镜、立体显微镜等设备在侧光、透光光源下，系统观察文件从图文构成、纸面结构到图文边缘形态、墨层状况、污染痕迹的特点。重点将孔版印刷的图文边缘不整齐现象与凸版印刷的挤墨现象和凹版印刷的毛刺现象相区别；将孔版印刷的墨层较厚与凹版印刷的墨层堆积相区别；将孔版印刷的油墨污染与凸版印刷和平版印刷的油墨疵点相区别。最为重要的是利用孔版印刷文件上的图文是由点状、片状油墨小点组成的这一明显而确定的特征，将孔版印刷与凸版、平版、凹版印刷相区分，准确认定和鉴别出孔版印刷文件。

## 六、普通印刷文件检验的步骤和方法

普通印刷文件检验是在确定检验对象制成印刷方法的基础上，对检材的印刷种类特征进行进一步检验，有时需要最终实现确定检材与样本同版与否的检验目的。

（一）普通印刷文件制作方法种类检验的步骤和方法

参照《印刷文件鉴定技术规范》的相关要求，普通印刷文件的种类检验，大体需要经历分别检验、比较检验、综合评断三个步骤和环节，逐级检验文件的特点和性质。

1. 分别检验

根据种类鉴定的要求以及样本特征的已知性，该步骤主要围绕检材开展。可选用宏观检验、显微检验、测量分析、印压痕迹检验等的特征识别方法，从以下几个方面发现检材上存在的印刷特征。

（1）检材的用途及承印物的情况。

（2）检材的内容及排版情况。

（3）检材图文的整体质量及笔画和线条边缘的挤墨、散墨、平滑度等情况。

（4）检材图文区域纸张背面的凹凸状况，及纸张空白部位墨迹的分布状态及污损情况。

（5）检材图文的层次、色泽、均匀度、立体感等整体印刷质量。

（6）检材图文墨迹的显微形态及图文中露白、疵点、断笔、堆积、条痕等分布状态。

（7）检材图文的网点分布及套印等情况。

（8）检材图文墨迹材料特性及在纸张上附着、洇散、渗透等情况。

（9）检材采用的特种工艺印刷技术、防伪技术的情况。

（10）检材的印后加工特点等。

在确定了文件上存在的各种印刷特征的基础上，应根据检材反映出的印刷方法的种类特征，对照不同版型印刷文件检验的基本特点，对检材是否符合凹版印刷、凸版印刷、平版印刷和孔版印刷的特点，以及结合特种文件鉴定的技术方法对其是否采用特种印刷工艺、防伪印刷技术作出分析评断。

2. 比较检验

对于可以提供比对样本的案件，应选择适当的印刷特征鉴别方法，按与检材相同的检验技术要点，对样本反映出的印刷特征进行检验分析，并根据样本反映出的印刷方法的种类特征，按照传统制版印刷文件的基本特点，结合特种文件检验相应的方法，对样本是否符合凹版印刷、凸版印刷、平版印刷和孔版印刷的特点，以及是否采用特种印刷工艺、防伪印刷技术作出分析评断。

确定检材与样本的印刷特征后，应对二者反映出的印刷种类特征进行比较检验，分析两者的印刷种类特征的异同及性质。必要时，可根据检材的具体情况制作相应种类印刷机具的实验样本，通过对检材与实验样本进行比较检验，分析两者的印刷种类特征的异同及性质。

3. 综合评断

根据检材或检材与样本反映出的印刷方法的种类特征，对检材是否符合凹版印刷、凸版印刷、平版印刷和孔版印刷的特征，以及是否采用特种印刷工艺、防伪印刷技术，或检材与样本反映出的印刷方法的种类特征是否相同，对检材与样本进行比较检验，分析两者的印刷特征的异同，从细节特征的比较中确定两者是否由该种版型印刷形成，进行综合分析。根据综合分析的结果，对检材或检材与样本反映出的印刷方法或机具的种类特征的总体价值作出综合评断，并得到相应的结论。

此外，根据需要在确定了印刷方法的基础上，从以下几个方面对检材的印刷种类特征进行进一步检验和确认。

（1）注意鉴别以下排版种类特点：活字排版、铸字排版、打字排版、手动照相排版、自动照相排版等。

（2）印版种类特点主要从制版方法、制版材料和制版工艺角度分析。

（3）凸版印刷注意鉴别活字版、铅整版、照相腐蚀凸版、手工凸版、电子雕刻凸版、橡胶凸版、感光树脂凸版等。

（4）平版印刷注意鉴别各种胶印版及珂罗版、石板等。

（5）凹版印刷注意鉴别手工雕刻凹版、电子雕刻凹版、照相凹版、蚀刻凹版等。

（6）孔版印刷注意鉴别各种誊写版、打字蜡版、誊影版、丝网版等。

（7）注意鉴别其他印刷工艺种类特点如加网、分色、套印等。

（8）注意鉴别印刷纸张和油墨的种类特点。

（9）注意鉴别印后加工特点。

### （二）普通印刷文件同版检验的步骤和方法

以被检验印刷文件制成所用的印刷版型及其种类与样本文件一致为基础，还需要综合分析检材和样本中已检出印刷特征的反映情况、形成原因及特征的价值，初步判断其特征反映程度是否具备进行两者同版与否的鉴定条件。只有当上述条件充分满足的情况下，才可以通过以下几个方面的比较检验过程，确定检验中的检材与样本是否由同一印版印刷制得。

（1）版面内容、印刷方法及版面排版布局的异同。

（2）印版及机具种类及印版标记的异同。

（3）图文线条的质量，以及印刷疵点、断笔、露白的异同。

（4）网线、网点的形态、位置、密度的异同。

（5）套印、对印等印刷工艺特征的异同。

（6）印版磨损、缺陷、修版特征的异同。

（7）油墨、纸张材料的异同。

（8）裁切、装订、表面整饬等印后处理工艺及其特点的异同。

在比较上述异同特征的基础上，分析检材与样本在印刷细节特征方面的符合或差异程度，作出同版与否的判断意见。

## 第二节　静电复印文件检验

静电复印机复印的速度快，操作简便，与传统的铅字印刷、蜡纸油印、胶印等普通印刷文件制作的主要区别是无须经过其他制版等中间手段，而能直接从原稿获得复印品，并且复印份数不多时较为经济。

静电复印文件检验是通过对静电复印文件的特征进行分析或与静电复印样本文件进行比较，从而对静电复印机进行同一认定，进而确定受检静电复印文件的真伪或其完整性。所以，对静电复印文件的检验过程也就是在对复印原理和过程理解的基础上，对静电复印机进行鉴别的过程。

### 一、静电复印机的工作原理

静电复印是利用光电导体在未受光照的暗态下电阻率大而近似于绝缘体，但经过光照激发后电阻率又迅速下降转化成导体的这种“光电导效应”特性，通过光学系统把原稿图文成像在带电荷的光电导体表面形成静电潜影后，再用带电墨粉把图像显现出来的图文复制技术。静电复印按成像方法分为放电成像法（卡尔逊法）和电容成像法（NP 法）；按色彩分为单色复印和彩色复印；按成像技术分为光学式和数字式。

光电导体是由一种具有光电效应的半导体材料制成的。其材料有硒（Se）、氧化锌（ZnO）、硫化镉（CdS）和有机光导体（OPC）。

静电复印机所使用的墨粉（也称为带电染色剂），有些是由着色剂（炭黑、颜料、热塑料高聚物、添加剂）和载体（玻璃球、钢珠、铁粉、有机溶剂）组成的，而有些是由单一的着色剂构成的。

### 二、静电复印机的基本结构和工作过程

美国物理学家卡尔逊于 1938 年发明了静电复印技术，1950 年美国施乐（XE－ROX）公司推出了手工操作的商业静电复印设备。1991 年，日本佳能（CANON）公司推出了数码复印机。因此，静电复印机在上述发展历程中，在结构和工作程序上存在一个由模拟技术到数码技术的过程。

### （一）模拟复印机的基本结构和工作过程

模拟复印机的工作通过曝光、扫描方式将原稿的光学模拟图像通过光学系统（如镜头、镜子）直接投射到已被充电的感光鼓上，产生静电潜像，再经过显影、转印、定影等步骤，完成整个复印过程。虽然模拟复印机存在多种型号、功能和用途，但其内部基本结构是相同的，主要由以下五大部分构成。

1. 曝光系统

主要包括光源、镜头、反射镜等光学部件，使图像系统经光学镜头成像后投影到感光鼓表面完成曝光。

2. 感光鼓及其周围部件

（1）充电电极：对感光鼓进行充电。

（2）光缝：完成对感光鼓的原稿曝光。

（3）显影器：用带电墨粉显出感光鼓上的静电潜影。

（4）转印电极：把带电墨粉图像从感光鼓表面转移到纸上。

（5）分离装置：使纸张与感光鼓分离。

（6）消电电极：消除感光鼓上残余的电荷。

（7）清扫装置：消除感光鼓表面未转移的残存墨粉。

（8）消电灯：对残余电荷再进行一次消除。

3. 供纸与输纸系统

搓入复印纸，在转印位置与感光鼓接触，在分离位置分离，经定影后出机。

4. 定影装置

把转印到纸面的图像固定于纸面。

5. 电子器件部分

控制各部分同步运转。

### （二）数码复印机的基本结构和工作过程

数码复印机与之前的模拟复印机比较，虽然在功能和用途上是一次质的飞跃，但在基本结构和工作过程上，并没有翻天覆地式的改变，只是在原有调整光缝的基础上，增加了部分数码处理构件。主要是在曝光系统中增加了电荷耦合器件（CCD）传感器和激光调制器及相对应的数据处理系统。

在工作过程中，数码复印机首先通过电荷耦合器件传感器将曝光、扫描产生的光学模拟图像信号进行光电转换，成为数字信号，然后将经过技术处理的图像数码信号输入激光调制器上调制的激光束对被充电的感光鼓进行扫描，在感光鼓上产生静电潜像，图像处理装置诸如图像模式、放大、图像重叠等作数码处理后，再经过显影、转印、定影等步骤完成复印过程。

2000 年以后，全球各大模拟机型生产商转为开发数码机型，融通信技术、计算机技术、激光打印为一体。至此，数码复印机由于其诸多的优势，在大多数领域已经基本替代了模拟复印机的使用。

数码复印机是当前静电复印文件检验的主要对象。模拟复印机和数码复印机在工作原理和基本部件和过程上保持了基本的一致，存在许多相同的静电复印文件基本特征。

（1）复印文件为复制件，常留有原稿纸边痕迹。

（2）图文墨迹呈墨粉凝聚状，有立体感，空白处分布有粉墨弥散点。

（3）图文线条质量较差，边缘常见散布的墨迹。

同时，由于数码技术的参与及数码结构自身特点的发挥，在复印文件方面静电复印相较模拟复印也发生了部分改变。

（1）数码复印机只需对原稿进行一次性扫描，存入复印机存储器中，即可随时复印所需的多页份数，因此也就保证了多页文件间的一致性。

（2）传统的模拟复印机是通过光反射原理成像的，因此会有正常的物理性偏差，造成图像与文字不能同时清晰的表达。数码复印机则具有图像和文字分离识别功能，在处理图像与文字混合的文稿时，复印机能以不同的处理方式进行复印，因此文字可以鲜明地复印出来，而照片则以细腻的层次变化的方式复印出来。而且数码复印机还支持文稿、图片/文稿、图片、复印稿、低密度稿、浅色稿等多种模式，以及多达 256 级的灰色浓度，充分体现出复印件的清晰整洁。

（3）很容易实现电子分页，并且一次复印后的分页数量远大于模拟复印机加分页器所能达到的份数。

（4）因为数码复印机采用数码处理，因此能提供强大的图像编辑功能。例如，可实现自动缩放、单向缩放、自动启动、双面复印、组合复印、重叠复印、图像旋转、黑白反转、25% ~400% 缩放倍率等多种编辑效果。

（5）配备传真组件，就能成为激光传真机；配备打印组件，就能成为激光打印机；安装网络打印组件并连接于局域网后便可作为网络打印机，实行网络打印。

（三）静电复印文件的基本特点

无论是模拟技术还是数码技术，其根本复印原理和过程是一致的，都是利用光导体材料的光电效应，使表面均匀带电的基体，通过原稿的曝光产生电位变化，形成相应于原稿图文的静电潜像，再经显影、转印、定影等过程，制成原稿的复制件。因此，无论何种技术的静电复印机具，其复制文件都具有一些相同的基本特点，其主要包括以下六点。

（1）静电复印文件为复制件，有时会留有原稿纸张的边缘痕迹。

（2）图文墨迹呈墨粉凝聚状，有立体感，空白处分布有粉墨弥散点。

（3）图文线条质量偏低，边缘常见散布的墨迹。

（4）静电复印机通常具有缩放、灰度调节等功能。

（5）可出现反映感光鼓规格、显影、分离、定影及稿台、输纸机构特性的痕迹特征。

（6）可出现因部件受损、污染和老化等原因形成的反映静电复印机个体特性的痕迹特征。

## 三、静电复印机种类鉴别的依据

（一）感光鼓特征

感光鼓是数码复印机的核心部件，不同牌号、型号的数码复印机的感光鼓的制作材料不同，反映在复印文件上的某些特征也不相同。大多数厂家如理光、佳能、美能达系列生产的各种型号的数码复印机的感光鼓均为有机光导体制作而成，只有少部分产品如施乐系列中的 XE60、XE80、XD130F 等为硒鼓数码复印机。因此不同的感光鼓对色彩的敏感程度及老化所形成的复印特征是有差异的。

除了感光鼓材质上的差异，感光鼓尺寸大小的区别也是鉴别复印机种类的重要依据。通过标记和测量感光鼓表面确定位置擦痕或其他固定痕迹在复印件上的反映，在满足特定条件的情况下，可以准确计算得到感光鼓的直径大小。

### （二）显影方式特征

静电复印的显影主要是通过感光鼓表面带电部分对于墨粉的吸附得以实现的。根据墨粉（显影剂）的构成不同，可以分为单组分和双组分显影两种显影方式。双组分显影所用墨粉是由载体和着色剂两部分组成的，具有较高的分辨率、耐环境的特点，在工程复印、彩色复印、高速复印上应用普遍；而单组分所用墨粉则只有着色剂，通常是黑色墨粉。

根据墨粉状态不同，显影方式可以分为湿式显影和干式显影两大类。干式显影所用的墨粉为干粉；湿式显影所用的墨粉为胶状浓缩油墨，载体是甲苯等有机溶剂，湿式显影目前已基本淘汰。干式显影具体方法有瀑布式、液干式、磁刷式和单组分跳动式四种。

瀑布式复印的图文密度大，因墨粉颗粒粗而使图文的分辨率较低，图案易产生边缘效应，即较宽线条或图案出现边缘浓、中间淡，甚至无墨粉的现象。液干式复印的图文密度比较低，总色调浅淡，易出现底灰和通篇条痕，连续调原稿图案的层次较好，墨粉呈片状。磁刷式复印的图文密度大，分辨率高，成像质量好，无边缘效应，图文线条由细小颗粒组成。单组分跳动式复印的图文密度大，分辨率高，墨粉颗粒也细小，边缘效应小。根据市场调查，目前的复印机主要以单组分跳动式和磁刷式显影方式为主，其他方式基本淘汰。因此，需要注意区分这两者在复印图文上的区别。

（1）单组分跳动式显影的墨粉有磁性，而磁刷式显影的墨粉无磁性，可以用磁性检验器直接在复印文件上检验。

（2）由于显影过程的差别，磁刷式显影时与感光鼓有接触，墨粉是被刷上去的，反映在复印文件上为沿走纸方向有露白痕即刷痕；而单组分跳动式显影与感光鼓无接触，所以复印文件上无刷痕。

### （三）分离方式特征

由于静电吸附作用，感光鼓将墨粉图像转印到纸张上时，将纸张紧紧吸附在鼓面，因此需采取一定的方式将其分离下来。复印机采用的分离方式主要有分离带机械分离、电晕分离、复合分离和气吸分离四种方式。分离带分离方式容易在复印文件的一侧或两侧出现平行于输纸方向而贯穿整个纸面的条状空白或浅淡痕迹；电晕分离方式容易在大幅复印文件中看到图像或底灰布满整个纸面的现象；复合分离即电晕和分离带分离方式同时使用；气吸分离容易造成墨粉图像移位和错动，使得复印文件中有局部的图像模糊不清或污染痕迹。

目前，电晕分离方式为绝大多数复印机所采用，如东芝、优美、夏普、三洋、施乐、基士得耶等；施乐和基士得耶的部分机型采用复合分离方式；分离带机械分离的复印机主要有佳能系列和美能达系列的复印机；气吸方式分离的复印机较少。

（四）定影方式特征

经转印分离后，图像是浮在纸面上的，必须采取一定的定影方式才能将图像固定于纸面。常用的定影方式有热辐射、热压和冷压三种。

1. 热辐射定影

热辐射定影是用加热元件直接对转印后的复印件进行烘烤，使墨粉吸热后熔融在纸面上。墨迹特征表现为墨粉呈松散状，墨粉较多的部位有立体感，手触有凸凹感，墨粉外表光滑，纸张容易出现焦灼痕迹。

2. 热压定影（又称热辊定影）

热压定影是用一对加热的辊直接对转印后的复印件加热挤压，使墨粉熔融在纸上。该种复印件的特点是图文墨迹平整，墨粉颗粒紧凑，呈熔化集结状，无明显的亮光和立体感，有时定影辊局部磨损引起压力不均，会使复印件被碾压起皱。

3. 冷压定影

冷压定影是使转印后的复印件通过一对钢辊，在高压作用下，使在常温下呈柔软性状的含有压敏树脂和蜡的墨粉黏附在纸上。其特征表现为图文平整，墨粉颗粒紧凑，墨色较黑，有光亮，但无立体感，但由于附着力较差，墨迹很容易出现擦蹭污染。

目前，绝大多数复印机使用的定影方式为热压定影，施乐的部分机型采用热辐射定影方式，佳能的部分机型采用冷压定影方式。

（五）纸规格特征

静电复印机的基本工作过程和结构要求，要想顺利完成一次复印，纸张的挺度（主要决定于纸张的定量）和大小（纸幅）都有一定的标准。如纸张的分离方式限制了用纸的定量，输纸道的宽度及其与压辊间的距离限制了复印用纸的最大和最小幅面。因此，我们可以通过静电复印机所使用的复印纸张的定量和纸幅进行种类分析。目前大部分静电复印机对复印纸的定量范围在 $60 \sim 90g/m^2$。也有的在 $40 \sim 120g/m^2$。纸幅的规格有 A0 ~ A8、B0 ~ B8。常用的静电复印机的纸幅一般在 A3 以下，但是工程用静电复印机可以使用 A2 规格以上的纸张，如施乐 8855DDS、MAX200 最大可使用 A0 规格的纸张。大部分静电复印机的用纸最大纸幅是 A3，如松下 DY－2000、2500，东芝 DY－2570、3580；也有的用纸最大纸幅是 A4，如施乐 WORKCENTRE－365CX、385，松下 DY－1501、150FP 等。因此，如果被检验复印件是 A3 用纸，则可排除最大用纸为 A4 的静电复印机。

（六）墨粉种类特征

不同厂家生产的墨粉成分是不同的，大部分静电复印机使用的是黑色墨粉，也有使用彩色墨粉的，如佳能 CP－660 等。还有的静电复印机使用喷墨墨水，在复印件上表现为喷墨复印特征，如有墨水洇散痕，有喷嘴堵塞造成的空白缺痕等。因此，可以通过区分静电复印件上复印墨粉的颜色、成分、粒度等鉴别静电复印机的种类。

## 四、静电复印机同一认定的依据

从静电复印机的基本构造可知其主要由曝光系统、显影系统、转印与分离系统、定影系统、供纸系统等组件构成，因此我们主要从这五个主要部件系统分析和寻找可能产生的个体鉴别特征。

（一）附加影像特征

无论是模拟机还是数码机，静电复印文件都要经过稿台玻璃、光学镜头和反射镜头等，然后在感光鼓上成像。如果这些部件上有污染和磕碰、擦划等损伤，定会在静电复印文件上反映出来，形成非原稿所有的附加影像。如果稿台上有小纸屑、毛发等造成的污染痕，它会随着原稿的移动而移动，表现出位置的不稳定性；而稿台或光学镜头上的损伤痕却不会变动，表现出特征的稳定性。但要想准确地确定复印件上的特征是不是光学系统污染所形成的附加影像特征，是哪个部件上的哪类特征，必须要对两份以上复印件比较后，才能够认定。

（二）感光鼓损伤特征

感光鼓在长期使用过程中，由于静电复印机内部机件或外部杂质等，会形成外在的损伤，同时也会因为不断地重复充放电而出现内在的老化现象。这些感光鼓表面损伤一旦形成，就具有了一定的稳定性，可以在相对长的时间内，以同样的形态重复出现在复印件中，为我们认定静电复印机的同一提供了条件。上述感光鼓损伤特征的具体表现有以下四点。

1. 擦刮痕

擦刮痕是在转动过程中与周围部件摩擦所形成的，形态为细密线条，反映到复印纸上为沿输纸方向的细密黑线，长短不一。

2. 磕碰痕

磕碰痕是在拿取、安装、维修过程中磕碰引起的，形态为不规则的斑痕，反映到纸上为不规则的线痕、点痕。

3. 电击穿痕

电击穿痕是由电极丝与感光鼓局部导通形成弧光放电造成的，形态为圆形斑点，反映到纸上为带黑点的空白漏印点。

4. 老化痕

老化痕是感光鼓长期使用而出现的自然老化损伤，表现为感光鼓表层脱落或龟裂，在复印纸上反映为不规则的黑色漏印点或大面积细密短线。

（三）感光鼓周围部件反常痕迹

感光鼓周围部件反常痕迹有电极丝污染印痕、清洁器掉粉印迹、刮板漏粉印迹等。复印件表现为图像清晰，只是有纵向黑条，或者出现“液滴溅落状”墨粉斑迹，条状、带状浓重墨痕等。

（四）其他印迹如输纸部位脏痕

其他印迹如输纸部位脏痕等的特征往往易被检验人员所忽略，并且特征在数码复印某一段使用时期内出现，之后可能因清洁或修理而消失或变化。但是一旦出现则是价值较高的特征，据此还可以鉴别复印时间的先后。

## 五、静电复印机复印文件样本的收集

（一）收取原则

在收集静电复印机复印文件样本时，要做到及时、准确、充分、全面，也就是要做到在收取过程中，及早尽快地采取行动，明确辨识区分收取的对象，充分满足检验对于样本的数量要求，全面收集静电复印机使用过程中相关各时期的文件样本。

（二）静电复印文件样本的种类

1. 平时样本

平时样本为静电复印机在正常使用的过程中，由机关单位存档或是由个人保存的各类复印件。其根据案件发生的先后，又分为案前样本和案后样本。但无论是哪种样本，鉴定所需要的是与检材形成时间相近的同时期样本。

2. 实验样本

实验样本是根据检验的需要，为充分反映和证实可疑静电复印机的各类特点，在其上变换各种复印条件，从而收集得到的样本。在制作实验样本时，主要是有针对性地变换墨粉、纸张的规格种类，试用静电复印机的缩放等功能。

3. 其他样本

除复印件外，与可疑静电复印机相关时间段的其他各类物品也应纳入收集范围，如采购信息、换下的机件、维修情况记载等，以提供充分的评断依据。

（三）静电复印文件实验样本的制作要求

静电复印文件比对实验样本的制作以能够获得可疑静电复印机为前提，在已获取的条件下应根据复印件的实际型号、特点及使用状况，结合检材特征的情况，有针对性地制作相应的实验样本供比较检验。在实验样本制作之前，应首先检查可疑静电复印机的状态，并了解可疑静电复印机的性能及使用、维护、维修情况。在实验样本制作过程中，应根据鉴定要求和可疑静电复印机的具体情况制作相应的实验样本。同时，通过调节墨粉浓淡、纸张规格、进纸口及各种复印功能等复印机设置，考察不同条件下的静电复印特征的表现。此外，制作的实验样本应具备可比性，尽可能反映出可疑静电复印机的种类和个体特征。

## 六、静电复印文件同机检验的步骤与方法

### （一）分别检验，准确认定各特征性质

首先分别在检材和样本上选取特征点，并详细加以标识记录。应当注意的是，所要检验的是静电复印机的同一与否，而不是作为“底版”的原稿，因此，特征的选择要选取那些来源于静电复印机上的。同时，在具体认识特征性质的时候，要注意比较多份相同或不同时期的相同或不同原稿复印所得的复印件样本，可能的话也要比较检材与检材原稿，准确认定在检材和样本上所找到的各特征的来源和性质。在鉴定过程中，应在确定静电复印种类特征的分析鉴别基础上，对检材反映出的静电复印个体特征进行检验。具体在认定静电复印机特性的个体特征上，应着重考虑以下几个方面。

（1）复印图文的笔画、线条的总体质量。

（2）复印图文的墨迹分布、显微形态及复印底灰特征。

（3）反映稿台特性的呈点状、线状、片状分布的非周期性痕迹特征。

（4）反映复印机硒鼓及纸张传动结构污损情况及规格的周期性痕迹特征。

（5）反映复印机纸张传动结构及规格的印压痕迹特征。

（6）反映复印缩放功能及其他功能性故障或污损情况的痕迹特征。

除上述个体特征外，在寻找细节特征过程中，还应注意分析鉴别文件上细微的、潜在的或与图文重叠的、纸张背面等不易识别的静电复印特征。同时还要提醒自己分析鉴别检材上可能的原稿痕迹，以排除非复印痕迹对鉴定的影响。

此外，若有多页（份）检材，还要通过其内部相互之间的比较，分析已发现的各静电复印特征的稳定性和再现性。对于怀疑检材经过多次复印的，则要分析鉴别各次复印形成的静电复印特征及其关系，从而排除多次复印的干扰，正确认定特征性质。

### （二）比较检验，明确相同与不同的程度

在分别检验的基础上，如检材和样本所具有的静电复印特征反映情况、形成原因及同一认定的价值等具备同机鉴定的比对条件，则进入检材与样本间的比较检验环节。比较时应根据对检材和样本分别检验的情况，选取特征价值高的静电复印特征进行比对，其中逐项进行比较分析的特点内容主要包

括种类特征的异同，个体特征的异同以及差异点、符合点的分布状态及相互关系。

比较检验过程中，对照检材与样本发现各特点的形态、位置等基本特征的同时，更重要的是特征变化的可能性和变化范围，两者间相同点的一致程度和差异点的区别程度，为综合评断环节的分析提供量化的比较检验结果。

（三）结合其他样本信息，综合给出意见

此环节需从机具运行情况和特征性质两个方面进行综合评断。其中在分析机具运行时，要注意分析复印时间、复印条件的变化可能导致的特征变化，保养、维护、维修可能导致的特征变化，其他如多次复印等因素可能对特征的影响。并可以通过模拟实验的方式对上述影响因素的存在情况以及影响结果进行分析验证。而分析特征性质的时候，要注意不同特征种类所具有的价值差异。其中与使用过程相关的由静电复印机磨损、污染、老化等导致的静电复印特征，偏离正常状态的由静电复印机缺陷、故障、偏离等导致的静电复印特征，以及形态特殊和关联组合的特征价值较高。因此同期样本的特征价值相对较高。种类特征的差异在否定结论中具有非常高的价值。

结合案件相关信息，平时样本的形成时间、顺序，实验样本的形成条件，机器设备的使用、保养、维修情况等，重点是将检材对应的静电复印机放置于一个动态的使用环境当中，遵循静电复印机使用变化规律，顺时性地分析判断比较检验中得到的意见，合理解释相同与不同的存在，再根据分析结果，给出肯定或否定性的检验意见。

## 第三节　打印文件检验

从世界第一台原始的机械拼音文字打字机出现以来，伴随着科学技术的不断发展进步，打印机已走进我们的工作、学习和生活中，大大提高了文件制作效率。但与此同时，打印机的种种优势也被部分违法犯罪分子利用成为违法工具，因此，打印文件真伪的检验也就成为文件检验中必不可少的组成内容。

打印机从其历史角度，按照不同的分类标准可以分为不同的种类。如按其打印文种的不同可以分为拼音文字打字机和中文打字机；按打字机的构造原理可以分为机械打字机和电子打印机。从现实的角度，我们身边存在的打印机可分为传统的字符式机械打字机和现代的点阵式电子打印机，前者虽然存在外文和中文之分，但由于中文机械打字机存在诸如体积笨重、操作复杂等缺陷，基本没有再使用，能够见到的是外文机械打字机；后者又可以分为独立使用的电子打印机和作为计算机外设使用的打印机。

打印文件真伪检验，就是通过对各类打印机具形成的文件进行分析，从而确定其是何种类、型号的打印机打印形成的，进而确定打印机具的同一与否，确定可疑打印文件的真伪。

## 一、字符式打字机打印文件检验

### （一）字符式打字机打印文件的原理

字符式打字机因打印内容在打印前以独立字符的形式存在而得名，又因其主要依赖机械部件运行实现文字打印，因此其又被称为机械打字机。中文字符式打字机为台式，附有可分离和移动的字盘，字盘里有一定数量的钢字，在打印时，有字锤叼起钢字向滚筒敲击，通过墨球刷上油墨，打印在普通纸上或直接打印在蜡纸或垫有复写纸的纸张上。外文字符式打字机是手动的字杆式打字机，每个字头部件依靠一系列机械的联动装置连接到打字机的特定键盘上，打印时靠杠杆作用，使字面将色带击打到安装于滚筒前面的纸张上，形成所需文字。

### （二）字符式打字机的检验

字符式打字机打印文件的制作过程与铅印相似，打印字模以击打方式，通过色带、着墨或复写完成字模印字。因此，通过分析打印文件表现出的对应打字机所具有的规格型号特征和其独有的个体特征，与掌握的有关资料和样本相对照，可以确定文件是哪一种甚至是哪台打字机打印形成的。

字符式打字机打印文件的基本特点主要包括以下五个方面。

（1）文字为字符打印形成，笔画无点阵痕迹。

（2）打印为击打形式，文字正面凹入，背面凸起。

（3）字符种类少，不能打印图形。

（4）可反映出打字机打印头字符规格、步进规律、打字功能等的痕迹特征。

（5）可反映出打字机打印头笔画缺损、模糊、定位偏离及色带痕迹等具有个体特性的痕迹特征。

在通过上述特征识别字符式打印文件的基础上，还可以通过识别钢字的字体和大小，步进距离（字间距和行间距），最大字行，特殊钢字、符号，文字符号位置偏斜等字符式打字机的规格型号特征对其进行种类认定。

在类别认定及个体特征充分明确的基础上，字符式打字机同机认定所依据的个体特征主要包括以下五点。

（1）打印字符的缺损、变形、模糊及墨迹不均特征。

（2）打印字行间距变化、字行首尾不齐及字位偏离特征。

（3）打印污染痕迹特征。

（4）打印字符的缺字代用特征。

（5）使用色带的打印机，检材打字机色带的印迹情况。

在字符式打字机鉴定过程中，还应该注意可能条件下，可疑打印机实验样本制作的要求。具体来说，应检查可疑打字机的状态，并了解可疑打字机的性能及使用、维护、维修情况；制作有针对性的实验样本时可通过调节打印压力、步进距离、滚筒衬垫厚度等打印条件，考察不同条件下的打印特征的表现；并尽可能反映出可疑打字机的种类和个体特征。

在对字符式打字机同一性进行认定，比较检材与样本反映出的打印种类特征、个体特征以及差异点、符合点的分布状态及相互关系时，应综合考虑分析打印时间、打印条件变化，保养、维护、维修以及分析其他如复写打印和打印后油印等因素可能对特征的影响，从而进行特征的综合评定。依据与使用过程相关的由打印机磨损、污染等导致的打印特征，由打印机缺陷、故障、偏离等导致的打印特征，因形态特殊和关联组合而出现的概率低的打印特征，同期样本的特征等价值相对较高的特征进行最终的判定。

## 二、点阵式打印机打印文件检验

### （一）点阵式打印机的原理和类型

点阵式打印机的共同特点是都采用点阵构成字符或图像的方式进行打印输出。对于点阵式打印机，从其字符的区分、储存到其调用、输出，每一行字符间不是将其作为各自独立且完整的“字”加以对待的，而是将其作为内容不同的图像加以区分辨识的，通过不同的字符在一定点阵规格（24×24、32×32 等）中所占位置的差异，将这些图形分解为像点，像点在栅格中的密度、位置将直接关系到汉字的形态，从而描述、区分和记录、储存字符。同样地，当其需要该字符打印输出的时候，也是按照点阵位置加以输出，通过与该字符点阵字模的对照解析，通过对应位置的一个个小点，构成该字符的图形，进而使该字符得以打印输出。

点阵式打印机既包括我们常见的针式打印机、喷墨打印机、激光打印机、热敏打印机，也包括我们不太常见的电灼式打印机、静电式打印机等。

（二）点阵式打印机打印方式的种类特征

1. 字迹油墨光泽和笔画形态特征

针式打印机使用干粉或普通色带印出的字迹、油墨均无光泽，笔画边缘有毛刺，在黑色区域外围形成低密度油墨晕圈。

喷墨打印机使用的墨水有液态和固态之分。液态墨水是水溶性的，其打印字迹色泽较暗淡，印点中心部位平实，边缘则不规整，有浸润模糊现象，甚至印点还有喷溅形成的长尾巴。刚打印出的字迹遇到摩擦，笔画上会留下擦迹，遇水会很快洇散。印字头使用过久时，个别喷嘴阻塞，或墨水快用完时，打印的字迹笔画中间有白点，颜色变浅，笔画边缘的飞点更明显。固态墨喷墨打印机打出的字迹，墨水渗透性强，附着性好，色彩鲜艳，打印效果赶上甚至超过热转印彩色印字机，但不能打印胶片，适用于大公司的设计部门、广告商及彩色打印服务部门。

热敏打印机使用热敏色带打出的字迹有光泽，颜色鲜艳，横竖笔画边缘整齐，撇、捺笔画有较明显的“锯齿”边。用多次性色带打印字迹也有光泽，笔画中间有小白点。如果用热敏纸直接打印，则打印的字迹墨色暗淡，有较明显的锯齿边。热敏纸是特殊涂料的纸，易区别。

激光打印机打印的文件字迹笔画边缘齐整，墨迹平实，分辨率高，清晰度好，色泽鲜艳，撇、捺笔画比较平滑，点阵痕迹不明显。用放大镜观察，可见笔画是由细小墨粉颗粒堆积而成的。笔画交叉处墨粉堆积更明显，或由不规则的片状、块状墨迹构成，在文件空白处也有细小的墨点存在。

2. 冲压痕迹特征

针式打印机是钢针冲击色带和纸张形成字符，在纸张上会留下冲压痕迹，从打印文件背面触摸有立体感。而喷墨打印机、热敏打印机、激光打印机打印的文件则无这种现象。

3. 字迹油墨、墨水或墨粉理化特征

用化学方法对打印文件字迹油墨进行分析，是判断打印机种类最有效的方法。针式打印机的色带是油质的，不溶于水，但溶于乙醇，可用薄层层析法、可见吸收光谱法和导数光谱法进行成分分析，能确定色带牌号和生产批次；液态喷墨打印机使用水溶性染料做的墨水，遇水很容易溶解，用化学方法进行成分分析，也能确定生产厂家和牌号；热敏打印机和固态喷墨印字机及激光打印机使用的色带和墨粉不易被乙醇溶解，但可用物理方法进行成分分析。

（三）点阵式打印机打印文件的机型种类特征

1. 字体种类特征

字体包括汉字字体和其他文字字体。汉字字体种类较多，各种中文处理系统中配备多少种字体没有统一规定。不同时期推出的中文处理系统软件和字库所配字体种类也不同。早期中文处理系统的字库只有宋体字，后来添加了等线体字，再后又包含宋体、仿宋体、楷体和黑体四种常用字体；现在有些中文字库既包括了印刷用字体，又包括许多新型艺术字体，如北大方正电子公司开发的方正字库，有宋体系列、黑体系列、书法系列、美术字系列、方正兰亭、方正妙手等系列共400多款字体，还提供了大量多文种字库，包括蒙文、藏文、朝文、彝文、傣文、阿拉伯文等民族文字体，广泛用于各种计算机和打印机上。英文也有多种字体，如英文标准字体、罗马文、等线体、花体、古体、比例体等。如果检材上出现多种字体，可将不具备这种条件的打印机予以排除。

2. 字型字号特征

电子打印机能打印的字号、字型，都需要事先在软件中设定。大多数打印机可打印长、方、扁三种字型。每种字型有的打印的字号小，有的打印的字号大。字号的数量和变化是通过对文字进行放大或缩小来实现的，但放大或缩小的级差不尽相同，有的以 8 个点为级差变倍，有的可以在 $8\times8$ 至

480×480 点阵之间进行无级变倍，还有的可以由用户自定义而打印出特大字符。

3. 字体形态和字符数量特征

字体形态是由字库的结构和具体数据决定的。汉字库从结构特点讲有三种：点阵字库、矢量字库和曲线字库。汉字库从字符数量讲也有三种：1980 年颁布的《信息交换用汉字编码字符集　基本集》（GB 2312—80）收录了 6763 个常用和次常用的汉字；1993 年国际标准化组织颁布了 ISO/IEC 106461 标准，分配给汉字 20,902 个码位空间，Windows95 中文版安装了国产的基于国际标准的 20,902 个国标汉字库；2000 年 3 月 17 日，原信息产业部和原国家质量技术监督局联合颁布了《信息技术　信息交换用汉字编码字符集　基本集的扩充》（GB 18030—2000，已废止），收录汉字 27,000 多个，为国家强制性标准，实施后计算机操作系统所带的汉字库和输入法应支持 GB 18030 标准。我国有点阵字库，其缺点是字体放大和变化时，打印出的斜向笔画边缘出现阶梯状，平滑处理也只是把直角阶梯变成了钝角阶梯，阶梯的个数没有变化。王码 480，方正Ⅰ、Ⅱ、Ⅲ型，高通 181、481 型都属于此类；矢量字库，是一种最简单的轮廓字体，它仅仅采用直线的方式来描述字型轮廓，打印出的字符弯笔画边缘有折线感，国内采用这种字库的有华光字符、先锋 1321、M6403 等；曲线字库是在矢量字库基础上发展起来的另一种轮廓字库，打印出的字符斜笔画边缘既无阶梯形态，也无折线感，完全反映了汉字原形的笔画边缘形态，但当字型笔画太多太细时，软件为了显示所有的黑色笔画，容易造成笔画重叠、比例变形，这一问题只有用高清晰度的输出设备来解决，国内方正 SuperⅤ型卡、WPS 采用这种字体。

4. 字距和行距特征

字距和行距的差异主要是由设计时所采用的计量单位、设计方法及调整范围不同造成的。检验时应注意字距的初始值。初始值即主机已设定好而无须打字员再设定就自动打印出来的字距、行距的值。每种打字机的字距、行距初始值设定了在 A4 纸上打印宋体、方型、五号字（24×24）、每行字数和每页行数，如打字人不重新设定，其特点是相对稳定的。不同型号的打印机的初始值可能是不一样的，高档一些的电子打印机字距和行距都是可以进行调整的，但调整的幅度不尽相同。只有少数低档机的字距、行距值是固定不变的。

检验行距、字距，可以打印出检材与样本重叠透光比对。如果可疑打印机打印不出检材中出现的字距、行距，可作为否定依据。应注意行距、字距值会受纸张厚薄影响，如果是复印或油印检材，也必然会产生误差。

5. 标点符号的形态及其位置特征

各种文字软件的标点符号和花边图纹不仅形态、位置存在差别，而且数量多少也不尽相同。虽然一般都有国标所列标点符号，但有的又根据需要增加了一些花边图纹，如卡西欧 CW－700 型打印机又追加了 242 个字符。检验时，首先，要看可疑机型打印机中有无检材中出现的图纹；其次，比对检材与可疑打印机打印的图符形态是否相同；最后，比对标点符号的位置是否相同。

检验这一特征时应注意以下问题：同一型号的打印机在不同的输入环境内输出的标点符号形态不同；不同的输入方式输入的标点在打印件上的位置不同；标点符号的形态可能随着字体、字号的变化而变化。这些都是在制作比对样品时应该考虑的因素。

6. 修饰功能特征

修饰功能是指斜体、转体、空心、反白、升高、上齐、浅打、加重、镜像文字等打印功能，目的在于使文件丰富多彩，美观醒目。

7. 纸张规格和输纸方式特征

打印机的容纸宽度不同，使用的纸张尺寸也不同。纸宽是指打印机所能接受的纸张宽度。最大纸张受打印机滚筒长度和进纸口宽度的限制，检验时可根据实际测得的行长和纸宽，排除最大纸宽小于检材纸宽的打印机。

输纸方式有摩擦输纸和拖拉输纸之分。判断是否链轮进纸，不仅要看是不是打孔记录纸，还要检验齿孔有无拖拉痕迹。因为摩擦进纸也可使用打孔记录纸。有些印字机同时具有摩擦和拖拉两种输纸方式，检验时应注意。

根据以上特征可以判断电子打印机的机型，或识别微机打印系统所用软件类型。

## 三、常见点阵式电子打印机打印文件检验

### （一）针式打印机打印文件检验

1. 针式打印机的工作原理

针式打印机的关键部件是打印头，打印头上装有一排或两排钢针，钢针

形成列阵。打印时，打印针受字符信息的控制，在每个打印位置上，相应的钢针被击出、收回，形成冲击式动作，并通过色带打印成点阵字符。针式打印文件在打印时，打印头横向运动、打印针击打纸张，打印纸纵向同步走纸，形成打印文件。

2. 针式打印文件的种类认定特征

把针式打印机打印出的字迹放到体式放大镜下观察可见打印文件的以下基本特点。

（1）墨迹为点阵分布，笔画印迹由沾染油墨的小圆点组成。

（2）墨迹呈击打凹状，背面纸张凸起，纸张上留有钢针的冲击压痕，并在印迹的小圆点上表现出“中淡边浓”的挤墨现象。

（3）印迹露白较多，色料浅淡、没有光泽。

（4）笔画边缘不整齐，斜线条呈锯齿状。

（5）个别笔画边缘有“毛刺”，在打印过程中，伴随产生的色带布纹痕迹形成了这种“毛刺”现象。

（6）由于打印字头尺寸的限制，当打印的字超过打印头高度时，可看出文字有上下衔接的现象。

（7）可出现反映打印针组合规格及针头特性、输纸机构特性的痕迹特征。

（8）可出现因部件受损、污染和老化等形成的反映出打印机个体特性的痕迹特征。

3. 针式打印机的个体认定特征

（1）印字头缺陷或模糊特征。针式打印机的打印头易在使用过程中发生磨损，导致个别打印钢针的缺损，从而在印件中表现为一行字符上存在横向贯通的空白道。当打高于打印头的大字时，由于计算机需进行两次扫描打印，在大字上会形成两条空白痕迹。打印头有脏污或色带着墨不匀，会使打印的字符模糊不清或规律性地出现字符颜色深浅不一。

（2）字库缺陷特征。打印机装配的字库是由原字库复制的，在对原字库进行复制过程中，字库中某个字符增添、丢失个别点迹或原字库制作时便存在的固有缺陷形成了字库缺陷特征。在印件上，表现为字符的某个笔画多点或少点。严重时，印件上会出现残断字，即部首偏旁丢失的字。

（3）串行接字错位特征。当打印 24×24 点阵以上字符时，需要打印头往返多次才能打印出完整字符，在串行接字处易发生左右对接不正产生错位，这是打印机的特定特征，只要打印机未经过修理和调整，其打印出的文件字迹特征就较稳定，也可作为同机认定的依据。

（4）错字特征。当电脑内部出现病毒或字库安装时磁盘写入不正常，可能破坏字库里的某些字模点阵信息，造成字库缺陷，出现错字，这类特征在相同字体、字形、字号的某个字中稳定地重复出现，这些错字特征可作为同机认定的依据。

（5）打印脱节、重叠，以及打印字符倾斜、不对称等特征。输纸机结构不牢靠、纸张过薄或表面过于光滑、输纸定位不准确等，导致打印纸张行进尺度过小或过大时，相应地就会出现文字上下部分间的重叠或脱节；当左右两侧走纸不一致的时候，则会出现打印字符倾斜、不对称。

（6）字宽、字距和行距不匀以及行基线偏离。当带动打印头横向运动的打印机机件运动不均匀，或打印头阻力不一致，就会引起相同时间内打印头横向位移不稳定、不一致，从而导致字宽、字距的不匀；同样地，当输纸机机件因自身原因或纸张原因出现走纸不均匀的情况时，也会出现行距不匀以及行基线偏离的情况。

（7）字符墨迹浓淡不匀。当针式打印机所用色带过度使用的时候，或由于色带自身行走频率不一致的时候，色带各部位油墨存在较明显差异，从而导致打印文字出现墨迹浓淡不匀的情况。

（8）反映纸张传动部件结构及规格的周期性痕迹特征和印压痕迹。纸张在打印过程中的运动，是基于纸张传动部件的带动，而这些部件在实现走纸过程中，基于对纸张的压力作用，可能会在文件纸张上遗留相应的周期性痕迹以及其他印压痕迹。

（9）自造字符、图形特征。打字人根据需要，有时会设计一些字库中没有的字符或图形，存贮在存贮器的空白区。这些特殊字符或图形，往往反映了职业特点和设计人的书写习惯，对同机认定有一定价值。

（10）其他反映打印部件缺陷、污染等特征。打印污染往往是打印头与纸张表面间距过小或打印色带在纸张表面拖沓所致。

### （二）喷墨式打印机打印文件检验

1. 喷墨式打印机的工作原理

喷墨式打印机的结构与针式打印机类似，但它是非击打式打印机。它的打印头上安装的不是钢针而是喷墨头。在打印时，喷墨打印机接受计算机指令，字车带动喷墨头移动，由喷墨头向打印纸喷射墨点，形成文字或图像内容。另外，喷墨打印机由墨盒代替了针式打印机的色带。

市场上的绝大多数喷墨打印机根据液态喷墨打印机喷墨头的工作原理可分为气泡式和压电式两种。

（1）气泡式喷墨头。气泡式喷墨头的管壁上设置加热电极作为换能器，在计算机将指令传送给打印机后，打印机将指令转换为脉冲电流，脉冲电流传导到加热电极，使加热电极温度升高，加热电极作用于墨水，墨水受热后产生的蒸气形成很小的气泡，实现墨水在短时间内经历温度剧烈变化，气泡受热膨胀，形成压力驱动墨滴喷射，从而实现文字、图像的输出。使用气泡式喷墨技术的主要有惠普公司和佳能公司。

（2）压电式喷墨头。压电式喷墨头上也设置有换能器，与气泡式喷墨头的加热电极不同，压电式喷墨头的换能器是多层压电晶体，在接到电流信号时，压电晶体会出现线性位移，换能器产生振荡及变形，从而挤压喷头中的墨水喷出。使用压电式喷墨技术的主要是爱普生公司。

2. 喷墨式打印机的机型种类认定特征

喷墨式打印机的结构类似于针式打印机，但打印头由很细的喷嘴组成，打印时，在计算机控制下，喷嘴作横向运动的同时将墨水以细微的墨点喷射到纸张上，以串行打印方式形成相应的图文。因此，基于该打印过程和原理，喷墨打印文件除依据前文提供的机型种类特征进行鉴别以外，还可以基于以下特征对喷墨打印机的机型种类加以鉴别。

（1）机械压痕特征。各类喷墨式打印机在硬件上都必须配有记录纸的抓取和传送机，如辊轮和齿轮等部件。它们在完成输送纸张的功能时，必然与纸张有一定压力的接触，在纸张的正背面留下可重复再现的机械压痕，这种压痕可以利用静电压痕仪或侧光光源进行发现和显现。不同品牌和种类的输出设备在硬件设计和部件上均存在一定的差异。

形成机械压痕的部位包括打印机的进纸部位（如橡胶搓纸轮等）、走纸机

（打印过程中）、出纸部位和打印机内部接触到纸张的其他部件。

当然，压痕特征也会因纸张纤维变化而部分损失。例如，浸水后干燥，或为了张贴用胶水、糨糊涂抹过，纸张膨胀后有不规则收缩，这时机械压痕特征将无法获得。

（2）墨水的种类特征。固态墨打印是将固态墨加热液化后喷到纸上，墨水一接触到纸就立即固化。因此，固态墨打印文件没有洇散，色彩非常亮丽，在显微镜下观察，墨层较厚，凸起于纸面，笔画边缘有极少量的喷溅。

液态墨打印的文件印点中心部位印迹平实，色泽相对较为暗淡，笔画无冲压痕，无墨粉堆积。显微镜下观察，笔画有洇散现象，并且笔画边缘有微小的墨点痕迹。

（3）墨水的化学特征。目前使用液态墨打印的主要厂商都对各自的墨水配方严加保密，墨水盒不能通用，墨水的化学成分各不相同。每一型号的墨水都有特殊的配方，同型号的每一批号墨水都由厂家在墨水成分上作一定的改变。根据原装墨的成分分析结果，可以区别不同打印文件的机具种类。用不同厂商的墨水做溶解实验发现，惠普系列打印机的油墨可溶于水和甘油，不溶于冰乙酸和高纯度的乙醇；爱普生系列打印机墨水在甘油、水、冰乙酸和高纯度的乙醇中可溶解。同时，现代分析方法有多种，包括毛细管电泳分离法、气相色谱/质谱连用系统分析法、激光拉曼显微光谱测定法和傅里叶变换红外光谱法等，均可以用来分析墨水，确定打印机种、墨水的制造厂商。

需要注意的是，目前很多喷墨打印机使用者在原装墨盒内墨水耗尽后，由于费用等，可能会选择填充市场上其他生产打印机耗材厂家的墨水，这给通过分析墨水的化学特征来区分打印机生产商的方法增加了难度。

（4）打印机的打印特征。喷墨式打印机打印形成的文件具有部分相同的打印种类特征，其文件字迹笔画平实，边缘不整齐，常见喷溅状墨点。同时，液态油墨的笔画易润散，易溶于水；而固态油墨色彩鲜亮，线条质量好。此外，彩色打印模式下，黑色笔画可见多色混合。

对于上述提及的喷溅状墨点，由于喷墨式打印机喷墨头工作原理不同，各品牌打印机打印印文所表现出的特点也不尽相同。

在显微镜下观察，气泡式喷墨打印件的文字笔画边缘的飞溅墨点较多，并且易出现墨点不均匀的现象。而压电式喷墨打印件的文字笔画墨点均匀，并且几乎没有飞溅墨点。

造成这种差异的主要原因是压电式喷墨打印机使用的是多层压电晶体式喷墨头，这种技术在控制墨点喷射的精度上更为精确，解决了墨点乱飞和墨点不均匀的问题。

气泡式喷墨打印机使用的是气泡式喷墨打印头，由于技术不同，其内部还存在气泡技术（佳能公司）和热感技术（惠普公司），两种技术形成的打印件也各具特点。

气泡技术喷墨打印件的散落墨点较少，主要分布在笔画边缘，其他部位也有少量分布。笔画边缘散落墨点主要是沿字车前进方向散落在笔画的一侧，如字车由右向左移动时，与字车移动方向有一定角度的笔画（如竖笔、撇笔、捺笔、折笔等）的左侧就会出现一些散落的墨点，而与字车移动方向平行的横笔两侧不会出现散落墨点；另外，气泡技术喷墨打印件的笔画边缘相对不够清晰，“毛刺”较其他打印件要多。

热感技术喷墨打印件的散落墨点较多，但集中在笔画边缘，其他部位基本没有。其笔画边缘墨点的分布与气泡技术打印件笔画边缘散落墨点的分布存在以下细微差异：①笔画边缘散落墨点排列比较规则；②单个散落墨点的大小普遍大于气泡技术打印件的散落墨点；③散落墨点有时会出现喷溅形成的长尾巴。另外，热感技术喷墨打印件的边缘相对锐利，“毛刺”现象不明显，着墨均匀。

3. 喷墨式打印机的同一认定特征

喷墨式打印机同一认定主要是利用打印机在日常使用过程中由于喷墨头运行轨迹不同、喷墨头喷嘴堵塞或打印机机械故障等产生的痕迹特征进行认定。

（1）打印字符笔画残缺或模糊性特征。喷墨头是喷墨打印机中使用最频繁的元件，易出现墨水干涸导致喷墨嘴被堵塞、电路故障导致某个或某些喷墨头无法工作等问题，反映在打印件上就是会出现字符笔画残缺或模糊，主要表现为横向贯通的白色线条，这种白色线条在一段时间内具有一定的稳定性和可靠性。在进行比对检验时要注意线条出现的规律、数量及线条的宽度。

（2）打印字符串行接字错位特征。字车是喷墨打印机中运动频繁的部件，在打印时，当字符大小超出喷墨头高度时，喷墨头打完上半截字符后，字车在脉冲电流的指令下会调转方向，继续打印下半截字符，在长期使用过程中，字车及相关零件之间发生摩擦，就会出现机械间隙。这种摩擦带来的机械间隙会导致在脉冲电流控制和机械运转之间存在一个时间间隙，表现在打印文件上就是字符上下的错位，机械间隙越大，错位的程度越大。检验时，要比对错位方向、错位距离。

需要注意的是，目前，大多数喷墨打印机都采用双向打印的方式，但有些机型可以将双向打印切换为单向打印，使字符上下错位现象消失。

（3）打印字符左右不对称特征。打印时，在电流控制下，字车匀速前进，同时喷墨头向纸张喷出墨水，形成字符；在经过字符与字符之间的空白部分时，字车是先加速，后减速，然后回归到匀速状态，进行下一个字符的打印。同样，由于长期使用等，带动字车左右运动的传动带及其他零件有可能出现故障，致使机械控制与电流控制出现时间间隙。这样，字车在变速运动过程中喷墨头就开始喷墨，造成字符出现左右不对称变形的情况。检验时，要比对两次变形之间的间距及每次变形的长度。

（4）打印字符偏斜特征。字车一般安装在导轨上做往返运动，由于安装或磨损等，字车与导轨之间的间隙会增大，在打印过程中被传动带拖拽，喷墨头会略偏，从而造成打印字符的列阵与字行轴线不垂直。情况严重时，肉眼可直接看出字符不正，轻微时，也能在竖线条上表现出来。检验时，要比较偏斜方向及偏斜程度。

（5）纸张传动部件结构性特征。与针式打印机类似，驱动喷墨打印机纸张规律前进的是打印机中的纸张传动部件的规律运行。传动部件自身的种种特殊原因可能导致其结构性个体改变，其会对于打印机走纸形成影响，进而会在打印文件上遗留诸如印压、擦划等相应的痕迹。

（6）打印墨迹材料特性。喷墨打印机打印所需的墨水存储方式主要为两种：一种是墨盒，另一种是墨仓。其中墨盒内墨水用尽后，填充相对较困难，因此此种储墨方式的打印机，其墨迹材料特点更多地表现为不同墨盒厂家间墨水成分的批次性差异，仅可用于小范围嫌疑机具的同一性鉴定。而墨仓式打印机由于墨水加注的便捷性，则可能出现加注前后两墨水的混合，而出现特异性墨水组分特征，此特征是较为可靠的喷墨打印机同机认定依据。

（7）其他反映打印部件缺陷、污损的痕迹特征。由于喷墨打印机的部件损坏或拆装等，打印机部件上泄漏或遗留墨水残迹，极容易致使打印机在打印纸张上遗留多余的墨水痕迹特征，该特征在特定时期内，具有极强的个体识别意义和价值。

由于喷墨打印机的不断使用或维修、调试，有些特征有可能会改变或消失，因此在对喷墨打印机进行同一认定时，注意尽量收集、选择与检材同时期的打印样本进行比对。另外，喷墨打印机的喷墨头分为一体式和分体式两种，分体式喷墨头的特征较为稳定，而一体式喷墨头（如佳能 BJ 系列以及大部分惠普系列喷墨打印机）的特征则会随着墨盒的更换而消失。因此，在对喷墨打印机进行同一认定时，也要综合考虑各方面因素的影响，不能一概而论。

（三）激光打印机打印文件检验

激光打印机属于页式印刷，其种类认定和同机认定与静电复印机相似，具体内容参见上一节内容。这里对于激光彩色打印机、复印机新出现的同一认定方法加以介绍。

1. 彩色激光打印机的工作原理

彩色激光打印机是在普通单色激光打印机的黑色墨粉基础上增加了黄、品红、青三色墨粉，并依靠硒鼓感光四次，分别将各色墨粉转移到转印硒鼓上，转印硒鼓再将图形转印到打印纸上面，达到输出彩色图形的结果。彩色激光打印机在办公领域是高效率的优质彩色打印输出设备。其具体检验步骤和方法与黑白激光打印类似。

2. 彩色激光打印、复印文件中的数字水印概述

随着彩色激光打印机、复印机的不断发展，以美国财政部为代表的一些政府机构于 19 世纪 80 年代后期开始采取行动阻止它们作为伪造工具，除了对票据本身采取各种防伪措施，在彩色复印机、打印机和多功能设备中加入了一定的防伪功能。以麻省理工学院媒体实验室、IBM 公司等为代表的一些研究机构在美国财政部的支持下开展了基于数字水印技术的票据防伪研究。可以将可疑彩色机制文件提交美国联邦经济情报局实验室，该实验室可以采用上述技术对文件上数字水印解码来确定所用彩色打印机、复印机的型号。从生产厂家的角度来说，防伪技术有利于减轻他们对彩色复印机、打印机便于伪造的恐惧，有利于扩大市场。因此，各大厂商积极开发和利用防伪技术。

一些生产厂家悄然在该厂出厂的彩色激光打印机、彩色数字复印机制作的每一份文件上编制了机器代码和制作序列号。此技术应用在大型的打印机公司几十年，但并没有被要求告知消费者。

数字水印（digital watermark）技术是一种信息隐藏技术，是指用信号处理的方法在数字化的多媒体数据中嵌入隐蔽的标记，这种标记通常是不可见的，只有通过专用的检测器或阅读器才能提取。其主要目的是保护著作权人的合法利益，避免非法盗版的威胁。不同的应用需求造就了不同的水印技术，按照用途进行分类，可以将数字水印划分为票据防伪水印、版权保护水印、篡改提示水印和隐蔽标识水印。

彩色激光打印机、复印机采用的数字水印就是一种票据防伪水印。它是一种特殊的数字水印，具有数字水印的基本特性：隐蔽性和安全性。隐蔽性是指不被裸眼察觉；安全性表现为水印标识与输出内容无关，也就是说，输出的内容和设置不影响水印信号的形态（除了用彩色打印机输出纯黑白 Word 文档时没有水印）。

3. 数字水印的可视状态及其显现方法

彩色激光打印机和彩色复印机的数字水印技术是将一定点阵图形的小黄点作为每一台机器的代码插入所有的输出文件中，在一张纸上大约每英寸出现一次，图文印迹处和空白处都有，规律性分布于整个纸面。因白色和黄色的反差较小，白纸上的黄色墨迹可见度低，而且小点的尺寸在 0.1 毫米左右，由于人眼分辨率的限制，它们不被裸眼识别。对数字水印的检测和识别需要借助发射光谱范围较为集中的蓝光灯。在蓝色光源环境下，黄色染料全部吸收蓝色光线，人眼接收到的反射光很少，自然光下的黄点变成深灰色，而白纸对蓝光全部反射，这时两者的反差大大增强，从而显现出来。小点尺寸明显大于构成图文的网点墨迹，因此点阵图形易于识别。借助放大镜，可以清楚地看见相同的点阵图形布满纸面，类似纸张中的传统防伪水印。

4. 数字水印点阵的形成

运用数字水印点阵技术的机器都是基于电子照相原理的自动化办公外接设备，包括彩色复印机、彩色激光打印机，它们都是以彩色碳粉为印刷油墨的机器。其他技术如喷墨、热敏、针击等硬输出设备由于成像原理和工艺的缘故，无法使用同样的数字水印技术。

彩色激光打印机和彩色复印机将彩色原稿进行分色处理，使用青、品红、黄、黑四色碳粉分别转印到纸张上，来还原自然彩色。那么其基本工作步骤就需要重复四次，每次吸附上不同颜色的墨粉，然后转印鼓上就形成青、品红、黄、黑四色影像。最新的所谓激光打印“一次成像”技术是把发光管做得足够小，对应于四种颜色的四个激光发光管，各自在四个感光鼓上曝光后，分别负责吸附和转印一种颜色的墨粉。

嵌入这种点阵小黄点就是在感光鼓曝光的过程中进行的，其机构设备是安置在机器中的一个芯片。生产厂家将机器序号编码为独一无二的点阵图形存储在芯片中，由它来控制光源以大约百万分之二十秒的时间在感光鼓上曝光来插入吸附黄色墨粉的小点。一般的机器故障不会影响这个编码系统的正常工作。如果企图毁坏此编码系统，那么就可能毁了这台机器。

5. 数字水印在文件检验中的作用

文件检验技术人员可以充分利用办公设备机制彩色文件上的编码图形信息进行机器的种类认定和同一认定，对于某些机制文件还可以进行文件制成时间的判断。

（1）机器种类认定。同一厂商（同一品牌）不同型号的机器在点阵图形上有相似的部分。这可以作为确定相同厂商机器产品的鉴定依据。同一商标和型号机器的水印相似但又有所区别。不同之处在于点阵图案。通过水印图形的差异可以区分不同的机器。也就是说，利用数字水印既可以判断属于同种机型，又可以区别同种机型的不同机器个体。但想要找到规律，确定机种鉴别的特征，还有待进一步收集和研究样本，建立样本库。

（2）同一认定。对于同一机器制作的文件，点阵图形的数字水印存在两种编码情况。

①有的机型同一台机器不同时期制作的文件上的点阵图形均完全相同，如 HPCLJ 3500、Sharp AR – C260m、Xerox Docuprint C621 等。这种情况下，同一机器拥有一个独一无二的数字水印标记，每一张输出都具有同一性，成为同一认定的依据。

②有的机型（如 Xerox Docupr intC 1255、Xerox Docucclor 12 等）的同一台机器输出每页文件的水印点阵的一部分相同，另一部分每一次输出都有所变化，输出时间越接近的文件其变化越小，只是个别小点的位置移动而已。

此类水印编码技术更加成熟，点阵图形由机器代码和文件输出序号两部分组成，保持不变的点阵图形部分属于机器代码，是同一认定的依据。因每页输出而变化的部分属于输出序号编码，可用于判断文件制成时间。这种数字水印技术的应用为进行彩色激光打印机、彩色复印机文件检验提供了准确、快捷的方法，是办公设备机制文件检验技术的重大发现。此新发现、新方法使文件检验技术人员跨越了办公设备彩色机制文件检验的障碍，此前打印机、复印机文件检验一直存在的困境被一举突破，将对文件检验技术的发展产生深远影响。当然，对彩色碳粉类办公设备的数字水印技术的利用还需要进一步的开发。数字水印技术在文件检验领域的开发利用，需要大量的基础工作，诸如大量收集各种机器的输出样本，建立样本库，进一步研究其规律。对于一些没有利用数字水印技术的机型机种的检验，依然可以对机制文件的一些其他特征加以利用。

### 四、打印语言对于打印文件的影响及其特点表现

当前的打印机往往作为计算机外部设备存在并使用，因此，其不再需要单独的字库存储，也避免了固定字库对打印系统的资源占用和对打印变化的制约。如今，打印机主要通过内部的打印控制器和计算机上的驱动程序共同作用，实现对于输出文件的 WYSIWYG（What you see is what you get，所见即所得）打印效果。在此过程中，打印语言发挥着重要的作用。

打印语言就是一个命令集，它告诉打印机如何组织被打印的文档。具体过程是，由于打印机只能接受位图格式，需要通过驱动程序，首先在计算机的一端将打印内容解释成标准的某类型文件，这种文件可以被所有采用这种语言的打印机所识别，传送到打印机的核心——控制器中，然后在打印机控制器中将页面描述文件解释成可以打印的图像，并予以打印输出。

打印机语言主要有两类：一类是页面描述语言（PDL），另一类是嵌入式语言（escape 码语言）。页面描述语言和嵌入式语言的代表分别是 Adobe 公司的 PostScript 语言（PS 语言）、惠普公司的 PCL 和 ESCape Code Language（ECL）。其中 PS 语言和 PCL 语言已经成为业界标准的两种激光、喷墨打印机语言。页面描述语言非常复杂，命令非常多，当然它的功能也很强大，可以用来输出复杂的页面和图像，比较适合打印诸如演讲的材料、技术手册、

广告册子等。PDL 也经常被用于一些要求输出效果比较高的软件中，包括图像设计软件、高级文字处理软件、带有高级图表功能的表格软件以及一些桌面印刷软件。PDL 虽然能描述复杂的文档，但正是它的复杂性使打印机处理起来也比较慢。

嵌入式语言的名字来自它使用命令的方式，它的每一个命令都以一个特征码（如 ESC）为前缀，以此表明该字符串是一个命令而不是一般的打印数据。嵌入式语言没有页面描述语言那么复杂，它适用于描述相对比较简单的文档，比如信件、数据库输出或一些简单的图形。ECL 不支持精密印刷，只能使用不同的字体和大小输出文本，而不能处理特殊效果，一般针式打印机采用 ECL。

由此可见，相同打印机对同一打印文稿最终的打印效果，一定程度上取决于打印语言的选择和使用（如其可以兼容多语言、多版本打印语言）。如经过对多款使用 PCL 和 PS 语言的黑白和彩色激光打印机进行测试发现，使用 PCL 的打印机在处理文本或一些常见办公应用软件下的文档时具有非常明显的速度优势，在打印质量方面与使用 PS 语言的打印机也没有差距。使用 PS 语言的打印机在常见办公应用下的打印速度要慢一些，但在处理 PDF 文件或在 Photoshop 等软件下打印大的图形图像文件时具有一定的速度优势，同时，其在图形表现准确度、色彩表现准确度和一些字库表现准确度方面也比 PCL 有优势。所以 PCL 比较适合一些普通的商务办公应用，而 PS 语言更加适合对图形和色彩准确度要求比较高的专业应用。此外，同一打印语言，不同的版本对于字库（特别是特殊字库）字体字形的解读和打印表现、灰度范围以及彩色的颜色还原度等都存在一定的差异。

因此，打印文件鉴定过程中，在鉴定条件允许的情况下，应考虑和比较打印机使用打印语言的种类差异和版本差异，从而全面细致地区分同质化发展趋势下数码打印文件的特点。

## 第四节 传真文件检验

传真是将文字、图表、相片等记录在纸面上的静止图像，通过扫描和光电变换，变成电信号，经各类信道传送到目的地，在接收端通过一系列逆变换过程，获得与发送原稿相似记录副本的通信方式。

## 一、传真机的工作原理

传真机其实是图像扫描仪、调制解调器及电脑打印机的一种合体，扫描仪把文件的内容转化成数字图像，调制解调器则把图像数据通过电话线发送，在另一端的打印机则把图像变成原文件的复印本。

传真机的发展大体经历了以下几个阶段。

1. 基础阶段（1843～1972 年）

基础阶段的传真机基本上采用机械式扫描方式，并大部分使用滚筒式扫描。传真机的电路部分是采用模拟技术，分立元件。在传输方面则是采用调幅、调频等低效率的调制技术，并且基本上利用专用的有线电路进行低速传输。

2. 发展普及阶段（1972～1980 年）

自 1969 年起，特别是 1972 年以后，世界各国相继允许在公用电话交换网上开放传真业务，国际电话电报咨询委员会（CCITT）关于传真标准化工作的进展，以及传真技术本身的发展，使传真进入了一个新的历史发展时期。这一时期的传真技术从模拟发展到了数字，机械式扫描被固体化电子扫描所取代，低速传输向高速传输发展。

3. 多功能化阶段（1980 年以来）

多功能化阶段的传真机不仅作为通信设备获得了广泛应用，还在办公室自动化系统和电子邮政等方面担任了重要角色，它向着综合处理的终端过渡。现在，和计算机、互联网相结合所产生的网络传真和在线传真已经极大地改变了原有传真机的应用状况。

当前传真机技术和标准主要是在其发展的第三阶段中得以改进和定型的。如今的传真根据其显示存在状况，可以分为传统传真、网络软件传真和在线网络传真三种形式，其中仅传统传真需现实拥有并使用传真机，其他两种方式均无须传真机的参与即可以实现文本或图像的传真。本质上，后两种传真过程除传真内容为满足传真通信协议要求，而依从于传真所需的扫描、压缩、编码、调制的标准进行相应的数据调整外，其在内容输入和输出过程及表现方面均不体现传真机的相关属性，因此在文件检验所主要依据的检验手段和方法上，更多地遵循打印文件检验规范。真正传真文件检验所针对的对象应是传统传真过程中所使用的传真机及其制作形成的文件。但是，由于上述三种传真方式间的兼容性，交叉传真情况普遍存在（这也是三种传真方式得以并存的主要原因），因此在进行传统传真及其机具检验的过程中，需考虑其余两种传真的存在及其对个案传真文件的可能影响。

此外，传真过程存在收和发两个阶段，不同阶段对于传真件中存在的特征参与情况是不同的。因此，在研究传真文件时，需区别对待作为传真发送机和传真接收机各自的特征反映情况。

## 二、传统传真文件的种类认定特征

传真发送机的发信部件利用光电技术将原稿图文转化为电信号，并通过电话线路或其他网络传输给接收方，接收传真机的收信部件将接收到的电信号转化为光或热信号，打印记录在纸张上。

### （一）传真发送机种类特征

1. 送稿方式特征

传真机是否配有自动进稿器，自动进稿允许纸张的最大数量和最大尺寸。

2. 扫描器件特征

由于当前很多传真机集成至多功能打印机（或一体机）中，而这些一体机的扫描器件往往与独立传真机扫描器件差异较大，同时其自身也有许多选择，因此就导致传真中发送机扫描器件可能存在多种特征反映。目前市场上扫描元件使用的感光器件有电荷耦合器件（硅氧化物隔体电荷耦合器件和半导体隔体电荷耦合器件）、接触式感光器件（CIS）、光电倍增管（PMT）和互补金属氧化物导体（CMOS）四种。其中光电倍增管的生产成本最高，少则几十万元，而且扫描速度很慢，一张图往往需要几十分钟的时间，所以光电倍增管只用在最专业的鼓式扫描仪上。而电荷耦合器件的生产成本相对较低，扫描速度相对较快，扫描效果能满足大部分工作的需要，所以电荷耦合器件的扫描器件已成为许多家用、办公的选择。而接触式感光器件的生产成本较电荷耦合器件低，但其必须与原稿保持很近的距离，只能使用发光二极管（LED）光源，景深、分辨率以及色彩表现目前都赶不上电荷耦合器件。

作为生产成本最低的互补金属氧化物导体，由于其扫描成像质量的限制（600dpi），并且存在扫描距离短、扫描清晰度低、温度变化等比较影响扫描精度的缺陷，容易出现杂点。

3. 分辨率特征

传真机的分辨率也就是扫描密度，可分为垂直分辨率和水平分辨率。垂直分辨率是指垂直方向上每毫米显示的像素点数，水平分辨率是指水平线上每毫米显示的像素点数。分辨率越高，扫描的精度就越高。按照国际电信联盟电信标准化部门（ITU－T）对于三类传真机的国际标准规定，水平分辨率为8像素/毫米（约205像素/英寸），因此传真机的分辨率一般表示为8像素/毫米×垂直像素/毫米。一般会将水平分辨率忽略，只以垂直分辨率来表示分辨率。垂直分辨率主要有标准3.85像素/毫米（约100像素/英寸）、精细7.7像素/毫米（约200像素/英寸）、超精细15.4像素/毫米（约400像素/英寸）三种。超精细功能的传真机在复印或发送时，可避免在细小文字、复杂图像的处理中丢掉某些细节，造成副本的可读性不强。实际传真机往往并不是全部支持上述三种标准分辨率。事实上，即便是超精细的扫描仪，其分辨率也仅有约205×400dpi，其印刷输出效果也会有相对明显的颗粒感。因此，这必然导致传真文件在传输图文内容上反映出线条质量较差，斜线条呈锯齿状的特征。

4. 中间色调级数特征

中间色调（half－tone）也称灰度，也就是所谓的色阶或灰阶，是指亮度的明暗程度，主要用于图片传输，分别有16级、32级、64级三种等级。灰度等级越高，图片表现越真实丰富；反之，图片明暗越单一，变化越简单。其是传真机重要的参数指数，直接决定了对原稿的图片内容的区分和反映程度。

5. 发送标识信息特征

传真文件的最上方和最下方有传真标识信息，中间区域为需传递的具体图文信息的复制部分。传真的发送标识信息是由发送方所决定的，标明传真发送时间、发送方号码、发送人、接收人、页码等信息的部分。因该标识信息一般位于传真件最上方，故又称报头。同时，传真标识信息为机具自有字库内容印刷形成，因此相同字符点阵分布一致，相较于中间区域的传输图文内容，其线条质量较高。

（二）传真发送机个体认定特征

传真发送机个体特征多是因部件损伤、污染、偏离和老化等所致，主要表现为在传真原稿内容上附加的黑色或白色的纵向条纹，以及在复印件中周期性出现的斑点，还包括图文变形等特征。

（三）传真接收机种类特征

1. 纸类特征

传真机用纸主要存在于接收输出阶段，而在此阶段中往往由于打印输出方式的差异，选用纸张及其输纸方式有所不同。热敏式传真机中，直接热敏式（热感式）必须选用热敏纸张，而间接热敏式（热传式）则对纸张没有硬性的要求；喷墨式传真机和激光式传真机由于对洇散性和充电能力等方面的要求，也需要特定的纸张予以配合。

2. 纸张规格特征

传真机往往输入纸张与输出纸张在规格上一致，传真接收机能够输出多大规格的纸张并不取决于发送机发出原稿的规格，而是决定于其自身打印机规格大小。因此，不同的传真机，在用纸规格上存在一定差异。

3. 裁纸刀口特征

激光和喷墨传真机使用普通单张纸的传真机，不存在裁纸刀口特征的问题，但使用卷筒纸的热敏式传真机则需要在裁纸刀的作用下对打印完成的传真文件进行裁切。此外，裁纸方式是手动还是自动也存在差异，如此便形成了是否有裁纸刀口特征以及裁纸刀口形态等方面的种类特征。

4. 最大记录宽度特征

当前传真机的有效记录幅面规格可分为 A4（210 毫米）和 B4（252 毫米）两种。一般来说，有效记录幅面为 A4 的，其有效扫描宽度为 216 毫米；有效记录幅面为 B4 的，其有效扫描宽度为 256 毫米。

5. 分辨率特征

传真机的扫描分辨率和输出分辨率是不同的部件参照不同的协议标准制定并实现的。扫描分辨率如前文所述，只能在国际电信联盟电信标准化部门制定的国际标准等级间选择（个别传真机虽提供超标准分辨率扫描，如照片扫描，但其实现对接收端的设备型号等是有要求的，不具有普遍性），而输出分辨率则在扫描分辨率的基础上，还要受到打印机具分辨率的限制，并且无法超出扫描分辨率，高打印分辨率并不能提高低扫描分辨率的输出效果。因此，只有当打印分辨率低于扫描分辨率时，分辨率特征才具备检验价值。

6. 色彩特征

传真机早在1925年就已出现，20世纪60年代中期以后，彩色传真机逐渐实用化，主要用于新闻通讯社传送彩色照片或供特殊部门传送彩色地图、图形等。只是由于传真数据传输速率以及网络及计算机等电子设备的飞速发展，彩色传真的必要性大大降低，现今彩色传真机较少出现，但这并不排除其以彩色一体机的方式存在。因此，面对传真机，其是否具备彩色传真功能，以及彩色实现方式（喷墨、激光等）也是区分传真接收机的重要种类特征。

7. 起始线特征和结束线特征

报文起始线和结束线是传真接收机收到传送和结束报文的指令后，由字符发生器在传真件最上方和最下方生成的线条。部分传真机特别是使用卷筒纸的热敏式传真机中，往往为区分和标识每次传真内容，会在传真内容记录初始和完毕时分别加注标识，此可作为区分不同传真接收机的特征之一。

8. 接收标识信息特征

传真的接收标识信息是由接收方所决定的，标明接收时间、接收方号码等信息的部分，一般位于传真件最下方。由于该标识信息的内容由接收机所决定，不同类型的接收机在标识信息的内容和位置等方面存有一定差异。

（四）传真接收机个体认定特征

传真接收机个体特征主要是在接收传真文件的接收和打印过程中形成的个体特征。前者属于通信环节特征，其特征来源主要是信号传输、接收机集成电路、接收机设置，其相对稳定性较差，并且该环节易形成较严重的接收故障，从而导致接收不能或传真件不可用，因此在实践中利用价值较小。而后者的特征表现与该接收机所选用的相应打印方式直接相关，可参照相应的热敏、激光、喷墨打印文件的个体特征加以使用。

## 实训设计

### 实训一：静电复印文件复印机具的种类认定

**一、实训目的**

1. 通过实训，掌握复印机的种类特征。

2. 学会根据复印机的种类特征对复印机进行复制机机种的认定。

**二、实训内容**

1. 分析复印机的机型特征。

2. 经过观察，确定各种复印机复印文件各有哪些字体种类特征，又分别是由哪种复印机复印的。

**三、实训器材**

1. 放大镜、体视显微镜、读数显微镜。

2. 几种常见复印机复印件各一张。

**四、实训方式**

每两个学生一组，在实验室进行实训。

**五、实训方法（略）**

**六、实训作业**

写出实训报告，将各类复印文件的特征列表、归纳和整理。

1. 复印机常见的种类特征有哪些?

2. 如何区分不同牌号的复印机复印的文件?

### 实训二：静电复印文件复印机具的同一认定

**一、实训目的**

1. 通过实训，了解静电复印机的同一认定特征。

2. 学会静电复印机同一认定的程序和方法。

**二、实训内容**

1. 分析静电复印机的同一认定特征。

2. 模拟复印机与激光打印机印件的区别。

3. 数码复印机复印文件与模拟复印机复印文件的比较、鉴别。

**三、实训器材**

1. 放大镜、体视显微镜。

2. 静电复印机复印材料（检材）一张，三种静电复印机复印材料各一张。

**四、实训方式**

每两个学生一组，在实验室进行实训。

**五、实训方法（略）**

**六、实训作业**

就实训过程中各自的有关数据归纳、整理、列表作出实训报告。

1. 如何区分同一、不同机型的静电复印机?

2. 如何区分静电复印文件与激光打印文件?

## 实训三：点阵式打印文件打印机具的种类认定

**一、实训目的**

1. 通过实训掌握针击、喷墨、激光三种常用打印机打印文件的区别。

2. 初步学会认定某份打印文件是其中某一种打印机所打印的。

**二、实训内容**

1. 对针击式打印机打印文件、喷墨打印机打印文件和激光打印机打印文件分别进行检验，确定每一种打印文件的种类特征。

2. 通过分析打印文件的墨迹形状和特征，打印机的功能部件的缺损、污染痕迹特征，判断打印机种类。

3. 对不同激光打印文件进行分别检验，了解它们之间的区别。

**三、实训器材**

1. 放大镜、体视显微镜、三维立体显微镜。

2. 三种针击式打印机打印文件各一张。

3. 三种喷墨打印机打印文件各一张以及不同品牌的激光打印机打印文件各一张。

**四、实训方式**

每两个学生一组，在实验室进行实训。

**五、实训方法（略）**

**六、实训作业**

写出实训报告，要求说明实训目的、实训内容、实训方法和步骤。

1. 针击式打印机、喷墨打印机和激光打印机打印的文件各具有什么特点？

2. 针击式打印机、喷墨打印机和激光打印机打印的文件之间有哪些区别？

## 实训四：点阵式打印文件打印机具的同一认定

**一、实训目的**

1. 通过实训，了解喷墨打印机和激光打印机的同一认定特征。

2. 学会喷墨打印机和激光打印机的同一认定的程序和方法。

**二、实训内容**

1. 分析打印机的痕迹特征。

2. 在放大镜或体视显微镜性下观察和测量喷墨打印机打印材料（检材）和三种喷墨打印机打印材料（样本），分别找出其同一认定特征；然后综合判断，作出检材是哪一台打印机所打印的鉴定意见。

3. 在放大镜或体视显微镜下观察和测量激光打印机打印材料（检材）和三种激光打印机打印材料（样本），分别找出其同一认定特征；然后综合判断，作出检材是哪一台打印机所打印的鉴定意见。

**三、实训器材**

1. 放大镜、体视显微镜。

2. 喷墨打印机打印材料（检材）一张，三种喷墨打印机打印材料（样本）各一张。

3. 激光打印机打印材料（检材）一张，三种激光打印机打印材料（样本）各一张。

**四、实训方式**

每两个学生一组，在实验室进行实训。

## 五、实训方法（略）

## 六、实训作业

就实训过程中各自的有关数据归纳、整理、列表作出实训报告。

1. 如何区分同一、不同机型的喷墨打印机?
2. 如何区分同一、不同机型的激光打印机?

# 第十一章

# 篡改文件与书写工具检验

篡改文件是各类在原真实文件的基础上采取各种手段形成的变造文件和各类受污染、损坏的污损文件的总称。篡改文件检验通常包括变造文件检验、污损文件检验以及不易见字迹检验。上述文件检验与书写工具检验存在内在关联。

## 第一节　变造文件检验

### 一、变造文件的概念

变造文件是在原真实文件的基础上，采用添加改写、擦刮改涂、粘贴拼凑、涂抹掩盖、换页、拆封后重密封、消退及伪老化等技术手段，对原真实性文件的局部内容加以改变，导致文件内容或性质产生变化的可疑文件。变造文件检验的目的是确定文件存在变造的事实，显示因变造而破坏的原文字内容，在可能的情况下分析确定具体的变造方法等。由于变造文件手法多样，检验的目的相互联系紧密，检验时应进行系统的检验，先采用物理方法，后采用化学方法，先进行无损检验，后进行有损检验。

### 二、添写、改写文件检验

#### （一）添写、改写文件的概念

添写、改写文件是指采用添加、改写等手段在原真实文件（或字迹）的基础上添加部分内容（或笔画），或对原真实文件的局部内容加以改变形成的变造文件。添写、改写文件检验的目的是：确定文件有无添写、改写的事实；认定添改字迹的书写人。

### （二）添写、改写文件的特点

1. 添写文件的特点

文件上添写笔画与原文笔画颜色有区别。即使用同一种染料书写，由于字迹染料被氧化程度与原文不同，颜色会有差别。可疑文件可能出现内容上的矛盾，如添写的总金额与数量单价不符等。添写文字处间隔不协调，排列位置不整齐，字位倾斜度不一致，疏密不等，大小不均。如果伪造人不是原书写人，添写的笔迹特征可能与原文不同。书写用力和衬垫物等方面的差异，可能造成笔迹压痕与原文不同。在擦刮、消退或折叠处添写的笔迹，由于纸张表面施胶层破坏或纤维结构断裂，容易出现墨水洇散现象。

2. 改写文件的特点

改写的书写工具可能与原文件写工具不同，或改写时的书写压力与原文件写压力不同，可造成笔画的痕迹深浅、宽窄等特征不同。有些字的改写笔画与原文笔画之间的笔顺反常，起收笔之间缺乏照应关系，结构失称乃至紊乱，常有多余的笔画痕迹。某些笔画的色调与原文笔画色调不同。如改写后墨迹未干即对折或重叠，可能在相应的纸面上留下笔画印迹。

### （三）鉴定文件添写、改写的方法

1. 结合可能存在的擦刮、消退等伪造事实，进行综合判定

观察书写文字在紫外光或蓝光照射下产生的荧光现象，由于添写文字的物质与原文的物质颜色和成分、书写时间长短及被氧化程度不同，产生的荧光现象会有所不同。有时添写的文字看起来与原文颜色近似，但通过红外光照射，会表现出明显的差异。如果添写的文字与原文的书写时间相隔较长，则将墨迹转印到其他纸张上时，会观察到原文笔迹较淡的现象。

观察文件的可疑部位，注意是否存在改写的一般特点，文件的内容是否有矛盾的现象。注意与书写人的正常改动区别。改写使用的墨水成分、颜色、书写时间、氧化程度等与原文不同时，用滤色镜或用红外光照射进行辨别。

2. 确定文件添写人、改写人的方法

查明可疑文件的出处与保管情况，分析添写、改写的内容对谁有利；比

较书写工具、墨水与谁相似；添写、改写文字的笔迹特征与文件原书写人是否相同，如添写、改写的文字多，可通过笔迹鉴定认定添写人、改写人。

## 三、擦刮文件检验

### （一）擦刮文件的概念

擦刮文件是利用橡皮、刀片等工具，采用擦、刮等手段对原真实性文件的局部内容加以改变形成的变造文件。

被擦刮的文字包括手写字迹、打印字迹、复印字迹等，文件被擦刮程度与文件的纸张质量、文字墨迹种类、浓淡有关。文件纸质厚的文字易被擦刮，纸质薄的不易被擦刮，墨迹浓的不易被擦刮，而墨迹淡的易被擦刮。通常，铅笔字迹、激光打印字迹易被擦刮；圆珠笔字、复写字迹较易被擦刮；书写、打印墨水字迹、印油字迹等不易被擦刮。

### （二）擦刮文件的特点

可疑文件被擦刮部位纸面胶质、纤维结构被破坏，光泽消失，纸张纤维松乱、翘起；被擦刮部位纸张变薄，透光性和吸水性增强；被擦刮部位及周围可能残留有橡皮、砂纸等的工具痕迹和物质颗粒，以及未擦刮干净的笔画墨迹；有格线和保护花纹的纸张，其格线和保护花纹被破坏；被擦刮部位周围的字迹笔画可能有残缺现象，添写、改写的文字笔画有墨水洇散现象；在被擦刮部位采用复印、打印方法添加的字迹，可能出现字体、字形、字号、字位与原文字不一致现象。

### （三）擦刮文件检验的方法与要点

1. 确定文件擦刮事实的方法

确定文件有无擦刮事实存在，是该类文件检验的基本实验，其具体方法有如下几种。

（1）透光、测光观察法。观察文件整体和局部，尤其是可疑被擦刮部位的纸面色泽、透光性、字迹的颜色等物理征象是否一致，从而判明有无擦刮事实的存在。

（2）镜检法。用放大镜、低倍显微镜观察文件的可疑部位，确定有无纤维翘起，保护花纹被破坏的现象；有无残留墨迹、工具物质颗粒；文字墨迹颜色新旧和有无洇散现象等。

（3）文件检验仪检验。在文件检验仪下，通过紫外光、红外光的照射以及其他波段光源的检验，观察可疑部位的荧光现象以及其他擦刮征象是否存在。

（4）化学检验。如果文件的局部纤维蓬松，则易吸附碘，因此用碘加热熏显，则该部位碘吸附量多，呈深褐色，其他部位则呈淡黄色。对用橡皮擦刮的文件字迹，可用洋芋粉90%～95%和甲基蓝5%～10%混合后均匀撒于疑被擦刮的部位，如纸面呈蓝色则表明被橡皮擦刮过。

2. 显现被擦刮文字的方法

显现被擦刮的文字对认定案件事实有重要的作用，但是显现一般比较困难，如果擦刮比较彻底，则失去显现的条件。实践中常见的方法有：借助放大镜、普通显微镜，根据残留笔画墨迹、笔画压痕、字位大小等，结合文件内容、布局以及汉字结构特点等辨读。对顺笔画擦刮的文字，可以采用静电成像法或碘熏法显现。如果被擦刮文字属于铅笔、油墨或墨汁等吸收红外线的物质字迹，则可用红外照相法显现。

## 四、拼凑文件检验

### （一）拼凑文件的概念

拼凑文件是指利用原真实文件的局部内容，采用剪切、挖补、粘贴拼凑、拼接复印等手段，或利用计算机图像处理技术对原真实文件扫描后进行裁剪，编排处理，并通过打印设备输出形成的变造文件。该种变造方式多见于变造证件、证书、档案、票据等。

拼凑文件有挖补和接贴两种方式。挖补文件是指将原文件上部分文字、号码及花纹等内容挖掉，而将其他文件上的部分内容补贴其上的变造文件。接贴文件是用几份文件各取一部分内容，按文件要求和变造需要拼接成一份完整的文件。

### （二）拼凑文件的特点

拼凑文件虽然有两种方式，但其共同特点是：文件有裁切痕迹；挖补处周围有缝隙及留有少量粘贴物质；接贴部分的花纹或线条可能与原件不能对接；接贴部分与原文件纸张的质量、颜色及文字墨迹物质可能不同，文件格线、花纹可能不相衔接；接贴部分的颜色可能发暗，纸张纤维可能与原件接合不上，纤维紊乱；接贴的边线可能厚度增加，或留有粘贴物质。

（三）拼凑文件的鉴定方法

利用侧光或逆光正反面观察文件，可发现补贴部位及轮廓大小。若肉眼观察不明显，则借助适当倍数的立体显微镜观察，找出可疑部分，并可拍照。由于补贴纸张及文字、图案、油墨等可能与原文件不同，采用紫外光照射，可观察到不同的荧光反应，以确定可疑部位。发现可疑部位后，将其略加湿润，然后用热气熏蒸，若能剥离下来，则可确定补贴事实。

## 五、掩盖文件检验

（一）掩盖文件的概念

掩盖文件，是指采用各种涂抹、裱糊、遮挡等手段对真实文件的局部内容加以掩盖形成的变造文件。掩盖文件检验的实验目的是显现恢复文件原有的内容。

（二）显现被涂抹字迹的条件

掩盖文件字迹显现的条件：一是笔画物质与掩盖物质的成分差别，即被掩盖文字的墨迹与涂抹物质的物理特性和化学特性差别越大，文字显现效果越好。如蓝黑墨水与纯蓝墨水互相掩盖、油墨与墨汁互相掩盖或同种墨水之间互相掩盖，文字显现的可能性很小。二是文件字迹形成时间与被掩盖时间的间隔。两者间隔越大，显现效果越好。三是文字笔画与掩盖物质形成的条件。如文字笔画压力大，掩盖物质涂抹的压力小，则显现效果好；反之就差。

（三）掩盖文件的鉴定方法

1. 红外鉴别仪显现法

红外鉴别仪是显示不可见图像的专用仪器，凡掩盖文件中掩盖物质能透过红外线，而笔画物质能吸收红外线的都可用此法显示。如墨汁文字、印刷文字、碳素墨水文字被蓝黑墨水、血迹、油漆、印泥涂抹，即可用红外鉴别仪显示和拍照。

2. 红外照相法

红外照相法原理和适用范围与红外鉴别仪相同，主要有红外反射照相、红外荧光照相、红外低温照相。

3. 分色照相和透光照相法

分色照相和透光照相法主要适用于笔画物质与涂抹物质颜色差别不大的文件，即通过加强两者反差进行分色照相，或对同种墨迹掩盖的进行透光照相。有时为增加透光度，可在文件背面涂抹试剂。

4. 激光显示法

激光显示法即用激光的能量蒸发涂抹物质而将掩盖的文字显现出来。如对于被墨汁、油墨、石墨粉涂抹的书写墨水文字、圆珠笔文字等，此法有较好的显示效果。

5. 静电成像法

静电成像法即用显现压痕文字的静电成像仪显现诸如被同种墨水涂抹的自来水笔、蘸水笔等硬性工具书写的字迹。

6. 照相纸复印法

照相纸复印法适宜显现被书写墨水、墨汁掩盖的圆珠笔、印文字迹。

7. 发光溶液显现法

发光溶液显现法是将发光溶液涂于掩盖物质上，增加文字笔画与空白部位的荧光强弱对比，从而显出暗色笔画。此法适宜显示被墨汁、油墨掩盖的书写墨水文字。

8. 化学溶液消除法

化学溶液消除法即用化学溶液溶解、冲洗掩盖物质，从而显示文字笔画。化学溶液必须只对掩盖物质溶解而对笔画物质不溶解或很少溶解。通常使用的有氯化铵饱和液法、消退剂消除法。凡能消退掩盖物质而不溶解笔画物质的消退剂均可使用溶剂溶解法，如用氯仿或乙醚溶解被圆珠笔、油漆掩盖的文字。

9. 有机溶剂印压显现法

有机溶剂印压显现法是利用有机溶剂对不同染料溶解能力的差异，使文字墨迹部分溶解，通过压力机转印到滤纸上，从而显出被掩盖的文字。此法适用于被墨汁、油墨、碳素墨水掩盖的蓝黑墨水、纯蓝墨水及圆珠笔字迹。

## 六、换页文件检验

### （一）换页文件的概念

换页文件是指采用抽取替换等手段对一份多页的原文件的部分内容加以

改变形成的变造文件。换页文件常见于合同书、协议书、会议记录、档案、护照及账册等文件中。

不同制作方法和形成过程的换页文件，其换页的方式和手段基本相同，通常要经过三个基本的步骤。首先是拆封。拆封就是拆除原文件的装订装置，便于抽去文件中需要替换的单页。拆除的方式和手段，以及拆除的难易程度主要取决于原文件的装订方法。其次是换页。换页就是抽去原文件中的某一页或多页，再根据需要替换上已经制作好内容的替换页。最后是再装订。再装订就是模拟原文件的装订方法，将替换上的替换页与保留的原文件的原纸页重新装订组合起来形成一份虚假的文件。

（二）换页文件的特点

换页文件的特点是：多页文件上的笔迹特征、言语特征、文字色痕、排版布局及文字细节、纸张特性等方面会出现不统一、不一致的现象；会出现两次或多次装订的痕迹以及造型主体痕迹特征、密封特征、文字压痕、污染痕迹、跟踪暗码等其他前后不一的现象。

（三）换页文件检验的方法与要点

1. 笔迹与言语特征检验

笔迹与言语习惯具有特殊性、稳定性、反映性和同一性。每一个人的笔迹特征和言语风格都不同，为通过文件上的笔迹和言语特征确定文件是否被换页提供了依据。在原文件上换页并添加需要的新页，就会因为制作人的不同导致笔迹和言语上出现不同。将原文件的某一页或某几页内容替换成新页，也会导致文件整体意思上的不连贯或有矛盾之处。

2. 文字色料检验

在肉眼观察基础上，利用各种仪器在各种特殊光线下去观察色料的不同反应，就可以区分色差很小的色料，达到鉴定的目的。可以利用红外鉴别仪对文件的每一页进行检验，根据每一页黑色墨粉（水）色料吸收红外线的能力不同，即可确定是否存在换页事实。

3. 文字布局及细节特征检验

在实践中，使用计算机和打印复印技术制作文件已经成为文件的主要形成方式之一。在文字布局上，很可能会在分段缩头、页边距、字行间距等方面存在差异。在文字细节特征上很可能会在原来是激光打印的文件中换上使用喷墨打印或是静电复印的替换页，或者在原来是喷墨打印的文件中换上激光打印或静电复印的替换页，或者在原来是静电复印的文件中换上激光或喷墨打印的替换页。因此，检验文件中可疑页与其他页上文字的布局及细节特征是否一致，可以确定文件是否存在换页事实。

4. 装订痕迹检验

通常情况下，文件被换页后，其原有的装订痕迹必然遭到破坏，同时还会形成新的装订痕迹。通过对可疑文件装订痕迹的检验往往可以确定该文件是否有两次或多次装订的现象，判断可疑文件是否存在被换页的可能。

5. 纸张性能检验

通过对文件纸张物理和化学性能的分析，可以确定文件各页使用的纸张种类是否一致。通过对纸张印刷特征及其变化规律的分析，可以确定所使用的纸张是否同版，以及是否是相邻纸张或同本纸。通过对文件纸张刀花痕迹的分析，也能比较准确地确定所使用的纸张是否是同本纸或相邻纸张。常用的纸张物理性能检测仪器主要有纸与纸板厚度仪、纸张定量仪、纸张平滑度仪、纸张白度色度仪及纸张耐折度仪等。

6. 其他痕迹检验

换页文件的检验中，还要注意利用在不同情况下可能形成的其他各种痕迹，如打印、复印文件上的文稿台污损特征、感光鼓缺陷特征、复印文件的底灰特征，骑缝章印文特征，衬垫页上的文字压痕，纸张褶皱、折痕或其他污染痕迹与字迹形成的先后顺序，彩色激光打印机、彩色复印机形成文件上的跟踪暗码等。对这些痕迹的检验不仅可以帮助分析判断可疑文件是否存在换页事实，有时甚至可以帮助推断被换页的原文件的内容。

在对换页文件进行检验时，要注意传统方法与新技术、新方法的结合使用。如，可使用 Photoshop 软件来检验骑缝印章印文，使用 VSC 系列或其他类型的文件检验仪来检验纸张的荧光性能和显现、分析彩色激光打印机、彩色静电复印机形成文件上的跟踪暗码，使用多光谱成像系统来区分文字色料和显现分析彩色激光打印机、彩色复印机形成文件上的跟踪暗码。

## 七、消退文件检验

（一）消退文件的概念

消退文件是采用各种消退手段消除原真实文件的局部内容形成的变造文件。在检验中，应注意蓝黑墨水字迹、热敏打印字迹等因保管、使用不当会出现自然褪色的现象，其褪色不是变造消退。

由于文件字迹墨料的种类较多，书写时间长短、浓淡以及纸张的厚薄等不同，因而消退的情况也不同。一般而言，含染料的蓝黑墨水字迹易消退，油溶性的圆珠笔、复写纸字迹较易消退，含碳的墨迹难以消退。常用的消退化学试剂有硝酸、盐酸、草酸等酸类，高锰酸钾、双氧水等氧化剂类，退字灵等综合类以及氢氧化钠、氢氧化钾等碱类。消退文件检验的目的是：确认文件有无消退的事实；确定消退试剂的种类；显现被消退的字迹等。

（二）消退文件的特点

消退文件的特点是：纸张被消蚀剂湿润膨胀，干燥后纸面无光泽，形成黄褐色、淡黄色或白色斑渍；常带有皱褶；纸质变脆，甚至破裂穿孔；有色纸张被消退处出现褪色现象，有淡黄色污斑和隐约可见的文字残留笔画；纸张格线和保护花纹受到破坏；在被消退部位，如再添写上字迹，则易发生墨水洇散现象；由于消退作用不彻底，文件上可能留有未被消退的残余文字笔迹或笔画压痕。

（三）消退文件检验的方法与要点

1. 文件被消退事实的检验

在不同光照角度下，通过滤色镜、放大镜、显微镜观察文件可疑部位纸面光泽、斑痕、有无皱缩；格线、花纹是否完整；墨迹颜色是否一致；笔画有无残缺、墨迹有无洇散等。将文件放在不同波长的紫外光、蓝光下照射，由于消退用的化学物质及其变化的产物能激发出与正常文件表面不同的荧光，可以看出明显的化学消退痕迹，确定消退的范围。化学分析确定可疑部位是否留有消退剂的物质成分，并进而确定消退剂的种类。

2. 显现文件被消退的字迹

用紫外荧光分析法和紫外照相法显现和固定，此法适用范围广且不损坏检材；硫氰酸气熏显色法，即用硫氰酸钾与浓硫酸反应，此法显现被漂白粉类试剂消退的蓝黑墨水字迹效果较好，并且不损坏文件；化学试剂涂显，常用于显现被各种试剂消退的蓝黑墨水字迹。

### 八、文件改贴照片检验

#### （一）改贴照片的概念及特点

改贴照片是变造证件、证书的方法之一，是指将原证件人的照片揭掉，改贴新持证人的照片，并添补印文。其主要特点是：文件改贴照片部位的背面凹凸不平；照片与纸面骑缝边缘印文不完整，甚至错位，印文边框部位压痕深浅不一致；伪造人改贴照片上的印文常不完整、不清晰；与原证件印文不吻合、不协调；将原证件的照片揭下，会破坏纸张，还会出现破损，留有粘贴痕迹；后贴的照片与其文件相比有新旧程度差异。

#### （二）改贴照片的鉴定方法

如怀疑为改贴照片，可采用蒸气法将照片仔细揭下，观察照片背面和贴照片处的纸面及文字线条是否完整吻合。可用荧光分析和化学方法检验粘贴物质的种类、成分是否一致。检验照片部分的印文特征与真实的印文特征是否相同。如改贴所用粘贴物与原来的不同，可用紫外光照射并在显微镜下观察，确定改贴的事实。

## 第二节　污损文件检验

污损文件是指原文件在保存、使用等过程中，由于与其他物质接触或受外力影响导致全部或部分内容被污染损坏的文件。其包含因文件被燃烧而呈焦化、炭化、灰化状态的烧毁文件，浸泡、揉搓形成的浸损文件，外力作用使文件被分离成若干破片形成的破碎文件，外力作用或成册文件被分离成两个或两个以上部分而形成的分离文件等。

检验这类文件的主要实验是修复损毁文件，恢复原貌；利用相应方法显示、辨读文件原有的内容。

## 一、烧毁文件的整复及其文件的辨读

烧毁文件是指被燃烧、烘烤而导致损坏的污损文件。烧毁文件检验工作难度较大，受多种因素制约，如纸张的种类、质量、厚度，书写墨水、油墨种类及耐燃程度，文件燃烧的程度、保存状况、收集整复方法等。

（一）纸张燃烧时的变化和特点

纸张燃烧时的变化和特点一般是指纸张、书写色料及印刷油墨经过剧烈的发光发热的氧化反应而发生变化的情况，纸张变色、皱缩、易碎，形成程度不同的焦化、炭化和灰化的特点。

根据纸张燃烧程度不同，可将烧毁文件分成三个阶段：焦化（纸张变黄、变脆）；炭化（变黑）；灰化（完全燃烧成灰烬）。纸张燃烧的程度取决于纸张的质量和燃烧的条件。

烧毁文件能否整复和辨读，要看燃烧的程度和书写或印刷文件的色料成分性质。

（二）烧毁文件的提取保存

整复烧毁文件的重要前提是烧毁文件的正确提取和保存。应根据现场的具体情况、条件，以尽量避免烧毁文件受到进一步破坏为原则，巧妙地进行。

1. 阻燃

若物证文件正在燃烧，应选用稍大于文件的容器罩住，以隔氧阻燃。切忌采用水泼、风吹或扑打等破坏文件的方法。

2. 纸灰提取

单张纸灰，可轻扇其一角，待其翘起时迅速插入玻璃片（或纸板、塑料板），托起纸灰，亦可用静电吸附法吸起纸灰。多页重叠的纸灰，应原样提取，切忌现场剥离。完全灰化的纸灰，无法完整提取，应就地拍照固定和显现文字内容，检验结束后可用透明胶纸原样粘取纸灰。

3. 纸灰的保存、运送

保存、运送收取的纸灰，应选用稍大的盒子，再在其底部垫一层软棉花并团成棉凹。将提取的纸灰用 10% 的甘油水溶液或温水稍润后置于棉凹内，上盖一页软纸后铺一层棉花并加盒盖，运送时上下位置不能颠倒。

（三）烧毁文件的整复方法

凡有证据意义的被烧毁的文件，均应整复固定，以便保存。整复的方法是先软化摊平，后固定整复。

1. 软化摊平

软化摊平的方法有喷雾法、蒸气熏蒸法、水漂法、涂刷法、透明胶片粘取法和喷发胶软化法等。

（1）喷雾法。用小型喷雾器将温热水或15%的甘油酒精溶液均匀喷洒于纸灰表面，待纸灰受潮软化后再小心将其展平。

（2）蒸气熏蒸法。将纸灰放入密封的玻璃容器内，再向里通入水蒸气，待纸灰受潮逐步软化后取出展平。

（3）水漂法。用玻璃板托起纸灰，小心将纸灰连同玻璃一起缓慢放入水中，使纸灰悬浮于水面浸润并软化，然后小心将凸起的皱褶部位按平，再用玻璃将其托出，在无风室内晾干。

（4）涂刷法。若被烧毁的文件纸张质量较好，纸灰处于焦化、炭化阶段，可用软毛笔蘸取50%的明胶水溶液，均匀涂抹于纸灰上，待其软化后用毛笔轻压展平。此外，还可用稀释的聚乙烯醇溶液或15%的甘油水溶液。一般情况下，纸张若施胶较多，烧毁后的纸灰对甘油水溶液吸收性差，可选用甘油酒精溶液或先涂刷乙醇，再涂刷甘油水溶液。

（5）透明胶片粘取法。对于严重皱缩的纸灰，若其文字内容采用照相法可以显现，可用特制胶水将其粘贴于透明胶片上展平并予以固定。胶水配方为：醋酸戊脂50克、醋酸50克、樟脑5克。操作时，先将纸灰移至透明胶片上，然后将胶水均匀滴注于纸灰之上，待胶水渗入纸灰使其变柔软后，用手指轻轻抚平，使其粘贴在胶片上，再用胶水均匀湿润后盖上滤纸，用小胶滚轻轻碾压展平，去掉滤纸即可。

（6）喷发胶软化法。对于有装订、局部粘连固定的烧毁文件，可先切断其装订、粘连部分，然后在最上一层纸灰表面喷洒一层发胶（操作要领同喷雾法），待发胶薄层凝固后，再仔细剥离，放到玻璃板上展平，以后逐页依次处理。对于成团的纸灰，可以从一端开始边喷发胶边展平，发胶用量要控制适当。

2. 固定整复

固定整复的方法有玻璃板固定法、单面成膜固定法、硝化纤维成膜固定法和宣纸裱糊法等。

（1）玻璃板固定法是用与托纸灰玻璃板同样大的洁净玻璃板盖在纸灰上，并在两层玻璃之间的两端夹衬两三层白纸，使玻璃之间留有适当的空隙，四周用胶布等固定。

（2）单面成膜固定法是将文件正面朝下在玻璃上展平，加垫后用玻璃覆盖，置于烘箱内烘干，再往纸灰上均匀滴水，使文件表面湿润，在纸灰下面形成水膜，然后用2%～3%的有机玻璃三氯甲烷溶液，少而匀地滴在文件上，10分钟后可成膜，再连同玻璃板浸入水中，即可将单面成膜的烧毁文件完整地剥离下来。

（3）硝化纤维成膜固定法是将烧毁的文件缓缓地放入含有硝化纤维素的溶液中，利用溶液的流动性和溶液的表面张力，使检材平整地铺展于溶液表面，同时溶液会很快通过炭化的纸张底部，浸透到烧毁文件的上面，使其上下两面被硝化纤维溶液包裹，然后取出烧毁的文件，待溶剂挥发完全，在烧毁文件的双面形成柔韧、透明的硝化纤维薄膜，对烧毁的文件能够起到较好的整复固定和保护作用。

（4）宣纸裱糊法是将已展平干燥的纸灰有字一面朝下铺在桐油纸上，若有皱卷，可用软毛笔轻轻按平，取一块比纸灰略大的宣纸用宽毛刷薄而均匀地刷上一层米汤状的淀粉糨糊。

### （四）烧毁文件的辨读方法

#### 1. 侧光检验法

侧光检验法适用于纸灰与笔画物质颜色有差异的文件，二者对光的反射能力不同的文件，以及纸灰上有书写压痕存在或有书写加层物质的烧毁文件。具体方法为：用不同强弱、不同角度、不同颜色的直射或反射光照纸灰，仔细观察辨读。

#### 2. 红外线检验法

由于纸灰上文字笔画、线条部位的潜影物质与其余部位的物质成分不同，对红外线的吸收、反射能力有差异，可用红外分辨仪显示和红外线照相法显现固定。

#### 3. 化学显现法

化学显现法适用于含铁墨水文字的显现。可以用5%～20%硫酸溶液（厚纸使用20%硫酸溶液、薄纸使用5%～15%硫酸溶液)、5%高锰酸钾溶液、黄血盐饱和溶液及20%盐酸依次滴在文件上，加强纸灰与字迹材料间的色调差别，利于辨读。

4. 高温灰化法

高温灰化法是将纸灰放在两块玻璃之间，放入高温电炉内加温，逐步加温至200℃后观察，待纸灰灰化并显出文字后停止加温，冷却后取出，照相固定。此法主要适用于笔画物质颜色与焦化、灰化纸灰颜色相近的烧毁文件。

## 二、浸损文件检验

有些文件因长期保存在潮湿环境中，或被水、血液等直接浸泡，其数页或整体粘连在一起，或因外力作用而被揉搓成团。当这类文件具有诉讼证据作用时，必须对其进行检验。首先应将其分离、摊平，若其内容被销蚀或模糊，还应根据需要显现、辨读文件原有内容。

### （一）浸损文件的整复

1. 分离、晾干浸损文件

根据文件被粘连、揉搓的情况及纸张柔韧程度，可分别采用以下方法进行分离。

（1）对于纸张结构、柔韧程度破坏较小的浸损文件分离时，可先用光滑、扁平的小铲，小心轻柔地剥离，再用吸水较强的滤纸吸去文件上多余的水分，最后将其置于滤纸中加重物压平到一定程度，让其自然晾干。

（2）若文件纸张结构、柔韧程度已严重破坏，或仍然被浸泡在液体之中，分离时必须更加小心，一般在清水中直接剥离，待其一页从成册文件中分离出来并漂浮在水面时，用一块玻璃，从文件一侧插入文件下方，然后呈倾斜方向慢慢托起，使文件自然平摊在玻璃板上，最后置于通风处自然晾干。

（3）冰冻干燥分离。此方法是利用冰冻干燥机设备对浸泡文件进行分离。

（4）如果是干燥的粘连纸团，强行分离会撕裂破损，可先用水蒸气湿润软化后再分离。必要时用熨斗熨平、熨干，加以整理。

2. 施胶加固

文件被分离、展平、晾干后，若文件纸纤维结构被严重破坏，纸面疏松易碎，必须进行施胶处理，对纸面纤维结构进行加固。其方法有以下三种。

（1）使用聚乙烯醇溶液。将其均匀涂抹于展开的文件纸面，再在一定温度下晾干。

（2）使用明胶—甘油溶液。其配方是：明胶 100 克、甘油 60 毫升、10%乙萘酚酒精溶液 25 毫升、中和皂 4 克、水 480 毫升。将明胶—甘油溶液均匀涂抹于文件正面、背面，再在一定温度下晾干。

（3）使用氟树脂溶液。该溶液是取氟树脂 15 克与丁酮 100 毫升，在 85 摄氏度的水溶温度下配制成的。该法适用于加固文字笔画物质可溶于水的文件。

（二）浸损文件的文字辨读及固定

文件由于受水、血迹及其他液体物质浸泡，其文字可能褪色、变模糊或被污染物掩盖，需要采用一定的方法使其显现出原文。一般可采用紫外荧光显现、红外线检验、分色检验、强光透射检验等。如果是用含铁墨水书写的，可用硫氰酸钾、亚铁氰化钾、鞣酸等方法显现并拍照固定。

1. 加强反差照相法

文字受潮褪色的，可用反差强的感光片拍照，也可根据原文笔画的颜色，选用适当的滤色镜加强反差，亦可用底片重叠的方法加强反差，并使用反差强的显影液进行显影。

2. 分色照相法

浸损文件的图文若被血迹等污染物掩盖，使字迹不易分辨，选用与褪色字迹呈补色的滤色镜进行观察和照相，可取得较好的效果。

3. 荧光照相法

用红、蓝墨水或圆珠笔书写的字迹或盖有红、蓝印文的文件经水浸泡后虽然文字浅淡，但其物理成分能被紫外线、蓝光激发而发出与纸张不同的荧光，故可用紫外线灯或蓝光灯进行荧光检验和照相，从而显现和固定褪色的文字。

4. 红外线照相法

对采用能吸收红外线的物质印制、书写的被浸泡而褪色的文字（如用碳素墨水、墨汁、黑色复写纸等形成的文件），可用红外检测仪器进行检验辨读及红外照相固定。

5. 显色检验法

对用含铁盐的蓝黑墨水书写的被水浸泡褪色的字迹，可用与铁离子起显色反应的化学试剂显色，从而恢复原文。硫氰酸气熏便是其中效果较好的方法。

对于处理好的并经照相固定的浸损文件，可用透明胶袋、纸袋等封装保存，也可置于两块规格相同的玻璃板之间或夹于书本中固定保存。

## 三、破碎文件检验

破碎文件是被搓揉、撕裂、裁剪或在其他外力作用下分离成若干部分的污损文件。其检验工作必须首先收集文件碎片，整理复原，再判断文件内容。

### （一）破碎文件的收集与整理

#### 1. 破碎文件的收集

收集文件碎片要求全面细致，可以从现场中心部位逐步向外扩大范围开展搜索，也可以沿顺风方向呈扇形圈踪式搜索。

发现文件碎片应用镊子夹取并置于玻璃器皿、纸盒、纸袋、厚书中夹存，对卷曲严重的纸片，可夹于书中施压展开。如果纸片过碎，也可用布摩擦塑料板产生静电进行提取，然后将揉搓或不平整的纸片轻轻展开，或夹在厚书中压平，或盖上干净的白纸用不太热的熨斗熨平。

收取文件碎片时不能破坏原行为人的指印，对较大纸片可先进行指印显现并拍照固定，再作进一步处理。

#### 2. 破碎文件的分类整理

现场收集的文件碎片可能是多页文件的分离物，整复前必须进行分类。分类应在无风的室内进行，以防止纸片遗失。分类主要依据的特征有：文件碎片反映的纸张种类、颜色、质量及格线形式的异同；文件碎片上文字图案的印刷特征；文件碎片上手写文字的笔迹特征及墨迹的种类、颜色；文件碎片文字内容的种类及语句、内容的前后连贯性；文件碎片上文件使用过程中因污染、批注或加注其他批阅符号形成的附加特征。

依据上述特征的异同，将全部文件碎片分成若干部分，并在分类的同时区分正反面，然后分别夹在书中或装入袋内待整复。

### （二）破碎文件的整复

依据文件碎片上的各种特点，将收集到的全部文件碎片分成若干部分之后，应对各部分碎片按一定的方法进行拼接复原。对破碎片的分类及拼接都应在无风的室内进行，以防止碎片遗失，其整复工作的技术要点有：破碎文件的整复应遵循先分析文件碎片的特性及分布情况再拼接的原则；分析文件碎片的几何形状、边缘痕迹、理化特性及其上字迹、线条、图案、污染痕迹等内容，并鉴别其相互关系；根据文件碎片的具体情况，由边缘向中心或由内向外逐步拼接；应首先选择面积较大、边缘完整、形状特殊、有明显特征的碎片进行拼接；拼接的破碎文件可用玻璃或有一定硬度的透明薄膜进行固定，不宜进行粘贴裱糊，并应采用照相或扫描等方法记录保存。

1. 从外缘边角向中心逐片拼合法

对于边角齐全的文件，应先选出四角与四边部分的碎片，先拼出文件外围，再按各部分分离缘的几何形态，参照印刷、手写文字笔画、图案线条、底色花纹等的连贯性逐步拼合内部的各片文件碎片，直至拼合成完整文件。

2. 从内向外逐步拼合法

不易区分边角的撕、剪、切、裁的文件碎片，应选择一块文字、图案、线条较多的、较大的内部纸片，依据其几个边缘的分离特点及分离缘倾斜方向、倾斜度，参照文件内容的种类及连贯性逐一向四周拼合文件碎片，直至拼合成完整文件。

3. 先部分拼合再整幅拼合法

片小较多的文件碎片，可选择几块形态突出、特征明显或稍大的文件碎片，拼合成几大部分，再将几个部分拼合成完整文件。

4. 对照拼合法

对单页折叠后或多页纸张重叠撕、剪、切、裁的文件，可先拼合成一半或一页，再参照拼合另一半或另外若干页。

（三）破碎文件的固定

通过拼接，确定了文件碎片的位置与相互连接关系后（若文件部分碎片不全，可留下空位），从拼接的文件原貌，可辨读文件的内容，查明该文件的内容是否与案件有关。若确定拼接文件为所要寻找的或是与案件有关的文件，需要固定保存以作为证据时，经核对拼接无误后应采用一定的方法固定。

1. 照相固定法

照相固定法，是将主要文件碎片逐块对位移至略大于整幅文件的衬垫黑纸上，并使两断离缘之间有一定的空隙，以清晰显示两纸张断离缘拼接吻合的情况，然后在文件旁边放置比例尺，拍照时应注意镜头光轴与被拍文件平面保持垂直。

2. 玻璃板夹固法

玻璃板夹固法，是将主要文件碎片逐块对位移至略大于整幅文件的玻璃板上，再盖上另一块等大玻璃板，将两块玻璃板四周用胶布（纸）固定以便保存。

3. 静电压痕显现仪封固法

静电压痕显现仪封固法，是打开静电压痕显现仪电源开关，从聚酯薄膜支架上双手持薄膜一端拉过覆盖在显现仪的微孔金属台上，使薄膜平整地吸附在金属台上，并将薄膜从卷筒上切断，将拼接好的文件碎片移到薄膜上，再双手持新薄膜平整地拉过覆盖在拼接文件上，充电 4～5 次，就可使放置在纸张碎片的上下两层聚酯薄膜紧紧吸附在一起，切断薄膜后一并取下，便可较长时间保存。

4. 过塑固定法

过塑固定法，是先取一张略大于文件的过塑专用胶片，将拼接好的文件碎片逐块移到胶片上，再取一张规格相同的胶片覆盖其上，放进过塑机进行过塑固定，便可长期保存。

## 四、分离文件检验

分离文件，是被分离成两个（或两个以上）部分的单页文件和被拆下一页或数页的成册文件的总称。

### （一）文件被分离的手法及其特点

分离文件的方法不同，所形成的分离痕迹也不相同，通常分离文件的手法和特点有撕裂分离，该种分离手法又包括直接撕裂（分离缘不平，多呈不规则波折形）和折叠后撕裂（分离缘较整齐）；拆页分离，是将成本文件的装订针、线拆开，使各页分离成散页，拆页分离的文件有装订痕迹；裁割分离，是将纸张折叠后用刀裁开，裁割分离后的文件断缘有拉毛现象；切割分离，用裁纸刀沿纸页一侧向另一侧，从上至下将文件纸页切割成两部分，切割分离后的文件断缘平齐、光滑；剪断分离，用剪刀把文件剪破分离成若干部分，剪断分离后的文件断缘整齐但不直；划断分离，用锋利的小刀沿直尺将纸划断，划断分离后的文件纸纤维有被整齐切断的痕迹。

（二）检验分离文件依据的特征

检验分离文件主要依据分离缘的特征能否对应或重合，检验时也应结合文件在形成过程中的固有特征及附加特征。

1. 分离缘特征

不同方式、不同工具分离的文件，形成的分离缘的特征不同，主要表现在：分离缘的长度；分离缘的形态；分离缘上纤维状况（光滑程度）；分离缘上的凹凸、褶皱部位的形态、大小、相互关系等。

2. 文件固有特征

文件纸张、印刷、装订过程中形成的能反映同本文件之间，一页文件各部分间内在本质联系的特征。不同文件之间固有特征反映不同，主要表现在以下三个方面。

（1）纸张特点。同种文件之间或一页文件各部分之间，纸张的种类、成分一致，纸张颜色、质量相同。同一页文件各部分拼合后，其纤维走向一致。

（2）印刷加工特点。单页文件被分离的各部分反映出的印刷版型、油墨种类相同，各部分上的文字内容性质相同且有连贯性，成册文件前后纸页（多联单据中为同联的）为同版印刷品、同阶段印刷品，属同刀纸印刷品。

（3）装订特点。成册文件各纸页装订所反映的装订方式，物质材料，装订孔的数量、位置、间距、相应关系等特点一致。

3. 文件附加特点

文件在使用过程中会形成新的附加痕迹，这类痕迹有较强的个性特点，是检验不可忽略的一个重要部分。如同一文件几部分纸页上手写字迹墨水的种类、颜色、墨迹洇散状况一致；手写文件笔迹特征相同；两部分纸页上两个印文应为同一印章形成，或分离缘上印文的两部分可拼合为一个完整印文；原有折痕、缺损、污斑等能互相对应。

（三）检验分离文件的具体方法

检验分离文件应先分别分析发现两个（或两个以上）部分文件纸页所反映出来的特征，并对其进行比较分析，充分考虑各方面的因素，综合评断作出结论。检验分离特征主要采用以下几种方法。

1. 接合法

如果被分离文件纸页有明显的不规则的分离缘或成册文件装订缘带有明显茬口，可将被分离的两部分纸页沿分离缘进行拼合，观察分离缘两侧是否对应，其长短、形态以及固有特征、附加特征是否吻合。一般能完整拼合成一个整体，或部分拼合、另一部分缺少的，可以认定是一个整体的分离物；若二者不能拼合，或虽能部分拼合但某一部分多出，说明不是同一整体的分离物。

2. 重叠法

若怀疑多份文件是从成册文件上一次性分离下来的，可将各份文件重叠在一起，观察各份文件的分离缘形态、长短等是否一致，能否部分或完全重合。分离缘不明显的，要结合检验是否同版印刷品，装订及刀花特点是否相同，进行综合分析作出结论。

3. 特征标示法

用双箭头（↔）符号表示两部分分离文件分离缘上的对应特征，或多份文件分离缘上相同特征及不同特征，说明二者是否同一文件的分离物或多份文件是否从成册文件上一次分离的。

## 第三节　不易见字迹检验

### 一、压痕文字的辨读

压痕文字又称抑压文字，是指在书写过程中，书写压力和硬质的笔头挤压作用，在书写面（含背面）或衬垫物上形成的相应字迹或笔画的无色印压痕迹。书写压力大小、书写纸张厚度、压痕文件与书写文件纸张的页距决定了文字压痕的深浅、立体感和清晰度。压痕文字在纸面的凹凸变化可能很微小且无色，所以有较强的隐蔽性，勘验时必须仔细、认真才能发现。

（一）压痕文字的形成

在书写过程中，纸面局部受到书写工具和书写压力共同挤压作用而产生一定变形，使文字笔画中间部分凹下，边缘略凸起，在文件背面形成相应凸起的压痕。同时，有文字压痕的纸张因被挤压而变得致密。纸面上表面性状的这种变化，如果没有外力作用，会保留相当长的时间。

（二）压痕文字的辨读方法

压痕文字检验是利用理化方法处理文字与其周围部位的光或色的反差，从而辨读压痕文字。常见方法有以下六种。

1. 侧光检验法

根据压痕文字笔画深浅、宽窄，选用小于45°角的侧光照射压痕文字表面，使压痕凹入部位底部和离光源一侧避光而成阴影，显出压痕文字并用照相方法固定。侧光照相检验法适用于压痕比较明显的文字，其纸张颜色、平滑度决定显现效果。

2. 静电成像法

静电压痕显示仪是显示书写压痕的专用仪器。其原理是利用充电后文件上的压痕字迹与纸平面形成的电位差，通过感应覆盖在压痕纸张上的聚酯薄膜，形成相同的稳定的电位图像，即压痕文字潜像。利用电位图像各部位对带负电荷的显影墨粉而在薄膜上显出压痕文字。

其操作方法是将文件有压痕字迹的一面向上放在仪器的微孔金属台上，再覆盖一张无色透明的聚脂薄膜，开动真空泵抽气，使纸张与薄膜紧贴在一起并吸附在金属台上。用手持电晕充电杆在距薄膜2~3厘米处往返平行缓慢移动1~2次，进行充电，然后喷撒墨粉，显出压痕文字。显出压痕文字后的固定方法有三种：一是照相方法；二是胶纸粘取固定法；三是再覆盖上一层薄膜后充电，靠静电力使两层薄膜紧贴在一起，把粉末固定在中间。

这种显现方法对微弱的压痕文字显现效果较好，并且不损坏文件，较大面积的压痕也能显现，因此，被广泛采用。

3. 碘吸附法

将有压痕文字的文件放在蒸发皿中，再加上少量碘，将容器封闭，使碘升华熏染文件，有压痕部位吸附碘多，颜色加重，从而显出压痕文字。由于碘蒸气熏出的字迹不稳定，显出后可用淀粉0.5%~1%氯化钯水溶液固定碘图案，或用照相方法及时固定。

4. 有机溶剂吸附法

有机溶剂吸附法是利用纸面上有压痕部位比无压痕部位的表面大，对无色液体的吸附不同，有压痕的部位含量大挥发慢，其他部位含量少挥发快，而形成透明度的差别显出压痕文字。常用有机溶剂有苯、二甲苯、醋酸戊脂、月桂酸二丁基锡等。有机溶液显示出的压痕文字因溶剂迅速挥发而消失，因此，应先固定调试好照相机，一经显出应立即拍照固定。拍照时可加一定亮度的透明光源。

5. 铅粉涂抹法

铅粉涂抹法是利用铅粉加深纸张的色泽，改变纸张与文字的反差，使之黑白分明，提高压痕文字的可视效果。其操作是把铅粉粘附在手指上，反复在压痕文字部位涂抹，直至纸张与压痕文字反差明显，达到能辨读压痕文字的目的。这种方法主要用于显现被书写文字遮掩的压痕文字，既能认出压痕文字的全部内容，又不破坏文字的特征，易于操作，适用性较强。

6. 硅橡胶制膜法

硅橡胶制膜法适用于小面积压痕较深的文件，其压痕部位还有其他有色文字、图案、线条的压痕文字的辨读。硅橡胶配方有以下两种。

（1）106RTV 硅橡胶（100）、月桂酸二丁基锡（1% ~3%）、正桂酸乙脂（3% ~5%）混合拌匀而成。

（2）106RTV 硅橡胶（100）、月桂酸二丁基锡（2.5%）、二氯甲基三乙氧基硅烷（4%）混合拌匀而成。

取任意一种配方涂于文件正面压痕部位，凝固后取下即得到凸起的压痕文字反字。可用侧光照相方法或在硅橡胶凸起部位涂上荧光粉进行荧光照相方法辨读，也可涂上墨粉末再进行照相或复印，然后将获得的底片反转印放成正像照片。

## 二、复写纸、色带阴影文字的处理与显现

复写纸、色带阴影文字是在使用复写纸、色带复制、打印有关文件过程中，因文件与复写纸、色带接触的上下两面在书写、打印压力作用下笔画部位粘附部分复写纸、色带上染料，使复写纸、色带相应部位的染料减薄变淡而形成的阴影文字。当复写纸、打印制作的文件被遗失或毁损时，因文件的证据价值而需对复写纸、色带上的字迹进行复制，显示出其曾书写的内容，恢复其证据价值。

（一）复写纸、色带字迹的复制

由于复写纸、色带本身带有染料物质，在使用以后一部分染料物质被转移到被复制打印的文件上，其余部分仍含有一定染料，为了保存文件物证和检验方便，也为以后作为鉴定证据，有必要对复写纸、色带上字迹进行复制，其方法有以下三种。

1. 透光照相法

取一较大不透光的黑色纸张，以复写纸、色带上的阴影文字范围为限，在黑色纸张上挖孔，然后将其置于玻璃板上的复写纸或色带上，从玻璃下方向上打强光。用透光照相方法记录复写纸、色带上的阴影文字。

2. 红外线检验法

若复写纸、色带上的染料为吸收或半吸收红外线的物质，由于阴影文字笔画部位的染料已在复写、打印时被减薄，笔画部位的复写纸、色带可能穿透红外线。因此，可以使用红外显微镜观察并用其附属照相装置拍照固定，也可直接采用红外照相方法显示。

3. 复印机复印法

将复写纸或色带放在复印机稿台玻璃上，背面衬上白纸进行复印，色带同样需要分段复印。复印时可先按原样复印，然后再放大复印，以便检验时应用。

（二）复写纸、色带上重影文字的辨读

在一些使用次数较少的复写纸或一次性热敏碳膜色带中，要寻找某些特定的字句比较容易。但在一些反复使用多次的复写纸和针打织物色带上，由于字句重叠，辨读有一定的难度。

辨读方法往往采用镂孔辨读法。首先确定复写纸、色带上需判断的阴影文字的范围大小，取一张较结实的薄纸，按复写纸、色带阴影文字的大小、行线方向，在纸张上镂刻出相同的孔洞，覆盖在照片上或复印件上，将其他多余文字遮住，然后逐字观察，根据部分较清晰笔画推断文字内容，推断时要注意前后文字含义的连贯性。观察时，可从复写纸、色带背面透光进行辨读，也可将复写纸、色带阴影文字部分拍照放大，在照片上将其余文字涂掉，或将需辨认的文字勾画出来。

## 三、模糊残缺邮戳印文的显现与认定

模糊残缺邮戳印文是指文字内容残缺不全或因其他因素影响而模糊不清的难以辨认的邮戳印文。其形成的原因较多，有些是邮戳印面结构变形形成的；有些是印染物量少、质量差形成的；有些是盖印时的作用力的方向、大小不适当造成的；有些是背景图文颜色与之相近而形成的。

### （一）模糊残缺邮戳印文的显现方法

应针对模糊残缺邮戳印文情况不同，而采用相对应的显现方法，具体可采用以下三种方法。

1. 分色照相法

可选择与邮票颜色相近的滤色镜进行分色照相，可以减淡邮票上彩色图案的干扰，加强邮戳印文的影像。

2. 侧光照相法

有些邮戳由于蘸取油墨较少，盖销邮票时只有邮票和信封上留下少量字迹和压痕。用侧光照相法以加强邮戳印文影像。为了进一步提高检验效果，可加滤色镜用分色照相和侧光照相相结合的方法，这样既可以减淡邮票上彩色图案的干扰，又可加强邮戳压痕的阴影效果。

3. 红外线照相法

邮票上彩色油墨往往是可以透过红外线的，而盖印的油墨含有的碳素是吸收红外线的，因此可用红外线照相方法，既能消除邮票上图案干扰，又可加强邮戳影像。

### （二）模糊残缺邮戳印文的认定方法

1. 特征比较法

特征比较法是将模糊残缺邮戳印文特征与样本逐一比较，从而判定特征异同的方法。应比较的特征是：邮戳印文内外圆直径及长方形框大小尺寸，边框与上下两月牙弧形线及长方形框的距离，边框及月牙弧线及长方形框的形状、粗略与缺陷，上下月牙弧线与长方形框的交接特点，残字笔画大小、形态及分布位置，字槽中数字大小、形体及小圆点的位置等特征。如果上述各方面特征符合则可认为是同一个邮戳盖印的，否则就可排除。

2. 套叠比较法

将模糊残缺邮戳印文和邮戳印文样本拍摄成同倍大的底片，然后套叠比较，或只拍照模糊邮戳，然后和邮戳印文样本重叠比较，看各个部分是否能完全重合，如能重合说明其是同一邮戳盖印的。

在鉴别时要注意邮戳中的日期是可以更换的，年月日时的布局往往会串动，一般不能成为鉴别的根据，但年份数字的间隔是固定的，数字后面的小圆点也是固定的，因此数字的形态、大小和固定的位置可作为鉴别的依据。另外，在描绘时注意不要把偶然玷污的痕迹当作邮戳戳面结构特征，但如果是邮戳印面形成的一定时期固定的油墨疵点特征则可参考。

## 四、被锉金属冲刻文字与标记的显现

金属冲刻文字与标记是在成型的金属物体表面冲压成的凹形文字或标志，多见于汽车、自行车、枪支及公用设备。这些物品被盗窃或用其他方式被犯罪分子占为己有后，犯罪分子为毁灭证据，往往采用锉铣方法将物品上的文字、数字或其他标志消除，肉眼极难分辨。

（一）金属变形部位的显现原理

金属内部的原子是按一定规则均匀排列的，即所谓“晶格”，自由电子在晶格内作高速运动。金属表面冲刻文字时，受冲压部位直至内部晶格数量并未减少，但晶格因冲击力而发生互相挤压、变形，这种挤压和变形是永久性的。晶格的变形程度受金属晶格的形式、冲击力大小和冲刻工具等因素制约。这些冲刻文字内容在被锉铣过程中，去掉的往往是文字及其周围的凹凸结构，但文字部位及其深层的晶格变形仍然存在，反映出被锉铣文字的全部轮廓。这些变形晶格可用电解法、腐蚀法以及磁显法显现被锉削掉的冲刻文字的潜影。

（二）金属变形部位的显现条件

显现被锉削的金属上的冲刻文字，就是显现塑性变形部位，即显现冲刻文字潜像。但不是所有被锉削的冲刻文字都可以显示出来。显现必须具备两个条件：一是金属上的字迹必须是冲刻形成的；二是金属晶格变形部位仍然存在。

### （三）金属变形部位的显现方法

1. 电解法

有冲刻字迹部位相邻原子间距小、内能高，无冲刻字迹部位原子间距正常、内能小，两者差别主要表现在电解反应的活化能上，也就是说，无冲刻字迹部位的分解电压要大于有冲刻字迹部位。在相同电解条件下，有冲刻字迹部位即分解电压低的部位，电解速度要快些，金属溶出量要多些；其他部位电解速度要慢些，金属溶出量要少些，因而经过一定时间，就可显出被锉削的冲刻文字潜像。

其操作方法是，应先配制一定浓度的电解液，铁、铜等金属用10%～20%盐酸或硫酸溶液，铝等金属用10%～20%盐酸或氢氧化钠溶液。再将金属表面擦拭（去污、去锈）干净之后，将其用金属夹、导线与电源正极连接，电源阴极用导线连接金属镊子。通电解压至6伏，然后用镊子夹棉球蘸电解液在金属物体被锉铣部位表面反复擦拭，构成电解电路产生电解反应。此时能听到电解吱吱声，并有刺激性气体产生，经15～20分钟，便可显出被锉削掉的冲刻字迹。显示结果可用照相方法固定。

2. 化学腐蚀法

利用被锉金属文字部位与周围部位与化学试剂作用发生的氧化—还原反应不同，显出被锉铣的文字内容。

腐蚀液：甲液为40毫升乙醇＋20毫升浓硫酸＋20毫升浓盐酸＋20毫升水。

乙液为45克三氯化铁＋55毫升水。

操作方法：先用镊子夹住棉球蘸取甲液，涂在金属上被锉削的冲刻部位，20分钟后，如能隐约看出文字，再用乙液涂抹几次，便可显现被锉削的冲刻文字潜像。显示结果可用照相方法固定。

3. 磁显法

金属是一种磁介质，在正常情况下，金属各部分磁导率是一致的。被冲刻后，冲刻字迹部位和未冲刻字迹部位磁导率不同，在外界磁场作用下，其磁场强度也不同，表现在冲刻部位磁性粉末量多，从而显出冲刻字迹潜像。

操作方法是：将磁粉均匀涂在金属上被冲刻部位，并将冲刻部位放在磁铁或电磁铁的两块磁铁之间，过一段时间便可显现被锉削的冲刻字迹。显示结果也可用照相方法固定。

# 第四节　书写工具检验

## 一、书写工具及其种类

书写工具是形成笔迹和笔痕的直接客体。笔迹和笔痕都是书写活动的产物，两者虽密切联系，但笔迹所反映的是书写习惯的特殊本质，而笔痕主要反映书写工具的特点。形成笔迹和笔痕的书写动作具有习惯性，因而笔痕所反映的书写工具的特点受书写习惯的制约。书写工具检验也是文件形成方式鉴定的基础。

广义上讲，凡是能用来写字的物品均可称为书写工具，分常用和非常用两类。常用的是指人们在社会生活、经济往来、交流思想中经常使用的工具如圆珠笔、自来水笔、签字笔、毛笔、铅笔等；非常用的是指人们只是在某种职业、行业或一些特殊活动中使用的工具如粉笔、标记笔、水彩笔、画笔和毛刷等。

在常用的书写工具中，按书写工具的笔尖的特性不同，可以把书写工具分为软质书写工具和硬质书写工具。软质书写工具的笔尖不定型或在书写面上运动时易变化，这类笔有毛笔、纤维尖型签字笔等。硬质书写工具笔尖定型且不易变化，如圆珠笔、自来水笔、铅笔、圆珠型签字笔等。从使用耐久性区分，有一次性的如圆珠笔芯、部分签字笔笔芯、铅笔等；有可灌墨水反复使用的如自来水笔、贮墨管式签字笔、毛笔等。从笔尖粗细区分，有粗尖和细尖。从使用色料性质区分，有油性的如圆珠笔，有水性的如自来水笔、签字笔、毛笔等。

自来水笔是最常用的书写工具，根据笔尖的形态和功能不同，自来水笔可以分为普通自来水笔和自来水书法笔。普通自来水笔根据制作材料和结构特点的不同，可以分为金笔、铱金笔和钢笔三种。

## 二、书写工具检验的科学基础

书写工具检验的对象是笔痕，是人们运用某种书写工具按照自己的执笔习惯在纸面上书写，使工具和色料作用于纸面，形成的动态痕迹。这一过程包括工具、色料、人们执笔习惯和纸张四方面因素。

不同种类的工具，其结构和使用色料类型不同，在纸面上形成的痕迹也不同，构成了区分不同种类书写工具的基础。同种工具和色料，不同厂家生产，不同的生产工艺水平，形成了不同的个性特点，其具体结构和色料成分配比及理化性质不同，构成了区分不同品牌、型号的同种书写工具的基础；同一人执同一支笔书写，由于其执笔书写习惯及其工具本身结构和磨损特点，形成了各不相同的笔痕特征，这是书写工具同一认定的基础；而同一人用同一支笔在一定时间内进行书写，如果书写条件相同或相近，则所写字迹在相同的笔画的相同部位会有规律地重复出现相同的笔痕特征。因此，笔痕特征具有相对稳定性，从而构成了书写人各自特有的具有相对稳定性的笔痕特征，使书写工具的鉴别成为可能。

影响笔痕特征变化的因素主要是书写人书写习惯的变化、书写笔笔尖被人为地改变和磨损、纸张及承受面的凹凸不平等。

## 三、书写工具种类认定

### （一）书写工具种类鉴别的依据

1. 笔画划痕一般特征

几种常用的书写工具的字迹，从外观观察，有的能在纸面上形成划痕，有的则无划痕。毛笔、纤维尖型签字笔的笔尖是软笔尖，书写的字迹不易形成划痕；钢笔、圆珠笔和圆珠型签字笔的笔尖是金属的，书写的字迹易形成划痕；圆珠笔和圆珠型签字笔笔尖为小钢珠，通过钢珠滚动，将油墨或墨水转移到纸上，其字迹笔画中间有划痕。

2. 笔画均匀程度特征

圆珠笔字迹粗细比较一致，由于其色料是粘稠油墨，书写时笔尖钢珠滚动，使油墨堆积在钢珠卡口边缘，因而字迹笔画中易出现露白、断线、各种条痕及笔画边缘油墨堆积等现象。钢笔字迹笔画，往往因为用力书写时笔尖或笔舌结合不良、笔尖磨损、墨水沉淀或贮水囊中贮墨量的多少等，产生下水过多或过少，笔画分叉或下水不畅、浓淡不均等现象。签字笔字迹笔画比较均匀，笔画粗细、色调比较一致，只是在墨水干涸时出现墨迹浓淡不均的现象；圆珠型签字笔书写字迹易出现笔画末端有细微拖曳现象，纤维尖型签字笔此现象较少。毛笔书写一般要求字迹浓淡错落有致，以表现书法韵味，但没有压痕特征。毛笔蘸墨一次，墨量有限，重新蘸墨写字，会出现若干字段的浓淡变化现象。

3. 字迹压痕特征

软质书写工具的压力多因笔头的分开而消失，不会形成压痕。硬质书写工具因笔头、笔尖材料不同，硬度、弹性不同，笔尖形态不同，用力方式、大小不同，形成笔画压痕的深浅、宽窄、形态等特征也不同。一般来讲，金属笔头笔尖书写的字迹压痕深，纤维、塑料等笔头书写的字迹压痕浅。形成压痕由深至浅的书写工具大致顺序是：圆珠笔、铅笔、自来水笔、记号笔等。字迹压痕宽窄取决于笔尖粗细，压痕上部一般略宽于笔尖粗细。字迹压痕形态取决于笔尖的形状，圆珠笔尖或较粗的笔尖书写形成的压痕底部呈圆弧形（U），如圆珠笔、滚珠笔、铅笔（刚削尖的除外）、记号笔；尖形笔尖形成的压痕底部呈角形（V），如自来水笔、蘸水钢笔。此外，个别笔尖因弹性较大，书写压力较大时，笔尖两瓣张开间隙大，易形成分叉并反映出两条大致平行的笔道压痕，鸭嘴笔两片间隙易形成两条完全平行的笔道压痕。

4. 墨水洇散征象

圆珠笔使用溶性粘稠色料，字迹笔画不会马上出现洇散，如果书写后放置时间较长，则笔画边缘易出现油渍洇散现象；钢笔使用液体色料，字迹笔画有些洇散但不明显；签字笔字迹笔画边缘有洇散，洇散程度随工具和纸张有所不同，其中纤维型比圆珠型洇散更大些，在施胶少或不施胶的纸上洇散更为明显。

5. 墨水与纸张结合特征

不同书写介质、书写工具、书写方式形成文字后墨水与纸张结合的牢固程度不同。油质墨水较水质墨水牢，抑压力大的比抑压力小的牢，笔头硬、弹性小的比笔尖软、弹性大的牢。结合的牢固程度依次为：圆珠笔、钢笔、记号笔、毛笔、铅笔。

6. 书写介质（字迹物质）颜色特征

不同种类的书写工具使用不同的书写介质，同种类介质（墨水）又因牌号、厂家、成分配方的不同，书写的字迹在颜色、色调、光泽等方面有区别。

如圆珠笔字迹色调实，光泽强；水溶性墨水字迹无光泽；专用墨水光泽弱；铅笔有软硬18级，各级铅笔字迹浓淡、色调不一致。

7. 纸张破损特征

由于笔尖过于尖锐，形状不规则或书写压力过大等，硬性书写工具可能划伤或划破纸张。不同书写工具造成的纸张破损特征不同。圆珠笔造成的薄纸破损痕迹较宽，边缘无纤维翘起；钢笔造成厚纸损伤痕迹较细，并且为施胶层划伤，边缘纤维顺运笔方向翘起，对薄纸易造成破洞，并有纤维翘起；蘸水笔造成的纸张破损痕迹往往是纸块呈三角形凸起。

8. 笔画色料反光征象

圆珠笔字迹色料在一定角度光线照射下易出现反光现象，钢笔和签字笔字迹则不易出现反光现象，毛笔字迹只在质量较好的墨迹中有反光现象。

（二）书写工具种类鉴别的方法

1. 书写工具种类鉴别的一般方法

书写工具种类鉴别常用的方法是运用放大镜、显微镜、文件检验仪、投影仪观察物证手写字迹种属特征，根据种属特征判定书写工具的种类；也可以将物证手写字迹与各种书写工具的样本进行对照检验，根据其种属特征的符合性判定书写工具的种类。

2. 根据不同种类书写工具所使用墨迹物理性质进行鉴别的方法

不同种类的书写工具使用的墨水、油墨的成分各异，其物理性质也各不相同，因而可采用各种物理方法及专门仪器进行检验鉴别。

（1）红外线检验。不同工具使用的色料对红外线的吸收、透过作用不同。一般各种圆珠笔油墨、纯蓝墨水、红墨水、黑墨水、部分签字笔墨水（蓝黑、红色）、能吸收一定波长的红外线，因而在一定波长的红外线下可看到字迹。墨汁、碳素墨水和部分含碳的黑色签字笔墨水能吸收红外线或一部分吸收红外线，因而在红外线下能看到字迹。

（2）紫外—可见光分光光度法检验。不同工具色料的染料和辅助成分及含量各不相同，因而对不同波长的光线吸收特性也不相同；运用紫外—可见光分光光度法检测，将检材色料与已知色料的吸收光谱图进行比较，便可区分两种不同的色料或确定是何种色料。

（3）荧光检验。书写工具使用的大多数染料在短波光线照射下能被激发产生荧光，而不同色料的染料成分及结构不同，因而被激发的荧光特征也不同，可用以检验鉴别。

（4）电子显微镜检验。利用电子显微镜高倍放大和立体感较强的性能，可观察到圆珠笔油墨糊状形态及墨汁、碳素墨水、含碳签字笔墨水的碳素颗粒聚集状态和颗粒大小等微观状态，因而可用以鉴别同色的圆珠笔和蓝墨水字迹及墨汁、碳素墨水与黑墨水之间的区别。

## 四、书写工具同一认定

### （一）圆珠笔字迹书写工具同一认定依据

圆珠笔字迹同一认定的依据包括笔痕的种类特征和细节特征。笔痕的细节特征是笔痕同一认定的主要依据。笔痕的细节特征通过特殊而有规律的墨痕形态、位置表现出来。

1. 油墨圆珠笔笔痕特征形成的原理

油墨圆珠笔与球座在制作加工过程中的不同，使每一支笔都具有各自的特点；不同书写技能与书写习惯的差别，造成了书写人各不相同的书写作用。书写笔与书写作用在书写活动中有机结合并相互制约，字迹笔画就形成了有特定性和稳定性的笔痕特征。

2. 油墨圆珠笔笔痕特征的种类

笔痕特征产生在笔画的起笔、行笔和收笔过程中，表现为墨迹的各种不同形态。笔痕特征可分为三类、三十二种。

（1）笔画点痕特征，是指圆珠笔在书写运动过程中，特定的笔和运动方式导致的特殊的、有规律的短暂供墨变化所形成的笔画形态及位置特点。这种特征的形态表现为墨点痕或白点痕，可以划分为十种：起笔墨点、折笔墨点、绕笔墨点、连笔墨点、收笔墨点、起笔白点、折笔白点、绕笔白点、悬空白点、收笔白点。

（2）笔画划痕特征，是指圆珠笔在书写运动过程中，特定的笔和运动方式导致的、有规律的阶段性断墨变化所形成的笔画形态（粗细、形状）及位置特点。这种特征的形态为白色条状划痕，可以划分为十二种：单点划痕、双点划痕、粗划痕、细划痕、长划痕、短划痕、双划痕、斜划痕、暗划痕、绞划痕、曲划痕、叉划痕。

（3）笔画墨量痕特征，是指圆珠笔在书写过程中，特定的笔和运动方式导致的特殊的、有规律的阶段性墨量痕变化所形成的笔画墨量痕变化形态（粗细、浓淡、形状）及位置特点。这种特征可以分为十种：墨量痕浓、墨量痕淡、墨量痕中等、墨量痕先浓后淡、墨量痕先淡后浓、墨痕粗、墨痕细、墨痕中等、墨痕先粗后细、墨痕先细后粗。

（二）自来水笔字迹书写工具同一认定依据

自来水笔的笔痕特征包括种类特征和细节特征。种类特征只能识别书写工具种类，如金笔、铱金笔、钢笔、书法笔，而细节特征能进行自来水笔的同一认定。自来水笔笔痕的细节特征由特定而有规律的墨痕形态（浓淡、粗细、形状）、位置表现出来。

1. 自来水笔笔痕特征形成的原理

自来水笔的笔舌环槽和出水槽的深浅与曲直度，以及气孔的大小与位置等，在制作加工中有细微差别，构成了自来水笔写字部位各自的特点；人的书写过程及书写习惯等，构成了不同人用笔的不同特点。书写笔部件所具有的特点与书写作用所具有的特点，两者在书写活动中有机结合，即构成了特定的笔痕特征。

2. 自来水笔笔痕特征的种类

自来水笔笔痕特征产生于书写的起笔、行笔及收笔的过程中，其特征表现在墨迹形态上。具体表现有以下三类。

（1）起收笔笔痕特征，是指书写笔在起收笔部位所表现出来的特殊笔痕形态特点。起笔笔痕特征的具体分类是：圆形痕、平形痕、斜形痕、尖形痕、叉形痕；收笔笔痕的具体分类是：圆形痕、平形痕、斜形痕、尖形痕、叉形痕。

（2）笔画划痕，是指书写笔在行笔部位所表现出来的特殊笔痕形态特点。划痕特征的具体分类是：长划痕、短划痕、宽划痕、窄划痕、环划痕、弧划痕、尖划痕、暗划痕。

（3）墨水流痕，即书写笔在书写不同笔画的运动过程中所表现出来的特殊墨流量痕形态特点。墨水流痕特征的具体分类是：墨流痕浓、墨流痕淡、墨流痕中等、墨流痕先浓后淡、墨流痕粗、墨流痕细、墨流痕中等、墨流痕先粗后细、墨流痕先细后粗。

（三）圆珠笔、自来水笔同一认定的方法

圆珠笔、自来水笔同一认定的方法主要是特征对照法。检验时应尽可能地收集与检材形成时间和条件相近的样本，在尽可能的情况下还应收集可疑的书写笔。运用该方法的要点有以下四类。

1. 分别检验

用放大镜、显微镜逐字逐画地观察和标示检材和样本的笔痕特征，从中确定特定性和稳定性较强的特征。

2. 比较检验

比较相同字、相同笔画的笔痕形态、位置的异同，确定其符合点和差异点。如果检材字迹少，无相同字，可从不同字的相同笔画或相同动作上进行笔痕比对。

3. 综合评断

对比较检验中明确的符合点或差异点，要进行全面的综合分析和评断。要从书写笔与书写作用两方面分析其符合点和差异点形成的因素和条件，客观地论证符合点与差异点是本质特征的反映，还是非本质特征的反映，在此基础上思考所作的鉴定意见。

4. 鉴定意见

（1）认定同一。必须是同种书写笔所写的检材与样本笔迹，其笔痕特征反映在相同字或不同字的相同笔画与相同部位上的形态相同或相似。经综合分析与评断，其符合特征属本质性的特征，可认定检材与样本笔迹是同一人执同一支笔书写。

（2）否定同一。通过检验，差异点明显，而且少量的符合点亦属非本质特征反映，可否定书写笔同一。

## 实训设计

### 实训一：擦刮文件的检验

#### 一、实训目的

通过实训了解擦刮变造文件的特点，掌握擦刮变造文件的检验方法。

## 二、实训设备

仪器：显微镜、小刀、橡胶橡皮（粗、细）、塑料橡皮。

纸张：账页纸、信稿纸、票据纸。

书写工具及墨水：钢笔、圆珠笔、签字笔、铅笔蓝黑墨水、纯蓝墨水、碳素墨水。

试剂：甲基蓝淀粉和小苏打复印墨粉。

## 三、实训内容与方法

### （一）制备实训材料

1. 用钢笔（蓝黑墨水、纯蓝墨水、碳素墨水）、圆珠笔、签字笔、铅笔等书写工具及墨水在账页纸、信稿纸、票据纸三种纸张上各写两行文字，其中一行为正常书写，另一行为加重压力书写。

2. 用刀和橡皮分别对材料中的文字进行擦刮变造，并留几个字作对照。

### （二）观察检验

1. 先用肉眼观察纸张擦刮部位情况，再用侧光或透光观察纸张有无异常情况。

2. 用实体显微镜放大观察擦刮部位，选用不同放大倍数，观察纸张擦刮部位细微特点。

3. 将甲基蓝淀粉或小苏打和复印墨粉按一定比例混合搅匀，撒在擦刮部位，轻轻摇动纸张，去掉多余的粉末，然后观察擦刮痕迹显示情况。

### （三）写出实训报告

1. 列表统计擦刮变造情况（包括是否容易擦刮变造、是否容易发现擦刮变造）。

2. 列表统计用甲基蓝淀粉或小苏打复印墨粉显示的结果。

3. 讨论擦刮的一般规律和检验的可能性。

# 实训二：消退文件的检验

## 一、实训目的

通过实训了解消退文件特点，掌握消退变化及显现被消退原文的检验方法。

## 二、实训设备

### （一）器材

长波紫外线灯、2206 灯、各种颜色滤光器、脱脂棉、滤纸、牙签、烧杯等。

### （二）试剂

消退剂：漂白粉溶液、10% 氢氧化钠溶液、双氧水、5% 高锰酸钾溶液、5% 草酸溶液、5% 亚硫酸钠溶液。

显现剂：5% 亚铁氰化钾溶液、10% 鞣酸酒精溶液、5% 五倍子酒精溶液、5% 羟基喹啉酒精溶液、10% 盐酸溶液、5% 硫氰酸钾溶液。

### （三）实训材料

纸张：账页纸、信稿纸、新闻纸。

色料：蓝黑墨水、纯蓝墨水。

## 三、实训内容与方法

### （一）制备实训材料

用蓝黑墨水、纯蓝墨水在三种纸上各书写若干行字，干后用上述消退剂分别将文字消退并做好记录。同时选用自备的两种墨水书写时间较长的文件，用上述消退剂消退，也做好记录备用。

### （二）观察检验

1. 先用肉眼观察对照消退痕迹和效果。

2. 用紫外线灯照射文件，观察荧光和文字显现效果，做好记录。

3. 用 2206 灯（可放上蓝 1 或黄绿 4 滤光液或滤光片）照射文件，同时用各种滤光片观察荧光和文字显现效果，做好记录。

4. 用牙签棉球蘸取上述显现剂，分别显现被消退文字，记录结果。

5. 将硫氰酸钾固体（10% 左右）放在烧杯内，滴加几滴浓硫酸，便产生黄褐色硫氰酸气体，迅速将文件需要显示的部位朝着杯口覆盖蒸熏，便显出红棕色文字。

### （三）写出实训报告

列表统计各种消退剂消退字迹的效果，荧光检验，各种显现剂及气熏法显现消退文字的效果；讨论不同纸张、色料、书写时间、显现剂与显现效果之间的相互关系；讨论气熏法与涂抹法的优缺点、适用范围。

## 实训三：压痕文件检验

### 一、实训目的与原理

通过实训，了解和掌握压痕文字的常用检验方法，并能够根据具体情况选用适宜的检验手段；熟练掌握压痕文字的侧光检验和侧光照相的原理和检验方法；了解ESDA静电压痕显现仪显现压痕的相关原理，熟悉仪器的相关构造和操作，并能根据具体情况正确运用仪器显现压痕。

### 二、实训仪器与材料

1. 放大镜、体视显微镜。
2. 文检仪、静电压痕显现仪、侧光源、照相机。
3. 钢笔、圆珠笔。
4. 书写纸、记录纸。
5. 不同轻重的笔压字迹若干。

### 三、实训内容与方法

1. 用钢笔或圆珠笔逐渐加大笔压，体验不同笔压下笔迹的表现特征，用肉眼直接观察笔压痕迹，观察文件笔迹的粗细、墨迹浓淡、纸张墨迹洇散等现象，并做记录。

2. 在放大镜或显微镜下观察笔道沟痕（笔道宽窄）的深浅、笔迹分布状况、纸的背面及衬垫纸上的压痕等，分析不同笔压下文字笔迹的特点，总结规律，并做记录。

3. 用文检仪的侧光源或一般侧光源观察压痕文字，并做记录。

4. 有条件的用显微照相方法将其拍照记录下来。

5. 用静电压痕显现仪显示压痕文字，并拍照记录。

6. 可以对背面凹凸形态进行观察比较。笔压较大时，笔尖对纸张的压力较大，破坏了纸张的显微结构，造成原平滑整齐的纤维面层次分明，即俗语说的“力透纸背”，用手触摸即可有明显的感觉。

7. 用吸水性能不同、光滑程度及硬度不同的纸张，或不同材质的硬笔工具在软硬厚薄不同的衬垫物上进行书写观察实训，分析其在不同情形下的表现特点，并做记录。

# 实训四：烧毁文件检验

## 一、实训目的

通过实训了解烧毁文件的特点，掌握提取、固定和显现烧毁文件原文的检验方法。

## 二、实训仪器与材料

1. 仪器

电炉、水盆、塑料板、玻璃板、玻璃干燥器、喷雾器、毛笔、胶纸、细滴管、吹风机、搪瓷盆。

2. 试剂

10%～15%甘油水溶液、有机玻璃溶液（无色透明有机玻璃碎块5克、氯仿100毫升，溶解2～3天即成）、聚乙烯醇溶液（市售的聚乙烯胶水和乙醇，按1∶2的比例，一边加乙醇一边用玻璃棒搅拌，避免产生凝胶现象）、10%～20%硫酸溶液、5%高锰酸钾溶液、亚铁氰化钾饱和溶液、20%盐酸溶液。

3. 实训材料

账页纸、信稿纸、票据纸、报纸、复印文件、打印文件。

## 三、实训内容与方法

（一）制备实训材料

1. 分别用碳素墨水、墨汁、蓝黑墨水、纯蓝墨水、圆珠笔油、铅笔、复写纸在三种纸上各写若干行文字。

2. 将上述材料连同报纸、复印文件、打印文件分别放在电炉上燃烧或用火柴、打火机点燃，观察各种文件纸张在燃烧过程中的变化及燃烧后的字迹情况，做好记录。

（二）提取

1. 将塑料板置于纸灰的下面，同时用手轻扇，使纸灰移到板上提取。

2. 用干布摩擦塑料板产生静电，将纸灰吸附在板上，然后转移到另外一块板上提取。

3. 如用电炉燃烧，不易提取，可用手轻扇，使纸灰移到塑料板上提取。

（三）软化平整

将已提取的写有字迹的纸灰移到干净的玻璃板上，注意应使有字的一面朝下，以备下一步实训用。常用的几种软化平整纸灰方法：气熏法、水漂法、喷雾法和涂刷法。软化平整后，在玻璃板的四周放上大头针，然后用同样大小的玻璃板覆盖，四周用胶纸简单固定，平放在阴凉通风处，晾干待用，或用吹风机吹干。

（四）固定

纸张燃烧后变成卷曲易碎的纸灰，虽软化平整，但仍然易碎不易保存，根据纸灰和显示字迹的具体情况，常采取夹板固定法、粘贴固定板法和成膜固定法。

（五）化学显现

1. 按上述方法准备实训材料，烧毁后，将纸灰提取到玻璃板上，用水漂法软化，取出控干水分，或用吹风机将纸灰表面水分吹干。

2. 玻璃板稍倾斜放在搪瓷盆中，以便使溶液经过纸灰流入盆中。然后用滴管先吸取硫酸溶液从文件上端由左至右滴在纸灰上，使溶液自然流遍整片纸灰。再用同样方法滴加高锰酸钾溶液，并重复滴加亚铁氰化钾和盐酸溶液，到纸灰转为褐色或蓝绿色而使文字显出。整个过程可反复进行，直至文字显现为止。

3. 显出文字后，可将纸灰放在水龙头下，仔细用小水流将纸灰上的残余试剂冲洗干净，再晾干固定保存。

（六）写出实训报告

1. 列表统计各种纸张及字迹在燃烧过程中和燃烧后的变化。

2. 详细记录单面成膜固定法的操作过程和方法，并将成膜固定的烧毁文件随实训报告上交。

3. 列表记录不同纸张、不同书写色料的烧毁文件的显现效果。

4. 附显现效果图，比较没有固定和已固定的烧毁文件的显现效果，并探讨出现各种现象的原因。

5. 通过实训，总结常用的几种软化平整、固定方法的操作技巧，并探讨各种方法的适用范围。

## 实训五：书写工具检验

### 一、实训目的

通过实训，观察实训不同书写工具书写的笔迹，掌握其主要特点和特征变化规律，并能选择有价值的、稳定性强的笔迹特征。

### 二、实训仪器与材料

1. 放大镜、体视显微镜。

2. 圆珠笔、自来水笔、签字笔、毛笔、铅笔等。

3. HB 铅笔、红蓝铅笔。

4. 笔迹特征比对表、记录纸。

### 三、实训内容与方法

1. 每位学生分别用圆珠笔、自来水笔、签字笔、毛笔、铅笔等及其他书写工具，在白色透明纸张上书写。

2. 学生互相交换各自书写的笔迹，直接观察或采用放大镜观察同一人使用各种书写工具书写的笔迹的特点，分析、判断不同书写工具的笔痕特征。

3. 再次对不同人使用同种书写工具书写的笔迹进行交换并相互比较，分析笔迹中哪些特征是书写工具引起的“共性”符合，哪些是书写者书写习惯独有的“个性”差异。

# 第十二章 文件制作时间检验

## 第一节 文件制作时间检验的对象与任务

随着诉讼法和审判制度的不断完善，在审判中对于证据的要求越来越高，在各种刑事案件、民事案件与行政案件中，尤其是在经济犯罪案件中，不只是要求确定文件的真伪或制作方法，还要求能够确定可疑文件的制作时间。

然而，文件制作时间检验却是当前中外文件检验领域的一个难题，到目前为止，尚没有普遍认可的、成熟可靠的、系统的检验方法。

### 一、文件制作时间检验的对象

文件的制成时间，是指文件的形式和内容各个方面形成的时间范围。其检验对象具体包括以下几个方面。

（1）文件字迹的书写时间。

（2）文件打印与印刷时间。

（3）文件物质材料生产时间。

（4）文件盖印时间。

（5）文件装订时间。

（6）文件发行与使用时间。

（7）文件在使用、保管过程中因主观因素变更其部分内容或增加附加标记、痕迹的时间。

司法实践中，检验文件制作时间多数情况下不是检验文件总体形成时间，而是确定文件在制作或使用、保管过程中的某一个或某几个时间因素或其相互关系。

### 二、文件制作时间检验的任务

文件制作时间检验，一般主要解决以下三个方面的问题。

（一）确定文件制作的绝对时间

文件制作的绝对时间，是指某一份文件或文件的某部分内容是什么时候形成的，也就是文件形成以后经历了多长时间，要求解决文件的历时性问题，寻找的是确定时间点。如借据、合同、证书是何时书写制作完成的。

（二）确定文件制作的相对时间

文件制作的相对时间，是指某几份有争议的文件或一份文件中某几部分内容是否同时形成，也就是文件内容在形成过程中相互间是否存在时间差异，查证的是各时间点是否重合。司法实践中，要求检验文件制作的相对时间的情况较多。

（三）确定文件内容形成的时间顺序

确定文件中文字、数字、符号、印文和纸页等内容形成的顺序不要求确定文件各部分具体形成的时间点或段，而是确定谁先谁后的问题，解决的是文件各部分形成的时序性问题。最为常见的就是印文与文字内容的先后关系。

## 第二节　文件制作绝对时间的检验

文件材质（包括墨水、纸张等）本身物理和化学变化虽然与时间存在相当的比例关系，但一方面这种关系不是必然且唯一的，其要受到诸如环境等因素的干扰；另一方面两者的关联性也不是以一个确定的时间单位为标准的，即并不是以小时或天就可以规律性地勾画出文件材质的变化情况。因此，文件制作绝对时间的检验，一般只是确定文件形成的极值时间或时间上限或下限，而无法确定其形成的具体时间点，也就是说，我们只能通过一定的方法手段。确定出文件是在某个时间点之前或之后形成的，或是在某一个时间区间内形成的。因此，文件制作绝对时间的检验，虽然称为绝对，但只是因为要独立地看待其形成在时间轴上的位置，而从其形成的时间点角度观察，我们得到的依然是一个文件制作的相对时间。文件制作绝对时间的确定依据主要有以下九点。

## 一、通过文字所载内容确定时间

文件形成的内容或语言，往往反映时代的特征。通常许多文件中常常用已发生或出现的人、事、物、地名等来说明问题，而这些人、事、物、地名等必定存在于时空的某一时间段中，文件只能是在所提及的客观事实出现以后制成的。通过调查分析，就可以确定文件的时间上限。此外，某个地区、某个部门或单位发生具体事件也都有明确的发生时间：单位分房、开展三项教育、参加××培训等。文件所提及的名称包括地名、街道名、机关企事业单位名称等，有的在不同时期几经变更，由此也可以检验文件的制成时间。

## 二、通过文字、语言特色及书写格式等的演变确定时间

我国的文字、语言及书写格式等特征都具有鲜明的时代特色，比如，现代文字就历经三次汉字简化：1956 年 1 月国务院公布的《汉字简化方案》；1964 年 5 月又公布《简化字总表》，一共收简化字 2238 个；1977 年又公布试用了《第二次汉字简化方案（草案)》。汉字不同的写法，反映了时间特征。另外，语言的时代特色也可成为判断文件形成时间的依据，如改革开放语言、网络语言等。

## 三、通过纸张生产及印刷时间判断文件形成时间

不同的纸张可反映出不同时期的造纸特点，如造纸工艺的发展水平，使各个时期生产的纸张成分的选用和理化性质不同。通过对构成纸张的基本元素的种类、比例及纸张的物理特征和网痕、毯痕等进行检验，以确定被检纸的生产批次和日期，从而为文件的最早形成时间作一个比较明确的界定。另外，印刷纸张每一批次的印刷版面、版式特征均有不同，而每一批次纸的出厂日期在印刷厂一般都有记载，通过对同版纸的同一认定，结合调查，就可以确定被检文件形成时间的上限。

## 四、通过文字色料种类判断文件形成时间

书写色料与打字色料种类繁多，随着化学工业的发展，不断有新型墨水出现。20 世纪五六十年代，我国只有墨汁，绘图墨水，水溶性的铁基蓝黑墨水，水溶性染料纯蓝墨水、红墨水，油溶性的红、蓝圆珠笔油墨；20 世纪 70 年代以后，才出现碳素墨水，黑色、绿色圆珠笔油墨，水溶性染料黑色墨水及彩色墨水；20 世纪 80 年代，我国开始流行签字笔；20 世纪 90 年代银行系统规定用黑色碳素签字笔填写支票等。因此，通过对书写、打印、盖印的文字色料如墨水、圆珠笔油、打印色带、印泥、印油等的种类、成分、配比区分，确定被检色料最早出现的时间，从而确定被检文件形成的时间上限。

## 五、通过书写工具种类判断文件形成时间

书写工具的使用情况，可根据文字形成特点来分析判断，再根据生产、使用此种书写工具的时间分析文字形成的绝对时间。如早期书写工具有毛笔、铅笔和钢笔。后圆珠笔传入我国，圆珠笔油成分最初是油基型，1950 年变成乙二醇基型，1955 年变为金属螯合物铜态染料。1962 年多孔硬纤维材料做笔尖的自来水笔被引入市场。1970 年市场出现了滚珠笔，其结构类似圆珠笔，是使用水溶性墨水的自来水笔。1970 年以后，出现了笔尖貌似毛笔尖的，由多孔材料构成的软尖自来水笔。1978 年又有了可擦除圆珠笔，用其书写的字可用特殊的橡皮擦掉。20 世纪 80 年代，制笔行业又推出了使用特殊形态金属笔尖的硬笔书法笔、不同规格笔尖的标记笔，还有类似于滚珠笔的一次性灌注墨水的签字笔。因此使用某种笔书写的文件，只能在这种笔出现以后才能制成。如果某可疑文件的落款时间与书写工具的最早制成时间相矛盾，那么该文件一定是补写的。如用签字笔写的文件，落款却是 1966 年或 1976 年，而签字笔 20 世纪 80 年代才有，则证明文件是补写的。

不同年代复写文件的方法与工具不同，如 1980 年以前，我国只流行衬垫可反复使用的单面或双面复写纸进行复写。1980 年以后，出现了票据背面直接涂上色料的一次性使用的专用复写纸。20 世纪 90 年代后通常使用的是无碳复写纸。

## 六、通过文件上的特殊痕迹判断文件形成时间

一些文件在使用过程中可能会留下各种各样的痕迹，利用这些特殊的痕迹也可以在特殊情况下分析文件形成的时间。比如，采用荧光检验方法，检验在文件的前一页的背面是否留有该页文字中某些成分的转印痕迹，从而确定文件是否被替换，判断文件是否在同一时间制成。

## 七、通过文件上盖印印文判断文件形成时间

对于某些盖有印章印文的文件，在检验其制作绝对时间的时候，可以依据印文对应印章的历史使用情况及其使用变化特征，作出判断。如印章一经启用，则该启用时间就成为判断时间的依据。另外，印章启用后，就会在使用过程中发生变化，并在不同时期的文件中表现出来，这些变化最具时间性的就是印章因破碰、磨损、修补等造成的局部破损特征和硬质颗粒被卡住或具有粘附力的块状印泥形成的疵点、斑块等特征。这些特征的出现，也可以成为判断文件形成绝对时间的依据。

## 八、通过与墨水库比较判断文件形成时间

墨水库法是根据书写文件使用的墨水、圆珠笔油的生产日期判断文件书写的时间。国际墨水样品库的建立，要追溯到20世纪20年代，首批墨水样品的捐献者有美国联邦调查局、邮政局及一些私人文件检查员。由于墨水库的建立，侦破检验了几百个书写时间的案例。这种将可疑文件上的墨水字与标准墨水比对检验的方法，至少可以提供该种墨水配方的最早使用日期，有时能给出精确的参考时间，但是它取决于墨水库中是否拥有该配方的墨水。墨水的不同配方可以反映文件产生于哪个年代，文件上显示的日期不应早于该墨水进入商品领域的日期。墨水库法属于文件检验中的绝对时间检验法。墨水库法已被成功地应用于检验文件的制成时间，还有文件涂改案、凶杀案以及牵涉国家安全文件案的调查。

墨水库法检验书写时间也存在一些问题，如可能可疑文件上的墨水不在库内，而又与库内的某一种墨水配方相近；文件上的墨水可能会发生褪色等物理和化学变化，因而导致错误的结果。

### 九、通过墨水中的标记物质判断文件形成时间

由于墨水库法常常导致错误的发生，1975～1979 年美国发明了墨水标记法，在墨水中加入化学物质作为特殊标记，要求各个厂家每年都改变标记物。标记物被检测出来时，墨水的种类和最早生产日期就可以确定，无须再检验其他内容。这一方法大大提高了检查文件书写时间的能力，从而使墨水书写时间的检验进入了“真实”年代的阶段，但是大量的外来墨水流入美国市场，所以客观上又降低了标记物的用途。

上述几种方法只能认定某份文件系某时间点以后形成的，而对该时间点以后的具体时间无法检验，即它只能排除某份文件的落款日期在纸张、色料、印章、文字等生产、启用前的真实性。所以，在实际运用中存在很大的局限性。

## 第三节　文件制作相对时间的检验

文件制作相对时间的检验，是通过不同文件之间或同一份文件不同部分之间的比较检验，确定它们形成的先后顺序。检验过程中，可以先将文件或文件中的某一部分文字与已知制作时间的样本文件进行比较检验，确定它们的先后，再将检验结果作进一步比较。检验的前提条件是作为检材和样本进行比较检验的字迹笔画物质和纸张的种类应当相同，并且两者形成的时间距离较长。

### 一、墨水字迹相对书写时间的检验

墨水被书写在纸张上以后，由于改变了原有的存在状态（由封闭在墨水瓶或笔囊笔芯中的液态变为附于纸面的干涸态）并暴露在空气中，随着时间的推移，自身会逐渐发生物理或化学方面的变化。由于受光线的作用和空气中氧的影响，书写墨迹中的某些成分会发生结构变化，导致墨迹的外观随着时间的推移发生变化。墨迹中某些成分被氧化分解也导致了原有某些成分相对含量的变化，书写时间越长，这种变化越明显。墨迹中的某些成分还会逐

渐向周围扩散，书写时间越长，扩散程度越大。随着书写时间的增加，墨迹被溶解、吸附与转移的能力越来越低。墨迹的这些变化都直接或间接地与墨水被书写到纸张上以后暴露在空气中的时间长短有关。如果在一定条件下能揭示出这些变化与书写时间的对应关系，就可以测定文件的书写时间。

（一）草酸溶解法

墨迹中的二价铁离子形成的鞣酸亚铁盐溶于水，三价铁离子形成的鞣酸铁盐不溶于水，墨水书写到纸上以后，墨迹中的二价铁离子逐渐被氧化成三价铁离子，所以越来越不容易被溶解。草酸能还原三价铁离子生成无色的二价盐，因而能使墨迹褪色。书写时间越长的笔画墨迹，出现溶解现象所需要的时间越长，越不容易褪色。书写时间三四年以上的笔画，几乎看不到此种溶解褪色的现象。

检验时，在所需检验的检材和样本上，选取粗细基本一致的墨水字迹笔画，用测量显微镜测量笔画的宽度，然后在显微镜下，用毛细管吸取4%的草酸溶液滴一滴，同时用秒表计时，观察并计算墨水字迹开始溶解洇散和颜色消退所需要的时间。书写时间越长的字迹，开始溶解所需时间越长，越不容易褪色，由此判断其相对书写时间。

使用草酸溶解法时，用作比对的文字材料必须用相同的纸张；必须是相同种类、品牌、颜色、成分的书写色料；另外标称时间与嫌疑时间，是半年以上至2年以内才可检验。若两个书写时间差在两个月以内就做不了，若距检测时间均是在3年以上时，则检验不了。

（二）硫酸盐扩散测定法

硫酸盐扩散测定法原理，是用化学试剂测定墨水字迹中的硫酸盐扩散程度，进而判断书写时间。因为随着时间的推移，墨水中无色的硫酸或硫酸盐成分会越过原笔画的边界线向外扩散，书写时间越长，扩散程度越大。如果显现出扩散后的硫酸盐图像，即可根据其超出原笔画的扩散宽度来判断笔迹书写时间的长短。

$$Pb(NO_3)_2 + H_2SO_4 = 2HNO_3 + PbSO_4\downarrow \text{（白色）}$$

$$Na_2S + PbSO_4 = Na_2SO_4 + PbS\downarrow \text{（黑褐色）}$$

把看不见的硫酸盐扩散图像转化为可见的褐色 PbS 图像，从而可以测量硫酸盐扩散程度的大小。

一般情况下，书写时间越长，扩散程度越大，但同时硫酸成分的密度越低，检测难度增加。扩散到一定程度后，硫酸盐完全洇散就会完全检测不出来，进而显不出硫酸图像。

在实际操作中要考虑使用高锰酸钾氧化剂和还原剂盐酸肼褪去原有笔画的颜色，用硝酸铅固定硫酸盐，用硫化钠将无色图像转化为有色图像。显现硫酸盐图像原理很简单，但成功的显现并不容易，常常显示不出来。原因是笔画中含有的硫酸盐量太少，生成的 $PbSO_4$ 在操作过程中极易损失掉。

影响硫酸盐扩散速率的因素有很多，笔画中的硫酸含量、纸张的类型、文件的存放条件等都会影响硫酸在纸面的扩散速率。笔画中硫酸盐含量越高，扩散越快，这符合波差扩散原理。硫酸盐含量与墨水的成分和构成笔画的墨水量有关，墨水量又受笔的墨水流淌速度和书写人的运笔速度影响。不同类型的纸张由于克重、纤维成分、填料和施胶量的不同，硫酸盐在其上的扩散程度也明显不同。环境湿度对硫酸盐扩散的影响最大，在高温、潮湿的环境中，硫酸盐扩散速度快；在低温、干燥条件下，硫酸盐扩散速度慢。

本法仅适用于含硫酸盐、硫酸的酸性墨水，如蓝黑墨水、纯蓝墨水；适用书写时间在 3 ~4 年内，时间间隔半年以上的书写字迹。若时间在 4 年以上则测不出来，因其扩散均已达到平衡。若是刚刚书写的文件，硫酸盐的扩散也测不出来。

（三）热分析法

运用差示扫描量热分析法（DSC）是直接测量不同时间形成字迹在程序温度控制下的物理、化学性质与温度的关系，即热分析曲线，根据热分析曲线的变化情况得出字迹形成时间的一种技术方法。

DSC 热分析墨水氧化特性，是通过测定墨水物质成分随时间推移其能量发生变化的规律而实现的。墨水书写到纸张上以后，由于温度、湿度等各种环境因素的作用，笔画的物质成分会发生氧化、还原、分解、扩散等物理和化学变化。随着时间的推移，这些变化在各个阶段都有特定的参数值。用 DSC 测量墨水随时间变化的成分及物理化学动态参数值，这些数值随时间不断改变，它们与时间之间存在定量关系，在程序温度控制下表现为一系列的吸收和放热现象，即吸收和放热特征峰。根据已知时间的样品找出这些数值与书写时间的定量关系，作出热分析曲线，再比较不同书写时间的 DSC 曲线，可以检测字迹的相对书写时间。

热分析确定书写时间方法适用于检材与样本的墨水成分一样，所用纸张和保存条件相似的蓝黑墨水字迹相对书写时间的检验，并且字迹形成时间在3年以内。研究表明，字迹形成时间7天以后至3年以内的可测出较为准确的时间段；1～2年的字迹可以确定的最短时间为30天；2～3年的字迹可以确定的最短时间为60天。热分析确定蓝黑墨水字迹书写时间方法具有以下特点：取样量少、分辨率高，程序控温、标准化程度高，数据精确、图谱规范，稳定性强、重现性好，操作简便、结果直观。

（四）溶压法（溶解压印转印法）

各种墨水书写到纸上后，在环境的影响下，随着时间的推移会发生氧化、变淡、聚合和向纸张深层渗散等理化变化，使其与纸张亲和力越来越强，越难以被转印。通过比较墨水笔画被溶解转印的能力，从转印量的多少可以定性地判断可疑文件的制成时间。一般情况下，书写时间越短，压印提取的色料越多；书写时间越长久，压印提取的色料越少。

操作方法是将检材和样本夹在已浸过提取液并已潮干的纸张中，放入压力器中加压5分钟，然后取出，观察提取字迹色料深浅。本法具有检验方法简单、速度快等优点，但是定性地判断检材的书写时间，受主客观因素影响较大。

此法还适用于圆珠笔、复写纸及部分签字笔的书写时间检验，可鉴别4年内、时间间隔为半年以上的文件书写时间。溶压法提取字迹色料鉴别书写时间，要受到纸张、书写墨水牌号、书写墨水生产时间和批次、下笔轻重及下水多少的影响，还要受到人工老化的影响。

（五）X射线光电子能谱法

X射线光电子能谱法基于蓝黑墨水笔画中的有机成分在空气中逐渐被氧化，羟基（－OH）含量越来越少，进而判断文件的书写时间。用软X射线，激发物质表面原子的内层电子，使其逸出物质表面，变成光电子，然后检测光电子的动能，计算其结合能，便得到光电子能谱。利用X射线光电子能谱仪测定各化学键的结合能可以分辨有机物中的各种基团，相应基团能谱的峰值代表该基团的含量。书写时间越长，羟基的含量越少。由此可检验蓝黑墨水字迹书写的相对时间。

（六）光谱法

墨水书写在纸上后，墨水中的酸碱化合物因蒸发、干涸而得到浓缩，这种 pH 的变化会导致对它灵敏的那些染料的颜色变化。

（七）傅里叶变换显微拉曼光谱法

可研究墨水笔道中的羟基和甲基的振动带强度比值与时间的相关性。

## 二、碳素墨水字迹相对书写时间的检验

碳素墨水字迹书写时间检验历来是法庭科学中文件检验技术领域的一大难题，因为碳素墨水的主要成分是碳元素，其化学性能非常稳定。

碳素墨水在纸上形成字迹，同时在纸张表面形成一层碳黑膜，其构成物质中的溶剂很快被挥发干，只有溶剂中所含微量的胶质与碳黑颗粒结合在一起。随时间的推移，碳黑颗粒间的结合力逐渐减弱，在纸张纤维上形成的碳黑膜出现不同程度的龟裂、破碎现象，碳黑颗粒也逐渐脱落。在扫描电子显微镜下观察其龟裂、破碎程度并与已知样本比较，即可确定检材笔迹形成的时间段。该检验方法要求检材时间跨度以 1 年为限，字迹时间在 1 年内的不能检验；2 ~4 年的具备较好的检验条件；时间在 5 年以后的检验条件好。字迹形成时间越长，检验条件越好；比对样本与检材的年代、纸张、保存条件越接近，检验结论越可靠。该方法也可用来检验墨汁字迹的相对形成时间。

但该种检验方式也被部分检验人员否定，其认为龟裂、破碎现象事实应为扫描电子显微镜所发射的电子轰击碳黑膜撞击形成，与书写文件经历时间没有必然联系。因此，此方法还有待进一步研究。

## 三、圆珠笔字迹相对书写时间的检验

圆珠笔书写的色料是专用的圆珠笔油墨，它是一种由颜料、树脂、苯甲醇和其他添加剂组成的粘稠状液体，有蓝色、红色、黑色、绿色等各种颜色。圆珠笔油墨被密封在各种规格的圆珠笔芯中，不与空气直接接触，理化性质基本稳定不变。当圆珠笔油墨被书写到纸张上以后，改变了原有的存在状态。暴露在空气中的圆珠笔油墨，受湿度、温度、光线、空气的影响，其中的某些成分会发生氧化、交联、分解、转化、蒸发等物理和化学变化，从而引起油墨的化学成分和物理性能出现某些变化，并且这种变化的程度随着书写时

间的延长会逐渐加大。如果能通过某种方法测得这种变化，就可以判断其书写时间。同时，随着书写时间的推移，圆珠笔墨迹的外观也逐渐变化，墨迹逐渐失去光泽，由新鲜到陈旧，在某些保存条件下还会出现墨迹的洇散。

（一）溶剂提取法

被溶解能力测定基于圆珠笔油墨书写到纸面以后即与空气接触，使其中的某些成分发生氧化、交联等化学作用，导致字迹油墨在某些有机溶剂中的溶解性能发生变化。书写时间越短的字迹油墨越容易被溶解，书写时间越长的字迹油墨越不容易被溶解。因而在有合适比对样本的条件下，通过测定比较检材与样本笔迹油墨的溶解性能，即可判断文件字迹的书写时间。通过测定圆珠笔油墨字迹在某种有机溶剂中的溶解能力来判断文件书写时间的比率法是1979年美国的坎图首先提出来的，之后坎图又提出了改进方法，以弱、强两种溶液顺次溶解提取。

因此，溶剂溶解法有单溶剂溶解和双溶剂溶解两种方法。单溶剂提取法是用单一的溶剂对圆珠笔油进行提取、定量，与已知书写时间的样本进行比较确定相对形成时间。双溶剂提取法是先用弱溶剂对检材进行一定时间的提取，再用强溶剂对剩余油墨全部提取，计算前后两次提取量的百分比，与已知时间样本比对，确定未知书写时间。

本方法适用于国产圆珠笔油墨书写时间距检验时间最长在一年半以内，最短在半年以上的文件。所以检材和样本均应是近一年半的材料，又相差半年以上的。同时要求检材和样本要在相同条件下进行测试，即相同量的同种溶剂，相同的检验环境，相同的时间区段内溶解，取同等量的溶解液进行测试。

（二）化学褪色程度法

用试剂—分光光度法测定圆珠笔油墨字迹书写时间的方法。选择变色反应前后反射强度差别最大的波长测得笔画对入射光反射率的历时变化曲线。该曲线的斜率代表了笔画的褪色速率。书写时间越短，曲线斜率越大；反之越小。用这种方法可以分辨2年以内不同时间书写的圆珠笔油墨字迹，变色反应曲线的斜率基本达到平衡。该法的优点在于不会大面积破坏原件。

（三）薄层色谱扫描法

薄层色谱扫描法基于圆珠笔油墨中的某些成分暴露在空气中被氧化、分解而发生变化，使油墨中各组分的相对含量或某些基团的含量发生变化。同时，溶剂逐渐挥发，使色料逐渐固化到纸张上，越来越难以萃取，因此其组分和萃取率形成时间关联曲线。书写时间越长，这种变化越明显。通过对样品萃取、层析，用薄层色谱法展开各有色成分，并月薄层扫描仪测定各染料斑点的吸收峰，计算其组分的相对比值，与已知时间的样品进行比较，从而确定书写时间。薄层色谱扫描法是目前各国法庭科学工作者认为比较成熟的检验圆珠笔字迹书写时间的方法，在我国也是运用最音遍的方法。

（四）挥发性成分测定法

圆珠笔书写在纸上后，随时间的延续，其中的挥发性成分（如苯甲醇、二乙醇胺等）会逐渐挥发掉，这些成分随着书写时间的延长而减少。通过测定挥发性成分的量，与已知样本进行比较，从而确定文件的相对形成时间。它主要是使用气相色谱法研究圆珠笔油，可测定 2 ~ 3 个月内圆珠笔字迹的相对书写时间。并要求至少有两种以上的挥发性成分，以便选择合适的比值，消除一些质量因素的影响。

（五）显微分光光度法

圆珠笔字迹色料发生变化是在很薄的表层上，这样显微分光光度法有可能测出表面层的变化并与时间建立联系。

（六）傅里叶变换红外光谱法

圆珠笔字迹随着时间的延长，其色料中的羟基减少，而羧基相对增加，与样品比对，能判断 20 年内时间间隔 2 年的相对书写时间。

## 四、印章盖印相对时间的检验

许多文件上盖有印文，因此鉴别印章的盖印时间，也是文件制成时间检验的一个有效途径。

（一）利用可变性印迹鉴别盖印时间

利用可变性印迹鉴别盖印时间的方法，是根据印章的印面结构和印面附着物的变化规律，通过被检验印文与该印章印文的历时样本的比较检验，以印文的可变性印迹特征的异同，推断被检验印文的盖印时间。

印文的历时样本，展示了该印章依时间顺序盖印印文特征的变化。根据这种变化的规律和特点，结合被检验印章的具体情况，在以下方面选取可变性印文特征。

1. 印章印面结构的变化

印章在启用之后，在使用过程中将逐渐发生不可逆转的变化。这种变化的速度、程度与印章的材质、使用情况乃至环境影响相关。

（1）胀缩变化，主要是指印面结构变化导致的印文尺寸改变及可能伴随的变形。主要涉及木质、牛角、橡胶、原子印章。

（2）磨损，是指印面上的文字或线条随时间推移而变得粗、钝或缺损的现象。主要涉及那些材质较软或较脆的印章如橡胶、原子印章等。

（3）老化，是指印章材料老化导致的印文整体形态变化或局部细节特征变化。主要涉及木质、牛角、橡胶、塑料和原子印章。

上述特征一般可通过肉眼观察、测量发现，也可通过图像扫描或数码相机拍摄输入计算机，利用图像处理软件进行观察、测量和比较。选用这些特征时，要注意排除那些受盖印条件影响而产生的可逆性变化。

2. 印面附着物的变化

印面附着物的变化是指在印章保管使用过程中，其印面黏附杂质异物带来的印文细节特征变化。印章印面附着物广义上包括印泥、印油和粘附的异物如纤维、毛发、纸屑、灰尘颗粒等。

（1）印面异物。需蘸取印泥或印油盖印的印章印面，在文字线条间隙、边框和中心图案上易发现印面异物特征。但要注意，越是相对宽大的平面上的异物，因其附着的稳定性差而越容易移位或脱落。

（2）印染物淤积。每次盖印蘸取的印染物不会全部转印到文件上，剩余的部分随使用次数增加而淤积。特别是在文字笔画密集处、中心图案和边框的局部凹陷处容易形成特定形态的印染物淤积特征。

（3）更换或添注印染物带来的变化。更换或添注印染物可能带来印染物种类和成分的变化。这种差别可以表现在印文的颜色或色调上，也可以根据受激发光的荧光现象和对红外线或某一波段光辐射吸收、反射程度来区别。

同时，即便肉眼观察难以发现颜色或色调的改变，有时也可以通过印文中心图案或较宽边框上所反映的印染面纹理特点的差异来判断更换印染物。当然，要注意可能存在将印章带到外地或外单位盖印的情形，可通过调查核实并考察历时样本将其排除。

（二）利用印油渗散程度测定鉴别盖印时间

利用印油渗散程度测定鉴别盖印时间是在可检时间范围内，检验精度较高的一种测定印章印文盖印时间的方法。它是根据印文中的油痕在纸张上的渗散速度由快到慢，并由于分子间范德华力而趋于平衡，最终达到稳定的原理实施的检验。可以观察测定印文在纸张上的油痕洇散程度。可将检材在室内自然条件下避光放置，检验首日和以后每 15 日进行油痕洇散测量。如果印文在放置一两个月期间油痕仍洇散一段距离，则可判断文件是近期形成；如果不再洇散，由于所有印文油痕两个月后均停止洇散，故无法判断相对盖印时间。

该方法特别适用于对是两个月内形成的印文还是两个月后形成的印文进行区别检验，该方法的最大优点是不需要比对样本，操作简单，无须仪器设备，无损检材，而且在可检时间范围内检验精度很高。最大的局限是只能解决距受检日 1～2 个月内所盖印文的时间检验，而对形成 3 个月以上的印文则无能为力。

（三）利用显微分光光度法鉴别盖印时间

显微分光光度仪可以测量并给出物质对不同入射光吸收或反射的谱图，而物质对不同波长的入射光的吸收或反射量又是物质本身的化学结构决定的。并且，凡是用同一种印泥或印油盖印的印文，随着时间的延续，印泥或印油中的不稳定成分将逐渐发生不可逆的变化。因此，可以通过显微分光光度仪，对印文文字线条的微区进行检测，以揭示印泥或印油的历时变化。而这个变化应当是该印泥或印油已经发生的和被盖印到印文上之后发生的变化的总和。

使用该种方法，必须提供该印章在已知时间盖印的文件为样本，尤其是被检验文件所标称的时间的印文样本和被怀疑的那个盖印时间的印文。然后在同一检测条件下进行检测并分析谱图。通过比对，可以确定印泥或印油的历时规律，也可以推断检材文件的盖印时间。

该法鉴别盖印时间比较客观、精确，对文件没有污损。但必须是同检材同一印泥或印油。同时还要考虑检材与样本在形成条件和使用、保存环境上的差别，从而给出科学准确的结论。

（四）转印法

转印法是根据文件的印文随着时间的推移，印泥或印油逐渐成膜，向纸内浸润干涸，被转印的能力就越来越小的原理，在已知盖印时间样本的参照下，根据印文印油或印泥转印的程度，大体推断印文的盖印时间的检验方法。该种检验容易破坏检材，故检验时应选择与被检印文具有可比性的不同时间盖印的多余样本进行预实验，然后再正式检验。

## 第四节　文件制作时间的综合分析检验

文件制作时间的综合分析检验，是把文件物证作为与产生它的具体案件相联系的多要素构成有机整体，采取各种检验手段发掘其所能提供的全部信息，运用系统思维的方法对文件与案件事实的关系，综合性地对文件制作时间问题进行的检验。综合分析检验既是检验程序的综合性要求，也是一种系统检验的综合性手段，其大大扩大了文件检验解决问题的范围，具有很强的实用性。它既可以用于判断文件形成的相对时间，在一定条件下也可以用于判断文件形成的绝对时间。

### 一、详细、准确地了解案情

文件物证作为产生它的特定案件系统的一个子系统，与另一个子系统——案件事实之间必然存在某种联系。文件形成时间的检验比其他检验更要注重案情。因此，准确地把握案情对于系统检验至关重要。在案件受理初期，就应全面、深入地了解案件的相关情况。这里所指的案情不只是送检人所介绍的案情，也要基于检验人员对案情的充分认识，作为一个局外人站在客观、公正的立场上，多渠道地向有关人员了解案件的每一个细节，尤其是文件形成的具体细节。这些情况对判断送检文件的真伪有很大帮助。

应了解的案情包括：案件发生、发展的过程和侦查、调查结果；有关文件物证来源、物证形成情况、保存方法的陈述；当事人的主张及当事双方的争议焦点及样本的收集方法，等等。

## 二、剖析组成系统的要素及其关联性，制订系统检验方案

文件系统是由多要素组成的，正常文件各要素之间的联系表现出来的是有序性。文件一旦是由非正常方式形成的，系统中的各要素必然会出现相互矛盾的现象。这就需要我们仔细分析文件物证是由哪些要素构成的及各要素之间的作用关系，并结合检验要求制订出系统检验的方案。依此方案进行检验，综合其结果，即可满足检验要求。

## 三、实施系统检验方案，全面挖掘文件

信息按照制订的系统检验方案，采用适当的检验方法，对系统的各个要素，诸如笔迹、色料、纸张、语言文字、污损痕迹等进行全面、细致的单项检验，并将检验结果如实记录。

1. 注意纸张信息

除纸印品编码外，文件纸张能提供较多的有关时间的信息，包括人为信息与物质信息。如果利用技术能判明文件纸张的制造或印刷时间在文件落款时间之后，问题便迎刃而解；在检验中还要挖掘纸张提供给我们的其他信息。

（1）纸张的人为信息。注意文件是否有以下现象：①将文件揉皱或弄脏。②将文件暴晒或烘烤。③污染文件，如将文件放在水中浸泡或有意染上油污。④用带颜色的液体涂抹，常见的有茶叶水、菜汤等。

（2）纸张的物质信息。除纸张的制造、印刷时间外，纸张上的压痕、指纹等在文件载体表面不易看到的隐性痕迹也是我们必须注意的。如在检验中发现有压痕，经过技术方法显现，压痕反映的时间在检材标明时间之前，便存在明显矛盾，说明其是伪造的。

2. 文件演变规律

对文件上的有关特征演变规律进行分析检验，往往会发现规律，从而检验出文件的形成时间。这类检验的前提条件是必须能充分提供检材文件落款日期前后、怀疑真实形成日期前后的文件样本。能进行文件演变规律检验的特征有印刷、打印、复印、印章印文、笔迹等的特征。对这些特征可以采用比较检验或者物理化学分析的方法进行检验。

3. 文字特征

人们一般在20多岁走向社会之前书写习惯形成期和50多岁之后书写技能退化期之间，每相隔几年文字都有较大变化。另外，根据书写人的错别字特征或繁简体字特征，也可判断文件的书写时间。

虽然理论上文件一定能反映出某种时间信息，但是受送检文件本身条件所限，并不是每一个案件都一定能检验。每个案件的具体检验方法都可能有所不同。我们应不拘泥于某种固定方式，努力寻找文件中无法掩饰的和注意不到的细小特征，并紧密结合案情，综合检验方能得到准确意见。

### 四、综合评断单项检验结果，并得出检验意见

各单项检验结果不一定能准确全面地揭示文件性质，所以需要对所有的单项意见进行综合评断。从案件实际出发，分析各类信息的价值高低，运用文件系统的加和效应得出检验意见。然后，发挥文件系统的自检功能，将所有信息置于本案的特定环境中，考察各类信息与案件事实之间的关系，以及各类信息之间的相互照应关系，由此来验证检验意见的正确与否。如果结论与其中某个要素信息出现矛盾，那么应该认真分析矛盾产生的原因，如果可以解释或矛盾为非本质性的，则检验意见是正确的；反之，对检验意见则需要慎重考虑。

## 典型案例剖析

2003年11月10日，上海市某区政府送检房屋转让据原件一张，要求确定其真伪。根据该据上的文字可知，立据人的母亲去世，欠下大笔丧葬费用，所以他（她）将名下的房产转让他人，其中的十四间门面房作价肆仟元转让给妹妹。落款时间是“一九五四年二月初七”。

检验人员受技术和设备所限，未采用直接检验方法，而是从以下多角度入手展开检验。

### 一、文件材料的表面特征

房屋转让据使用的纸张为宣纸，在落款处还分别盖有立据人及中证人的名章印文，色料为红色印泥。将该据与同时提供的样本材料进行比较发现，

纸张、墨迹、印色与20世纪60年代的样本存在明显的差异，即这张已经保存了近50年的房屋转让据，并没有表现出陈旧文件通常应有的特点。

据送检人所述，多年来该据一直被折叠保存。按提供的样本来看，保存几十年的宣纸文件，在折叠外缘一般会出现磨损断裂的特点。但是，房屋转让据的纸张却完整无损，在折叠痕边缘没有明显的磨损。通常，文件在常规保存条件下，若空气比较潮湿，时间长了，纸张会受潮、发霉，在纸面上出现位置不固定的霉斑。但是，在上海保存了几十年的房屋转让据，纸张并未出现泛黄现象，仍表现得比较洁白。可见光下观察，墨迹及印文色料的色泽也较为新鲜。总而言之，陈旧文件普遍表现出的特点，在这份文件中均没有体现。

**二、文字的写法特征**

房屋转让据上的文字写法，大多采用的是繁体字。但也出现了“势、间、将、来”等这些现行规范简化写法，以及将“圆”写作“元”、将“整”写作“正”等。在这份不足百字的契据中，竟然出现了近十个简化字，说明该据的书写人已受到汉字简化的影响。从我国汉字简化工作推行情况看，汉字改革发生在该契据的落款时间之后。

**三、笔痕特征**

房屋转让据上的文字是黑色墨水字迹，经观察笔痕特征并制作实验样本进行比对后发现，该据上的字迹并非毛笔书写，而是用20世纪80年代风靡我国的尼龙软笔书写形成的。而这种尼龙软笔在20世纪70年代中后期才出现于我国市场。

**四、其他信息**

在检验过程中，还发现该据中写道：转让房屋14间，“得价肆仟元正”。我国是于1955年2月21日才开始发行新的人民币。由此可见，据中的“肆仟元”指的应是旧币的4000元。根据当时的比例换算，4000元旧币仅相当于新币4角钱，几乎可以认为是无偿转让，与立据人的转让房屋的目的相违背。

经过综合分析后，检验人员作出了送检的房屋转让据不是于1954年书写形成的，而是在20世纪70年代以后形成的检验意见。

# 参考书目

1. 贾玉文、邹明理主编：《文书检验》，中国人民公安大学出版社 2003 年版。

2. 邹明理主编：《笔迹学》，中国政法大学出版社 1993 年版。

3. 邹明理主编：《司法鉴定教程》，法律出版社 1995 年版。

4. 贾治辉主编：《文书检验实用教程》，成都科技大学出版社 1997 年版。

5. 贾治辉主编：《文书检验》，法律出版社 2000 年版。

6. 宫毅、邓绍秋主编：《文件检验教程》，中国人民公安大学出版社 2004 年版。

7. 王冠卿：《笔迹鉴定理论与实践新探》，北京大学出版社 2003 年版。

8. 金光正主编：《司法鉴定学》，中国政法大学出版社 1995 年版。

9. 黄建同主编：《文件检验学》，中国人民公安大学出版社 2003 年版。

10. 徐立根主编：《物证技术学》，中国人民大学出版社 1990 年版。

11. 国家市场监督管理总局、中国国家标准化管理委员会《文件鉴定通用规范》，GB/T 37234—2018。

12. 国家市场监督管理总局、中国国家标准化管理委员会《笔迹鉴定技术规范》，GB/T 37239—2018。

13. 国家市场监督管理总局、中国国家标准化管理委员会《印章印文鉴定技术规范》，GB/T 37231—2018。

14. 国家市场监督管理总局、中国国家标准化管理委员会《印刷文件鉴定技术规范》，GB/T 37232—2018。

15. 国家市场监督管理总局、中国国家标准化管理委员会《篡改（污损）文件鉴定技术规范》，GB/T 37238—2018。

16. 国家市场监督管理总局、中国国家标准化管理委员会《特种文件鉴定技术规范》，GB/T 37236—2018。

17. 国家市场监督管理总局、中国国家标准化管理委员会《文件制作时间鉴定技术规范》，GB/T 37233—2018。

18. 国家市场监督管理总局、中国国家标准化管理委员会《文件材料鉴定技术规范》，GB/T 37235—2018。

19. 司法部《文件相似性鉴定技术规范》，SF/T 0103—2021。

20. 司法部《手写电子签名笔迹鉴定技术规范》，SF/T 0138—2023。

21. 司法部《彩色激光打印/复印文件暗记特征检验技术规范》，SF/T 0140—2023。